【第二版】

大学实用写作

主　编：林　红　白金杰

副主编：张　宁　傅晓翎　郑巧莺　滕春玉

厦门大学出版社

XIAMEN UNIVERSITY PRESS

国家一级出版社
全国百佳图书出版单位

图书在版编目（CIP）数据

大学实用写作 / 林红，白金杰主编. -- 2 版. -- 厦门：厦门大学出版社，2021.2（2025.1 重印）
ISBN 978-7-5615-8044-8

Ⅰ．①大… Ⅱ．①林… ②白… Ⅲ．①汉语-写作-高等学校-教材 Ⅳ．①H15

中国版本图书馆CIP数据核字(2021)第026436号

责任编辑　郑　丹
策划编辑　张佐群
美术编辑　李嘉彬
技术编辑　许克华

出版发行　厦门大学出版社
社　　址　厦门市软件园二期望海路 39 号
邮政编码　361008
总　　机　0592-2181111　0592-2181406(传真)
营销中心　0592-2184458　0592-2181365
网　　址　http://www.xmupress.com
邮　　箱　xmup@xmupress.com
印　　刷　厦门集大印刷有限公司

开本　787 mm×1 092 mm　1/16
印张　18.75
字数　452 千字
版次　2016 年 7 月第 1 版　2021 年 2 月第 2 版
印次　2025 年 1 月第 7 次印刷
定价　42.00 元

本书如有印装质量问题请直接寄承印厂调换

厦门大学出版社
微信二维码

厦门大学出版社
微博二维码

前　　言

　　我国现代实用写作的历史不足百年却已自成体系,一个显著的特征就是基本实现了与文学写作的剥离,建立了以白话文为载体、与国际相接轨的文体规范。这一规范的确立,并不同于中国古代经验式的传递或约定俗成的影响,更多是基于现代文体意识,精细地定位各文体的类型、特征、格式、语体风格,使实用文体写作有法可循。

　　实用写作的教材,就是对这种"法则"的传递与再现。"有法必依"是实用写作教材编纂的原则和基础,特别是当前的写作教材已经过了探索期,无论是编写理念、编写体例都趋于定式,因此决定了实用写作教材可供发挥的空间并不多。然而,编纂者还是尽量追求"守中出新",积极探索如何有效地提高阅读者的实用写作能力。

　　就大学实用写作的教材而言,选择哪种文体更实用、哪些范例更明了成为各版本的主要差异所在。文体全面、范例经典无疑是稳妥的做法,能够兼顾高校专业多样化与需求潜在化的特点。不过,在实际教学中还需要根据特定对象去留取舍不同的文体,更新替换滞后的范例。

　　党的二十大报告指出:"我们要坚持教育优先发展、科技自立自强、人才引领驱动,加快建设教育强国、科技强国、人才强国,坚持为党育人、为国育才,全面提高人才自主培养质量,着力造就拔尖创新人才,聚天下英才而用之。"这为教材编写指明了方向。本书正是基于实际教学的需求,由身处教学一线的编者结合当前的最新成果与日常授课累积的经验编写而成的。因此,强调选择更为实用的文种、更为新鲜的范例,来提高学生的学习热情和学习效果,不求广博,而力求精专。其特点有三:

　　一是针对性强。选择文体时侧重针对性,分公文写作、事务文书、宣传教育类(含论文写作)、财经司法类、社交礼仪类和申论六大常用文体,更适用于本、专科学生。

　　二是体例简练。各章节有统一、规范的体例,分别为文体界定,文体的特点、分类与作用,文体的写作要求,范例,思考题等模块,便于学习。

1

三是范例适当。所选范文讲究精当,强调时效性与地缘性,范文多为近年内公开发表、出版的例文,如公文所选的范例出自国务院公报、中国人大网、各地人民政府网等,范文规范,易于摹写。

本书由"福建农林大学出版基金"资助,编写调动了本课程教学一线的优秀教师,耗时久、用力勤,其执笔情况如下:

张宁、傅晓翎编写第一章;林红编写第二章、第三章;陈小英编写第四章;林文华编写第五章;林莉铭、蔡西希、白金杰编写第六章;郑巧莺编写第七章;陈然编写第八章。林红负责本书的统稿工作。

尽管编者的初衷是与时俱进、勇于创新,希望本书出版后不仅能够适用于本校公共课程"实用文体写作"的教学,也寄希望能够成为同类课程的参考书目,丰富当前写作教材的体系。但是,受限于编著者的能力与教材本身的规范,该书必然还存在这样或那样的不足,我们诚恳地希望同行们提出宝贵意见,我们将悉心听教,以便不断完善。

同时,本书在编写过程中,参考了很多同类教材与资料,从公开出版、刊登的报刊、网络中引用了若干例文,在此表示诚挚谢意。

本书编写组
2023 年 9 月

目　录

下编　常用文书写作

第五章　宣传教育类 ·· 147

第六章　财经法律类文书 ·· 177

第七章　社交礼仪类 ·· 225

第八章　申论写作 ·· 257

上编　概论

第一章　写作概论

第一节　什么是写作

"写作"中的"写"是"泻"的本字,本含"输泻、倾吐"之义。"作",《说文解字》曰:"作,起也。从人,从乍。"据甲骨文,"作"本为"乍",这一字形表现的是"衣领"之形象,表示缝衣初作领口。这也就说明写作实际就是从最想表达的、最重要的地方开始倾吐。在科技不发达的古代,写作是多数人倾吐内心喜怒哀乐的重要手段,同时,也是人与人交往的重要工具。到了科技高速发展的当下,写作的这两项功能也仍旧存在。那么,什么是写作呢?

一、写作的定义

写作是运用语言文字符号反映客观事物、表达思想感情、传递知识信息的创造性脑力劳动过程。写作活动具有如下一些特征:

1. 目的性。不同的写作目的各不相同。无论哪类写作,都有其目的性,或是为了缓解内心的抑郁,或是为了与人分享,或是让人了解自己的想法进而达成自己的愿望,等等。大体而言,写作的目的可分为两类:一是为了抒发内心情感而进行的写作,一是为了与人交流而进行的写作。

2. 独立性。写作活动有着强烈的独立性。写作是一项孤独的活动,一般而言,写作仅限于个人的创作,而不是群体共同的协作,因此,每篇文章也就烙上作者个人鲜明的个性。

3. 独特性。由于写作活动多是个体完成的,而不同的写作者在创作上表现出来的艺术特色和创作个性都不尽相同。写作者个人的经历、学识、个性反映在文章中,就像写作者的名片,有时候,仅仅看文章也能够知道作者是谁。

4. 综合性。写作是写作者各方面能力的综合表现,写作不仅需要有丰富的生活阅历,还需要敏锐的情感、细致的观察、流畅的文字表达,等等。

二、写作活动的主要作用和意义

1. 表达自我,抒发感情。写作首先应该是自我情感的表达。个体的喜怒哀乐都可以通过文字抒发,获得情感的宣泄,同时个体也能在宣泄中反省。

2. 交流思想。写作是一种复杂的创造性的脑力劳动过程,阅读与写作实际就是思想与思想的交流。写作者将自己的思想贯穿在文字中,阅读者通过阅读就像在与写作者进行思想的对话与碰撞。正如杨绛先生在《读书苦乐》中所说:"壶公悬挂的一把壶里,别有天地日月。每一本书——不论小说、戏剧、传记、游记、日记,以至散文诗词,都别有天地,别有日月星辰。而且还有生存其间的人物。我们很不必巴巴地赶赴某地,花钱买门票去看些仿造的赝品或'栩栩如生'的替身,只要翻开一页书,走入真境,遇见真人,就可以真真切切地观赏一番。"

正是因为作品中有着写作者的思想,阅读者才能在翻开书页时与写作者进行思想的对话。

3. 传递信息。当然,也有一些写作并不是自我情感的表达,思想含量也不高,例如一些应用文的写作,仅仅是为了传递信息,更好地与人交往。

?思考与练习

一、填空题

1. 写作是运用语言文字符号＿＿＿＿＿＿、＿＿＿＿＿＿、＿＿＿＿＿＿的创造性脑力劳动过程。

2. 写作的目的一是为了＿＿＿＿＿＿而进行的写作,一是为了＿＿＿＿＿＿而进行的写作。

二、简述题

1. 写作有哪些特性?

2. 写作活动有哪些作用和意义?

第二节　各类文体的特点

写作分为不同的文体,一般而言,分为以下几种:记叙文、说明文、议论文、诗歌、小说。

一、记叙文写作

(一)记叙文的概念

记叙文是以叙述、描写为主要表达方式,以记人、叙事、写景、状物为主要内容的一种文体。人物、时间、地点以及事件的起因、经过、结果是记叙文的六要素。

记叙文也就是"记"和"叙"、"记载"与"叙事"的结合,陈望道的《作文法讲义》中提到"记载文"是"记载一切存在空间的景象情状的文章","叙事文"则是"记叙一切经历时间、事物变化历程的文章"。

"记"表达的是事物在空间情状上的存在,"叙"说的是事物在时间情状上的存在。纯粹"记"或者纯粹"叙"的文章都是非常罕见的,记叙文说的就是事物在时间情状上的存在与发展。因此,记叙文是通过具体形象地展示事物发展变化过程进而表达作者的思想情感。

(二)记叙文的表达方式

基于记叙文的特点,记叙文的表达方式主要有叙述、描写、抒情、议论等。其中最重要的是叙述和描写。

1. 叙述

叙述回答发生了什么、进行着什么和存在着什么的问题,也就是要说明事物或者人物发展变化的过程、前因后果。"新学期开始了","四千名新生在我校开始了新的生活",这些都是叙述,而"福建农林大学是福建省重点建设的三所高水平大学之一"就不是叙述而是说明。

叙述按不同标准有不同的分类。

(1)依叙述节奏分,可分为快节奏的叙述和慢节奏的叙述。

快节奏的叙述多不涉及具体的细节,文字简约,一带而过,不需要对事件的细枝末节详加铺陈。

慢节奏的叙述则与快节奏的叙述相反,多着眼于细节。如《红楼梦》中黛玉葬花这一段:

> 那一日正当三月中浣,早饭后,宝玉携了一套《会真记》,走到沁芳闸桥边桃花底下一块石上坐着,展开《会真记》从头细玩。正看到"落红成阵",只见一阵风过,把树头上桃花吹下一大半来,落的满身满书满地皆是。宝玉要抖将下来,恐怕脚步践踏了,只得兜了那花瓣,来至池边,抖在池内。那花瓣浮在水面,飘飘荡荡,竟流出沁芳闸去了。回来只见地下还有许多,宝玉正踟蹰间,只听背后有人说道:"你在这里做什么?"宝玉一回头,却是林黛玉来了,肩上担着花锄,锄上挂着花囊,手内拿着花帚。宝玉笑道:"好,好,来把这个花扫起来,撂在那水里。我才撂了好些在那里呢。"林黛玉道:"撂在水里不好。你看这里的水干净,只一流出去,有人家的地方脏的臭的混倒,仍旧把花糟蹋了。那畸角上我有一个花冢,如今把它扫了,装在这绢袋里,拿土埋上,日久不过随土化了,岂不干净。"

这就属于慢节奏的叙述。慢节奏的叙述有时很难与描写分开。当叙述涉及一些富有表现力的细节时,就是白描。

(2)依叙述顺序分,可分为顺叙、倒叙、插叙、补叙。

顺叙是一种依人物来历、事件发展顺序,将事情原委一一道来的叙述方式。它是一种最常见、最基本的叙述方法。例如:

> 一九六八年十一月十七日晚,我们几个四十七中的同学从西直门火车站悄悄地离开了北京,奔向内蒙古锡盟草原。
>
> 因为是自己跑去的,那边很可能不要我们。为表示我们上山下乡去内蒙古边疆的诚意和决心,感动当地管事的,我们决定到张家口后,徒步走到锡盟首府锡林浩特。
>
> 从张家口到张北八十多里地,我们顺利地走完,虽然荒凉还能忍受,沿公路边的小村落稀稀落落不断。出了张北,就到了坝上,即所谓的内蒙古高原,气候明显见冷,人烟更加稀少。我们五人都戴着五十年代的蓝棉帽,放下了帽耳朵,呼出的热气把帽耳朵边上染白,默默地沿着一望无际的公路向北行进。
>
> 塞外荒野,名不虚传,又荒又野,四周全是贫寒的土地,光秃秃、苍茫茫、灰土土,走十几里地也见不着人,只间或有几间破旧的土坯房。
>
> 天气阴惨惨的,飘着稀零零的雪花。我们的心里却热乎乎的。毕生中开始了新的一页,离开学校踏上社会,没有老师和家长管,完全独立自主了!这是我们的第一个目标,一定要拿下来!顶着凛冽的寒风,沿着看不见头的公路,坚定地向北走着。我们都知道,我们的命运就捏在自己的手心里,就看我们的腿能否坚持住,走到锡林浩特去。
>
> (老鬼《血色黄昏》)

这段文字,依时间顺序,有次序地交代自己前往草原的过程,使用的就是顺叙的写作手法。

倒叙是根据表达的需要,把事件的结局或某个最重要、最突出的片段提到文章的前边,然后再从事件的开头按事件原来的发展顺序进行叙述的方法。例如《呼啸山庄》、《为了六十一个阶级弟兄》等采用的都是倒叙的方法,这样能增强文章的生动性,使文章产生悬念,更能引人入胜,避免叙述的平板和结构的单调。

插叙是在叙述中心事件的过程中,为了帮助开展情节或刻画人物,暂时中断叙述的线索,插入一段与主要情节相关的回忆或故事的叙述方法。例如:

> 新建的大礼堂里,坐满了人;我们毕业生坐在前八排,我又是坐在最前一排的中间位子上。我的襟上有一朵粉红色的夹竹桃,是临来时妈妈从院子里摘下来给我别上的,她说:"夹竹桃是你爸爸种的,戴着它,就像爸爸看见你上台时一样!"
>
> 爸爸病倒了,他住在医院里不能来。
>
> 昨天我去看爸爸,他的喉咙肿胀着,声音是低哑的。我告诉爸爸,行毕业典礼的时候,我代表全体同学领毕业证书,并且致谢词。我问爸爸,能不能起来,参加我的毕业典礼?……
>
> 爸爸哑着嗓子,拉起我的手笑笑说:"我怎么能够去?"
>
> ……他又转过脸来叮嘱我:"明天要早起,收拾好就到学校去,这是你在小学的最后一天了,可不能迟到!"
>
> "我知道,爸爸。"
>
> "没有爸爸,你更要自己管自己,并且管弟弟和妹妹,你已经大了,是不是?"
>
> "是。"我虽然这么答应了,但是觉得爸爸讲的话很使我不舒服,自从六年前的那一次,我何曾再迟到过?
>
> ……
>
> 静默之中,我的肩头被拍了一下,急忙地睁开了眼,原来是老师站在我的位子边。他用眼势告诉我,叫我向教室的窗外看去,我猛一转过头,是爸爸那瘦高的影子!
>
> (林海音《爸爸的花儿落了》,有删节)

这段文字从毕业典礼入手,插入昨天医院里的情景,就是插叙。

补叙,也叫追叙,是行文中用三两句话或一小段话对前边说的人或事做一些简单的补充交代。补叙之前的叙述中作者一般有意遗漏一些情节,事后以补叙的方式进行交代。补叙与插叙最大的区别在于是否有情节,一般而言,插叙的文字有完整的情节,而补叙多是一些简单的交代,前后不需要过渡的文字。例如冰心《小桔灯》的末尾:

> 我提着这灵巧的小桔灯,慢慢地在黑暗潮湿的山路上走着。这朦胧的桔红的光,实在照不了多远,但这小姑娘的镇定、勇敢、乐观的精神鼓舞了我,我似乎觉得眼前有无限光明!
>
> 我的朋友已经回来了,看见我提着小桔灯,便问我从哪里来。我说:"从……从王春林家来。"她惊异地说:"王春林,那个木匠,你怎么认得他?去年山下医学院里,有几个学生,被当作共产党抓走了,以后王春林也失踪了,据说他常替那些学生送信……"
>
> 当夜,我就离开那山村,再也没有听见那小姑娘和她母亲的消息。

通过朋友的话,补叙出王春林的信息,也说明了小姑娘一家受苦的原因。

(3)依叙述视角分,可分为全知视角、内视角和外视角。

全知视角中叙述者大于人物,叙述者是全知全觉的,他能够知道所有人物发生了什么事,连人物的内心,甚至人物自身意识不到的想法,叙述者都知道。如《红楼梦》使用的就是这一视角。

内视角的叙述,叙述者与人物相同,人物看到什么、想到什么,叙述者就叙述什么,人物看不到、想不到的,叙述者也不表述。大多数自传体小说采用的就是这一视角。

外视角的叙述,叙述者小于人物。对于人物的想法、所作所为,叙述者并不太清楚,这为下文留下不少悬念。因为这一视角富有悬念又耐人寻味,所以经常被侦探小说、悬疑电影使用。

2. 描写

描写就是用生动形象的语言,把人物或景物的状态具体地描绘出来。它所回答的是"什么样"的问题。依不同的标准,描写有不同的分类。如按所描写的对象分,可分为人物描写、景物描写、环境描写、场面描写等。按描写的途径分,可分为间接描写、直接描写、正面描写、侧面描写等。人物描写中又可分为肖像描写、语言描写、动作描写、心理描写等。

按特征分,描写可分为白描和细描两种。

(1)白描

所谓"白描"是指抓住事物的主要特征,并以简洁的语言勾画出事物形象的一种写法。白描原是国画的技法,主要以线条来描写物象的形态、体积、质量感。在写作中运用白描实际也就是说不需要过多的渲染和色彩,不需要华丽辞藻的修饰,一般也不用比喻一类的修辞手法。如鲁迅《故乡》的开头:"时候既然是深冬,渐近故乡时,天气又阴晦了,冷风吹进船舱中,呜呜的响,从篷隙向外一望,苍黄的天底下,远近横着几个萧索的荒村,没有一些活气。"

(2)细描

细描,顾名思义,就是对事物进行仔细的描写。相对于白描,细描就类似于国画中的工笔,它强调对事物一笔一画的精雕细刻,同时进行精致的描绘、渲染,使用大量的比喻。如黄河浪在《故乡的榕树》中的这一段:

> 站在桥头的两棵老榕树,一棵直立,枝叶茂盛;另一棵却长成奇异的S形,苍虬多筋的树干斜伸向溪中,我们都称它为"驼背"。更特别的是它弯曲的这一段树心被烧空了,形成丈多长平放的凹槽,而它仍然顽强地活着,横过溪面,昂起头来,把浓密的枝叶伸向蓝天。小时候我们对这棵驼背榕树分外有感情,把它中空的那段凹槽当作一条"船"。几个伙伴爬上去,敲起小锣鼓,以竹竿当桨七上八落地划起来,明知这条"船"不会前进一步,还是认真地、起劲地划着。

先写两株榕树的整体形象,再从细致处描写,把榕树比成一条船,这就是对榕树的细描。

二、说明文写作

(一)说明文的概念

说明文是以说明为主要表达方式来解说事物、阐明事理而给人知识的文章体裁。它通过揭示概念来说明事物的特征、本质及其规律性。

说明文在生活中运用很广,国际上的各种条约、规定,电视节目的解说词,各类产品的使用说明书,都属于说明文。

(二)说明文的特点

1. 科学性

说明文是给读者提供知识的文体,它要求在说明事物时,力求正确,不夸大,不缩小,按照事物的本来面目进行反映,要实事求是,不能想当然地添枝加叶。

记叙文中的月亮可以是:窗外弯弯的月牙儿,像开放在幽蓝的夜空中的菊花瓣;也可以是:那弯弯的月牙儿在薄云里穿梭,像梭鱼似的,活泼可爱;还可以是:清晨,残月像一块失去了光泽的鹅卵石,抛在天边。说明文中的月亮则是:月球,俗称月亮,古称太阴,是环绕地球运行的一颗卫星。它是地球唯一的一颗天然卫星,也是离地球最近的天体(与地球之间的平均距离是 38.4 万千米)。

2. 条理性

说明文都具有条理性。条理性是事物本身固有的。在说明事物时,要求头绪清楚,井井有条。说明文有两种:一种是说明具体事物,一种是说明抽象事物。无论是具体事物还是抽象事物,都有其特征,都有它的规律,在写作说明文时应遵循事物的规律,按照一定顺序加以说明。

3. 语言平实、简洁

说明文语言具有准确性、平实性、简洁性的特点。表示时间、空间、数量、范围、程度、特征、性质、程序等,都要求准确无误。说明文的实用性很强,稍有差错,会失之毫厘,谬以千里。

(三)说明文的结构

说明文的结构有总分式、并列式、递进式。

1. 总分式

总分式的结构一般用于事物性的说明文,有"总—分—总"和"总—分"两种形式。如《苏州园林》采用的就是"总—分"的结构,第一段引出说明对象后,第两段开始总说,从"他们讲究亭台轩榭的布局"……到"讲究近景远景的层次"限定了下文介绍的对象,下文按这个顺序依次介绍。而《故宫博物院》采用的是"总—分—总"的结构,先总写:"在北京的中心,有一座城中之城,这就是紫禁城。现在人们叫它故宫,也叫故宫博物院。这是明清两代的皇宫,是我国现存的最大最完整的古代宫殿建筑群,有五百多年历史了",再按照游览参观路线,由南到北逐次并详略得当地介绍了故宫的主要建筑及其布局和功用,最后总结:"站在景山的高处望故宫,重重殿宇,层层楼阁,道道宫墙,错综相连,而井然有序。这样宏伟的建筑群,这样和谐统一的布局,不能不令人惊叹。"

2. 并列式

并列式的结构,各部分没有主次之分,是对等的。如谈家桢的《奇妙的克隆》第一部分主要说明了什么是克隆。第二部分介绍了人类在克隆低等动物过程中的探索过程,是克隆哺乳动物的前奏。第三部分介绍了人类克隆出第一例哺乳动物——绵羊"多利"的经过及其巨大影响。第四部分介绍了克隆技术在挽救濒临绝种珍稀动物方面以及在研究癌生物学、研究免疫学、研究人的寿命等方面的作用。这四部分分别说明了克隆的含义、实验、发展与作用,相互之间的关系是并列的。

3. 递进式

递进式各层之间的关系是由浅入深、由表及里、由现象到本质。如《万紫千红的花》一文,第一步说明花有各种颜色的原因,第二步说明花变色的原因,第三步说明花与昆虫的关系,第四步说明花与人的关系,逐层深入,各层之间的关系是递进的。

（四）说明方法

常见的说明方法有举事例、分类别、列数据、作比较、画图表、下定义、作诠释、打比方、摹状貌、引资料等。

1. 举事例

为了更好地说明抽象的事理,让复杂的事情或事物变得通俗易懂,往往需要通过举一些具体的例子,这种说明方法就是举事例。如《中国石拱桥》把古代的赵州桥和卢沟桥作为具有代表性的例子,对我国建设石拱桥历史的悠久、成就的杰出作了说明。

2. 分类别

将被说明的对象,按照一定的标准划分成不同的类别,一类一类地加以说明,这种说明方法,叫分类别。分类别可以将复杂的事物说清楚。运用分类别方法要注意分类的标准,一次分类只能用同一个标准,同时所列举的种类不能有遗漏。如以报纸内容分,有综合性报纸和专业性报纸,不能说报纸有综合性报纸、专业性报纸、全国性报纸和地方性报纸,后一种分类就使用了两个分类标准。

3. 列数据

为了更好地说明事物或者事理,用数字从数量上说明事物的特征,这样既能反映事实情况,又有较强的说服力。例如:"地球与太阳的最大距离是 $1.521×10^8$ 千米,约在每年 7 月初;最小距离是 $1.471×10^8$ 千米,约在每年 1 月初。平均距离是 $1.496×10^8$ 千米。人们把地球与太阳之间的距离作为一个天文单位,取其整数为 1 亿 5000 万千米。"

4. 作比较

作比较,是说明文中将两种类别相同或不同的事物、现象等加以比较来说明事物特征的说明方法。一般用人们相对熟悉的事物和事理来说明比较复杂的事物、事理。在作比较的时候,可以是同类相比,也可以是异类相比,可以对事物进行"横比",也可以对事物进行"纵比"。例如《雄伟的人民大会堂》一文中,为了说明宴会厅的建筑面积,作者运用了作比较的方法:"有五千个席位的宴会厅又是另一番景象。它的面积有七千平方米,比一个足球场还大,设计的精巧也是罕见的。"

5. 画图表

为了把复杂的事物说清楚,还可以采用画图表的方法,来弥补单用文字表达的缺欠,有些事物的关系抽象而复杂,仅用文字说明还不能使读者明白,这就需要附上示意图,有些被说明的事物项目较多,也可制成统计表,将有关数字分别填入表中,使人看了一目了然。

6. 下定义

用简明的语言对某一概念的本质特征作规定性的说明叫下定义。下定义能准确揭示事物的本质,是科技说明文常用的方法。下定义时有的着重说明特性,有的着重说明作用,有的既说明特性又说明作用,无论采用什么方式,只要是下定义,就必须揭示事物的本质,只有这样的定义才是科学的。

7. 作诠释

作诠释是说明文中对事物的性质和特征进行解释的一种说明方法,是从一个侧面就事物的某一个特点做些解释,对事物或事理的某些性质和特点进行适当解说。下定义与作诠释不同的地方是:下定义要求完整,并且要从一个方面完整地揭示概念的全部内涵;而作诠释并不要求完整,只要揭示概念的一部分内涵就可以了,并且解释的对象与作出的解释外延也可以不相等。简单的区别方式是:"是"字两边的话能够互换,就是下定义;如果不能互换,就是作诠释。

如"词是能独立运用的最小的语言单位"这个定义,主语与宾语的内涵与外延完全一致,可以颠倒,即说"能独立运用的最小的语言单位是词"也行。而"铀,是银白色的金属",则是作诠释,其内涵与外延都不相等,"铀"的外延要小于"银白色的金属"的外延,因而主语与宾语不能倒过来说,即不能说"银白色的金属是铀"。作诠释不仅可以用来解释概念、定理、定律等,也可以用来解释事物或事理的性质、特点、功用和原因等。作诠释的语言虽不像下定义那样要求严格,但也需简明、准确、通俗易懂。

8. 打比方

利用两种不同事物之间的相似之处作比较,以突出事物的性状特点,增强说明的形象性和生动性的说明方法叫作打比方。说明文中的打比方的说明方法,同修辞格上的比喻是一致的。不同的是,比喻修辞有明喻、暗喻和借喻,而打比方多用明喻和暗喻,借喻则不宜使用。

9. 摹状貌

为了使被说明对象更形象、具体,可以进行状貌摹写,这种说明方法叫摹状貌。如《中国石拱桥》中"这些石刻的狮子,有的母子相抱,有的交头接耳,有的像倾听水声,千态万状,惟妙惟肖",这样的说明显得十分生动、活泼。

10. 引资料

为了使说明的内容更充实具体,可以引资料说明。引资料的范围很广,如经典著作、名家名言、公式定律、典故谚语等。

三、议论文写作

(一)议论文的概念

议论文也曾被叫作"论说文",这是因为在议论文中,说明也常常出现。议论文与说明文的主要区别还在于,说明文说的是客观存在的事实,具有客观性,而议论文则为了使人信服作者的观点,具有主观性。议论文既然是要说服别人的,就不能仅就事物的表面进行说明,必须透过现象看本质,这就使得议论文要通过大量的材料归纳总结出抽象的观点。所以,议论文是一种以抽象的思维、概括的语言和严密的系统阐述某种观点的旨在使人信服的文体。

(二)议论文的结构类型

议论文是对某个问题或某件事进行分析、评论,表明自己的观点、立场、态度、看法和主张的,与记叙文的时间秩序不同的是,议论文讲究的是逻辑的秩序。一般来说,议论文的结构有以下三种类型:

1. 总分式

总分式的议论文分为"分—总"型、"总—分"型、"总—分—总"型。

"分—总"型议论文的论点并不是在文章的开头就提出,而是通过大量的材料与说理,到文章的最后亮出作者的观点。例如鲁迅的《拿来主义》,先批判"送去主义",揭露、谴责国民党政府在学术与文艺方面媚外卖国的行为及严重后果,再阐明"拿来主义"的内涵。批判在接受外来文化和传统文化问题上的错误倾向,最后总结全文,指出实行拿来主义的意义和条件,以及"拿来主义"对于创造民族新文化的重要意义。

"总——分"型议论文的特点是从观点到材料,开宗明义地提出观点,先总论后分论,末尾不再强调总论点。例如荀子的《劝学》,开篇先提出"学不可以已"的论点,接着分别从学习的效果(知明而行无过矣)、学习的重要作用(君子性非异也,善假于物也)、学习的方法和态度(注意积累、用心专一)等几个方面来证明。最后没有总收照应。

"总—分—总"型议论文的结构是先总论,再分论,最后作结论。也就是"提出问题—分析问题—解决问题"。如苏洵的《六国论》,开篇即提出六国破灭"弊在赂秦"的论点;继而以"赂秦而力亏"和"不赂者以赂者丧"两个论据,对总论点作了概要阐明。最后一句从六国覆灭的惨痛史实,引出深刻的教训,以假言判断含蓄地、尖锐地针砭了北宋统治者"从六国破亡之故事",对敌妥协投降的错误,预言其下场会比六国更加可悲。

2. 对照式

对照式的议论文是在中心论点提出之后,从正反两个方面对中心论点进行论证。通过两个方面的对照,突出说明其中一个方面的正确性,另一个方面只起烘托、陪衬的作用。

例如刘开的《问说》,作者先提出"君子之学必好问"的中心论点,接着辩证地分析"问"与"学"相辅而行的关系,再转而强调指出:好学一定要勤奋。接着从正反两方面详细阐明为什么要勤问:先从正面阐明"问"的重要作用及怎样才算好问和问应持什么态度;后又转入分析今人的错误表现;最后重申自己的主张。

3. 递进式

在阐述中心论点时,各层次、段落之间的关系,是层层深入、步步推进的关系,前一部分论述是后一部分论述的基础,最后推导出文章的结论。

如鲁迅的《论"费厄泼赖"应该缓行》中有六个分论:论"落水狗"有三种,大都在可打之列;论叭儿狗尤非打落水里,又从而打之不可;论不打"落水狗"是误人子弟;论塌台人物不当与"落水狗"相提并论;论现在还不能一味"费厄";论"即以其人之道还治其人之身"。这六个论点,每个论点都是对前一论点的发展与深入,各层次之间的顺序有严格的要求,不能随意更改。

总的说来,总分式是并列展开的论述结构,而对照式与递进式则是逐层深入的论述结构。

(三)议论文的论证方法

议论文的论证方法主要有以下三种:

1. 归纳论证

归纳论证是一种由个别到一般的论证方法。它通过许多个别的事例或分论点,归纳出它们所共有的特性,从而得出一个一般性的结论。归纳法可以先举事例再归纳结论,也可以先提出结论再举例加以证明。前者即我们通常所说的归纳法,后者就是例证法。

例如朱自清的《论气节》,从"气"与"节"这两个概念的历史演变,归纳出"气"是战斗的、"节"是消极的论点,用的就是归纳论证。

又如毛泽东《抗日战争胜利后的时局和我们的方针》这篇文章中有一段话:

1936年,我们住在保安。离保安四五十里的地方有个地主豪绅的土围子。那时候党中央的所在地在保安,政治影响可谓大矣,可是那个土围子里的反革命就是死不投降。我们在南面扫、北面扫,都不行,后来把扫帚搞到里面去扫,他才说:"啊哟,我不干了。"世界上的事情,都是这样。

毛泽东用这个事例来证明"凡是反动的东西,你不打,他就不倒。扫帚不到,灰尘照例不会自己跑掉"这一观点,使用的也是归纳论证。

2. 演绎论证

与归纳论证由个别到一般的论证不同,演绎论证是一种由一般到个别的论证方法。它由一般原理出发,推导出关于个别情况的结论,其前提和结论之间的联系是必需的。演绎法有三段论、假言推理、选言推理等多种形式,但最重要的是三段论。三段论由大前提、小前提和结论三部分组成。例如王蒙的《论"费厄泼赖"应该实行》以鲁迅原意中的"费厄泼赖"应该实行,但条件尚不成熟为大前提,以今天实行的条件已经具备、必要性与可能性已变成现实性为小前提,从而演绎出"费厄泼赖应该实行"的结论。

3. 比较论证

比较论证是由个别到个别的论证方法。通常将它分为两类:一类是类比法,另一类是对比法。类比法是将性质、特点在某些方面相同或相近的不同事物加以比较,从而引出结论的方法。对比法是通过性质、特点在某些方面相反或对立的不同事物之间的比较来证明论点的方法。

例如秦牧《散文创作谈》中谈到选材时说:"选材,对于写好一篇散文是十分重要的。大家都知道,笋尖比笋身好吃,菜心比菜梗好吃;厨房大师傅更是深知'此中三昧'。但是,有些人写起文章来,却忘记了这个道理,不去区别什么是生活材料中的笋尖和笋身,菜心和菜梗;捡到一点有些儿光泽、有些儿意义的事情就写,结果就只能写出很平常的作品。"用笋尖笋身、菜心菜梗来比喻散文选材的重要性,就属于类比法。

欧阳修的《朋党论》以君子之朋与小人之朋的对比贯穿全文,就属于对比法。

? 思考与练习

一、填空题

1. 记叙文的表达方式中最重要的应该是_____和_____。

2. 抓住事物的主要特征,并以简洁的语言勾画出事物形象的一种写法是_____。

3. 由个别到一般的论证方法是_____论证,由一般到个别的论证方法是_____论证。

二、判断题

1. 记叙文是以叙述、描写为主要表达方式,"福建农林大学是福建省重点建设的三所高水平大学之一"就是叙述。( )

2. 快节奏的叙述有时很难与描写分开。当叙述涉及一些富有表现力的细节时,就是白描。( )

3. 从一个方面完整地揭示概念全部内涵的说明方法是作诠释。( )

三、简述题

1. 记叙文的六要素是什么？

2. 记叙依据叙述顺序可分为哪几种？

3. 说明文有哪些特点？

4. 请写出六种以上的说明方法。

5. 议论文的论证方法主要有哪三种？

第三节 如何写作

写作在现实生活中占有重要的地位,特别对于已经成年,很快就要走上工作岗位的大学生而言,更是不可或缺。在就业形势日趋严峻的当下,写作能力不仅是大学生人文素养的重要体现,更是许多用人单位考核录用的重要技能。毋庸置疑,每个人都想拥有高水平的写作能力,但是怎样才能切实有效地提升自己的写作水平呢? 要想拥有高水平的写作能力,在认识了解写作基本概念及各类文体的特点之后,还需要进一步认识如何写作这一课题。

如何进行写作? 这是一个极其耐人寻味、引人深思的问题。同样是写作,有的人得心应手,文思敏捷,有的人却抓耳挠腮,难以下笔;同样一个人写作,有的时候能够信手拈来,一气呵成,有的时候却不得不冥思苦想,绞尽脑汁;同样一个命题,有的文风幽默滑稽,通俗风趣,有的文风却深沉温婉、唯美浪漫……

可见,写作活动是一个复杂的动态的过程,不仅表现在构成写作的要素纷繁多样,还表现在写作主体的因人而异,更表现在写作技法的丰富多变。尽管如此,写作既然作为一种现象而存在,就必然有其规律可循。正如雨果所说:"艺术有它自己所遵循的法则,就像其余的事物有各自的法则一样。"打开写作之门的钥匙,就在于对写作过程的总结。写作过程是一个一个问题解决的过程,从写作活动开始,到写作活动结束,涉及多个环节,这其中又以审题、选材、炼意、谋篇、修改五个环节最为重要。下面我们就从这五个环节入手,就如何写作这一课题进行探讨。

一、审题

当我们在阅读一篇文章时,往往最先关注的就是标题。标题,即文章的名称,它可以揭示或暗示主题,也可以提示文章的内容范围和贯穿带过,俗称题目。

为什么称题目? 根据《说文解字》的解释,"题"的本意为"额","额"与"目",也就是额头与眼睛都位于头部,处于人体最显著、最重要的部位,往往留给他人最深刻的第一印象,故而得名。由此可见,标题对于文章有着先声夺人的重要作用。因此,在我们的写作过程中,拟订什么样的写作方向,选择什么样的标题,自然成为写作过程中关键的第一步。

对于大学生群体来说,相较于自发性的文学创作,更多需要接触的则是各种类型考试中的命题写作,以及日常学习、工作、生活实际中的应用写作。除了自发性的文学创作之外,无论是命题写作还是应用写作,都无一例外地要从审题这一环节开始。

(一)何谓审题

既然审题如此的重要,那么,什么是审题呢? "审",是详细研究、全面了解的意思。"审题",就是要求在动笔之前,对作文题目进行仔细审查,通过对命题表述及所给材料的反复推敲和深入思考,摸清命题含义,弄清写作要求,理清写作方向的过程。显然,不过好审题这关,不可能写出符合要求的文章。

其实,审题环节的重要性大家都心知肚明,但是总有些同学过于心急,对于眼前的题目往往一目十行,以为明白了,就草草成篇,但最后的分数或成文效果均不尽如人意,甚至令人大跌眼镜。比如,有同学把《难忘的一件小事》写成了对抗洪抢险英雄事迹的歌颂,自己还觉得胸有成竹,洋洋自得;有同学把记叙文写成了议论文,自己还十分满意文章中的犀利论述、辛辣点评……类似问题的出现,都是没有审清题目要求惹的祸。

正所谓"磨刀不误砍柴工",审题虽然需要花费一定的时间思考,但这一思考的过程却能大大节约动笔写作花费的时间,更为重要的是,审题能够大大降低离题千里和偏题的概率。因此,我们一定要谨记,无论时间多紧迫,情况多紧急,都万万不可跳过审题这个环节。

因此,当我们面对命题写作和应用写作时,一定要注意审题,看清题目的要求是什么,要点是什么,特殊要求是什么,是计划还是总结,是通告还是通报,有无篇幅限制、字数要求等等硬性要求信息。最好在审题时能够用笔在关键字、词、句上做好标记,因为这些字、词、句往往是命题者的态度、倾向,清晰的标记不仅能够在写作过程中时时提醒自己注意,更能很好地理清自己的写作思路。

(二)审题的方法

当然,对于已经身经百战的大学生而言,审题环节是每个学生都会注意到的,但是注意到并不意味着能够做好。在审题的过程中,有不少学生简单地认为,审题就是读题或者读要求,审题时一目十行,漫不经心。还有一些学生片面地认为,在审题上花的时间越多,写作的效果就越好,审题时磨磨蹭蹭,慢条斯理。

其实,审题也有着一定的方法和技巧,掌握了这些方法和技巧,就能较好地完成审题这一环节,为接下来的动笔写作打下坚实的基础。那么,如何才能在较短的时间内正确把握命题者的意图,全面准确地理解题目要求,完成审题任务呢? 要想达到快速高效审题的目的,常见的方法主要有以下几种。

1. 分析命题的语法关系

我们在各种类型的考试中或者在实际应用中所遇到的文题,都有一定的表达形式,或者是一个词或词语,或者是一个短语,或者是一个完整的句子。一般来说,无论是哪一种类型的文题,都存在着一定的语法关系,而对其语法关系的分析,就是审题时的一个关键所在。

(1)主谓式文题

主谓式文题,往往以一个完整的句子命题。审这类文题,必须把握主语与谓语之间的关系。这类题目一般就是文章所要论述的中心论点,其主语就是文章所要阐述的对象,而谓语则是要阐述的观点或是文章的中心内容,其他的定语、状语等成分就是题目规定的取材范围。例如"大学生要为理想奋斗"一题,主语是"大学生",谓语是"要……奋斗",这就要求写的对象是大学生,阐述的观点是要奋斗,"奋斗"前面的修饰语是"为理想",规定了奋斗的范围。综合以上的审题分析之后,这篇文章的中心论点就是大学生要为理想奋斗,行文时要进一步阐述大学生们为什么要为理想奋斗,怎样进行奋斗。这样理清主语与谓语之间的关系后,有助于我们确定文章的中心,拟订写作的方向。

(2)偏正式文题

偏正式文题,往往以一个偏正词组命题。审这类文题,必须把握中心词与修饰语之间的关系,以此来确定写作的重点。如"生命的价值"一题,中心词是"价值",表明文章要用论说的方式来表达。"生命的"是修饰词,它是"价值"的对象,因此要围绕生命的特征来论述其价值。又如"我最崇敬的人"一题,其中心词是"人",于是明确是写人的文章,修饰限制词"我最崇敬的",就限定了写人的内容,除了要写这个人的品质让人崇敬之外,还要着重强调"我"与这个人之间的关系,它对"我"的影响。

(3)动宾式文题

动宾式文题,往往由一个动宾词组构成。审这类文题,必须抓住最能体现观点的动词,然后扣住宾语,重点阐述"为什么"这个问题。同时,还要关注其修饰成分或限制语。例如"必须跨过这道坎"一题,动词是"必须跨过",宾语是"这道坎",文章的重点就是阐述为什么必须跨过这道坎。显然,文题中的"必须"是审题时关注的重点,如果文章仅阐述了跨过这道坎,而未能就"必须"予以强调,那么就不能紧扣题意,也无法获得较好的分数。当然,在此基础上,如果还能再深入一层,继续追问,阐述怎么办,也就是进一步阐述怎样才能更好地跨过这道坎,则会达到更好的效果。这样综合分析,有助于针对题目展开论述,中心明确,重点突出。

(4)联合式文题

联合式文题,往往以两个相同结构的词或词组联合而成。审这类文题,必须在把握构成题目的词或词组概念内涵的基础上,找准两者之间的联系,进而梳理出两者之间存在的特定关系。题目中出现的词或词组之间的关系既包括日常生活中的表层关系,还包括更深层次的逻辑关系,如因果关系、条件关系、选择关系、依存关系、对比关系、递进关系等等。如"人与路"一题,人与路之间的关系,除了人走在路上的现实关系之外,更蕴含着路是由人走出来的这样思辨性的关系。由此既可以谈到勇于开拓,大胆创新,还可以拓展"路"的象征义,把"路"从现实中的道路引申为创业之路、爱心之路、人生之路、强国之路等。

2. 仔细体会捕捉题眼

拿到写作命题认真阅读之后,在仔细体会题目要求的基础上,要尽可能地捕捉出题眼。题眼揭示题目写作重点,表现题目感情色彩的所在,也就是平常所说的关键词语。正如清代文论家刘熙载所说:"题有眼,文有文眼。题眼或在题中实字,或在题中虚字,或在无字处。"只有准确找到题眼,写出的文章才能合乎题意。

在主谓式文题中,题眼往往是谓语动词。如"大学生活变了"一题,题眼就是谓语中心词"变"。如果仅仅只描写大学生活,而没有扣住"变"这个关键词语,那是不合题意的。合乎题意的文章必须紧扣"变"这一题眼,在描写"变"的基础上进而写出"变"的速度、"变"的原因、"变"的过程……这样才能挖掘出题旨更深层的意义。

在短语结构的文题中,如偏正式文题、动宾式文题,题眼往往是修饰限制词。如"最爱的季节"一题,这题中心是"季节","季节"规定了文章要写的内容和写作的范围,但不是文章表达的重点。"最爱的"这一"的"字结构才是题眼。"季节"有四季之分,但文题要求的却是从四季中选出"最爱的"季节来,还要进一步揭示出"最爱的"理由,"我"和"季节"之间发生的事情。

在联合式文题中,题眼往往是构成题目的词或词组之间的关系。如《成功与失败》一题,题眼就是"成功"与"失败"之间的关系,也就是着重阐述两者相互辩证统一的关系,任何人都不可能只拥有成功,也不可能只拥有失败。

3. 挖掘题目的言外之意

有些作文题目看上去很简单直白,但绝不能因此而立刻动笔,必须深挖内涵,正确揭示寓意。如《灯光》,并不仅仅是简单地描写灯带给我们的光芒;"一屋不扫,何以扫天下",并不是浅显地阐述环境卫生问题;"羡网与捕鱼"并不是讨论捕鱼的问题……

我们在审题时一定要切记,命题者给出的写作题,绝不仅是要求我们写表面的东西,更希望我们写出包含在题目中的深层蕴意。因此,审题时绝不能只从字面意思简单理解,而应该透过表面意义去挖掘内在的含义以及隐藏在背后的寓意。挖掘题目的言外之意,可以从探求其比喻义、象征义、引申义这三个方面入手。

(1)比喻义

比喻是修辞方法的一种,不论明喻、暗喻还是借喻,都是通过抓住此物与彼物之间的相似点进行的。因此,我们在审题时,就可以通过寻找与题目中的字眼有相似之处的事物、事件或是道理、规律展开联想,这样才能很好地拓展我们的思路。如"我有一双隐形的翅膀"一题,这里的"翅膀"可以用来比喻帮助"我"腾飞的重要力量,"隐形"则是强调别人看不见,由此,此题的言外之意就可以丰富为亲人朋友的关怀、鼓励;永不言弃的梦想、目标;书籍带来的丰富知识……从比喻义来审题,思路才会灵活、开阔。

(2)象征义

象征是文学创作中的一种手法,借助某一具体事物的形象,以表现某种抽象的概念、思想或情感。其显著的特点在于通过象征物与被象征物之间的相似之处,使得象征物的某一抽象内容得到形象深刻的感受。因此,我们在审题时,就可以通过这种以物征事的艺术表现手法帮助我们提升文章的立意。如"冬天的梅花"一题,就不能一味地赞美梅花的不怕严寒,而要由此产生联想,以它傲立风雪的形象来象征人们迎难而上的坚强品格,象征为民族复兴不畏强权、威武不屈的高风亮节。从象征义来审题,立意才会高远、新颖。

(3)引申义

引申的原意是指,从某词的本义中产生出新的意义,而新义与本义之间又存在着某种相关性。因此,我们在审题时,就可以通过某事的意义引申出其他有关的意义,也就是由此及彼地借题发挥。审这一类的题目时必须先搞清题目中所提到的事或所体现的含义,然后根据此含义进行引申发挥。如"由东施效颦想到的"一题,不能一味地介绍东施如何效颦,而是要从这个典故讥讽那些不切实际,机械仿效别人的人的含义,引申到社会生活中的种种类似现象,如不顾自身学习条件炮制他人的学习方法;不考虑具体国情,生搬硬套西方经验。从引申义来审题,联系实际,由此及彼,才能写出有思想内涵的文章。

4. 虚题实做,实题虚做

兵法中有虚虚实实、真真假假一说,这一方法也适用于审题。我们遇到的写作命题,有的比较具体实在,有的则比较抽象模糊。我们在审题时,既可以由实写虚,把一些具体实在的命题虚化,实题虚做;也可以由虚写实,把一些抽象模糊的命题具体化,虚题实做。

如"我想握住你的手"一题,从字面上看很具体实在,审题时容易从某个具体的人或物进行立意。其实,在遇到这类命题时,可以把它错位到虚处,就有更加新颖、开阔的立意。

只要把命题中的"你"加以虚指,就能从一个具体的人或物的思路中跳脱出来,可以想握住时间的、青春的手、诚信的手,也可以想握住某位著名历史人物的手、某部文学作品中主人公的手、外星人的手。总之,这类实题要打破实物的限制,化实为虚,提升文章立意。

又如"追求"一题,从字面上看很虚很大,审题立意时往往不知从何处下笔,此时就应该把它错位到实处,这样就非常好写了。可以写山村教师的追求、运动员的追求、当代大学生的追求,也可以论述什么是真正值得人们追求的,探讨追求伟大目标与日常生活小事之间的关系。总之,这类虚题要落到实处,明确文章立意。

5. 添加新的语素

我们在审题时,如果遇到难以判断的情况,往往可以采用添加新的语素的方法帮助我们辨清题意,完成审题。所谓添加新的语素,其实就是在给定的题目前或后添加词语或短语,丰富所给的词语,这样题旨便会显露出来,化难为易,能又快又好地完成审题任务。

如"北京的符号"一题,初看时觉得北京的符号有很多,一时不知该如何下笔。如果我们在题目前或后添加适当的内容,题旨便立刻明确起来。如"留住北京的符号"、"创新北京的符号"、"北京的符号对世界的影响"、"北京的符号与众不同的表现"等。

6. 给材料作文

"材料+命题"的写作样式由于给了材料,既减少了写作者无材料可写的现象,又能全面地考察写作者的写作能力,加之"材料+命题"的写作样式客观性较强,便于评卷考核,因此备受青睐,越来越成为各类考试的主要题型。但是对于写作者而言,在审题时就必须面对大量的阅读材料,对此不少同学会感到手足无措。那么,对于"材料+命题"的题型,应该如何审题?

首先,先看作答要求,后看阅读材料。阅读材料一般都比较多,需要花费一定的时间,因此很多同学一拿到考题就急于阅读材料,这个做法并不值得提倡。更加行之有效的方法在于先看后面各题的答题要求,弄清应该从材料中审读些什么,审读的重点又在哪里。在形成问题意识和相应的阅读心理定式之后,可以避免在一些额外信息上浪费时间,而把注意力更快地集中到写作所需的重点信息和有用信息上,大大提高阅读的效率。

其次,扫描材料概貌,筛选重要信息。先在 10 分钟以内快速阅读全部材料,在这一略读的过程中,需要基本掌握材料的篇幅及构成,大致判别材料的性质、类型。在此基础上,结合答题要求,要从材料中剔除一些无关紧要的信息,筛选出重要的信息。同时用笔在一些关键字词上做好标记,如"根本原因"、"前提"、"核心"等,以方便写作时查找运用。

最后,概括材料要点,进行总结归类。在快速阅读给定材料后,就要进一步对筛选出的重点材料进行细读。我们看到的材料,绝大部分没有严格的逻辑分类与排序,往往是杂乱无序地堆放。因此,在细读的过程中,要概括提炼每则材料的主题或中心,并据此对其进行适当的分类,这样不仅有助于我们分析、归纳、概括要点,更有助于我们理清写作思路,明确写作意图。

审题是写作过程的第一步,也是动笔写作的关键,更是决定写作成败的重要环节。只有审题正确,才能拿到基本的分数;否则,文字基本功再好,也会一败涂地。需要注意的是,以上介绍的六种审题的方法并非互相孤立,在实际审题中往往需要我们综合运用。

二、选材

完成了审题之后,接下来我们需要进入的写作环节便是选材了。纵观那些伟大的传世之作,研读那些不朽的名著经典,可以看出这些文章作品在选材上无不新颖别致、引人入胜。正是文豪巨匠们精心选取的材料构成了文章、作品的深厚底蕴,吸引着一代又一代的读者阅读欣赏。

（一）材料的种类

材料，是指作者为了某种写作目的所搜集、积累以及写在文章中表现主题的一系列事实现象和理论根据，其内容包括人、事、景、物、情、理、数据多个方面。材料是一个总称，素材、题材是与材料相关的概念。一般来说，素材是指作者在写作之前从生活中直接摄取的，尚未经过加工提炼的原始材料，而题材则是经过作者提炼加工后写入作品的材料。为了方便写作时更有效地选材，可以根据不同的标准和尺度，对材料进行分类。

根据材料存在的时间背景分，有现实材料和历史材料。现实材料即距写文章的时间较近的材料，历史材料即距写文章的时间较远的材料。

根据材料在文章中的表现角度分，有正面材料和反面材料。正面材料即作者认为能支持自己观点的材料，反面材料即作者认为应当排斥或被否定的材料。

根据材料的获取途径分，有原始材料和转手材料。原始材料又称一手材料，是作者直接得到的材料；转手材料又称第二手材料，来自典籍、文献、他人，是作者间接得到的材料。

根据材料的性质分，有事实材料和理论材料。事实材料也称客观性材料，是指客观存在的或书文提供的具体事物，包括人物、事件、场景和科学统计数字等；观念性材料也称主观性材料，是指来源于实践又在实践中得到验证的观点，包括被确认的科学原理、定义，流传于民间的谚语、格言等。

当然，任何事物的分类，往往只是相对的，而不是绝对的，文章材料的分类也是如此，就某个具体材料而言，它有可能同时属于几个组类。了解材料的分类，有助于对材料进行归类整理，也便于选材环节的进行。

（二）选材的原则

俗话说"巧妇难为无米之炊"，没有材料是不可能动笔写作的，但并非有了材料就能写出好文章。要想写出好文章，还必须在选材上下功夫。那么，怎么样选材呢？接下来，让我们来看看选材的五大基本原则。

1. 选材要切题

切题就是围绕主题选择材料，使材料符合主题的需要。如俄罗斯小说家契诃夫所言，"要知道在大理石上刻出人脸来，无非是把这块石头上不是脸的地方都剔除罢了"。

我们写文章的目的就是宣传自己的主张和意见，如果材料不能表达自己的观点，那就无异于废料。因此，对于那些与主题无关或者关系不大的材料，一定要坚决舍弃。某些情节虽然有趣、某些句子虽然精彩，但却与文章主题风马牛不相及，这样的材料硬塞到文章里，非但不能锦上添花，反而只能画蛇添足。所以，选材一定要以切合题意为基本原则，凡是能有力地表现、说明、反映主题的材料，可以选择留用，否则就必须大方舍弃。

2. 选材要真实

真实是一切文章、作品的生命，我们在选材时，一定要选择真实可靠的材料。需要注意的是，这里所指的真实，有生活真实和艺术真实之分。不同文体对材料真实性有着不同要求，有些要求生活真实，有些则要求艺术真实。

生活真实是指未经作者艺术加工的客观存在，是现实生活中的真人真事。如新闻写作、论文写作和应用文写作，所要求的真实性就是生活真实，要求材料真实准确，符合真人实事的原貌，没有任何编造杜撰，容不得半点虚假。

艺术真实则是在文学作品中表现出来的"真实",它虽然并未真实在现实生活中出现,但却是对客观生活的加工提炼,符合社会生活的本质、历史发展的规律。正如鲁迅先生所说,艺术真实"不必是曾有的实事,但必须是会有的实情"。如小说、剧本等文学作品要求的真实性就是艺术真实,它允许通过艺术处理对材料进行想象和虚构,不过这些想象和虚构也需要建立在生活真实的基础上。

3. 选材要典型

是不是能表现主题的材料,具有真实性的材料都可以运用到文章中去呢? 不一定。因为符合这两者要求的材料还是很多,为了避免文章过于臃肿拖沓,还必须从大量、丰富的材料中选取最有普遍性、最有代表性、最典型的材料。材料要典型,这是选材中的一个重要原则,也是使文章的主题和中心论点得以有力表现和证明的要诀之一。

我们所说的典型材料,就是对表现主题来说最有特征、最有代表性、最有表现力的事例和观念。优秀的作品都是"以一斑略知全豹,以一目尽传精神",通过典型材料来刻画人物、记叙事件、阐述论点、表现主题的。因此,我们在选材时一定要注意写进文章里的材料,应该是既能深刻揭示事物的本质,又具有代表性与说服力的材料。典型的材料能以一当十,给读者留下强而有力的印象,起到支撑观点的作用。

4. 选材要新颖

材料的新颖无疑是作品、文章获得魅力和成功的因素之一。如果文章中选用的材料大多是人云亦云,老生常谈,读起来难免有味同嚼蜡之感,这样一来,非但不能引起读者的兴趣,反而可能带来反感。要想获得新颖的材料,可以从以下两个途径入手。

首先,要克服心理定式,学会"避俗"。所谓"避俗",就是避免落入俗套。在选材时学会避开常人的通用思路,做到多数人已经用过的材料,我回避不选;多数人可能选用的材料,我回避不选;多数人容易发现的材料,我回避不选。如"我最难忘的一件事"一题,大多数同学往往不假思索地把高考经历作为选材内容,殊不知这样的选材虽然不至于偏题,但由于同一选材的比例过高,很难脱颖而出,获得高分。

其次,可以翻新改造旧材料,挖掘生发出新意。如果说新材料的发掘不太容易,那么我们完全可以从旧材料入手,通过逆向思维的方式,换个角度看问题,可能就会挖掘出新意。例如"班门弄斧"这个成语,比喻在行家面前卖弄本领,是一个贬义词。著名数学家华罗庚却反用其意,在文章中写道:"下棋找高手,弄斧到班门,这是我一生的主张。只有不怕在能者面前暴露自己的弱点,才能不断进步。"这段由老翻新的语言不仅充满哲理,发人深省,观点更另辟蹊径,新颖独到。

5. 选材要符合文体特征

不同的文体对于材料的选择也有不同的要求,因此,我们在选材时,一定要注意符合文体特征。一般而言,议论文适宜选用概括性的且具有逻辑说服力的材料;记叙文适宜选用具体形象、感染力强、足以触发感情的材料;说明文适宜选取有助于解释事物或事理特征的材料;申论适宜选用可操作性强、有时代感的材料……由于每种文体都有对于材料的相应要求,因此,要想选材得当,我们还必须掌握符合各种类型文体特征的材料类型。

对于选材的过程,茅盾曾有过一段精彩的论述:"选材的时候就要像关卡的税吏似的百般挑剔了。整整一卡车的货,全要翻过身来,硬的要敲一敲,软的要捅一把,薄而成片的,还要对着阳光照了又照……一句话,用尽心力,总想找个把柄,便扣下来,不让过卡。"

以上介绍的选材五大原则,正是对材料精挑细选的重要标尺。

(三)材料的使用

选择材料的目的在于最后的运用,因此选材之后对于材料的运用也至关重要。其实,选材与用材是难以截然分开的,虽然在选材时已经初步认定了材料的使用价值,但是在用材阶段却也始终贯穿着对材料的再度审视、选择。关于材料的使用,主要要注意以下三个要点。

1. 次序得当

写作中对于材料的使用,要处理好先后次序的问题。我们知道,材料进入文章成为一个有机体,并非信手拈来,更不是随意拼凑的。因此,安排材料的次序要得当,只有放在恰当的位置,材料才能充分发挥其作用。我们在使用处理材料时,一定要留心安排材料的次序,这既可能包括时间顺序,也可能包括空间顺序,还可能包括逻辑顺序。在记叙类文章中安排材料,主要是安排先后次序,或纵式,或横式,或穿插,无论如何排序都是由主题决定的。在议论类文章中安排材料,主要是将材料统筹安排在具体的论点或分论点之下,其关键是材料与观点配合紧密,重点材料、典型材料应安排在文章的显要位置上。

2. 详略得当

写作中对于材料的使用,要处理好详与略的关系。文章中所用的材料,既不是多多益善,也不是越详细越好。写文章,并不能想当然地简单堆砌材料,而是要根据表现主题的需要,对材料进行剪裁。否则眉毛胡子一起抓,萝卜青菜一篮装,文章便成了懒婆娘的裹脚布——又臭又长。要做到详略得当,需要遵循四条原则:一是"主要的详,辅佐的略";二是"强调的详,含蓄的略";三是"陌生的详,熟悉的略";四是"难懂的详,易解的略"。其实,这四条原则可以归结为一点,那就是必须服从表现主题的需要。

3. 灵活运用

写作中对于材料的使用,要注意处理的灵活性、机动性。同样一则材料,如何在文章中运用,是机械呆板地赘述,还是灵活机动地穿插,这都决定着文章的成败。例如引用一则材料,既可以采用节录式,也可以采取转述式。节录时,或节录其中一段文字,或节录其中一句话,或节录几个字。节录引用要求较严,不仅要注明出入,还要保证没有错别字,就连标点都要准确无误。转述式使用材料,则比较灵活,无须核对原文文字标点,而且在表述过程中还可以带入作者的思想感情。当文风庄重严肃时,就适宜节录式引用;当文风轻松幽默时,就适宜转述式引用。材料运用哪种表述方法,运用哪种感情色彩,运用哪种语言风格,都没有定式,这些需要写作者结合文章的体式、主题灵活运用。

鲁迅先生说过:"选材要严,开掘要深,不可将一点琐屑的没有意思的事故,便填成一篇,以创作丰富自乐。"一切文章的思想、主题都离不开生活,离不开材料,一篇成功的文章更离不开选材时的深思熟虑。因此,只有把握好选材这一重要环节,才能写出好文章。

三、炼意

完成审题、选材的环节之后,接下来的一个重要环节就是炼意。"意"是我国古代文论中的概念,与之相接近的还包括"义"、"理"、"旨"等概念。所谓"炼意",就是提炼文章的文意,确定文章的主题。相较于"意",我们更熟悉的是"主题"这个概念。"主题"一词源于德国,最初是一个音乐术语,意思是乐曲中最具特征并处于优越地位的旋律,即主旋律。后来日本把这个概念翻译为主题,我国从日语中借用了这一概念,并广泛运用。炼意源自中国古代文论,相对深奥含蓄,不容易理解,因此我们在下面的介绍中还是沿用"主题"的概念进行阐述。

（一）主题的特性

无论哪种类型的文章,都是作者从自己对生活的感受、对材料的加工和提炼中产生出来的一种思想。作者总是力图通过文章来说明某个问题,或表明自己的态度,或阐述自己的主张,或抒发自己的情感。因此,任何文章都不可能没有主题,主题是一篇文章的灵魂。所谓主题,是指作者在文章中所表达的统率全文的中心意思,它渗透、贯穿于文章的全部内容,体现着写作者写作的主要意图。要认识、理解主题这个概念,必须了解主题的特性。

1. 主题具有客观性

主题根基于材料,具有客观性。一定的材料都蕴含着相应的客观实在的意义,它并不以写作主体的意志为转移,无论写作主体是否能将其准确深刻地理解、领悟,它都客观地存在于材料之中。这种寄寓于材料中的客观实在的意蕴,被称为"实在主题"。

此外,主题依托文本而存在,而文本自身又是一个独立的客观存在。虽然阅读者对于同一文本有着各不相同的感受、认知,但是文本本身具有客观实在性,不以阅读主体的理解为转移。这种寄寓于文本中的客观存在的主题,被称为"阐释主题"。

2. 主题具有主观性

主题来自生活,但主题的产生和表现,总要受到写作主体主观因素的影响和制约。同样一朵花,悲伤者看到它不由泪流满面,欢乐者看到它却是满面春风。由于不同作者的思想、观念、情绪存在着差异,因此不同作者看待同一事物的态度、看法、主张也不尽相同。写作中不同的作者在同一材料中看重和选取的,往往是最适合自己心理需要的那部分意义,写作主体的着眼点和选择的角度总是因人而异的。这种写作主体力图表现和确立于文章、作品之中的客观实在意蕴的主体性认识和把握,称为"认知主题"。

从阅读角度来看,不同的阅读主体对于同一篇文章的主题会有不同的,甚至大相径庭的感受。如鲁迅先生所说:"一部《红楼梦》,单是命意,就因读者的眼光而有种种,经学家看见《易》,道学家看见淫,才子看见缠绵,革命家看见排满,流言家看见宫闱秘事。确实是仁者见仁,智者见智。"这种阅读主体对文章客观存在的主题的主体性感受,称为"接受主题"。

3. 主题具有倾向性

主题的倾向性,是写作主体关于人生、社会、历史的态度在写作中的反映。由于写作主体有着不同的教育背景、生活经历、思维方式、心理定式,因此文章主题反映的观点既有可能是正确的,也有可能是错误的;文章主题反映的思想既有可能是积极向上的,也有可能是消极颓废的。也正因为主题具有倾向性,因此常常有人以笔为武器,互相争论分辩,历史上著名文人之间的经典笔战更是不胜枚举。当然,我们在进行命题写作和应用写作时,一定要追求积极、正确的主题,一旦出现消极、错误的主题,也就意味着写作的失败。

4. 主题具有宽泛性

主题并非一个放诸四海而皆准的概念,在不同文体的文章中,与主题的含义相当的概念,也有着不同的说法和名称。一般而言,文学艺术作品和记叙文,都使用主题这一概念;在议论文中,则称为中心论点、总论点或基本论点;在说明文中,可称为中心内容或中心意思;在应用文中,则被称作中心思想。

综上所述,主题既不是写作主体脱离生活的纯主观想象的产物,也不是与写作主体毫无关系的纯客观存在物,而是主客之间相互作用的有机统一体。主题既具有写作主体的倾向性,也具有不同文体的宽泛性。

(二)确定主题的要求

主题能决定材料取舍,支配谋篇布局,制约表达手法的运用,影响遣词造句,不仅是写作的基本依据,也是决定文章成败的重要因素。因此,我们在写作时,一定要着重领会、确定主题的要求以及每个要求的具体内涵。

1. 主题要正确

主题正确,是指文章、作品反映客观事物和主观意识没有偏颇和错讹,符合客观事物的本来面貌,经得起实践的检验。做到主题正确,并不在于写什么内容,也并不是写光明面就一定正确,写阴暗面就一定错误。做到主题正确,关键在于写作主体的立场、观点和思想方法。作者的世界观、思想立场,对文章、作品的主题正确与否至关重要的影响。当然,在文学创作中也存在着一些有着超前意识的作者,他们的文章在主题上曾经被社会公众否定,但又在后世得到高度肯定。不过,对于大学生写作主体而言,其世界观、思想立场、社会阅历都不够成熟丰富,在写作过程中,特别是在面对命题写作与应用写作时,一定要注意把握好主题的正确性。

2. 主题要集中

主题要集中,是指一篇文章一般只有一个中心,一个主题。一篇文章如果能把一个主要问题说明白、说透彻就是好文章。写文章时如果想面面俱到,贪多求全,什么问题都想说,那样就会使主题分散,结果一个问题都说不好,多中心反而会变得无中心,也就是古人所强调的"意多乱文"。总之,写文章绝不能有闻必录,有议即发,一定要有明确的目的性,突出主题和中心。不过在那些篇幅容量较大的文章或文学作品中,其主题有时不止一个,甚至有些作家在创作时主动追求多主题。由于写作主体的写作技法成熟,能够驾驭多主题,因此在文章中可以做到多主题的统一。事实上,多主题的统一与主题的集中并不矛盾。但是由于大学生写作主体在写作技法上还不够娴熟,因此在写作时,最好还是先从主题的集中做起。

3. 主题要深刻

主题要深刻,就是说文章的主题要能够比较充分地揭示事物的本质,反映事物的内部规律,开掘出感人至深的思想意义。一般来说,写人的要着力于对人物思想的挖掘,找出支配人物言行举止的那种思想内核;写事的要着力于对事件的思想意义的探究,要在事件所显示的多方面意义上找出最生动、深刻的那一点;写理论文章,要着力于对事物矛盾的剖析,善于捕捉取得支配地位的矛盾的主要方面,并据此作出明确的回答或判断。当然,文章主题的深刻性必须寄寓在个性鲜明的具体材料之中,要使主题的深刻性和形象的生动具体性有机、巧妙地结合起来,而不能为了深刻而作抽象的推论或脱离实际地凭空拔高。

4. 主题要贴切

主题要贴切,是指主题要与材料和谐有机地统一。从主题的地位和作用来看,就是主题要统率文章中的所有材料;从材料的要求来看,就是文章中所有材料都能从不同角度支撑主题,为表现主题而服务。好的文章和作品,它的主题都能和材料完美地统一在一起,主题的表达十分贴切自然。主题唯有从材料中自然而然地反映出来,才能真正吸引读者、感动读者,把作者的思想或意图强加到材料身上,只会给人矫揉造作、弄虚作假之感。因此,我们在确定主题时,一定要注意主题与材料必须相得益彰,相互统一。当然,我们在选材这一环节,就可以为主题的确定做相应的前期准备。而在确定主题之后,更要以主题为中心,再对材料进行一轮更加明确的筛选。

5. 主题要创新

主题要创新,是指文章的主题力求新颖,不是人云亦云,不是人人笔下皆有的东西。好的文章应该是立意新颖,读完之后能给人新的启发与感受,说出别人想说而没有说出的话,而少讲人人皆知的道理,少弹别人弹过的老调,正如韩愈所追求的"惟陈言之务去"。要想做到主题的创新,除了要对材料从不同角度进行剖析之外,还要融入自己的体会和感悟,使主题富于个性特征。此外,要做到主题的创新,还要与时俱进,以发展的眼光来看问题,结合时代背景,描写、分析、评论不断出现的新事物、新现象。当然,要求主题的创新,并不是为了创新而故意标新立异,那样只会弄巧成拙。

(三)怎样提炼主题

主题是立言之要,不先确立主题,文章便无法起笔。主题的提炼,就是写作主体通过客观事物由表及里的认识,最终确定文章表达意向的深入开掘过程。主题产生的过程,也就是主题提纯取精的过程,没有提炼,就没有主题。那么怎样才能提炼好的文章主题呢?所谓提炼,就是从大量的原料中经过陶冶、熔铸、提取出有用的、精华的东西。要想提炼好的文章主题,必须从以下三个方面入手。

1. 站在时代高度,显示现实意义

白居易曾经提出"文章合为时而著,歌诗合为事而作"的主张,时至今日,仍然不失为我们创作各种体裁文章的原则精神。纵观古今中外的传世之作,无不显示出鲜明的时代精神,凡是有生命力的文章无不闪耀着时代的光芒。无论是写作现实题材,还是写作历史题材,甚至是科幻题材,时代精神永远是提炼文章主题的根本出发点。即便是一些具有超前意识的伟大作家,其文章主题虽然具有一定的超前性,但仍然是以当下的社会形势为依据作出的设想与展望,并非脱离客观现实、毫无根据的天马行空。因此,我们在写文章时,一定要根据社会形势发展的实际需要,结合我们所处的时代特色,审时度势地提炼具有鲜明时代精神的主题。

2. 分析具体的写作材料

文章的主题绝不是作者凭空臆造、想入非非的结果,而是在分析和研究具体写作材料的基础上取得的。离开了具体的写作材料,所谓的主题也就成了无本之木,无源之水。因此,具体写作材料所具有的特点,就成为提炼主题的重要依据之一。也就是说,提炼文章的主题要立足于全部材料,深入把握材料的特殊性,文章主题必须与所有材料的内在含义相契合,绝不能超出具体写作材料所能表达意义的范围。当然,强调主题与写作材料的契合,并不是说对于具体写作材料只能提炼唯一的主题。事实上,同一主题的文章可以用不同的材料表现;同一材料,也可以显示为不同主题。我们可以从不同的角度审视材料,发掘和提炼不同的主题,但这些提炼出的不同主题都必须与材料的内在含义相契合。

3. 写作主体的自我感受

写作是写作主体具有独创意义的精神劳动,写作主体在写作的过程中,总是自觉或不自觉地依照自己的习惯和素养观察世界,表现自己对人或物或事的独特感受和看法。如茅盾先生所说:"没有一个作家是纯然客观地在观察生活,纷纭复杂的现实,在作家的头脑中所产生的各种各样的反应——他所接受的,或者排斥的,喜欢的或憎恨的,唤起他想象或者引导他推论的,都是受他的身世、教养、生活方式等所形成的思想意识操纵的。"只有根据写作主体的自我感受提炼文章主题,才可能写出真实可感的好文章。因此,我们在提炼文章主题时,一定要以自我感受为重要依据,切不可人云亦云,更不可生搬硬套。

高尔基曾说过:"主题是从作者经验中产生、由生活暗示给他的一种思想,可是它聚集在他的印象中还未形成,当它要求用形象来体现时,它会在作者心中唤起一种欲望——赋予它一个形式。"炼意的过程,也就是提炼文章主题的过程,就像是从生活的矿藏中提炼黄金一样,需要付出我们的汗水和努力,才能获得最终的成功。

四、谋篇

所谓谋篇,指的是我们在写作时对于篇章结构的谋划安排,也就是把写作材料按一定写作目的剪裁、排列、组织的过程。谋篇属于结构安排问题。一篇文章就像一片树叶,无论大小,线索和结构应当是相当清晰而严谨的。因此,要写好一篇文章,一定要懂得谋篇。下面,就让我们来了解以下五种常用的谋篇技法。

(一)定线

线,就是文章的线索,它是作者写作时思路的体现,起具体组织材料的作用,将表现主题的各种材料连成一体。定线,也就是确定一条或几条串联各种材料、贯通文章各部分内容的清晰线索。正如著名散文家秦牧所说:"用一根思想的红线穿起生活的珍珠,珍珠才不会遍地乱滚,这才成为整齐的珠串。"

文章的线索、类型是多种多样的,既可以是一件事,也可以是某一具体的物品,还可以是某种情感,甚至也可以一句话作为贯穿全文的线索。此外,某位人物、某个时间、某个空间、某个细节等,都能作为文章的线索来谋篇行文。

文章的线索,可以是一条线,也可以是几条线。一般来说,篇幅短小的文章往往以一条线索行文,而篇幅较大的文章则往往采用多条线索交织而行的方式。以多条线索谋篇的文章还常常采取明暗线的形式。以某事物为线索,一看便知的,谓之明线;而时隐时现,以潜藏形式出现的,则是暗线。

(二)呼应

呼应,是一种衔接的手段,是指文章内容上的前呼后应,也叫伏笔和照应。呼应能显示文章脉络的贯通,能强化突出关键的内容,留给读者深刻的印象和某种启示。文章如果能在呼应上下功夫,可使情节更连续,脉络更清晰,结构更紧凑,主题也就表现得更充分。一般来说,常见的呼应方法主要有以下三种。

1. 首尾呼应

首尾呼应,也就是文章的开头与结尾相互呼应。如魏巍的《谁是最可爱的人》,这篇文章用抒情、议论开头,"谁是我们最可爱的人呢?我们的部队,我们的战士,我感觉他们是最可爱的人!"而在结尾处,作者同样以抒情、议论与开头部分相呼应,告诉我们"深深地爱我们的战士吧,他们确实是我们最可爱的人!"开头写战士是最可爱的人只是提出自己的感受,而结尾写战士是最可爱的人,则是唤起了读者的共鸣,通过首尾呼应的技巧,很好地达到了烘托主题、突出中心的效果。

2. 题文呼应

题文呼应,也就是文章的标题与正文相互呼应。如朱自清的名篇《背影》,文章以《背影》为标题,在文中多处提到了背影,与标题相互呼应。其中有三处还对背影进行了具体而细致的刻画描写:一处是,父亲为"我"买橘子,穿过铁道,爬上月台,行动艰难,"我"注视着父亲的背影;另一处是,"我"看着父亲的背影远去,掉下了眼泪;再一处是,"我"接到父亲患病的消息,眼前又出现了父亲的背影。文中多次提到背影,真实感人地表现了父爱的深沉伟岸,既很好地照应了题目,又升华突出了中心。

3. 前后呼应

前后呼应,也就是文章行文过程中前面的内容和后面的内容相互呼应。前后呼应一般有两种:一种类型是文章前后的内容一致,同一内容在文章中反复出现。如茅盾的《白杨礼赞》,开头说:"白杨树实在是不平凡的,我赞美白杨树!"后文又分别从白杨树的外形、品格、精神入手反复提到:"白杨树是不平凡的!"另一种类型是前文在内容上没有说清楚,埋下了伏笔,留到后文做个交代。如李大钊的女儿李星华所写《十六年前的回忆》一文,开头提到,"有时候他留家里,埋头整理书籍和文件。我蹲在旁边,看他把书和有字的纸片投到火炉里去。"读到这里,读者的心里便有了疑惑。文章后面则交代了父亲这样做的原因,"后来听母亲说军阀张作霖要派人来检查。为了避免党组织被破坏,父亲只好把一些书籍和文件烧掉"。行文至此,读者就恍然大悟了,也更加敬佩与崇拜李大钊先生。

呼应法有时是单一的,只是相同的词语、句子乃至段落的重复出现,但这绝不是简单的重复,而是通过一次一次的呼应,促进情节的发展、内容的深化,更加突出文章的主题。此外,呼应法有时也是复杂的,往往通过内容的前后关合、此缺彼补进行不露痕迹、不留标记的照应。采取哪种形式的呼应手法,并无定法,需要作者依据文章的主题,视具体情况而定。

(三)开合

开合,古人称"开"者,"推而远之也";"合"者,"收束之笔也"。刘熙载在《艺概·词曲概》中说:"词要放得开,最忌步步相连;又要收得回,最忌行行愈远。必如天上人间,去来无迹,斯为人妙。"这是讲词的写作,其实文章的写作也是同样的道理。

所谓开合,其实就是我们平常所说的收放自如。文章各部分内容固然都要为表现主题服务,但总不能句句扣题,寸步不离。老是翻来覆去几句话,一直重复,难免令读者生厌,也无法写得深入,所以高明的作者讲究开合之法,在适当的时候宕开一笔,写些看似与主题无关之事,却又在最后合情合理地扣回到主题上,全文文意酣畅,跌宕起伏,对读者极具吸引力。

开合,既可以是全篇行文结构的开合,也可以是文章中某一层次、某一段落间的开合。无论是一篇之开合,还是一层一段的开合,其实就像放风筝,风筝看似越飞越高、越飞越远,其实风筝线始终操纵在放筝人的手中。开合之笔,功夫在"开"。"开",可以以纵为开,以宕为开,以顿为开,但并非随心所欲,离题万里,而必须"开"得有理、有节、有力。开合之笔,目的在"合"。"合",建立在"开"的基础上,收拢思路,回归主题,给读者留下强而有力的深刻印象。放得开,能增大文章的容量;合得拢,更突出文章的主旨。当然,开合虽然是一个行之有效的谋篇技巧,但在运用时一定要巧妙构思,更要结合自己的写作能力量力而行,把握好开合的度。

(四)兴波

波涛汹涌,澎湃拍岸,是人们对大海留下的最深刻的印记。文章如果想要给读者留下深刻印象,也要做到一波三折。若文章写得四平八稳,就像是一篇流水账一样,没有半点波澜,读来自然是索然无味。若文章写得波澜壮阔,如同上涨的钱塘潮一般,读来自然是扣人心弦。"文似看山不喜平"这句俗话,就是前人对此最好的概括。同样是打虎,武松才打死一只老虎,却给读者留下了深刻的印象,被人称为打虎英雄;而李逵虽然杀死了四只虎,却没有人颂扬。原因就在于前者写得曲折有致,而后者却写得平铺直叙。

所谓兴波,就是使文章在时起时伏、时紧时弛、时缓时急的节奏中描写事件,刻画人物,生发议论,展现主题。文章写得一波三折,是为了引人入胜。人的精神活动总不能永远停留在一个兴奋点上,那样容易出现审美疲劳。人总是喜欢错落有致、变化多端的东西,因此文章总要横云断岭,曲径通幽,以适应读者的这种审美心理需求。因此,我们在谋篇这一环节,一定要注意运用兴波的技法。

在文章中兴波,基本做法是通过组织波澜起伏的情节,以激起读者感情上的变化。有经验的作者还可以在穿插材料时,在某一事件叙述到紧张、关键之际,暂时中断叙述,转而叙述其他事件,文章的波澜也就由此而生。此外,通过抑扬、张弛、疏密、照应、渲染、对比等表现手法,也有助于打破结构的平板,突出事物的矛盾,兴起读者感情的波澜。同时,悬念法、顺逆法、巧合法、藏露法、铺垫法、误会法等也是兴起文章波澜的好方法。

需要注意的是,在文章中兴波,并不是要求越多高潮越好,事实上,如果一篇文章从头到尾只有高潮,那就等于没有高潮。因此,在文章作品中兴波,应为表现主题服务,应从实际出发,不能为制造波澜而制造波澜,过多的曲折反而会给人矫揉造作、装腔作势之感。

（五）文眼

诗有诗眼,戏有戏眼,文有文眼。文眼,是我国传统的、独有的关于文章写作的术语。指文中最能揭示主旨、升华意境、涵盖内容的关键性词句。人们常说眼睛是心灵的窗户,一个人的内在感情,可以通过他的眼睛看得清清楚楚。写文章也是如此,文眼往往奠定了文章的感情基调,烘托作者的心境,通过它就能窥探到文章的中心。

文眼是作者特意在文章中设置的,它是全文各部分精神的聚合点,有了它,就犹如画龙点睛一般,赋予文章以神韵。文眼的位置并不固定,可以根据行文的需要安排在文章各处。文眼可以出现在文首,统摄全篇,定下全文基调。如朱自清《荷塘月色》开头第一句,"这几天心里颇不宁静",不仅交代了作者游荷塘的原因,也定下了全文思想感情的基调:淡淡的哀愁和淡淡的喜悦。文眼可以出现在篇末,卒章显志,引而不发,直到行文结束,才揭晓答案。如鲁迅的《阿长与〈山海经〉》一文,直到篇末,才以"仁厚黑暗的地母啊,愿在你的怀里永安她的魂灵!"一句点题,强而有力地表达了对长妈妈的怀念之情。此外,文眼还可以出现在文中,承上启下,贯穿全篇。如冰心的《小桔灯》,就在文中以"这朦胧的桔红的光,实在照不了多远,但这小姑娘的镇定、勇敢、乐观的精神鼓舞了我,我似乎觉得眼前有无限光明!"为文眼,激励自己和所有的革命者继续前行,很好地突出了文章中心。

由于文眼的主要作用是传神达旨,所以常常采用议论或抒情的表达方式。因此,我们在写作时,也可以结合自己对文章主题的感受和体会,设定文眼,起画龙点睛之功,收精警传神之效。不过,文眼的安设,最忌雕琢伪饰,应力求平易和谐,自然得体。文眼设得好,能增强艺术效果。但也不是所有的文章都必须要有文眼,如果过于追求拘泥形式,反而是舍本逐末,适得其反。

以上所举的定线、呼应、开合、兴波、文眼这五种结构技巧,是我们在文章的谋篇布局中较常使用,也比较容易理解掌握的。当然,文章的结构技巧并非局限于这五种,意识流、蒙太奇等手法同样能起到很好的效果,不过操作起来相对复杂,在这里就不多介绍了。

五、修改

经过审题、选材、炼意、谋篇之后,我们就可以动笔写作了。但需要注意的是,在行文完成之后,整个写作过程却并未到此结束。接下来还有一个重要的环节,那就是修改。修改,通常指行文后对文章初稿的修正与润饰加工。修改,可以看作写作的最后一道工序,同时也是文章的完善阶段,更是保证文章质量的重要环节。

纵观古今中外的写作巨匠,无不重视文章的修改。鲁迅先生曾说,"写完后至少看两遍,竭力将可有可无的字、句、段删去,毫不可惜"。对于鲁迅的观点,毛泽东也十分赞赏,他说:"鲁迅说'至少看两遍',至多呢?他没有说,我看重要的文章不妨看它十多遍,认真地加以删改,然后发表。"事实上,传世的经典之作几乎都在修改上下过功夫。列夫·托尔斯泰的《战争与和平》曾经七易其稿;海明威的《永别了,武器》,仅最后一页就修改了 30 多遍;曹雪芹的《红楼梦》更是披阅十载,增删五次;鲁迅的散文《藤野先生》虽然不到 4000 字,修改却多达160 多处……

由此可见,修改是文章写作过程中一个非常重要的步骤。修改文章也有许多常用的方法,例如冷却法,就是把写好的文章搁置一段时间,然后再进行修改;又如求助法,就是拿自己的文稿向别人征求意见,综合大家的意见之后再进行修改;再如比较法,对文章中自己不满意的地方做出多种修改方案,然后同原稿进行比较,从中选出最好的……显然,这些修改方法都能够达到较好的效果,不过也需要花费作者较长的时间与较多的精力。

对于大学生来说,除了自发性的创作外,更多时候面对的是命题写作和应用写作。众所周知,无论是命题写作,还是应用写作,要求的写作时间都是非常有限的。那么,如何才能在短时间内完成修改这一重要环节呢?下面,我们就着重介绍一些高效修改的基本方法。

（一）语感检查,朗读一遍全文

语言文字是思想内容的外衣,文章的思想内容是通过语言文字来表达的。正确简洁的表述,通顺流畅的文字,不仅能够更生动形象地表现主题,更能留给读者很好的印象。因此,对语言文字的检查修改和推敲润色就显得十分重要。一篇文章语言文字的好坏,可以从语法、修辞、逻辑三个方面去加工修改。不过由于时间有限,此时可以采用语感检查的方法。写完文章之后,快速朗读一遍全文,如果念起来顺口,听起来顺耳,这说明文句是通顺的,不需要修改。如果发现什么地方念起来拗口,听起来不顺耳,就要停下来修改一下,或增,或删,或调。

正如叶圣陶先生所说:"修改稿子不要光'看',要'念'。就是把全篇稿子放到口头说说看……一路念下去,疏忽的地方自然会发现。下一句跟上一句不接气啊,后一段跟前一段不紧密啊,词跟词的配合照应不对头啊,句子的成分多点少点啊,诸如此类的毛病都可以发现。"只凭眼睛看,有些词、句的问题还是发现不了,一旦念起来,就会感觉拗口别扭,一些漏字、错字、多字的小问题也容易察觉到。在考场上虽然不能高声朗读,但是小声诵读仍然是可以做到的。实践证明,通过朗读完全能检查出语法的错误和修辞的不当,然后再及时修改,就可以使文章的质量再提高一个档次。

（二）检查文章的开头、主体和结尾

开头、主体和结尾是一篇文章的基本结构。在朗读一遍全文的基础上,接下来的修改工作就要重点着眼于文章的开头、主体和结尾。在这三个部分中,快速地搜索表达主题的材料,确定它们是否能有效而正确地表现文章的主题。

对于开头,我们主要要检查其是否与文题的要求相符,题旨够不够鲜明,是否有吸引力,是否过于啰唆,不够简洁。如果开头并没有很好地提出主题,就要加上必要的修饰或限制的词语,使自己的论点、中心突现出来。如果开头与主题的衔接并不紧密,还需要加上一些过渡的句子,尽可能地拉近两者的距离。

接下来就是检查中间部分,主要是检查有没有与主题相契合,有没有强调突出主题的中心句,有没有运用与主题相悖的材料。对于文章中一些不必要的内容,一定要忍痛割爱,特别对于一些内容重复的材料,文理似通非通的句子,可能引起歧义的内容,都要进行删改。此外,还要注意文章的严密性和完整性,是否只谈了问题的一个方面,而忽视了另一个方面。如果发现文章存在着片面性的问题,就需要加上一两句话予以补充。

最后就是结尾部分了,主要检查的是结尾与开头是否相互呼应,如果结尾离题或扣题不紧,就要快速修改。如果发现结尾的力度不够,最好还能加上一句与主题相呼应的话,升华文章的主题。结尾是反映主题的重要一锤,一定要写好,最好达到既能照应开头,又能重申论点、强化主题的效果。

(三)偏题、跑题的补救

一旦在修改的过程中发现文章存在偏题、跑题的现象,切忌慌张。有些同学在遇到这种情况时,立刻乱了方寸,思维紊乱,不知所措。甚至会有同学慌乱地拿起笔,把已经写好的整篇文章全部划掉,打算推翻重新写过。其实这时候最应该做的就是冷静,因为能够及时发现自己的文章偏题、跑题,就意味着还有补救的机会,这是一件好事,根本用不着紧张慌乱。

事实上,偏题、跑题的情况也分很多种,一些偏题、跑题的文章完全能在原文的基础上稍作修改后扭转乾坤。因此在修改的时候,一定要格外冷静,分析文章的偏题、跑题属于哪种情况,然后再根据具体情况进行相应的调整修改,力争在最短的时间内,最大限度地改正自己的过失。

1.忽略题眼,或题眼不突出

例如"难忘的往事"一题,完成文章写作之后,发现只写了一件往事,却忽略了"难忘"这一题眼。这时候,无须推翻全篇,只需要在文章中补充为何这件往事让自己难忘的相关内容。如果时间非常紧迫,就只需着重在文章的开头及结尾加上与难忘相关的字句,但一定要做到开头与结尾的文句通顺。因为不同题目的题眼有不同,所以修改的方向也不同,但都可以分开头、主体、结尾这三个部分进行修改,而在时间紧迫时,则重点抓开头、结尾这两个部分。

2.把"多元题"写成"一元题"

例如"昨天·今天·明天"一题,完成文章写作之后,发现只写昨天与今天的关系,未阐发今天与明天的关系。遇到这种情况,不必大动干戈,重起炉灶,只要把遗漏的论题补充到文章中,阐明今天与明天的关系就可以了。当然,除了对文章主体部分内容的补充之外,文章的结尾更要进一步从昨天、今天、明天这三者之间的关系进行总述与分析,这样一来就能更好地强调主题,也能较好地弥补审题不当造成的缺漏。

3.题意理解错误

有的命题,稍不注意,就会造成对题意理解的错误,但只要能够冷静应对,就能在短时间内修改过来。例如"父辈"一题,是对于群体形象的描写与论述,但有的同学却只简单地写了自己的父亲,这样的文章显然属于严重的题意理解错误。在这样的情况下,就可以通过在文章中加入一段对父辈的理解与赞颂的内容,然后以类似"我的父亲就是父辈中最普通而又最有代表的一个"这样的句子与原文的内容相衔接。而在文章的结尾,还要再添加上诸如"像我父亲这样的父辈有很多,就像×××,就像×××",最后再以自己对父辈的感受体会作结。这样的修改,既不用大量删减原文的内容,也不用添加过多的篇幅。

修改文章是整个写作过程的最后阶段,也是提高文章质量的重要环节。因此,修改文章时一定要耐得住性子,不厌其烦,还要全身心投入,认真对待。在命题写作和应用写作中,虽然时间有限,但是修改这一环节绝对不能放弃,同时无论遇到什么情况,也一定要保持冷静。此外,在修改文章时,一定要尽量保证文稿卷面的整洁,使用正确规范的修改符号。

从某种意义上说,写作是现代人所必须具备的基本素质之一。学好写作,并不是说人人都去当作家,而是要通过写作,锻炼自己的表达能力与思维能力,提高对生活的感悟能力与审美能力。希望通过基础写作部分章节的学习,同学们能从中找到写作的技巧,更能从中发现写作的乐趣,不再惧怕写作,从不会到会,从怕写到爱写,使得自己在越来越激烈的竞争中保持良好的状态。

思考与练习

一、填空题

1. 挖掘题目的言外之意,可以从探求其＿＿＿＿＿＿、＿＿＿＿＿、＿＿＿＿＿这三个方面入手。

2. 根据材料的获取途径划分,可以分为＿＿＿＿＿＿材料和＿＿＿＿＿＿材料。

3. 使用材料时,要注意＿＿＿＿＿＿、＿＿＿＿＿、＿＿＿＿＿这三个要点。

4. 主题具有＿＿＿＿＿＿、＿＿＿＿＿、＿＿＿＿＿、＿＿＿＿＿这四个特性。

5. 常见的呼应方法主要有＿＿＿＿＿＿、＿＿＿＿＿、＿＿＿＿＿三种。

二、判断题

1. 面对给材料作文时,应该先看阅读材料,后看作答要求。(　　　　)

2. 写作时要求所选的材料要绝对真实,不能编造杜撰,也容不得半点虚假。(　　　　)

3. 经过审题、选材、炼意、谋篇之后,我们就可以动笔进行写作了。在行文完成之后,整个写作过程就结束了。(　　　　)

三、简述题

1. 常见的审题方法有哪些?

2. 命题的语法关系一般有哪几种?

3. 选材要遵循哪些原则?

4. 确定主题有哪些要求?

5. 提炼主题可以从哪三方面入手?

参考文献

[1]孙秀秋,吴锡山.应用写作教程[M].2版.北京:中国人民大学出版社,2010.

[2]谢珊珊.大学应用写作训练教程[M].广州:华南理工大学出版社,2011.

[3]杨文丰.现代应用文书写作[M].4版.北京:中国人民大学出版社,2011.

[4]夏家春.新编应用写作教程[M].修订3版.北京:首都经济贸易大学出版社,2012.

[5]陈望道.作文法讲义[M].上海:民智书局,1922.

中编　公务文书

第二章 公文基础知识

第一节 公文概述

一、公文的定义

公文即公务文书,是党政机关、社会团体、企事业单位在管理过程中形成的、按照规定程序办理并在法定范围内使用的、具有法定效力和规范体式的文书。2012 年 4 月 16 日,中共中央办公厅、国务院办公厅发布的《党政机关公文处理工作条例》(以下简称《条例》)指出:党政机关公文是党政机关实施领导、履行职能、处理公务的具有特定效力和规范体式的文书,是传达贯彻党和国家的方针政策,公布法规和规章,指导、布置和商洽工作,请示和答复问题,报告、通报和交流情况等的重要工具。

《条例》规定的现行的党政机关公文种类有:(1)决议;(2)决定;(3)命令(令);(4)公报;(5)公告;(6)通告;(7)意见;(8)通知;(9)通报;(10)报告;(11)请示;(12)批复;(13)议案;(14)函;(15)纪要。

公文有广义和狭义之别。广义的公文指党政机关、社会团体、企事业单位等组织在公务活动中为行使法定职权而制定的文件。狭义的公文即是《条例》规定的文件种类,也称法定公文或通用公文。

二、公文的特点

党政机关公文,除了具有应用文的特点之外,还具备以下显著特点:

(一)作者的法定性与权威性

公文有法定的作者(发文机关),即依法成立并能以自己的名义行使权力和承担义务的组织及其领导者,公文主要是以机关的名义或某一组织的名义制发。以领导者个人名义制发的公文,并不是以领导者个人的身份,而是以法定机关的法定负责人的身份,即他是作为职权的代表制发公文的。

公文一经签发公布,在法定的时间和职权范围内,能对受文者的行为产生强制性的影响。

公文尤其是党政机关公文、法规和规章等,本身就是党和国家方针政策、法律法规的载体,其他公文的内容,也应符合有关法律、法规和上级的有关政策规定。公文的这种权威性,源于它传达了制发机关的决策和意图,体现了制发机关的意志和权力,国家以法律手段或行政手段保证它的权威性和行政约束力。

(二)效用的现实性

实用是应用文的基本特点和要求。公文是国家机关、社会团体、企事业单位针对特定的事项和问题而制发的。有的是对某些重大事项作出决策,有的是对已出现的问题提出解决办法。因此,它的内容总是有特定的指向,尽管将来可能具有文献史料的价值,但从总体来说,它是为了指导和推动现实的公务活动而制发的,其内容有很强的针对性和明显的时间限度。

公文的行文讲究时效,迟了就可能误事甚至失效,公文撰写、处理,都有时间要求。公文所具有的时效性,体现了公文的现实执行效用。

（三）体式的规范性

公文在长期的实践中,逐渐形成了一定的习惯形式。有关部门不断总结,对其作了相应规定,使这些习惯形式臻于完善,形成其特定的体式,具有规范的文体、结构、格式,任何机关、单位和个人都要遵守,不能标新立异,自搞一套。

公文要具备规范体式的主要原因是:一是为了维护公文的严肃性、政策性和权威性,保证公文的合法性;二是便于公文的处理、复查、归档与撰稿等;三是反映了行文者之间的关系。《条例》和由国家技术监督局制定的 2000 年 1 月 1 日起施行的《中华人民共和国国家标准·国家行政机关公文格式》（以下简称《格式》）都对公文的体式和版式作了明确的规定,国家对公文制定了统一的规范体式,不仅可以保证公文的严肃性、权威性、准确性和时效性,而且为公文的处理工作提供了便利,有利于加强对公文的科学管理,提高公文写作质量和公文处理效率,更有效地发挥公文的作用。

遵循公文的规范体式,首先要求公文写作要严格遵循中共中央办公厅、国务院办公厅等主管部门的有关规定,其次是要熟悉公文约定俗成的语体和用语习惯。

（四）特定的处理程序

为了维护公文的严肃性、政策性和权威性,公文在制发程序上要履行法定的审批手续。一般性公文,由机关负责人对要发出的公文作全面审核后,再履行签发手续。联合制发的公文,由联合机关或单位的负责人审核公文的全部文稿,履行完备的会签手续。法规性公文,提交正式会议通过,再交由领导人签署发布。

公文的收发,也要履行处理程序。收文程序包括:收文登记、分办、拟办、批办、承办、催办等。发文程序包括:拟稿、核稿、签发、缮印、用印、发送等步骤。

严格按程序处理公文,才能保证公文的质量和效用。

三、公文的作用

公文由于种类不同,所起的作用也不尽相同。概括起来,主要有以下五个方面的作用:

（一）法规作用

各级党政领导机关的公文,常常是发布法律、法规和规章的载体,具有申明法度、传达政令、强制规范行为的作用。它一经制定和公布生效,就必须坚决执行和遵守,否则就要受到执法机关的追究或行政处分。

（二）领导与指导作用

公文是传达贯彻上级机关各项方针政策的有效手段。公文的许多文种,不同程度地规定了有关机关、社会团体和企事业单位的办事准则和行为规范,上级机关通过发布公文的途径,对下级机关的工作实施领导与指导。

（三）公务联系作用

公文是进行公务联系的重要手段。各级机关单位通过公文来沟通情况，交流经验，联系上下左右机关之间的各种事务。上级机关下发的文件将上级的政策、规定、要求等传达给下级机关；下级机关也用请示、报告等形式，把工作中的问题和情况及时反映给上级机关，以便得到答复和解决。上下级机关之间通过公文做到上情下达，下情上传；平行机关之间也用公文沟通情况，商洽工作，解决具体问题。

（四）宣传教育作用

各级机关、社会团体、企事业单位常常利用下行公文来宣传政策，提出任务，布置工作，提高群众认识，统一思想，以推动工作的展开。多数颁布政策法规、布置工作任务的公文，是为了贯彻党的各项方针政策的，所以，除了本身要达到的业务效用外，它还有宣传教育作用。另外，一些表彰或批评的通报、决定等，也能起到宣传教育作用。

（五）凭据和记载作用

公文是领导意图、决策的载体，是各级机关联系工作事项、开展公务活动的凭证。一份公文，既是制发机关意图的凭证，也是收阅机关贯彻执行、处理问题的依据。如，依据上级机关布置工作的通知，下级就能够明确如何贯彻执行开展工作；根据下级的一份请示，上级机关可作出相应的批复，指导下级工作展开，等等。

除此之外，公文是公务活动的真实记录和单位工作的历史见证。在时效性丧失之后，要立卷归档，成为文书档案，仍然对以前的工作起着记载、凭证的作用。

第二节　公文的分类和格式

一、公文分类的沿革

公文是不断变化发展的。"公文"一词最早记载于《后汉书·刘陶传》："但更相告语，莫肯公文。"不过公文的实际运用则要追溯到殷商时代。一般认为最早的公文是殷商统治者在国家进行重大活动如祭祀、征战、赏赐、惩戒时刻在龟甲兽骨上的记录。

随着时代的变迁、社会的进步，公文在形式上有了进一步的发展，种类、体裁日趋繁多。我国古代的公文大致有以下几类：帝王的诏令，如制、诏、册等；臣僚的奏章，如奏、表、章、疏、议、制对等；官府行文，如谕、檄、符、呈、详、牒、咨、移、刺、关等。辛亥革命以后，南京临时政府颁布了第一个公文程式条例，主要文体有：令、咨（用于同级之间）、呈（用于下级对上级）、示（即布告）、状（人民对官府有所陈述时用）。这个条例所确定的文体十分简要，是公文文体上的一次革命。从1927年至1928年，国民党政府先后颁布了三个公文程式条例。文体增加到27种。与此同时，革命根据地人民政府的文件种类则较为简明，下行文有命令、指令、指示、决定等，上行文有报告书，平行文有电、信；政府对人民群众公布和宣传政策时使用布告、通告等。抗战时期，公文文体的变化不大。

新中国成立以来，随着公务活动内容和方式的变化，公文种类也发生了很大的变化，仅60余年的时间，就有7次较大的修改和调整。1951年，中央人民政府政务院颁布了《公文处理暂行办法》，规定了公文种类为7类12种：（1）报告、签报；（2）命令；（3）指示；（4）批复；（5）通报、通知；（6）布告、公告、通告；（7）公函、便函。1957年国务院秘书厅修正和调整后的公文种类仍是 7 类 12 种,但去掉了签报、公告和便函,增加了请示、批示和令。1981 年国务院办公厅规定公文种类为 9 类 15 种,增加了决定、决议类,把通报从通知类中划出,单成一类。增加了指令、公告,去掉了批示。1987 年国务院办公厅规定公文种类为 10 类 15 种,增加了会议纪要并单成一类,把命令和令归为一种。1993 年国务院办公厅又对公文种类重新进行调整,修改为 12 类 13 种,把请示划出,单成一类,又增加了议案,并单成一类,删掉了指令、决议、布告三个文种。2000 年国务院办公厅调整的公文种类为 13 种,增加意见这一文种。

随着社会的变化发展,为统一中国党政机关和国家行政机关公文处理工作,2012 年 4 月 16 日,中共中央办公厅、国务院办公厅联合印发了《条例》,同时废止了 1996 年中共中央办公厅印发的《中国党政机关公文处理条例》和 2000 年国务院印发的《国家行政机关公文处理办法》。《条例》新增加了"公报"和"决议"两个文种,并将"会议纪要"改为"纪要"。《条例》的发布施行,对推进党政机关公文处理工作科学化、制度化、规范化必将发挥重要作用。

由此可知,公文作为公务活动的重要工具,是随着公务活动的需要和发展而不断发展变化的。这种发展变化,是公文自身发展规律和社会发展共同作用的结果。

二、公文的分类

公务文书的使用范围很广,涉及的内容十分丰富,文种(即文件名称)也很多。在公文处理的实践中,为了实际工作的需要,常常从不同的角度对文件进行分类。下面就介绍几种最基本的分类方法。

(一)从公文的来源分

公文可分为收文和发文两大类。收文指的是外机关送到本机关来的文件。如上级机关发来的通知、意见等;下级机关报送的请示、报告等;平行或不相隶属机关发来的函等。发文指的是由本机关制发的文件。按照其发文目的,又可分为两部分:一部分是发送给需要用它进行工作联系的外机关,如本机关给上级的请示、报告,本机关发给下级机关的批复、通知等等;另一部分是下发供本机关内部使用的,如机关内部的通知、通报等。

以上这种划分方法是文书工作中最基本、最常用的。一般机关对于收文和发文都要分别进行编号和登记。

(二)从公文的行文方向分

公文可分为上行文、下行文和平行文三种。上行文指的是下级机关向它所属的上级机关发送的文件,如请示、报告等,它体现了本机关请求和接受上级机关的领导和指导关系。下行文指的是上级机关对下属机关的发文,如命令、通知、通报、批复等,它体现了上级机关对下级机关工作的领导和指导关系。平行文指的是平行机关或不相隶属机关(即没有领导或业务指导关系的机关)之间的来往文件,如函,它反映了平行机关或不相隶属机关之间在工作上的相互协商与合作关系。

行文关系决定了行文方向,不能混淆使用。例如,对上级机关不能使用决定、批复等文种,对下级机关不能使用请示、报告等文种。上行文、下行文和平行文使用的文种不同,口气和某些用语也有所不同。

（三）从公文的特点和作用分

公文可分为法规性公文、指挥性公文、知照性公文、报请性公文、商洽性公文、记录性和兼容性公文。

1. 法规性公文。它是指国家权力机关、国家行政机关依据法定权限，制定和颁布法律、法令、行政法规和规章的公文。法规性公文具有明显的强制性和约束力，一般使用命令（令）、通知等文种发布施行。

2. 指挥性公文。指上级机关向所属的下级机关传达、贯彻党和国家的方针政策，实施行政指挥，体现领导意图的公文，主要使用命令（令）、决定、决议、批复等文种。

3. 知照性公文。指向受文机关通报情况，知照事项，要求遵守和办理的公文，主要使用公告、通告、通知、通报、公报等文种。

4. 报请性公文。指下级机关向其所属上级领导机关汇报工作、反映情况、提出建议、请求指示和批准的公文，如报告、请示等文种。

5. 商洽性公文。无传递方向限制而内容多为平等协商讨论的一般事项的函件。

6. 记录性公文。用于记载归纳会议议定事项的公文，如纪要。

7. 兼容性公文。用于对重要问题提出见解和处理办法，以起到指导或建议作用，可多向性行文的，如意见。

不同特点和作用的公文，在词汇运用、行文表述、语气分寸的把握上，都有不同的要求。

（四）从公文的机密程度和阅读范围分

公文可分为公布性文件、内部文件和秘密文件三类。

公布性文件是向人民群众或国内外公开发布的文件，通常都是以张贴的形式，或通过电视、广播、报刊等媒介来公开发布的。内部文件是指文件内容虽不涉及机密，但也不对外公开发布，只在机关内部运转的文件。秘密文件则是指内容涉及党和国家机密的公文，需要在一定时期内限定其阅读范围，以确保机密的安全。秘密文件通称密件，按其涉密程度可分为秘密、机密、绝密三个等级，在行文时应分别在文件上标明。文件的机密程度是随着时间的推移而变化的。有许多文件的机密性质，经过一定时期以后逐步消失，变成非机密文件，它的阅读范围和传达范围也随之逐步扩大。

（五）从公文的时间要求分

公文可分为平件、加急件、特急件三类。平件又称为常规文件，是指无特殊时间要求，按工作常规依次传递处理的文件。急件是指内容重要并紧急，需打破工作常规优先迅速处理的文件。特急件是指内容至关重要并特殊紧急，已临近规定的办结时限，需随到随办的文件。急件和特急件在行文时应标明"急"、"特急"字样。

（六）从文种的使用范围分

文种，即文件的名称，如命令、请示、通知等，都是具体的文种，它概括表明了公文的性质、用途和制发机关的职权范围，是公务文书最基本的分类单位。从文种的使用范围分，公文可分为通用公务文书、事务文书、专用文书三大类。通用公务文书，即《条例》中所规定的15种。事务文书，包括法规和规章文书、会议文书、计划、总结、调查报告、简报等。专用文书则指在一定的工作部门和业务范围内，根据特殊需要而使用的文书，主要包括外交文书、司法文书、经济文书、科技文书、教育文书等。

三、公文的格式

公文都有特定的格式,包括公文的基本构成和样式。公文格式指公文各组成部分的文字符号在载体上排列的规定。公文格式内容包括:公文组成部分的排列顺序和标识规则、纸张规格尺寸、印刷要求等。

(一)公文的基本构成

《条例》规定:"公文一般由份号、密级和保密期限、紧急程度、发文机关标志、发文字号、签发人、标题、主送机关、正文、附件说明、发文机关署名、成文日期、印章、附注、附件、抄送机关、印发机关和印发日期、页码等组成。"下面就根据各个组成部分在文件书面上的排列,把它分成眉首部分、主体部分和版记三个部分,分别做一简介。

1. 眉首即文件版头(文头)部分。由发文机关标志、发文字号、秘密等级和保密期限、紧急程度、份号、签发人等项目组成。

(1)份号。指公文印制份数的顺序号,即将同一文稿印刷若干份时每份公文的顺序编号。涉密公文应当标注份号,这有利于公文的分发、保密和查找清退。每份编一个号,一般用6位3号阿拉伯数字,顶格标印在版心左上角第一行。

(2)秘密等级和保密期限。密级是公文涉密程度标志,分为秘密、机密、绝密三种。公文标识密级,是表明文件涉及国家机密的程度与保密要求,其目的在于维护国家安全和利益。

保密期限是对公文秘密等级时效规定的说明。公文在标识密级的同时需要标识保密期限的,在密级之后空一字,然后标识保密期限,一般用3号黑体字,置于版心左上角第二行。

(3)紧急程度。是对公文送达和办理的时限要求,其作用是维护公文的时效,避免延误工作。根据紧急程度,标注"特急"、"加急";紧急电报分为"特提"、"特急"、"加急"、"平急"。

紧急程度一般用3号黑体字,标注于版心左上角第三行。公文如需同时标识秘密等级与紧急程度,按照份号、密级和保密期限、紧急程度的顺序自上而下分行排列。

(4)发文机关标志。发文机关标志表明公文的作者,它是发文机关制作公文时使用的规范版式的文件版头,通常称"文头"。一般由发文机关全称或规范化简称后加"文件"组成,居中红色套印在文件首页上端。联合行文时,发文机关标志可以并用联合发文机关名称,也可以单独用主办机关名称,"文件"二字置于发文机关名称右侧,上下居中排布。

发文机关标志居中排布,上边缘至版心上边缘为35 mm,推荐使用小标宋体字,颜色红色,以醒目、美观、庄重为原则。

(5)发文字号。是发文机关按照发文顺序编的顺序号。由发文机关代字、年份和序号组成。置于发文机关标志下空两行,居中排布。年份、序号用阿拉伯数码标识;年份应标全称,用六角括号"〔 〕"括入;序号不编虚位(即1不编为01),不加"第"字。联合行文使用主办机关的发文字号。下行文的发文字号用3号仿宋字,居中排列。

发文字号之下4 mm处印一条与版心等宽的红色反线。

(6)签发人。签发人是在上报的公文中批准签发的领导人姓名。只用于上行文,其作用是表明公文的具体负责者。平行排列于发文字号右侧。发文字号居左空1字,签发人姓名居右空 1 字；签发人用 3 号仿宋体字，签发人后标全角冒号，冒号后用 3 号楷体字标识签发人姓名。如有多个签发人，主办单位签发人姓名置于第 1 行，其他签发人姓名从第 2 行起在主办单位签发人姓名之下按发文机关顺序依次顺排，下移红色反线，应使发文字号与最后一个签发人姓名处在同一行并使红色反线与之的距离为 4 mm。

2. 主体部分。置于公文首页红色反线(不含)以下至抄送机关(不含)之间的各要素统称主体。包括公文标题、主送机关、正文、附件说明、发文机关署名、成文时间、印章、附注、附件。

(1)公文标题。是公文的重要组成部分。《条例》规定："公文标题是对公文主要内容准确、简要的概括。由发文机关名称、事由和文种组成。除法规名称加书名号外，一般不用标点符号。"照此规定，完整的公文标题应当由发文机关、事由、文种三部分构成。如《国务院关于整顿市场秩序加强物价管理的通知》一题中，"国务院"是发文机关；"整顿市场秩序加强物价管理"是事由，在发文机关和事由之间，一般使用介词"关于"(或"对")来联结；"通知"是文种，在事由和文种之间，用"的"字相连，构成以文种为中心词的偏正词组。

在实际使用中，公文标题常常有省略的情况：一是省略发文机关。因为在文件版头中已有发文机关的名称。这是最常见的省略情况。但在登记和引用时，仍需加上发文机关。二是省略事由。在个别情况下，内容简短的公文可省略事由，只写发文机关和文种，如《中华人民共和国主席令》。三是省略发文机关与事由，只写文种，如《公告》、《通告》等。

批转、转发类文件的标题，写法比较特殊，也不太统一。常见的写法是先写发文机关，后面加上被批转、转发文件的标题，再加上一个文种。如《国务院办公厅批转审计署关于加强内部审计工作的报告的通知》。

公文标题位于红色反线下空 2 行，用 2 号小标宋体字，可分一行或多行居中排布；回行时，要做到词义完整，排列对称，间距恰当。

(2)主送机关。是指要求公文予以办理或答复的主要受理机关，应当使用机关全称、规范化简称或者同类型机关统称。公文的主送机关是公文的主要受文者，准确地确定主送机关，能使公文得到及时的处理。一般情况下，公文都要写明主送机关。上级机关对所属各个下级机关发出的文件，其下属机关都是主送机关。请示、报告一般只写一个主送机关，批复只有一个主送机关，有些知照性文件如公告、通告、公报等不列主送机关。

主送机关标志在标题下空一行，左侧顶格用 3 号仿宋体字标识，回行时仍顶格。最后一个主送机关名称后标全角冒号。如果主送对象较多，应按其性质、级别和有关规定或惯例依次排列，中间用顿号或逗号分隔，最后用冒号。

(3)公文正文。公文正文表述公文的具体内容，它叙述文件的内容，表达发文机关意图，通常分导语、主体和结束语。由于内容、文种的不同，正文的写法也不尽相同，但都要求做到：符合党和国家的方针政策、法律法令和上级的有关规定，真实准确，观点明确，条理清晰，文字简练，用词规范，标点正确等。公文各文种的具体写法，将在下面几节中分别叙述。

公文正文位置在主送机关下一行，每自然段左空 2 字，回行顶格，数字、年份不回行。正文用 3 号仿宋体字，一般每面排 22 行，每行排 28 字。文中如有小标题可用 3 号小标宋体字或黑体字。

(4)附件说明。含公文附件的顺序号和名称。

公文如有附件,在正文下空一行左空 2 字用 3 号仿宋体字标识"附件",后标全角冒号和名称。有多个附件时,还应用阿拉伯数码标出序号,每件一行。不能笼统写成"附件如文"、"附件××件"。附件的序号和名称前后标识应一致。

附件如有序号使用阿拉伯数码(如"附件:1.×××××");附件名称后不加标点符号。附件名称较长需要回行时,应当与上一行附件名称的首字对齐。

(5)发文机关署名。发文机关即公文的制发者,《条例》规定,从 2012 年 7 月 1 日起,署发文机关全称或者规范化简称。它的作用是表明文件的责任者,体现法定的权威性。联合发文时,要把主办机关名称排列在前。以机关领导人的名义发文,要写上他的职务身份,如"人大常委会委员长×××"、"省长×××"。

发文机关置于正文之后右下方,如有附件,则在附件位置的右下方,并且与正文、附件之间不要留太多的空行。联合行文时,一个发文机关占一行。

(6)成文时间。指公文生效的时间。成文时间一般以领导人签发日期为准;机关、单位经几个领导人传批签发的文件,以最后签发人签发日期为准;联合行文以最后签发领导人签发日期为成文时间;会议通过方能生效的公文,以会议通过的日期为准;电报以发出日期为成文时间。

成文时间的标识在正文右下方,空两行右空 4 个字距离排成一行。成文日期用阿拉伯数字将年、月、日标全,年份应标全称,月、日不编虚位(即 1 不编为 01)。法规、规章及决议、决定、纪要等会议文件,成文时间常以题下标注的形式安排在标题之下,加上圆括号,如:

第十届全国人民代表大会第五次会议关于政府工作报告的决议
(2007 年 3 月 16 日第十届全国人民代表大会第五次会议通过)

发文机关及成文时间通常被合称为落款。

(7)印章。是公文生效的标志与凭证。《条例》规定:"公文中有发文机关署名的,应当加盖发文机关印章,并与署名机关相符。有特定发文机关标志的普发性公文和电报可以不加盖印章。联合上报的公文,由主办机关加盖印章,联合下发的公文,发文机关都应加盖印章。"因此,除了按规定可以不加盖印章的上述文种之外,不加盖印章的公文应视为无效,印章是公文作者合法性及公文效力的标志,也是鉴定公文真伪的最重要的标志。

单一机关制发的公文,印章端正、居中下压发文机关署名和成文时间。

联合行文时,一般将各发文机关署名按照发文机关顺序整齐排列在相应位置,并将印章一一对应,端正、居中下压发文机关署名,最后一个印章端正、居中下压发文机关署名和成文日期,印章之间排列整齐、互不相交或相切,每排印章两端不得超出版心,首排印章顶端应当上距正文(或附件说明)一行之内。

当公文排版后所剩空白处不能容下印章位置时,应采取调整行距、字距的措施加以解决,务使印章与正文同处一面,不得采取标识"此页无正文"的方法解决。

(8)附注。是公文印发传达范围等需要说明的事项。如公文的发放范围、使用时注意的事项、上行文联系人及联系方式等。公文如有附注,用 3 号仿宋体字,居左空 2 字加圆括号标识在成文时间下一行。如"（此件传达至群众）"等。

（9）附件。是公文正文的说明、补充或者参考资料。有的公文有附件。附件是附属于正文的材料，是公文的重要组成部分。其作用是使正文内容具体化、完整化，同时为受文者提供正确理解和执行公文的依据材料。其效力与正件相同。

常见的附件有两类：一类是用于补充说明正文内容的图表、照片、统计表及其他文字材料，一类是随文发布、批转、转发的文件。后者在形式上仍是附件，但这类附件的名称已作为事由列入文件的标题，故可把附件直接附于正文之后，不再做附件说明。

附件应与公文正文一起装订，在版记之前，用3号黑体字在版心左上角第一行顶格标识"附件"，冒号后再分别标明附件标题、份数，后面不加标点符号。附件标题居中编排在版心第三行。如附件与公文正文不能一起装订，应在附件左上角第一行顶格标识公文的发文字号并在其后标识附件（或带序号，如"附件1"、"附件2"等）。

3. 公文版记部分。置于抄送机关以下的各要素统称为版记。包括：抄送机关、印发机关和印发时间。

（1）抄送机关。指除主送机关外需要执行或知晓公文的其他机关。是公文的次要受文者，选定抄送机关要根据实际情况而定，不能漏抄，但也要防止滥抄乱送的情况发生。可送可不送的不抄送，完全无关的坚决不送。一般也不抄送个人。抄送机关应用全称或规范化简称，不能笼统写成"各有关单位"之类称呼。

公文如有抄送，所占区域用两条平行细实线做界线形成抄送栏。左空1字用4号仿宋体字标识"抄送"，后标全角冒号；然后按机关、单位的级别性质、有关规定或惯例依次排列抄送单位名称，中间用逗号隔开，回行时与冒号后的抄送机关对齐；在最后一个抄送机关后标句号。

（2）印发机关和印发时间。印发机关指的是印制公文主管部门，印发时间指的是公文的付印时间。这是对公文印制发出情况的说明，其作用可使发文机关掌握制发公文的效率，也可使受文机关掌握公文的传递时间，有利于公文的办理。

印发机关和印发时间位于抄送栏之下，占1行位置，用4号仿宋体字。印发机关左空1字，印发时间右空1字。印发时间以公文付印的日期为准，用阿拉伯数字标识。

（3）版记中的反线。版记中各要素之下均加一条反线，宽度同版心。

（二）公文的排版样式

公文的排版样式指公文各组成要素在文件版面上的标印格式。总的来说，公文的排版样式要求鲜明庄重，美观大方，要注意以下几个方面：

1. 公文用纸幅面尺寸

采用国际标准A4型纸，即长297 mm，宽210 mm。

公文页边与版心尺寸为：公文用纸天头37 mm，公文用纸订口28 mm，版心尺寸156 mm×225 mm（不含页码）。

发文机关标识上边缘至版心上边缘为25 mm。对于上报的公文，发文机关标识上边缘至版心上边缘为80 mm。

2. 公文书写形式

所有文字符号从上到下、从左至右横排、横写。少数民族文章可按其习惯书写、排版。

其标识第一层为"一、"，第二层为"（一）"，第三层为"1."，第四层为"（1）"。

3. 字体字号

发文机关标志使用 2 号小标宋体字,红色标识;秘密等级、保密期限、紧急程度用 3 号黑体字;发文字号、签发人、主送机关、附注、抄送机关、印发机关、印发时间用 3 号仿宋体字;签发人姓名用 3 号楷体字;正文用 3 号仿宋体字,一般每面排 22 行,每行排 28 字,正文中如有小标题,可用 3 号小标宋体字或黑体字。

4. 页码

用 4 号半角白体阿拉伯数码标识,置于版心下边缘之下一行,数码左右各放一条 4 号一字线,一字线距版心下边缘 7 mm。单页码居右空 1 字,双页码居左空 1 字。

5. 信函式公文

发文机关名称上边缘距上页边的距离为 30 mm,推荐用小标宋体字,字号由发文机关酌定;发文机关全称下 4 mm 处为一条武文线(上粗下细),距下页边 20 mm 处为一条文武线(上细下粗),两条线长均为 170 mm。每行居中排 28 个字。发文机关名称及双线均印红色。

最后介绍公文标题的排列格式。通常情况下,标题如果字数不多,可以居中排成一行,注意左右对称。如果标题文字较多,需分行书写时,可参考以下几种写法:

(1)两行等齐

×××××××××××××
×××××××××××××

(2)上短下长(梯形)

　　××××××××××
×××××××××××××

(3)上长下短(倒梯形)

×××××××××××××
　　××××××××××

(4)上下长中间短

×××××××××××××
　　××××××××××
×××××××××××××

(5)上下短中间长

　　××××××××××
×××××××××××××
　　××××××××××

具体书写时,还应注意回行时要做到词义完整,人名、地名、词或词组不能拆开分置两行,以免造成歧义;排列时注意对称,间距恰当,整齐美观,避免上下行左右错开的形式。

附1：下行文格式

000001

机密★1年

特急

福建省人民政府文件

闽政〔201×〕××号

福建省人民政府
关于×××××××××的通知

各市、县（区）人民政府，平潭综合实验区管委会，省人民政府各部门、各直属机构，各大企业，各高等院校：

　　×××××××××××××××××××××××××××××
××××××××××××××××××××××××××××××××
××××××××××××××××××××××××××××××××
××××××××××××××××××××××××××××××××
××××××××××××××××××××××××××××××××
××××××××××××××××××××××××××××××××
××××××××××××××××××××××××××××××××

××。

　　附件: 1.××××××××××××
　　　　　 2.×××××××××××××××××××
　　　　　 　×××××××××××××××××

201×年××月××日

附件2

　　　　　×××××××

　　×××××××××××××××××××××××××××××
×××××××××××××××××××××××××××××××
×××××××××××××××××××××××××××××××
×××××××××××××××。
　　×××××××××××××××××××××××××××××
×××××××××××××××××××××××××××××××
×××××××××××××××××××××××××××××××
×××××××××××××××××××××××××××××××
×××××××××××××××××××××××××××××××
×××××××××××××××××××××××××××××。

抄送：省委办公厅、省委各部门，省军区，各人民团体。

　　　省人大常委会办公厅，省政协办公厅，省法院，省检察院。

　　　各民主党派福建省委员会。

福建省人民政府办公厅　　　　　　201×年××月××日印发

附 2：上行文格式

000001

机　密

福建省人民政府文件

闽政文〔201×〕××号　　　　　　　签发人：×××

福建省人民政府关于×××××××的请示

国务院：

　　×××××××××××××××××××××××××××
×××××××××××××××××××××××××××
×××××××××××××××××××××××××××
×××××××××××××××××××××××××××
×××××××××××××××××××××××××××
×××××××××××××××××××××××××××
×××××××××××××××××××××××××××
×××××××××××××××××××××××××××
×××××××××××××××××××××××××××

－17－

××××××××××××××××××××××××××
××××××××××××××××××××××××××
×××××××××××××。

201×年××月××日

（联系人：×××　电话：0591-××××××××）

抄送：×××××××，×××××××，×××××××，×××
×××××。

福建省人民政府办公厅　　　　　　　201×年××月××日印发

第三节　公文的语言表达

公文的语言与文学作品的语言有很大的差别。文学作品的语言讲究委婉含蓄,言已尽而意无穷,公文则不然。叶圣陶先生指出:"公文不一定要好文章,可是必须写得一清二楚,十分明确,句稳词妥,通体通顺,让人家不折不扣地了解你说的是什么。"[1]因为,公文是为解决实际问题而使用的,讲的是实在的事,所以,明白晓畅是公文语言的基本要求,它与文学作品的语言要求是不大相同的。

一、公文的语言特点

公文种类众多,尽管内容不同,但在语言运用上,总的说来,都遵循一个基本原则,即庄重、准确、朴实、精练。

（一）庄重

公文有法定的权威和行政约束力,语言的表达必须庄重典雅,格调郑重严肃。从这一点出发,公文的语言必须使用合乎语法规范的书面语言,一般不用口语、俗语。比如一份文件中出现"资金"、"个体商业者"等词语,如写成"钱"、"做小买卖的",就不够严肃。此外,公文还可恰当地使用一些文言词语,这些文言词语经过长期使用,具有特定的含义,已趋于定型形成专用词语,很难用同义的白话替代。如公函中常用的开头"×月×日来函悉",若改成"×月×日的来信我们收到了,所说的事情都已经知道了",那就成了普通的家信而不是文件了。

（二）准确

语言准确是写文章的一般要求,这点对公文尤为重要。公文的内容要真实,用词要切合文章的内容,表达的意思要确切,是非分明,充分表现文章的主题思想和内容。

词语含义要确切。汉语语汇极其丰富,同义词、近义词十分纷繁,这就要求公文写作时措辞用语要准确精当,把词语的细微差别体现出来,不产生歧义,排除错漏现象,用词得当,不生造词语。

汉语词汇多有各种色彩,公文写作时应注意区别词语的感情色彩,注意褒贬适度,分辨词语的感情色彩,把握分寸感,正确地表达作者的立场观点。

（三）朴实

公文主要使用叙述、说明、议论三种表达方式,一般不用描写和抒情。忌堆砌辞藻,滥用修辞,反对华而不实的文风。以消极修辞为主。选用积极修辞时,应以行文需要为条件,易于读者领悟理解。语言讲究平实自然,通俗易懂,选用句式多为陈述句,选用词语多用词语的本义。

（四）精练

公文写作要求一文一事,主旨单一,力求篇幅简短,句式简洁,以简洁的语言表达周密的内容,做到言简意赅,常用富有概括性的熟语,如成语、惯用语、缩略语等。

没有冗言赘语,摒弃套话、空话。公文是为了解决实际问题而撰写的,而冗长的篇幅、烦琐的语言不但使人生厌,也让人不易抓住关键,会妨害公文作用的发挥,修改时应把一切可有可无的字、词、句、段都删除,要直陈其事,不婉曲,不渲染。

总之,要做到庄重、准确、朴实、精练,就要求在公文写作时,选用规范的书面语,不用口语或方言,要用表意单纯、明确的词语,少用或不用描写性或感情性的词语,句式多用陈述句和祈使句,"让人家不折不扣地了解你说的是什么",保证把事情办好。

二、公文的专用词语

公文经过长期的变化、发展,形成了一些使用频率较高、用法比较固定、规范的专用语,主要有以下这些:

(一)称谓用语

常用的有:我、本、你、贵、该等等。如"我局"、"贵校"、"该公司"。

(二)开端用语

常用的有:为了、对于、由于、根据、遵照、按照、依照、现将、顷接、兹等。如"为了明确会计人员的职责权限……"、"根据财政部××××年×月×日颁发的……"

(三)综述过渡用语

常用的有:为此、对此、据此、因此、综上所述、会议号召、通报如下、答复如下等。如"……为此,特作如下通知……"、"……现将有关问题答复如下……"。

(四)经办用语

常用的有:经、现经、已经、业经、兹经等。如"××条例,业经国务院批准……"。

(五)引叙用语

常用的有:顷接、近接、现接、悉、近悉等。如"你校《关于举办×××专业的请示》([2011]×号)悉"。

(六)征询用语

常用的有:当否、妥否、是否可行、是否同意、如无不妥等。如"以上意见如无不妥,请批转有关部门执行"。

(七)表态用语

常用的有:同意、不同意、可行、不可行、照办、现予转发等,如"国务院原则同意你们组织编制的《全国水土保持规划纲要》"。

(八)结尾用语(尾语)

因公文的行文方向不同、文种不同,结尾的习惯用语也不尽相同。常用的尾语大致有以下几种:

1. 下行文

(1)指令性尾语。如"此令"、"请认真贯彻执行"、"望遵照办理"、"请研究执行"等,常用于命令(令)、指示、指示性通知。

(2)知照性尾语。如"特此公告"、"现予公告"、"特此通告"、"此告"、"现予公布"、"特此通知"等,常用于公告、通告、通知等文种。

2. 上行文

(1)呈报性尾语。如"特此报告"、"以上报告,请审阅"等,多用于汇报工作、反映情况的报告里。

(2)期复性尾语。如"当否,请批复"、"妥否,请指示"等,用于请示。

(3)期准性尾语。如"以上意见如无不妥,请批准"、"以上报告如无不妥,请批转有关部门执行"等,常用于请求上级批准的请示或请求上级批转的报告。

3．平行文

（1）期复性尾语。如"候复"、"盼复"、"希见复为荷"等。

（2）回复性尾语。如"特此函达"、"特此函复"、"此复"等。

三、介词结构、修辞、数字在公文中的使用情况

（一）介词结构的运用

大量使用介词结构是公文用语的一大特征。在阐释方针政策、提出问题、分析问题、解决问题、发表意见时，常常要说明目的、原因、依据、对象、时间等，因此，要大量使用介词结构及介词词组。

公文中常用的介词有以下几种：

（1）表依据的：据、根据、依据、依照。

（2）表原因的：因、因为、由于。

（3）表目的的：为、为了。

（4）表对象的：对、对于、关于。

（5）表时间的：自、自从、从、于、到。

（二）修辞的运用

公文的语言要求庄重、朴实、准确、精练，有些修辞（如夸张、象征、反语、比拟、幽默、讽刺等）若在公文中使用，容易产生歧义，妨害公文的表意。因此，公文以消极修辞为主，但不排除积极修辞，积极修辞若运用得当，可增强公文的表现力和感染力。如"我们搞社会主义，没有远大的理想，没有宽阔的胸怀，没有自我牺牲的精神，那是不行的"。在这段文字中，排比句的使用，增强了气势，加重了情感的表达，使语意得到了突出和强调。又如，公文中常出现的"打破铁饭碗"、"上一个新台阶"、"开辟新的丝绸之路"等借代手法的运用，贴切、形象，同样具有感人的力量。此外，公文还常用对比、反复、引用、比喻等修辞格，同样是增强公文感情色彩的手段。

（三）数字的运用

公文经常要用到数字。除部分结构层次序数和词、词组、惯用语、缩略语、具有修辞色彩的语句作为词素的数字必须使用汉字外，其余应当使用阿拉伯数码。公文中的数字使用汉字书写的大致有以下几种情况：

1．部分结构序数。如结构层次序数，第一层用"一"，第二层用"（一）"，第三层用"1."，第四层用"（1）"。

2．数字词素构成的词汇、语句。如"五四运动"、"路易十三"、"十二五规划"、"相差十万八千里"等。

3．邻近的两个数字并列连用。如"三五天"、"十七八岁"、"十之八九"等。

除了上述情况之外，公文中凡是可以使用阿拉伯数字而且又很得体的地方均应使用阿拉伯数字。

在公文中使用数字，还应注意以下几个方面：

（1）公文中数目概念应该用定数表示，一般不用约数、概数表示。在报请性公文中涉及的事项、统计资料，均要使用定数。在介绍基本情况，作预测估计时，可使用约数。

（2）在表示增加时，可用倍数或者分数表示，而表示减少时，则只能用分数而不能用

倍数。

（3）在表示"增加"、"提高"、"增长"或"降低"、"减少"、"缩小"等词语后面，谨慎使用"了"字。

总而言之，公文中数字的写法，使用汉字或阿拉伯数字的情况各不相同，这就要求拟写文稿时辨明情况，正确地书写。

第四节 公文写作的要求

一、公文写作的基本原则

（一）符合党和国家的方针政策、法律法规及有关规定

公文是传达、贯彻党和国家的方针政策，发布行政法规和规章，施行行政措施的重要工具。公文写作必须与现行的政策保持高度的一致，如果与现行的方针政策、法律法规相抵触，那么这份公文就达不到实用的目的，也就无法实现其写作意图。因此，公文执笔人必须十分熟悉国家的政策、法规，有较高的理论水平和法规意识。

（二）材料要真实，情况应确切

公文与文学作品有很大的差别。文学作品的题材是作家从生活中选择出来，经过加工、提炼，为表现主题服务的，主观的因素很多。而公文选用的材料必须是绝对真实，不允许随意杜撰、加工。要求选用的事例、背景材料确实可靠，引用的人名、地名、时间、数字要准确，经得起核查。另外，文学作品中的人物可以"嘴在浙江，脸在北京，衣服在山西，是一个拼凑起来的角色"。[2]公文的材料却不能这样，是什么单位的情况就是什么单位的情况，要符合客观实际，不能张冠李戴。只有这样，才能发挥公文应有的作用。

（三）精通业务，具备多种知识

许多公文是为了促进业务工作的开展而制发的，是用来解决和处理各种实际问题的。因此，写作时执笔者必须十分熟悉本单位的工作职责、业务范围、工作任务，同时还应精通相关的业务知识。如就经济工作而言，往往要涉及财政、金融、商业、交通等方面的知识。只有精通业务，具备多种知识，才能提出切实可行的措施办法，充分体现和发挥公文的实用价值，否则，将脱离实际，空话、外行话连篇，拟出来的文稿也就解决不了任何问题。

（四）遵循行文规则

公文有特定的作者和读者，这是公文的一个显著特点，具体表现为公文中的发文机关与受文机关。公文的行文关系就是发文机关与受文机关的关系，写作时应当根据本机关的隶属关系和职权范围来确定行文关系。

首先，应明确发文权限。属于重要的方针政策性问题，要用机关名义发文；属于业务部门主管职权范围内的日常业务工作，要以各职能部门名义发文。

其次，应正确确定受文机关。受文机关分为主送机关和抄送机关，明确公文的主送、抄送机关，能使公文得到及时准确的处理。

最后，应选择适宜的行文方式。行文方式有三种：

1. 逐级行文，即按组织系统（或业务系统）逐级上报（或下发）公文。

2. 多级行文，即同时向若干上级（或下级）制发公文。

3. 越级行文,即在特殊情况下,越过其直接的上级(或下级),向非直接的上级(或下级)机关制发公文。一般情况下,发文宜选择逐级行文的方式,因特殊原因必须越级行文时,应抄送被越过的上级(或下级)机关。

此外,行文时还应坚持"党政分开"的原则;联合行文应属确有必要,单位不宜过多。凡部门之间对有关问题未经协商一致时,一律不得各自向下行文。

(五)准确使用文种

不同的文种在写作上有不同的要求,撰写公文前应根据公文的性质、行文目的、制发机关的职权范围来选择文种。

目前常见的文种使用错误有:①上行文中,请示与报告不分,写成"请示报告",或在报告中夹有请示事项;②下行文中,滥用公告。公告本是向国内外宣布重要事项或者法定事项时使用,但我们常见一些商场公布中奖号码等也用公告。③平行文为求"好办事",不用函而用请示,等等。这些都是由于不懂公文常识所产生的错误。

(六)坚持一文一事的原则

自唐宋时代起就把一文一事作为制发公文的一种制度规定下来。一文一事,即一份公文只提出或解决一个方面的问题(综合性报告除外)。坚持一文一事,可使公文主旨鲜明,内容集中,便于公文处理。如果一文数事,主题含混不清,那么受文者便会不知所云,也就很难快捷准确地领会公文的意图,必然影响公文的效力。

(七)符合行文款式的各项规定

公文的行文规则和格式是法定的,拟写公文时,应认真执行《条例》的有关规定,做到:①观点明确,条理清楚,层次分明,文字精练,篇幅力求简短。②时间要写具体的年、月、日,引用的公文应当先引标题,后引发文字号。如"根据《国务院关于成立国务院三峡工程建设委员会的通知》(国发〔1993〕1号)等有关文件精神"。③使用简称时,应先用全称,并加以说明。如"正确执行《濒危野生动植物种国际贸易公约》(以下简称《公约》)"。④用词准确、规范,书写工整,标点准确,不使用不规范的文字。

二、撰写公文的方法

(一)领会意图,确立主题

公文的主题就是公文制发者所要表达的主张和意见,一般情况下,机关负责人在制定决策时就已确定下来了。领导将拟稿任务向有关人员下达,交代写作意图、写作要求和有关事项,这一过程被称为"交拟"。有关人员起草公文时,首先要认真领会上级领导的意图,确定公文的主题。领会意图要从以下几个方面入手:①发文的目的是什么?②文件的中心内容、领导人的具体要求是什么?③使用什么文种?发文的对象是什么范围?公文主旨的确立,其途径主要来自机关单位领导,来自具体的实践工作,来自党和国家以及上级的有关文件精神等方面。

(二)调查研究,收集材料

公文的材料,是指为了写作公文而采集的,用以提炼、确立、表现写作主旨的一系列事实和理论。

没有材料写不出文章,材料是公文写作的基础。明确了主题之后,就要围绕主题准备材料。公文的材料可分为事实材料和理论材料两大类。人物、事件、现象、细节、数据、图表等属于事实材料。相关文件、报刊重要社论、经典著作、领导讲话等属于理论材料。材料的收集一是从有关政策法令中，从本地区、本部门、本单位的各种文件资料、统计数字中去获得；一是深入实际，调查研究，掌握第一手的材料。

占有材料要全面、具体，没有翔实充分的材料是写不出好公文的。使用材料时却要严要精，以一当十，注意对材料进行一番比较、鉴别，选择确凿、典型、新颖的材料，为表现主题服务。

（三）拟写提纲，安排结构

提纲是整个文件的框架，有了提纲，写作时就有了"路标"，提纲的拟订，可详可略，大致包括：先说什么，后说什么，从哪几个方面展开，运用哪些材料，如何安排段落层次，如何开头、结尾、过渡、照应等。

与其他文章相比，公文的结构较为固定。主要是篇段合一和分条列项两种形式，不同的文种略有些差异。具体写法又包括开头、主体、结尾三部分。

开头部分常用的方式有：①目的式，常用"为了"、"为"等来说明发文目的，揭示主旨；②依据式，常用"根据"、"按照"、"依据"、"遵照"等来提出发文依据，或依据某项政策、法规，或引据上级机关的有关文件、指示精神，或引据来文等来说明发文的原委；③说理式，常用"……是……"来说清道理或意义；④因由式，常用"鉴于"、"由于"、"当前"、"近来"等来说明情况或问题，表明发文的因由。

主体部分是公文的核心内容，结构安排上主要有：①并列式，把公文所提出的意见、主张、办法、措施、要求分别予以说明，主体的各层次之间是并列的关系；②递进式，文件的主体部分或以时间先后，或事物的发展过程，或以逻辑关系来安排，各层次之间是层层推进、逐步深入的递进关系。

公文的结尾常见的写法有三种：一是以希望或号召作为公文结尾，常见于嘉奖令及表彰性的决定、通报中；二是以执行要求作为公文结尾，向执行者提出实施方面的要求和说明，常见于批复、意见、指示性通知等；三是以公文惯用语作结尾，上文已提及，这里不再赘述。

有些公文因文种、行文关系、内容的不同，导语、主体、结尾也有不同的写法，写作时应酌情掌握，没有严格的限定。

（四）起草文稿

起草文稿又称拟稿、撰文，是公文写作的关键环节。拟好提纲后，就可以动笔写作了。公文写作的起草，是写作者根据领导的意图执笔为文的过程。草拟文稿时，应根据提纲来加工、组织材料，注意观点和材料的统一，内容和形式的统一，围绕公文的写作主旨，按公文特定的体式、语言的要求来写，力求篇幅简短、文字精练。草拟过程中要从整体着眼，不拘泥于个别词句。集体协作草拟文稿时，每位参与者须在主持人领导下，通力合作，高度协调，以大局为重。

（五）认真检查，修改审核

常言道"佳作常自改中来"，公文写作亦如此。公文文稿修改是确保公文质量必不可少的环节。要使拟就的公文文稿具有权威性，体现发文单位的决策意见，发挥其现实执行效用，文稿拟就后，要对公文初稿反复推敲，认真检查、修改，把草拟的文稿中存在的不足，消除在定稿之前。

检查修改要从以下几个方面入手：①检查文稿观点是否正确，有无越出政策界限；②是否体现了领导的意图,发文目的是否明确,措施办法是否切合实际;③材料是否充分可靠,事例、数据、引文是否符合实际;④结构安排是否严谨、周密,文字表达是否准确、简洁等。修改时,对可有可无的字、词、句、段,应毫不吝惜,大力删除。

公文送领导人签发前,应认真做好审核工作。审核的重点是:是否需要行文,公文的内容、文字表述、文种使用、格式等是否符合《条例》的有关规定。

修改审核是公文写作的终端环节,通过认真检查、修改、审核,可提高公文的质量,发挥公文应有的作用。

思考与练习

一、简述题

1. 什么是公文?现行的公文文种有哪些?

2. 公文常见的分类有哪些?

3. 公文写作在语言上形成了什么特点?请加以简要说明。

4. 找一份红头文件,了解其格式构成。

第三章 常用公文写作

第一节 命令、决定和决议的撰写

一、命令(令)

命令(令)是发文者对所属下级机关或人员发布的具有强制性、指挥性的下行文。

命令(令)以法律、法规的有关职权为依据,就某些重大事项慎重地发文,直接体现国家或某级行政机关的领导意志,具有极强的权威性和显著的强制性,以达到统一思想和行动的作用。

(一)命令(令)的适用范围及分类

《条例》第8条规定:"命令(令)。适用于公布行政法规和规章、宣布施行重大强制性措施、批准授予和晋升衔级、嘉奖有关单位和人员。"

根据命令(令)的内容,可将命令(令)分为用于发布行政法规和规章的公布令,用于宣布施行重大强制性行政措施的行政令,用于嘉奖有关人员的嘉奖令。此外还有动员令、特赦令、惩戒令和戒严令等。

(二)命令(令)的特点

1. 限定性

命令(令)的限定性首先表现为发布权限的限定。《中华人民共和国宪法》规定:国务院、国务院各部委、县级以上(含县)地方各级人民代表大会、人民政府可依照法律规定的权限,发布命令(令)。中华人民共和国主席根据全国人民代表大会的决定和全国人民代表大会常务委员会的决定,公布法律、任免重要的国家工作人员、嘉奖对国家有功的人员、实行戒严、宣布进入战争状态时,可以使用命令(令)。国务院根据宪法和法律的规定,可以在规定行政措施、制定行政法规及在施政中发布必要的命令;国务院各部委,则只能根据法律和国务院的行政法规、决定、命令,在本部门权限内发布必要的命令(令)。

以领导名义签署命令(令),实质上是代表发文机关的法定职权。按照《中华人民共和国宪法》、《中华人民共和国国务院组织法》的规定,命令(令)的签署人必须是有权发布命令(令)机关的正职行政领导,即国务院总理签署国务院命令(令);国务院各部委、各委员会的部长、主任签署本部门权限内的命令(令)。未被规定授予命令(令)制发权的机关,均不得使用命令(令);未被规定授予命令(令)签署权的个人,均不得以个人名义签署命令(令)。否则,公文无效。

其次,命令(令)的限定性还表现为内容的限定。

2. 强制性

命令(令)体现了国家领导机关的意志,具有法定的约束力和强制性。命令(令)一经发布,下级机关必须无条件服从和执行,否则就要依法受到惩处。

（三）命令（令）的写法

命令（令）的结构一般由标题、正文、落款、成文时间等构成。

1. 标题

公布令的标题由发令机关（或领导人职务名称）和文种构成，如《中华人民共和国主席令》、《国家林业局令》等。行政令、嘉奖令的标题一般由发文机关、事由、文种构成，如《中华人民共和国国务院关于发行新版人民币的命令》、《国务院关于进行第四次全国人口普查登记的命令》、《国务院 中央军委关于授予丁晓兵同志"保持英雄本色的忠诚卫士"荣誉称号的命令》等。标题可以省略发文机关，如《关于授予"八一"军事五项队荣誉称号的嘉奖令》；还可以省略事由，只由发文机关及文种构成，如《陕西省人民政府嘉奖令》。

2. 正文

命令（令）的种类不同，写法略有差异。一般由行令缘由和行令事项构成。一文一事，内容单一，篇幅短小。

公布令一般较简短，通常是采用篇段合一的写法。正文主要写明公布的对象，即所公布的法规名称；公布依据，即经什么机关或会议通过、批准；公布决定，即所公布法规施行的日期。公布令有编号，并随文附上所公布的法规规章。

行政令的正文主要包括两个方面：一是概括写明发布命令的缘由、目的或依据；二是分条列项写明所采取的强制性行政措施。

嘉奖令的正文通常先写明嘉奖的事实，然后对它作简要的评价，说明嘉奖的决定，最后以提出号召和希望作结尾。

3. 落款和成文时间

在正文之后注明落款和成文时间。通常命令（令）的落款是签署发令机关领导人的职务和姓名，也可签署发令机关的名称。

（四）命令（令）的写作要求

命令（令）的制发是一项极其郑重的行政行为，在撰写时必须注意以下几点要求：

1. 作者必须具备法定的制发权限，不得越权。

2. 命令（令）的内容必须是重要事项，行文庄重、严肃。

3. 命令（令）的主题要明确，内容单一，篇幅简短，文字精练，语气坚决果断。

例文1　公布令范例

中华人民共和国主席令

第七十五号

《中华人民共和国香港特别行政区基本法附件一香港特别行政区行政长官的产生办法》已由中华人民共和国第十三届全国人民代表大会常务委员会第二十七次会议于2021年3月30日修订通过，现将修订后的《中华人民共和国香港特别行政区基本法附件一香港特别行政区行政长官的产生办法》予以公布，自2021年3月31日起施行。

中华人民共和国主席　习近平

2021年3月30日

（资料来源：中华人民共和国主席令（第七十五号）中国政府网 http://www.gov.cn/xinwen/2021-03/30/content_5596771.htm）

例文 2 行政令范例

中华人民共和国国务院令

第 740 号

《粮食流通管理条例》已经 2021 年 1 月 4 日国务院第 121 次常务会议修订通过，现将修订后的《粮食流通管理条例》公布，自 2021 年 4 月 15 日起施行。

总理　李克强

2021 年 2 月 15 日

粮食流通管理条例

（2004 年 5 月 26 日中华人民共和国国务院令第 407 号公布　根据 2013 年 7 月 18 日《国务院关于废止和修改部分行政法规的决定》第一次修订　根据 2016 年 2 月 6 日《国务院关于修改部分行政法规的决定》第二次修订　2021 年 2 月 15 日中华人民共和国国务院令第 740 号第三次修订）

第一章　总　则

第一条　为了保护粮食生产者的积极性，促进粮食生产，维护经营者、消费者的合法权益，保障国家粮食安全，维护粮食流通秩序，根据有关法律，制定本条例。

第二条　在中华人民共和国境内从事粮食的收购、销售、储存、运输、加工、进出口等经营活动（以下统称粮食经营活动），应当遵守本条例。

前款所称粮食，是指小麦、稻谷、玉米、杂粮及其成品粮。

第三条　国家鼓励多种所有制市场主体从事粮食经营活动，促进公平竞争。依法从事的粮食经营活动受国家法律保护。严禁以非法手段阻碍粮食自由流通。

国有粮食企业应当转变经营机制，提高市场竞争能力，在粮食流通中发挥主渠道作用，带头执行国家粮食政策。

第四条　粮食价格主要由市场供求形成。

国家加强粮食流通管理，增强对粮食市场的调控能力。

第五条　粮食经营活动应当遵循自愿、公平、诚信的原则，不得损害粮食生产者、消费者的合法权益，不得损害国家利益和社会公共利益，并采取有效措施，防止和减少粮食损失浪费。

第六条　国务院发展改革部门及国家粮食和储备行政管理部门负责全国粮食的总量平衡、宏观调控和重要粮食品种的结构调整以及粮食流通的中长期规划。国家粮食和储备行政管理部门负责粮食流通的行政管理、行业指导，监督有关粮食流通的法律、法规、政策及各项规章制度的执行。

国务院市场监督管理、卫生健康等部门在各自的职责范围内负责与粮食流通有关的工作。

第七条 省、自治区、直辖市应当落实粮食安全党政同责,完善粮食安全省长责任制,承担保障本行政区域粮食安全的主体责任,在国家宏观调控下,负责本行政区域粮食的总量平衡和地方储备粮等的管理。

县级以上地方人民政府粮食和储备行政管理部门负责本行政区域粮食流通的行政管理、行业指导;县级以上地方人民政府市场监督管理、卫生健康等部门在各自的职责范围内负责与粮食流通有关的工作。

第二章 粮食经营(略)

第三章 宏观调控(略)

第四章 监督检查(略)

第五章 法律责任

第四十二条 违反本条例规定,粮食和储备行政管理部门和其他有关部门不依法履行粮食流通管理和监督职责的,对负有责任的领导人员和直接责任人员依法给予处分。

第四十三条 粮食收购企业未按照规定备案或者提供虚假备案信息的,由粮食和储备行政管理部门责令改正,给予警告;拒不改正的,处 2 万元以上 5 万元以下罚款。

第四十四条 粮食收购者有未按照规定告知、公示粮食收购价格或者收购粮食压级压价,垄断或者操纵价格等价格违法行为的,由市场监督管理部门依照《中华人民共和国价格法》《中华人民共和国反垄断法》的有关规定予以处罚。

第四十五条 有下列情形之一的,由粮食和储备行政管理部门责令改正,给予警告,可以并处 20 万元以下罚款;情节严重的,并处 20 万元以上 50 万元以下罚款:

(一)粮食收购者未执行国家粮食质量标准;

(二)粮食收购者未及时向售粮者支付售粮款;

(三)粮食收购者违反本条例规定代扣、代缴税、费和其他款项;

(四)粮食收购者收购粮食,未按照国家有关规定进行质量安全检验,或者对不符合食品安全标准的粮食未作为非食用用途单独储存;

(五)从事粮食收购、销售、储存、加工的粮食经营者以及饲料、工业用粮企业未建立粮食经营台账,或者未按照规定报送粮食基本数据和有关情况;

(六)粮食储存企业未按照规定进行粮食销售出库质量安全检验。

第四十六条 粮食收购者、粮食储存企业未按照本条例规定使用仓储设施、运输工具的,由粮食和储备行政管理等部门按照职责责令改正,给予警告;被污染的粮食不得非法销售、加工。

第四十七条 粮食收购者、粮食储存企业将下列粮食作为食用用途销售出库的,由粮食和储备行政管理部门没收违法所得;违法销售出库的粮食货值金额不足 1 万元的,

并处 1 万元以上 5 万元以下罚款,货值金额 1 万元以上的,并处货值金额 1 倍以上 5 倍以下罚款:

(一)真菌毒素、农药残留、重金属等污染物质以及其他危害人体健康的物质含量超过食品安全标准限量的;

(二)霉变或者色泽、气味异常的;

(三)储存期间使用储粮药剂未满安全间隔期的;

(四)被包装材料、容器、运输工具等污染的;

(五)其他法律、法规或者国家有关规定明确不得作为食用用途销售的。

第四十八条 从事粮食的食品生产,不符合食品安全法律、法规和标准规定的条件和要求的,由市场监督管理部门依照《中华人民共和国食品安全法》、《中华人民共和国食品安全法实施条例》等有关规定予以处罚。

第四十九条 从事政策性粮食经营活动,有下列情形之一的,由粮食和储备行政管理部门责令改正,给予警告,没收违法所得,并处 50 万元以上 200 万元以下罚款;情节严重的,并处 200 万元以上 500 万元以下罚款:

(一)虚报粮食收储数量;

(二)通过以陈顶新、以次充好、低收高转、虚假购销、虚假轮换、违规倒卖等方式,套取粮食价差和财政补贴,骗取信贷资金;

(三)挤占、挪用、克扣财政补贴、信贷资金;

(四)以政策性粮食为债务作担保或者清偿债务;

(五)利用政策性粮食进行除政府委托的政策性任务以外的其他商业经营;

(六)在政策性粮食出库时掺杂使假、以次充好、调换标的物,拒不执行出库指令或者阻挠出库;

(七)购买国家限定用途的政策性粮食,违规倒卖或者不按照规定用途处置;

(八)擅自动用政策性粮食;

(九)其他违反国家政策性粮食经营管理规定的行为。

粮食应急预案启动后,不按照国家要求承担应急任务,不服从国家的统一安排和调度的,依照前款规定予以处罚。

第五十条 对粮食经营活动中的扰乱市场秩序、违法交易等行为,由市场监督管理部门依照有关法律、法规的规定予以处罚。

第五十一条 从事粮食经营活动的企业有违反本条例规定的违法情形且情节严重的,对其法定代表人、主要负责人、直接负责的主管人员和其他直接责任人员处以其上一年度从本企业取得收入的 1 倍以上 10 倍以下罚款。

第五十二条 违反本条例规定,阻碍粮食自由流通的,依照《国务院关于禁止在市场经济活动中实行地区封锁的规定》给予处罚。

第五十三条 违反本条例规定,构成违反治安管理行为的,由公安机关依法给予治安管理处罚;构成犯罪的,依法追究刑事责任。

第六章 附 则

第五十四条 本条例下列用语的含义是:

粮食收购,是指向种粮农民、其他粮食生产者或者粮食经纪人、农民专业合作社等批量购买粮食的活动。

粮食加工,是指通过处理将原粮转化成半成品粮、成品粮以及其他食用或者非食用产品的活动。

政策性粮食,是指政府指定或者委托粮食经营者购买、储存、加工、销售,并给予财政、金融等方面政策性支持的粮食,包括但不限于政府储备粮。

粮食经纪人,是指以个人或者家庭为经营主体,直接向种粮农民、其他粮食生产者、农民专业合作社批量购买粮食的经营者。

技术规范,是指尚未制定国家标准、行业标准,国家粮食和储备行政管理部门根据监督管理工作需要制定的补充技术要求。

第五十五条 大豆、油料和食用植物油的收购、销售、储存、运输、加工、进出口等经营活动,适用本条例除第九条第二款以外的规定。

粮食进出口的管理,依照有关法律、法规的规定执行。

第五十六条 本条例自 2021 年 4 月 15 日起施行。

(资料来源:中华人民共和国国务院令(第 740 号)粮食流通管理条例_2021 年第 11 号国务院公报,中国政府网 http://www.gov.cn/gongbao/content/2021/content_5600080.htm)

例文3 嘉奖令范例

陕西省人民政府嘉奖令

西安市人民政府:

1999 年是西安市城市气化工程全面加快建设的一年。一年来,你们认真贯彻省委、省政府对改善西安市大气环境质量的要求,带领市直有关部门、单位的广大干部职工,发扬顽强拼搏、连续奋战的作风,使天然气气化工程建设、用户发展取得了重大突破。管道工程完成 62 千米,发展居民用户 40043 户,锅炉用户 452 台,新增日供气能力 35 万立方米,最高日供气量达到 63 万立方米,实现了省政府年初确定的日均供气量达到 50 万立方米的目标,为提高西安城市大气环境质量,改善投资环境作出了积极贡献。为此,省政府决定对西安市政府在推进城市天然气气化工作方面取得的成绩予以通令嘉奖。

省政府希望你们在新的一年里,再接再厉,进一步加快城市气化工程建设进度,积极发展用户,切实加强管理,重视并抓好职工队伍建设,确保安全平稳供气。同时,要加大无煤区、改煤区燃煤锅炉改造力度,力争全年供气量突破 1 亿立方米。

省政府要求,省直各有关部门,天然气通达和在建的有关市地、县(区)及有关单位,要进一步提高对加快天然气事业发展的认识,珍惜国家加快天然气干线建设的机遇,集中必要的财力物力,配合、支持加快我省天然气气化工程建设进度,为充分利用天然气资源,促进全省经济建设,改善生态环境,提高人民生活质量而努力!

陕西省人民政府
2000 年 2 月 4 日

(资料来源:陕西省人民政府网 http://govinfo.nlc.gov.cn)

二、决定、决议

决定是领导机关对重要事项或者重大行动作出安排和决策时使用的一种下行文。

决议是发布经会议讨论通过并要求贯彻执行的重要决策事项的一种下行文。

任何机关、企事业单位、社会团体都可以使用决定,而决议只用于党派、组织、团体的全体会议或者代表会议。

（一）决定

1. 决定的适用范围及分类

《条例》第8条规定:"决定。适用于对重要事项作出决策和部署、奖惩有关单位和人员、变更或者撤销下级机关不适当的决定事项。"

具体说来,决定主要适用于:规定实施重要的方针、政策;布置开展重要的工作;确定机构或组织的设立或撤销;确定对重要问题的原则立场;确定加入或脱离某一组织或条约;确定召开重要的会议;确定重要的人事任免、表彰与处分;确定给特定对象以荣誉称号;撤销或批准有关公文等。

根据决定的适用范围,可以把决定分为对重要事项或重大行动作出安排的指挥性决定,如《中共中央关于加强和改进党的作风建设的决定》、《国务院关于整顿和规范市场经济秩序的决定》、《国务院关于在对外活动中不赠礼不受礼的决定》等,以及处理具体事项的决定,如《全国人民代表大会关于设立香港特别行政区的决定》、《国家知识产权局关于修改〈专利行政执法办法〉的决定》、《国务院关于表彰全国公安机关先进模范集体的决定》等。

2. 决定的特点

（1）指令性

决定属于指挥性公文,由具有行政权限的领导机构发布,是各级机关权力的体现,有较强的约束力,在其所辖范围内必须遵照执行,不得违背。

（2）郑重性

决定的主要适用范围是依照法律规定的职责权限,由领导机构对重要事项或重大行动作出安排和决策,内容多为重大事项、重大问题,行文较为郑重、严肃。

（3）广泛性

决定的适用范围比较广泛,一般基层单位均可适用。

3. 决定的写法

决定的结构一般由标题、正文、落款和成文时间等项内容构成。

（1）标题

一般由作者、事由、文种三项构成,可以省略作者。

（2）正文

正文内容主要包括决定依据、决定事项和执行要求三部分。

决定依据。简要写明发布决定的原因、目的、根据、意义或简明介绍背景。指挥性的决定可适当对发文目的、意义稍作展开,以使受文者充分理解行文意图,更好地贯彻执行决定事项。处理具体事项的决定这部分可略写。

决定事项。这是决定的主体部分。指挥性决定主要阐明对有关重大事项或重大安排、部署的意见、要求、措施、办法等,一般按照一定的逻辑顺序分条列项进行表述,或者采用小标题的方式来表述。事项性决定可写明对某人某事的态度、作出的安排或处置,对某一文件批准通过的意见等,不加过多的议论陈述,常用篇段合一的写法。

执行要求。简要提出希望或号召,以唤起受文者的重视,达到决定的行文目的。尤其是表彰与惩戒性的决定,结尾是对决定事项的强调、补充,写作时应特别注意,以期达到学习与警戒的目的。其他类型的决定结尾可以省略不写。

(3)签署及时间

凡是会议通过的决定,通常在标题下面加括号签署会议名称和通过时间。由领导人签发的决定,则在正文之后写明发文机关和成文时间。

4. 决定的写作要求

首先,在使用文种时应慎重,对欲做决定的事项须进行认真研究和抉择,不可事无巨细都用决定,以免削弱了决定的严肃性。

其次,决定写作时应做到对于问题所提出的意见、措施、办法等,都必须是切实可行的,要求事实准确,根据充分,语气肯定。

例文 1

国务院关于实施动产和权利担保统一登记的决定
国发〔2020〕18 号

各省、自治区、直辖市人民政府,国务院各部委、各直属机构:

为贯彻落实党中央、国务院决策部署,进一步提高动产和权利担保融资效率,优化营商环境,促进金融更好服务实体经济,现作出如下决定:

一、自 2021 年 1 月 1 日起,在全国范围内实施动产和权利担保统一登记。

二、纳入动产和权利担保统一登记范围的担保类型包括:

(一)生产设备、原材料、半成品、产品抵押;

(二)应收账款质押;

(三)存款单、仓单、提单质押;

(四)融资租赁;

(五)保理;

(六)所有权保留;

(七)其他可以登记的动产和权利担保,但机动车抵押、船舶抵押、航空器抵押、债券质押、基金份额质押、股权质押、知识产权中的财产权质押除外。

三、纳入统一登记范围的动产和权利担保,由当事人通过中国人民银行征信中心(以下简称征信中心)动产融资统一登记公示系统自主办理登记,并对登记内容的真实性、完整性和合法性负责。登记机构不对登记内容进行实质审查。

四、中国人民银行要加强对征信中心的督促指导。征信中心具体承担服务性登记工作,不得开展事前审批性登记。征信中心要做好系统建设和维护工作,保障系统安全、稳定运行,建立高效运转的服务体系,不断提高服务效率和质量。

五、国家市场监督管理总局不再承担“管理动产抵押物登记”职责。中国人民银行负责制定生产设备、原材料、半成品、产品抵押和应收账款质押统一登记制度,推进登记服务便利化。中国人民银行、国家市场监督管理总局应当明确生产设备、原材料、半成品、产品抵押登记的过渡安排,妥善做好存量信息的查询、变更、注销服务和数据移交工作,确保有关工作的连续性、稳定性、有效性。

各地区、各相关部门要相互协作、密切配合,认真落实本决定部署的各项工作,努力优化营商环境。

国务院

2020 年 12 月 22 日

(资料来源:国务院关于实施动产和权利担保统一登记的决定_2021 年第 1 号国务院公报_中国政府网 http://www.gov.cn/gongbao/content/2021/content_5578529.htm)

例文 2

中华人民共和国农业农村部令

2020 年第 7 号

《农业农村部关于废止〈农业基本建设项目管理办法〉的决定》已于 2020 年 9 月 14 日经农业农村部第 13 次部常务会议通过,现予公布,自公布之日起施行。

部长 韩长赋

2020 年 9 月 27 日

农业农村部关于废止《农业基本建设

项目管理办法》的决定

为了贯彻党中央、国务院关于机构改革、政府职能转变的决策部署,进一步推进农业建设领域简政放权、放管结合、优化服务,农业农村部决定废止《农业基本建设项目管理办法》(2004 年 7 月 12 日农业部令第 39 号公布,2017 年 11 月 30 日农业部令 2017 年第 8 号修订)。

本决定自公布之日起施行。

(资料来源:中华人民共和国农业农村部令(2020 年第 7 号)农业农村部关于废止《农业基本建设项目管理办法》的决定_2020 年第 35 号国务院公报_中国政府网 http://www.gov.cn/gongbao/content/2020/content_5570074.htm)

例文3

中共福建省委福建省人民政府关于表彰福建省抗击新冠肺炎疫情
先进个人和先进集体的决定

各市、县（区）党委和人民政府，平潭综合实验区党工委和管委会，省委各部委，省直各单位，各人民团体，中直驻闽各单位：

新冠肺炎疫情是新中国成立以来我国遭遇的传播速度最快、感染范围最广、防控难度最大的一次重大突发公共卫生事件。疫情发生后，在以习近平同志为核心的党中央坚强领导下，全省上下坚决贯彻习近平总书记重要讲话重要指示批示精神，全面落实"坚定信心、同舟共济、科学防治、精准施策"总要求，牢牢掌握"战疫"主动权，疫情防控取得重大战略成果，统筹推进疫情防控和经济社会发展取得显著成效。

在这场抗疫斗争中，全省广大党员、干部始终牢记党和人民的重托，充分发挥先锋模范作用，冲锋在前，忘我奉献，主动担责担难担险；广大医务工作者白衣为甲、逆行出征，发扬救死扶伤、医者仁心的崇高精神，义无反顾、日夜奋战；广大公安民警、社区（村）工作者、科技工作者、企事业单位职工、下沉干部、新闻工作者和志愿者不畏艰险、闻令而动；广大人民群众识大体、顾大局，同舟共济、守望相助，共同筑起群防群治、联防联控的钢铁长城。他们的英勇表现和先进事迹感人至深、催人奋进，生动诠释了生命至上、举国同心、舍生忘死、尊重科学、命运与共的伟大抗疫精神。

为了表彰先进、鼓舞士气，进一步激发全省广大党员干部群众干事创业的责任感、使命感、荣誉感，广泛凝聚众志成城、共克时艰的强大正能量，省委和省政府决定，授予林伟等550名同志"福建省抗击新冠肺炎疫情先进个人"称号，授予福州市卫生健康委员会机关党委等300个集体"福建省抗击新冠肺炎疫情先进集体"称号。希望受到表彰的先进个人和先进集体珍惜荣誉、再接再厉，为党和人民事业作出新的更大贡献。

当前，新冠肺炎疫情仍在全球扩散蔓延，统筹推进常态化疫情防控和经济社会发展的任务仍然十分艰巨繁重。全省广大干部群众要以习近平新时代中国特色社会主义思想为指导，深入学习贯彻习近平总书记在全国抗击新冠肺炎疫情表彰大会上的重要讲话精神，全面贯彻党的十九大和十九届二中、三中、四中、五中全会精神，以受表彰的先进个人和先进集体为榜样，增强"四个意识"、坚定"四个自信"、做到"两个维护"，更加紧密地团结在以习近平同志为核心的党中央周围，大力弘扬伟大抗疫精神，顽强拼搏、担当作为，毫不放松抓好常态化疫情防控，扎实做好"六稳"工作、全面落实"六保"任务，为夺取疫情防控和经济社会发展"双胜利"再立新功，为全方位推动高质量发展超越不懈奋斗！

中共福建省委

福建省人民政府

2020 年 11 月 25 日

（资料来源：中共福建省委福建省人民政府关于表彰福建省抗击新冠肺炎疫情先进个人和先进集体的决定_福建要闻_福建省人民政府门户网站 http://www.fujian.gov.cn/xwdt/fjyw/202011/t20201126_5459382.htm）

（二）决议

1. 决议的适用范围及分类

《条例》第 8 条规定："决议。适用于会议讨论通过的重大决策事项。"

根据用途不同,决议可分为用于发布经会议通过的要求贯彻执行的重要决策事项的部署指挥性决议,如《中共中央关于社会主义精神文明建设指导方针的决议》;用于表明会议对某项法规、规章、议案、报告等文件或某一事项作出批准的批准性决议,如《第十届全国人民代表大会第五次会议关于政府工作报告的决议》、《全国人民代表大会常务委员会关于批准财政部发行特别国债购买外汇及调整 2007 年末国债余额限额的决议》;用于表明会议对某项重大的专门问题的态度的专项决议,如《台盟三次全盟代表大会关于反对美国国会干涉中国内政制造"两个中国"的决议》、《中国共产党中央委员会关于建国以来党的若干历史问题的决议》等。

2. 决议的特点

（1）郑重性

由决议的适用范围可知,决议涉及的事项多为决策性的重大事项,比其他文种更严肃、郑重,约束力也更强。

（2）指示性

上级机关经过会议的充分讨论形成的决议,要求下级贯彻执行,此类决议体现了上级的领导意图,一经传达即有极强的指挥作用,下级机关和有关人员必须遵照执行。

（3）理论性

决策性的决议在发布时,为了统一下级单位的认识,增强下级执行有关方针政策的自觉性,在写作时,常常要交代写作背景、发文目的、意义和依据,以使下级机关明确决议的重大意义,更好地贯彻执行有关精神。

3. 决议的写法

决议的结构由标题、签注、正文等构成。

（1）标题

通常由作者、事由、文种三要素构成,应写明发布决议的会议名称,以表明其权威性。

（2）签注

决议是由会议通过而制发的,因此都须在标题下方加括号签注通过决议的会议名称及通过日期。

（3）正文

决议正文通常由决议缘由、决议事项和结语三部分构成。

决议缘由。通常要写明作出决议的原因、根据、目的和意义,简要说明会议审议事项的相关背景。指挥性决议,缘由部分要稍作说理,使有关方面明确为什么做,以增强执行决议的自觉性;专项决议议论性极强,行文注重透辟精要的说理;批准性决议一般内容比较单一,这部分可以省略。

决议事项。需写明会议通过的具体事项。指挥性决议是会议对有关工作作出的安排部署,一般是有决策权的领导机关对重要工作、重要决策进行讨论,通过后公之于众要求贯彻执行,因此要写明必须贯彻执行的决议事项,使有关方面明确做什么、怎么做。批准性决议是有关会议依照其法定权力,对某项法规、规章、决定、议案或某一事项表示同意的态度而作出的决议,内容较为单一,只写明某某会议审议,批准了何文件、何事项即可。专项决议是对有关重要问题、重大事件作出评价、决定的决议,这部分写作偏重于针对会议讨论通过的重大事项表明会议的立场、观点,此类决议注重透辟、精要的说理,语言鲜明,议论性强,常用夹叙夹议写法。

结语。一般是扣住决议事项,提出希望、号召和执行要求。有的决议也可省略这部分内容。

4. 决议的写作要求

(1)决议只能写经过会议通过的决议事项,未经会议决定的事项或分歧意见不可写入决议。

(2)决议的写作遣词用句要准确,不能含糊不清、模棱两可。尤其是批准性决议,文中对被审议的文件态度要明确,原则性规定和灵活性处置的表述要恰如其分,如"批准"、"同意"或"基本同意"、"原则通过"、"原则批准"等,要注意把握分寸感。

(3)决议通常以第三人称的口吻来写,如"会议讨论(听取、审议)了"、"会议决定"、"会议指出(认为)"、"会议号召(要求)"等作为过渡起首语。

决议通常不在正文前标示主送机关,可在文尾的抄送机关栏注明发送机关。

例文

第十届全国人民代表大会第五次会议
关于政府工作报告的决议
(2007 年 3 月 16 日第十届全国人民代表大会第五次会议通过)

第十届全国人民代表大会第五次会议听取和审议了国务院总理温家宝所作的政府工作报告。会议充分肯定国务院过去一年的工作,同意报告提出的今后一年经济社会发展的目标任务和工作部署,决定批准这个报告。

会议号召,全国各族人民在以胡锦涛同志为总书记的党中央领导下,高举邓小平理论和"三个代表"重要思想伟大旗帜,深入贯彻党的十六大和十六届三中、四中、五中、六中全会精神,全面落实科学发展观,加快构建社会主义和谐社会,万众一心,开拓进取,以优异成绩迎接中国共产党第十七次全国代表大会的胜利召开,奋力把改革开放和社会主义现代化事业推向前进!

(资料来源:国务院公报 2007 年第 13 号)

？思考与练习

一、简述题

1. 命令有何特点?写作有何要求?

2. 决议与决定有何区别?

二、写作题

1. 根据以下材料撰写公文。

发文机关:××大学;事由:表彰××年度校十佳辅导员。

第二节 公告、通告的撰写

一、公告

公告是党政机关依据法定职权,向国内外公开发布重要事项时使用的文种,是发布范围广泛的知照性公文。

(一)公告的适用范围及分类

《条例》第8条规定:"公告。适用于向国内外宣布重要事项或者法定事项。"

公告的内容多为世界关注的重大事项,具有一定的新闻性。如宣布党和国家领导人选举结果,宣布宪法的修改与施行,宣布国家领导人的重大出访活动,宣布重要人物逝世,宣布国家发射火箭、导弹的有关事项等。公告一般是以国家的名义,通过广播、电视、报纸等新闻媒介来发布的,地方行政机关有时也可以用公告,但基层单位不能制发公告。

根据公告的适用范围,可将公告分为向国内外宣布重要事项的公告以及公布法定事项的公告两类。前者主要用于较高级别的国家机关郑重地宣布重要事项、重大事件,也用于人大及其常委会宣布重要事项、重大决定,如颁布法律、法令、法规,公布选举的结果等。后者是指有关法律、法规规定使用的专门事项公告,如《中华人民共和国商标法》规定的商标颁布公告、《中华人民共和国专利法》规定的专利颁布公告、《国家公务员暂行条例》规定的招考公告等。

(二)公告的特点

1. 广泛性

公告的受文对象最为广泛,它面向的是国内外人士。

2. 庄重性

公告的内容是国内外关注的大事,一般事项不能使用公告。

3. 限定性

公告的作者只限于国家领导机关或地方行政机关,一般基层单位不能制发。

(三)公告的写法

公告的结构由标题、正文、签署和日期等项构成,不列受文机关。

1. 标题

公告的标题有三种写法:一是由发文机关、事由、文种三项构成,如《中国人民银行关于开办人民币长期保值储蓄存款的公告》、《中国人民银行关于发行第五套人民币100元券的公告》等;二是省略事由,由发文机关和文种构成,如《中华人民共和国全国人民代表大会公告》、《中国证券管理委员会公告》等;三是只写明文种,即《公告》。

2. 正文

由公告依据、公告事项、尾语三项构成。

公告内容单一,通常采用篇段合一的写法,有的甚至只有一句话。正文开头部分写明发布公告的依据,主体部分写明所要宣布的重要事项、事件。结尾部分另起一行,用"特此公告"或"现予公告"等惯用语结束,一般不加标点符号。也可不用尾语,自然收束。

3. 签署和日期

在正文下方写明发文机关全称。在签署下面写清成文的具体日期。有的公告在日期后还注明发布公告的地点,以示庄重。

(四)公告的写作要求

1. 公告行文慎重,使用有权限规定,非权力机关和一般业务部门通常不能使用公告。在特定情况下,可由国家授权给某单位制发,如《新华社授权公告》。

2. 公告主旨单一,只起宣告作用,不需要具体阐述意义和细节。语言庄重,文字简练,语气较平和。

例文 1

国务院公告

为表达全国各族人民对抗击新冠肺炎疫情斗争牺牲烈士和逝世同胞的深切哀悼,国务院决定,2020 年 4 月 4 日举行全国性哀悼活动。在此期间,全国和驻外使领馆下半旗志哀,全国停止公共娱乐活动。4 月 4 日 10 时起,全国人民默哀 3 分钟,汽车、火车、舰船鸣笛,防空警报鸣响。

(资料来源:国务院公告_2020 年第 10 号国务院公报_中国政府网 http://www.gov.cn/gongbao/content/2020/content_5501026.htm)

例文 2

中华人民共和国商务部公告
2020 年第 61 号

根据《中华人民共和国固体废物污染环境防治法》,商务部制定了《商务领域一次性塑料制品使用、回收报告办法(试行)》,现予以公布。

商务部
2020 年 11 月 27 日

商务领域一次性塑料制品使用、
回收报告办法(试行)

第一条 为保护环境、节约资源,推进生态文明建设,引导企业、消费者减少和替代塑料袋等一次性塑料制品使用,根据《中华人民共和国固体废物污染环境防治法》及《商务部办公厅关于进一步加强商务领域塑料污染治理工作的通知》(商办流通函〔2020〕306 号),制定本办法。

第二条 国家鼓励和引导减少使用、积极回收塑料袋等一次性塑料制品,推广应用可循环、易回收、可降解的替代产品。

第三条 商品零售场所开办单位、电子商务平台企业、外卖企业使用塑料袋等一次性塑料制品的,应根据本办法向商务主管部门报告使用、回收情况。

第四条 商务部负责指导全国商品零售场所开办单位、电子商务平台企业、外卖企业一次性塑料制品使用、回收情况报告工作。

县级以上地方商务主管部门负责本行政区域内商品零售场所开办单位、电子商务平台企业、外卖企业一次性塑料制品使用、回收情况报告工作。

第五条 商品零售场所开办单位、电子商务平台企业、外卖企业,应当通过一次性塑料制品使用、回收报告系统,向所在地县级商务主管部门报告一次性塑料制品使用、回收情况。

商务部建立全国统一的一次性塑料制品使用、回收报告系统,及时接收、处理报告信息。

第六条 商品零售场所开办单位、电子商务平台企业、外卖企业应当及时报送一次性塑料制品使用、回收情况,遵循真实、准确、完整原则,不得进行虚假报告,不得有重大遗漏。

第七条 本办法所称商品零售场所是指向消费者提供零售服务的各类超市、商场、集贸市场。

第八条 本办法所称电子商务平台企业是指在电子商务中为交易双方或者多方提供网络经营场所、交易撮合、信息发布等服务,供交易双方或者多方独立开展交易活动的企业。

第九条 本办法所称外卖企业是指通过电子商务平台等方式提供外卖服务的零售、餐饮企业。

第十条 本办法所称一次性塑料制品,包括不可降解塑料购物袋、连卷袋、塑料包装袋(含编织袋),不可降解一次性塑料餐盒、塑料餐具(刀、叉、勺)、塑料吸管。

一次性塑料制品细化标准由国家相关规定予以规范,一次性塑料制品范围根据国家相关规定动态调整。

第十一条 商品零售场所开办单位报告不可降解塑料购物袋、连卷袋使用情况和塑料废弃物回收情况。

第十二条 电子商务平台企业报告其自营业务产生的不可降解塑料包装袋(含编织袋)使用情况和塑料废弃物回收情况,加强对平台内经营者减少、替代使用一次性塑料制品的宣传引导。

电子商务平台企业对平台内经营者一次性塑料制品使用、回收情况,按报告期开展总体评估,并向所在地县级商务主管部门报告。

总体评估报告包括但不限于平台企业制定的减少、替代一次性塑料制品使用的平台规则,采取的相关治理措施,开展的宣传推广活动,对平台内经营者使用、回收一次性塑料制品的调查情况,取得的减量成效等。

第十三条 外卖企业报告不可降解塑料购物袋、塑料餐盒、塑料餐具(刀、叉、勺)、塑料吸管使用情况和塑料废弃物回收情况。

零售企业提供外卖服务的,按照第十一条和本条上款规定合并报告。

　　第十四条　鼓励商品零售场所开办单位、电子商务平台企业、外卖企业,报告环保替代产品使用情况。

　　本办法所称环保替代产品包括纸袋、可循环使用的布袋、提篮和可降解塑料制品等。其中,可降解塑料制品是指以可降解塑料为原料制成,并符合相关国家标准的购物袋、包装膜、餐盒、餐具等。可降解塑料购物袋、可降解一次性餐饮具应分别符合 GB/T38082 和 GB/T18006.3 国家标准要求。

　　第十五条　为做好环保替代产品供需衔接,鼓励环保替代产品供应商依据本办法规定报告可降解塑料原料、可降解塑料制品以及其他环保替代产品的生产和销售情况。

　　第十六条　电子商务平台企业、跨区域经营的商品零售场所开办单位、外卖企业,由企业总部向所在地县级商务主管部门报告整体情况,所报告信息在其业务经营所在地实行信息共享。

　　第十七条　本办法报告周期为半年,初次报告期为 2020 年 7 月 1 日—2020 年 12 月 31 日,市场主体报告情况在报告期结束后的 30 日内完成。

　　第十八条　各级商务主管部门要层层压实责任,加强组织实施、宣传引导和报告信息质量审核等工作,逐步实现法律规定的报告主体应报尽报,报告执行总体情况于报告工作结束后的 30 日内向上一级商务主管部门报告。

　　第十九条　各级商务主管部门要加强报告结果应用,根据市场主体报告情况做好一次性塑料制品使用、回收分析工作,分析情况于报告工作结束后的 30 日内向上一级商务主管部门报告。

　　第二十条　报告情况可作为政府部门实施支持政策的参考依据。对报告信息未遵守国家有关禁止、限制使用不可降解塑料袋等一次性塑料制品规定的,或未按照本办法报告的,由县级以上地方人民政府确定的承担商务执法职责的部门,依法及时处理或给予相应处罚。

　　第二十一条　本办法由中华人民共和国商务部负责解释。

　　第二十二条　本办法自公布之日起三十日后施行。

　　(资料来源:中华人民共和国商务部公告(2020 年第 61 号)商务领域一次性塑料制品使用、回收报告办法(试行),2021 年第 5 号国务院公报,中国政府网,http://www.gov.cn/gongbao/content/2021/content_5587656.htm)

例文 3

福建省 2019 年度考试录用公务员公告

　　根据公务员法和公务员录用有关规定,福建省公务员局将组织实施福建省 2019 年度考试录用公务员和参照公务员法管理机关(单位)工作人员(以下简称"参公人员")工作,计划录用 2471 名。现将有关事项公告如下:

　　一、资格条件

　　(一)报考条件

1.具有中华人民共和国国籍；

2.18 周岁以上、35 周岁以下(即在 1983 年 3 月 8 日至 2001 年 3 月 8 日期间出生)，按照有关政策规定对年龄条件有特殊要求的，以招考职位要求的为准；

3.拥护中华人民共和国宪法；

4.具有良好的品行；

5.具有正常履行职责的身体条件；

6.具备符合职位要求的工作能力；

7.具有大专以上文化程度；

8.具备省级公务员主管部门规定的拟任职位所要求的其他资格条件。

(二)不得报考或取消报考资格的情形：

1.曾因犯罪受过刑事处罚的；

2.曾被开除公职的；

3.在各级公务员招考中被认定有舞弊等严重违反录用纪律行为的；

4.公务员或参公人员被辞退未满 5 年的；

5.考录后服务年限不满 2 年(含试用期)以及未达到与当地公务员主管部门或单位组织人事部门约定服务年限的公务员和参公人员；

6.现役军人，在读的非应届毕业生；

7.录用后即构成应回避关系的；

8.法律规定不得录用为公务员的。

报名时不是试用期内公务员或参公人员，但在报名之后、录用之前成为试用期内公务员或参公人员的，取消其考录资格。

(三)专门职位

下列人员可以报考专门职位：

参加大学生志愿服务西部计划、我省统一组织实施的大学生村官计划、志愿服务欠发达地区计划、高校毕业生服务社区计划、"三支一扶"计划等服务基层项目并于 2019 年 9 月 1 日前服务期满考核合格的我省报考者；由福建省兵役机关批准入伍、服役期满，符合此次招考相关规定的大学生退役士兵。

(四)起止时间

本次招考，服务基层项目考生基层工作经历截止时间为 2019 年 9 月 1 日；全日制非定向的普通高等院校应届毕业生，取得学历学位或辅修证书的时限可放宽至 2019 年 12 月 31 日。其他未经公告的与时限有关条件，截止时间均为 2019 年 3 月 8 日；需计算年限的，开始时间均为相关经历生效的第一天，截止时间均为 2019 年 3 月 8 日，按足年足月累计。

二、报考

本次招考的网络报名在福建省公务员考试录用网(以下简称"福建考录网"，http://www.fjkl.gov.cn/)进行；要求现场报名的职位，以招录单位通知为准。

(一)查询

报考者可于 2019 年 3 月 8 日后登录福建考录网，通过《福建省 2019 年度考试录用公务员招考职位表》查询职位信息，通过《福建省 2019 年度考试录用公务员报考指南》

查询招考职位相关条件的政策解释、考录规则以及报名注意事项等。

（二）缴费、报名

报考者应在 2019 年 3 月 8 日 9：00 至 3 月 14 日 17：00 登录福建考录网，提交个人信息并缴纳报名费。

本次考试在各设区市政府所在地设置考场，报考者（包括加考公安基础知识的考生）可自行选择在任一考区参加考试；报考需要加试其他专业科目的职位，只能选择福州考区参加考试。

（三）查询初审结果

报考者可在缴费成功次日起的两个工作日后，登录福建考录网查询初审结果。每个考生只能成功报考 1 个职位，初审通过后不得改报其它职位。

（四）申诉审核

2019 年 3 月 11 日上午 9：00—3 月 18 日下午 17：00，报考者与招录单位沟通后，对"专业资格不符"结论仍有异议的，可及时通过福建考录网"申诉通道"申请公务员主管部门审核裁定。

（五）打印准考证

通过网上报名资格审查的报考者，可于 2019 年 4 月 10 日 9：00—4 月 19 日自行上网打印准考证。

三、考试

（一）笔试

4 月 20 日上午 09：00—11：00《行政职业能力测验》

4 月 20 日下午 14：00—16：30《申论》

4 月 21 日上午 09：00—11：00《公安基础知识》（公安系统执法勤务类职位）

报考者可于 2019 年 5 月 24 日后通过福建考录网查询本人笔试成绩和全省最低合格线。

少数民族报考者报考少数民族自治乡机关、各级政府民族事务部门或专门面向"少数民族"招考的职位，可以按照所报考职位公共科目总分的 10% 加分。符合加分条件的，应在笔试成绩公布后 5 个工作日内，按招录单位的隶属关系与设区市级以上公务员主管部门联系办理加分手续，逾期不予受理。

（二）面试

按照招考人数 1：3 的比例，在笔试合格的人员中，从高分到低分，确定参加面试人选。参加面试的考生名单和面试的时间、地点，将按招录单位的隶属关系分别在福建考录网或设区市网站上公布。

面试前，招录单位或设区市公务员主管部门负责组织报名资格复查。

面试安排在 6 月中下旬。

面试成绩最低合格线为 60 分。参加面试人数少于或等于招考人数时，报考者的面试成绩应达到 70 分以上，方可进入体检和考察。

（三）考试总成绩的计算规则

A 类职位：总成绩＝公共科目笔试成绩（《行测》＋《申论》）/2×50％＋面试成绩×50％

B类职位：总成绩＝公共科目笔试成绩（《行测》）×50％＋面试成绩×50％

公安系统执法勤务类职位：总成绩＝公共科目笔试成绩×35％＋《公安基础知识》成绩×15％＋面试成绩×50％

（四）其他专业科目考试

需要加试其他专业科目的，具体安排及成绩计算规则由招录单位在福建考录网上另行公告。

四、体检和考察

按照招考人数1∶1的比例，在考试合格的人员中，从高分到低分，确定进入体检和考察人选。

需进行人民警察职业心理能力测评或体能测评的职位，面试合格考生全部参加测评；规定时间内未参加的，取消录用或递补资格。

考察对象被法院列为失信被执行人或被国家有关部门列为失信被惩戒对象的，取消录用资格。

五、录用

拟录用人员由招录单位按规定的程序和标准、择优确定，并在相关网站上公示，公示期为5个工作日。

新录用公务员的试用期按照《新录用公务员试用期管理办法（试行）》执行。最低服务年限按照中央和省里相关政策规定以及录用职位约定的执行。

六、递补

面试环节，因考生放弃面试资格或被取消面试资格，由此造成参加面试人数未达到规定比例的，可在规定时限内，从报考该职位且成绩达到合格线的报考者中，从高分到低分依次递补面试人员。专业科目考试、心理测评、体能测评、录用等环节递补参照面试环节的做法执行。

七、注意事项

1.本次招考职位所设的非领导职务，在试用期满考核合格后，任职时将根据新修订的公务员法及其有关配套规定办理。体检、考察、试用等环节，若国家有颁布新的标准或办法，按新的规定执行。

2.考试结束后，考试机构将对试卷进行雷同甄别，被认定为雷同答卷的，按有关规定处理。

3.报考者应诚信报考，凡弄虚作假或存在违纪违规行为的，一经查实，取消考录资格并按照公务员考试录用违纪违规的有关规定进行处理，构成犯罪的，依法追究刑事责任。

4.录用后不报到的，有服务期要求但在服务期（含试用期）内提出辞职的，记入考试诚信档案5年。诚信档案的使用，按照国家公务员主管部门有关规定执行。

5.本次招考不指定考试辅导用书，不举办也不委托任何机构举办考试辅导培训班。目前社会上出现的假借公务员考试命题组、考试教材编委会、公务员主管部门授权等名义举办的辅导班、辅导网站或发行的出版物等，均与本次考试无关，请报考者提高警惕，切勿上当受骗。

本公告由省公务员主管部门负责解释。

福建省公务员局

2019 年 3 月 7 日

　　（资料来源：福建省 2019 年度考试录用公务员公告_通知公告_福建省人民政府门户网站 http://www.fujian.gov.cn/zwgk/tzgg/201903/t20190312_4826588.htm）

二、通告

　　通告是党政机关、企事业单位用于在一定范围内公布应当遵守或周知事项的周知性公文。

　　（一）通告的适用范围及分类

　　《条例》第 8 条规定："通告。适用于在一定范围内公布应当遵守或者周知的事项。"

　　根据通告的内容，可分为法规性通告和事项性通告。法规性通告是指在一定范围内发布的有关政策、法规的通告，具有明显的强制性，要求人们遵守或执行，如《国务院关于保障民用航空安全的通告》《中华人民共和国公安部关于收缴非法持有枪支弹药的通告》等。事项性通告是指在一定范围内发布需要周知或办理的事项，如《北京市公安交通管理局关于对本市机动车辆进行年度检验的通告》《北京市地方税务局关于对本市企事业单位机动车辆征收车船使用税的通告》《北京市公安交通管理局关于 110 国道陡岭公路桥施工断路的通告》等。

　　（二）通告的特点

　　1. 广泛性

　　首先表现为通告是公开发布的文件，受文对象较为广泛。其次表现为发文机关不受限定，各级党政机关、社会团体、企事业单位均可使用通告这一文种。

　　2. 法规性

　　主要表现在一些由国家机关发布的政策性法规类通告，制发依据是有关政策或法规，其内容具有法规作用，它对某些事项作出权威性的规定或限制，要求有关范围内的人员必须严格遵守，不得随意违反。

　　（三）通告的写法

　　通告的结构由标题、正文、签署和日期等项构成，不列受文机关。

　　1. 标题

　　通告标题写法较为灵活，法规性通告标题一般是由发文机关、事由、文种三项构成，如《国家土地管理局关于冻结非农业建设项目占用耕地的通告》；事项性通告标题可以省略发文机关，有的可以只写文种，如《通告》。

　　2. 正文

　　通告的正文由通告缘由、通告事项、执行要求三部分组成。

　　正文开头部分，即缘由，简要写明发布通告的目的、意义或依据，法规性通告需写明法规、政策依据，然后用承启语"现通告如下"或"特作如下通告"过渡到主体部分。

　　正文主体部分即通告事项，通常采用分条列项的写法，写清应当遵守或周知的事项。事项性通告以周知为发文目的，事项比较单一，篇幅较短，常用篇段合一的写法。法规性通告要写明允许做什么,不允许做什么,提出相应的措施、处理和奖惩办法,以便有关方面遵守和办理。

结尾部分可以用提出希望和号召作结束;也可以用执行的范围、时间作结束,如"本通告自公布之日起施行",或以"特此通告"等尾语作结束。

3. 签署和日期

通告的最后是在正文下方写上发文机关的全称和成文时间。

（四）通告的写作要求

1. 撰写通告要从实际出发,对于所涉及的政策、法规要掌握准确。

2. 通告的事项要具体、周密。

3. 通告的文字要准确,通俗易懂,尽量少用专业术语,以便群众理解和遵行。

三、公告、通告的区别

公告、通告均属于公布性公文。公布性公文是指发文机关依据法定职权,直接公开发布有关事项时所采用的文件。内容都不涉密,都要公开发布、张贴,或者通过报刊、电视、广播等媒介发布,都是应当遵守或周知的事项,语言都要求通俗易懂,便于群众理解、遵守。但它们在适用范围、受文对象、发布内容、约束力等方面有明显区别。

公告和通告的主要区别在于:

（一）适用范围不同

公告通常以国家名义发布,通常由级别较高的国家机关、人大和有关法律、法规指定机关制发,一般基层单位不能滥用。通告则不然。法规性通告一般由政府部门发布,周知性通告则各级机关、社会团体、企事业单位都可以在自己的职权范围内发布。

（二）受文对象不同

公告的受文对象最广泛,通常是面向国内外人士。通告的受文对象范围较小,局限于一定范围内的人民群众。

（三）发布内容不同

公告用于向国内外宣布重大事项或者法定事项,内容重大。通告多数是较为具体的事项。

（四）约束力不同

公告只起宣告作用,没有强制执行的要求。通告则不然,尤其是法规性通告,涉及的事项常常要求一定范围内的机关、单位、群众遵守或办理,在一定范围内有较强的约束力。

例文 1

福建省人民政府关于做好冬春季节火灾隐患排查整治工作的通告

闽政文〔2021〕50 号

为进一步加强冬春季节火灾防控工作,坚决预防火灾事故,保障公共消防安全,根据《中华人民共和国消防法》《福建省消防条例》等有关法律法规规定,省政府决定即日起至 2021 年 3 月,在全省开展冬春季节火灾隐患排查整治工作,特发布此通告。

一、各级各部门要按照《福建省消防安全责任制实施办法》(闽政办〔2018〕89号)、《福建省火灾隐患排查整治若干规定》(闽政办〔2014〕68号)要求,强化本地区本行业系统消防安全隐患的排查整治,重点组织对大型商业综合体、宾馆饭店、公共娱乐场所、学校、校外培训机构、养老院、文博单位、劳动密集型企业等人员密集场所进行全面消防安全检查,及时消除各类火灾隐患。

二、各级交通运输行政主管部门要加强客运车站、港口、码头及交通工具(船舶为内河运输船舶)等行业领域的消防安全管理。各级燃气行政主管部门要加强城镇燃气安全监督管理,及时排除隐患。各级住房城乡建设行政主管部门要督促施工单位强化房建市政工程施工现场消防安全管理。各级卫生健康行政主管部门要加强医疗卫生机构消防安全管理,指导督促定点医院、集中隔离点等涉疫场所加强用氧用电设施、物资集中区域、电气线路等方面的安全巡查。

三、乡镇(街道)要落实消防安全网格化管理责任,组织开展网格化防火检查、夜间巡查,重点组织对城中村、城乡结合部的出租屋、老旧小区等消防安全基础薄弱区域开展安全检查,指导村(居)民委员会开展群众性的消防工作。各公安派出所要依法依规开展日常消防监督检查,督促居民住宅区的物业服务企业、村(居)民委员会履行消防安全职责。

四、村庄、社区、住宅小区要组织群众清理楼道、走廊、阳台等区域可燃杂物,严防因燃放烟花爆竹引发火灾。及时清理消防通道违规停放的车辆和障碍物,规范电动车停放、充电行为。组织开展电气线路排查,开展用火、用电、用气、用油安全自查,落实神龛供奉、祠堂祭祀时用火用电安全措施,在指定区域售卖、燃放烟花爆竹。

五、各社会单位要重点围绕电源、火源、可燃物以及防火分隔、安全疏散、消防设施等,开展"风险自知、安全自查、隐患自改"活动,主动公开消防安全责任人、管理人及其职责,承诺本场所不存在突出风险或者已落实有效防范措施。要加强节日值班和防火检查巡查,提高火灾自防自救能力。

六、各类大型群众性活动的承办单位要针对烟花爆竹燃放、临时设施搭建、电气线路敷设等环节落实消防安全防范措施,制定灭火和应急疏散方案并组织演练,确保消防安全。禁止在公共娱乐场所室内燃放烟花爆竹(含冷焰火)、违规使用明火,禁止堵塞、锁闭安全出口和疏散通道,禁止停用、损坏消防设施设备,禁止人员密集场所违规使用易燃可燃材料装修。

七、宗教活动场所、文物建筑的消防安全负责人及日常管理人员要依法强化火灾隐患自查自纠,严格火源管理,放置香、烛、灯的供案提倡采用不燃材料,或使用不燃材料进行隔火隔热。要倡导文明进香、香烛不进殿,为香客燃香、烧纸箔、放鞭炮等划定专门的燃放区域,并配备必要的灭火器材,明确专人负责巡查。

八、禁止任何单位和个人占用、堵塞消防车通道。高层建筑和大型商业综合体、文博单位、宾馆饭店、学校医院、养老机构、公共娱乐场所等人员密集场所和居民住宅的管理单位以及社区、村庄要规范消防车通道标识设置和日常管理工作,组织集中清理消防车道障碍物,在消防车道两侧划设醒目标志标线,设置警示标识标牌,引导车辆规范停放。

九、新闻、广播、电视、广电网络和移动通信等单位,要面向社会加强公益性、经常性消防安全宣传,结合冬春季节火灾特点和火灾案例教训,充分利用新闻节目、手机短信、户外视频等媒介和微博、微信等新媒体,普及冬春季节火灾防范知识,加强安全用火用电、燃放烟花爆竹等防火知识和逃生自救技能宣传,开展火灾隐患和消防违法行为曝光。

十、任何单位和个人都有维护消防安全、保护消防设施、预防火灾、报告火警的义务。广大群众发现火灾应立即拨打"119"报警,发现火灾隐患可通过"12345"平台举报投诉。

各级各部门、各单位和广大群众要群策群力、共同行动,确保全省消防安全。

福建省人民政府
2021 年 2 月 3 日

(此件主动公开)

(资料来源:福建省人民政府关于做好冬春季节火灾隐患排查整治工作的通告_经贸工交国资管理政策文件_福建省人民政府门户网站 http://www.fujian.gov.cn/zwgk/zfxxgk/szfwj/jgzz/jmgjgz/202102/t20210208_5533445.htm)

例文 2

厦门市人民政府关于举行 2021 年海峡两岸春节焰火晚会的通告

为更好营造欢乐祥和的节日气氛,造福海峡两岸同胞,经研究,决定与金门县政府共同主办"2021 年海峡两岸春节焰火晚会"。根据《厦门市禁止燃放烟火爆竹规定》的相关要求,现就有关事项通告如下:

一、燃放时间:
2021 年 2 月 12 日(农历正月初一)20:00—20:30
二、燃放地点:思明区环岛路黄厝沙滩一带
三、承办单位:思明区人民政府、金门县政府交通旅游局
四、温馨提示:活动将通过厦视 2 套、"看厦门"APP 等进行直播。考虑到冬春季节疫情防控和交通管控的要求,倡议广大市民和游客非必要不前往现场,尽量通过远眺或观看电视、手机直播的方式分享喜庆。

厦门市人民政府
2021 年 1 月 29 日

(资料来源:http://zfgb.xm.gov.cn/gazette/78814594)

思考与练习

一、简述题

1. 公告与通告有何区别?

二、改错题

1. 修改下则公文,并说明理由。

关于举办××市毕业生双向选择活动的公告

××字(2012)第×号

　　为做好 2012 年毕业研究生和大中专毕业生的就业工作,我市将在春节期间举办 2012 年毕业生就业供需见面、双向选择活动。用人单位摆摊布点,提供毕业生需求信息,考核接收毕业生;毕业生持学校推荐表与用人单位双向选择落实就业单位。请各校转告毕业生踊跃参加。

××市教育局

2012 年×月×日

第三节　通知、通报的撰写

　　在党政机关公文中,"通知"、"通报"是应用范围广、使用频率高的下行文,都属于知照性公文,要求下级单位和有关人员遵守或周知。

一、通知

(一)通知的适用范围及分类

《条例》第 8 条规定:"通知。适用于发布、传达要求下级机关执行和有关单位周知或者执行的事项,批转、转发公文。"

根据通知的适用范围,通常可以把通知分为发布性通知、指示性通知、批转转发类通知、知照性通知、会议通知及任免通知六种类型。

1. 发布性通知

一些一般性的规章、条例、规定、办法经有关部门制定后,上级机关多用通知的形式下发,如《卫生部关于印发〈卫生部食品安全事故应急预案(试行)的通知〉》。

2. 指示性通知(即布置工作通知)

上级机关向所属下级机关布置工作,要求下级机关办理或执行有关事项,一般用指示性通知发布,如《国务院办公厅关于做好 2013 年全国普通高等学校毕业生就业工作的通知》、《福建省人民政府关于做好省劳动模范和先进工作者评选表彰工作的通知》。

3. 批转、转发类通知

主要用于上级机关批转下级机关的公文,转发上级机关、不相隶属机关的公文,如《国务院批转发展改革委等部门关于深化收入分配制度改革若干意见的通知》、《福建省人民政府转发国务院关于进一步做好旅游等开发建设活动中文物保护工作意见的通知》。

4. 知照性通知

主要用于将有关事项告知下级机关或平级机关,一般没有执行要求,只起知照作用。如成立、调整、撤销或合并某机构,启用或作废公章,更改作息时间,节假日放假等事项,如《财政部关于公布国务院第六批取消和调整的涉及财政部的行政审批项目的通知》。

5. 会议通知

召开较为重要的会议前将有关事项告知与会者，要求与会者办理的通知，如《关于召开政协××省×届×次会议的通知》。

6. 任免通知

上级机关将任免和聘用干部的有关事项向下级机关公布时用这类通知。

（二）通知的特点

1. 用途广泛，使用频率高

通知的适用范围十分广泛，是所有公文中使用频率最高的一种。既可用于发布规章，批转、转发文件，向下级机关布置工作，又可用于告知各种事项，并且不受发文机关级别的限制。

2. 灵活简便，内容较为单一

一般情况下，一份通知只解决一个问题，使用较为方便，写作也比较灵活简便。

3. 讲求时效

它有较为明显的时间要求，通常要求下级机关在规定的时间内完成所提出的事项；会议通知的时间要求更为突出，一俟会议开始，它就随之失效。

（三）各类通知的写法

通知结构一般由标题、主送机关、正文、签署和成文时间等项构成。发布法规性文件，批转、转发文件的通知都有附件。

通知的标题应写明发文机关、事由、文种三项，还可根据实际情况，在文种前加上"联合"、"紧急"或"补充"等字样。批转、转发文件的通知标题写法较为特殊，详情参阅中编第二章第二节"公文的分类和格式"部分。

通知的正文通常由通知缘由、通知事项、执行要求三部分组成。

各类通知写法稍有差异，具体如下：

1. 发布性通知

这类通知内容较单一，一般采用篇段合一的写法。正文主要写明发文目的、意义，文件的由来，有何执行要求等。有的也可不写文件的由来，直接写明发布什么文件，有何要求即可。

2. 指示性通知

这类通知通常篇幅较长，一般在布置工作任务，要求下级机关办理执行时使用。正文开头部分写清发通知的目的、意义、根据，开展某项工作的必要性、重要性，或说明当前存在的问题，若不解决这些问题会带来什么后果等。这一部分写作要求简明扼要，目的是引起受文者的重视，提高贯彻执行的自觉性与积极性。然后用"特作如下通知"或"现通知如下"等承启语过渡到主体部分。正文的主体部分（即通知事项）一般分条列项写明具体的措施、办法和要求，指出应从哪些方面加强、改进、落实某项工作，事项要具体、周全。结尾部分写法较为多样。通常以提出执行要求作结，如"各省、市、自治区、直辖市人民政府和国务院有关部门接到本通知后，要立即进行讨论部署，结合本地区、本部门的实际情况，提出贯彻执行的具体办法，认真落实，执行中的问题和重要情况，要及时报告国务院"。也可以用希望、号召作结尾，或以惯用语"以上通知，望遵照执行"等结束全文，有的通知没有专门结尾，通知事项言尽文止。

3. 批转、转发类通知

（1）批转类通知

在上级机关批转下级机关的公文时使用。正文包括两个部分：一是要表明态度，即上级机关对这份文件的态度。二是结合所批转文件的内容，提出一些具体要求，主要是一些原则性的补充要求；或是阐明某项工作的重要性，需要注意的问题等，目的是使受文单位更好地贯彻落实所批转文件的精神。

（2）转发类通知

正文较为简单，先交代转发的是什么机关的文件，然后可结合本地区、本单位、本部门的实际情况，提一些具体的执行要求。

批转、转发类通知本身只起按语作用，写作要求概括简洁，不必长篇大论。

4. 会议通知

一般性的会议通知，只需写明会议的名称、议题、时间、地点、参加对象即可。内容较复杂、人数较多、会期较长的，发通知时要写清以下几项内容：会议名称、主持单位、会议内容、起止时间、地点、与会人员的范围和人数、携带的文件材料、报到的时间、地点、与会凭证、参加会议所需费用以及差旅费的报销方法等，通常采用分条列项的写法。

5. 知照性通知

这类通知只是让受文者明确某一事项、某项情况，了解有关动态，只起告知作用，不提执行要求。行文较简洁，只需将要说明的事项交代清楚即可，不需说理分析，结尾可用"特此通知"作结束，也可不写，自然收束。

6. 任免通知

这类通知较简单。撰写时，要写清任免的时间、机关、会议或依据文件，以及被任免、聘用人员的姓名和职务。

（四）通知的写作要求

通知用途广泛，不同类型的通知写法不同，但总的来说，撰写时要做到：

1. 主题集中，针对性强

众所周知，通知是使用频率最高的一个文种，适用于多方面，只有明确了行文目的，才能有针对性地写好通知。

2. 措施具体，事项明确

通知是指导、布置工作开展的主要公文文种之一，在写作时，要做到把道理讲清楚，任务提明确，措施定具体，办法切实可行，事项具体明确，这样才便于受文者理解、执行。

3. 语言准确，条理清楚

通知撰写时，凡是涉及应该说明的有关情况、执行的具体事项以及相关的时间、地点、要求等，都必须交代清楚，不能出现差错或遗漏，以免造成工作上的损失。

例文 1

<h1 style="text-align:center">教育部关于印发
《研究生导师指导行为准则》的通知
教研〔2020〕12 号</h1>

各省、自治区、直辖市教育厅(教委),新疆生产建设兵团教育局,有关部门(单位)教育司(局),部属各高等学校、部省合建各高等学校:

为深入学习贯彻党的十九大和十九届二中、三中、四中、五中全会精神,全面贯彻落实全国教育大会、全国研究生教育会议精神,加强研究生导师队伍建设,规范研究生导师指导行为,全面落实研究生导师立德树人职责,我部研究制定了《研究生导师指导行为准则》(以下简称准则)。现印发给你们,请结合实际认真贯彻执行。

一、准则是研究生导师指导行为的基本规范。研究生导师是研究生培养的第一责任人,肩负着为国家培养高层次创新人才的重要使命。长期以来,广大研究生导师立德修身、严谨治学、潜心育人,为国家发展作出了重大贡献,但个别导师存在指导精力投入不足、质量把关不严、师德失范等问题。制定导师指导行为准则,划定基本底线,是进一步完善导师岗位管理制度,明确导师岗位职责,建设一流研究生导师队伍的重要举措。

二、认真做好部署,全面贯彻落实。各地各校要结合研究生导师队伍建设实际,扎实开展准则的学习贯彻。要做好宣传解读,帮助导师全面了解准则内容,做到全员知晓。要完善相关制度,将准则真正贯彻落实到研究生招生培养全方位、全过程,强化岗位聘任、评奖评优、绩效考核等环节的审核把关。

三、强化监督指导,依法处置违规行为。各地各校要落实学校党委书记和校长师德建设第一责任人责任、院(系)行政主要负责人和党组织主要负责人直接领导责任,按照准则要求,依法依规建立研究生导师指导行为违规责任认定和追究机制,强化监督问责。对确认违反准则的相关责任人和责任单位,要按照《教育部关于高校教师师德失范行为处理的指导意见》(教师〔2018〕17 号)和本单位相关规章制度进行处理。对违反准则的导师,培养单位要依规采取约谈、限招、停招直至取消导师资格等处理措施;对情节严重、影响恶劣的,一经查实,要坚决清除出教师队伍;涉嫌违法犯罪的移送司法机关处理。对导师违反准则造成不良影响的,所在院(系)行政主要负责人和党组织主要负责人需向学校分别作出检讨,由学校依据有关规定视情节轻重采取约谈、诫勉谈话、通报批评、纪律处分和组织处理等方式进行问责。我部将导师履行准则的情况纳入学位授权点合格评估和"双一流"监测指标体系中,对导师违反准则造成不良影响的高校,将视情核减招生计划、限制申请新增学位授权,情节严重的,将按程序取消相关学科的学位授权。

各地各校贯彻落实准则情况,请及时报告我部。我部将适时对落实情况进行督查。

教育部
2020 年 10 月 30 日

研究生导师指导行为准则

导师是研究生培养的第一责任人,肩负着培养高层次创新人才的崇高使命。长期以来,广大导师贯彻党的教育方针,立德修身、严谨治学、潜心育人,为研究生教育事业发展和创新型国家建设作出了突出贡献。为进一步加强研究生导师队伍建设,规范指导行为,努力造就有理想信念、有道德情操、有扎实学识、有仁爱之心的新时代优秀导师,在《教育部关于全面落实研究生导师立德树人职责的意见》(教研〔2018〕1号)、《新时代高校教师职业行为十项准则》基础上,制定以下准则。

一、坚持正确思想引领。坚持以习近平新时代中国特色社会主义思想为指导,模范践行社会主义核心价值观,强化对研究生的思想政治教育,引导研究生树立正确的世界观、人生观、价值观,增强使命感、责任感,既做学业导师又做人生导师。不得有违背党的理论和路线方针政策、违反国家法律法规、损害党和国家形象、背离社会主义核心价值观的言行。

二、科学公正参与招生。在参与招生宣传、命题阅卷、复试录取等工作中,严格遵守有关规定,公平公正,科学选才。认真完成研究生考试命题、复试、录取等各环节工作,确保录取研究生的政治素养和业务水平。不得组织或参与任何有可能损害考试招生公平公正的活动。

三、精心尽力投入指导。根据社会需求、培养条件和指导能力,合理调整自身指导研究生数量,确保足够的时间和精力提供指导,及时督促指导研究生完成课程学习、科学研究、专业实习实践和学位论文写作等任务;采用多种培养方式,激发研究生创新活力。不得对研究生的学业进程及面临的学业问题疏于监督和指导。

四、正确履行指导职责。遵循研究生教育规律和人才成长规律,因材施教;合理指导研究生学习、科研与实习实践活动;综合开题、中期考核等关键节点考核情况,提出研究生分流退出建议。不得要求研究生从事与学业、科研、社会服务无关的事务,不得违规随意拖延研究生毕业时间。

五、严格遵守学术规范。秉持科学精神,坚持严谨治学,带头维护学术尊严和科研诚信;以身作则,强化研究生学术规范训练,尊重他人劳动成果,杜绝学术不端行为,对与研究生联合署名的科研成果承担相应责任。不得有违反学术规范、损害研究生学术科研权益等行为。

六、把关学位论文质量。加强培养过程管理,按照培养方案和时间节点要求,指导研究生做好论文选题、开题、研究及撰写等工作;严格执行学位授予要求,对研究生学位论文质量严格把关。不得将不符合学术规范和质量要求的学位论文提交评审和答辩。

七、严格经费使用管理。鼓励研究生积极参与科学研究、社会实践和学术交流,按规定为研究生提供相应经费支持,确保研究生正当权益。不得以研究生名义虚报、冒领、挪用、侵占科研经费或其他费用。

八、构建和谐师生关系。落实立德树人根本任务,加强人文关怀,关注研究生学业、就业压力和心理健康,建立良好的师生互动机制。不得侮辱研究生人格,不得与研究生发生不正当关系。

（资料来源：教育部关于印发《研究生导师指导行为准则》的通知_2021年第3号国务院公报_中国政府网 http://www.gov.cn/gongbao/content/2021/content_5582638. htm）

例文2

国务院办公厅关于建设第三批
大众创业万众创新示范基地的通知
国办发〔2020〕51号

各省、自治区、直辖市人民政府，国务院各部委、各直属机构：

为贯彻落实《政府工作报告》部署，更好发挥大众创业万众创新示范基地对促改革、稳就业、强动能的带动作用，进一步推动大众创业万众创新向纵深发展，更大程度激发市场活力和社会创造力，以新动能支撑保就业保市场主体，经国务院同意，决定在部分地区、企业、高校和科研院所建设第三批双创示范基地。现将有关事项通知如下：

一、总体要求

双创示范基地建设要以习近平新时代中国特色社会主义思想为指导，深入贯彻党的十九大和十九届二中、三中、四中、五中全会精神，认真落实党中央、国务院决策部署，坚持问题导向、目标导向，围绕做好"六稳"工作、落实"六保"任务，深入实施创新驱动发展战略，支持创新创业主体积极应对疫情影响，强化功能定位，更好发挥示范带动作用，助力经济高质量发展。

二、推动双创示范基地特色化、功能化、专业化发展

第三批双创示范基地要按照创业就业、融通创新、精益创业、全球化创业等差异化功能定位，强化区域覆盖、功能布局、协同发展，增强示范功能和带动效应。

一是聚焦稳就业和激发市场主体活力，着力打造创业就业的重要载体。深化"放管服"改革，推动在社会服务领域运用"互联网平台＋创业单元"新模式促进创新，有效支撑科研人员、大学生、返乡农民工、退役军人、下岗失业人员以及其他各类社会群体开展创新创业，促进创业带动就业、多渠道灵活就业，每年带动形成一定规模的创业就业。

二是聚焦保障产业链供应链安全，着力打造融通创新的引领标杆。加快推进科技与经济深度融合、创新链与产业链协同布局、科技成果转化与应用体系建设紧密结合，推动产业链上下游、大中小企业融通创新，形成体系化融通创新格局。

三是聚焦支持创新型中小微企业成长为创新重要发源地，着力打造精益创业的集聚平台。大力弘扬科学家精神、劳动精神和工匠精神，倡导敬业、精益、专注、宽容失败的创新创业文化，构建专业化、全链条的创新创业服务体系，增强持续创新创业能力，加快培育成长型初创企业、"隐形冠军"企业和"专精特新"中小企业。

四是聚焦深化开放创新合作，着力打造全球化创业的重要节点。探索搭建创新创业国际化平台，深度参与全球创新创业合作，创新国际合作模式，培育创新创业国际化品牌，不断拓展创新创业国际合作空间。

三、加强组织领导

各有关部门要加强对双创示范基地的协调指导和日常管理,充分发挥推进大众创业万众创新部际联席会议制度统筹作用,加大对双创示范基地建设的支持力度。双创示范基地所在地人民政府要加强领导,把双创示范基地建设作为做好"六稳"工作、落实"六保"任务的重要抓手和载体,及时出台有针对性的支持政策,及时跟踪协调解决问题困难,切实抓实抓好、抓出成效。第三批双创示范基地要围绕建设重点制定具体方案,健全组织管理机构、统筹协调机制、运行监测体系,加强专职人员队伍建设,在创新创业体制机制等方面大胆探索,营造良好的创新创业生态。

四、开展监测评估

国家发展改革委要会同有关方面进一步健全双创示范基地长效管理运行机制,加强对双创示范基地的运行监测和绩效评估,根据功能定位分类适时开展第三方评估,形成一批可复制推广的改革经验并推动在更大范围实施。要建立健全双创示范基地动态调整机制,对示范成效明显、带动能力强的给予适当表彰激励,对工作推动效果差、示范作用不明显的及时调整退出。

附件:第三批双创示范基地名单(92 个)

国务院办公厅

2020 年 12 月 9 日

(资料来源:国务院办公厅关于建设第三批大众创业万众创新示范基地的通知_2021 年第 1 号国务院公报_中国政府网 http://www.gov.cn/gongbao/content/2021/content_5578533.htm)

例文 3

国务院批转国家发展改革委
关于 2017 年深化经济体制改革重点工作意见
的通知

各省、自治区、直辖市人民政府,国务院各部委、各直属机构:

国务院同意国家发展改革委《关于 2017 年深化经济体制改革重点工作的意见》,现转发给你们,请认真贯彻执行。

国务院

2017 年 4 月 13 日

关于 2017 年深化经济体制改革重点工作的意见(略)

(资料来源:国务院批转国家发展改革委关于 2017 年深化经济体制改革重点工作意见的通知,关于 2017 年深化经济体制改革重点工作的意见_2017 年第 12 号,中国政府网 http://www.gov.cn/gongbao/content/2017/content_5189007.htm)

例文 4

国务院办公厅转发国家发展改革委等单位

关于进一步做好铁路规划建设

工作意见的通知

国办函〔2021〕27 号

各省、自治区、直辖市人民政府,国务院各部委、各直属机构:

　　国家发展改革委、交通运输部、国家铁路局、中国国家铁路集团有限公司《关于进一步做好铁路规划建设工作的意见》已经国务院同意,现转发给你们,请认真贯彻落实。

国务院办公厅

2021 年 3 月 15 日

关于进一步做好铁路规划建设工作的意见

国家发展改革委　交通运输部　国家铁路局　中国国家铁路集团有限公司

　　铁路是关系国计民生的重要基础设施。党的十八大以来,我国铁路快速发展,取得了显著成就,为支撑和引领经济社会发展发挥了重要作用,成为国家现代化建设的重要引擎。与此同时,在铁路规划建设工作中,一些地方存在片面追求高标准、重高速轻普速、重投入轻产出等情况,铁路企业也面临经营压力较大、债务负担较重等问题。为进一步做好铁路规划建设工作,推动铁路高质量发展,现提出以下意见。

　　一、总体要求

　　坚持以习近平新时代中国特色社会主义思想为指导,全面贯彻党的十九大和十九届二中、三中、四中、五中全会精神,坚持新发展理念,坚持稳中求进工作总基调,以推动高质量发展为主题,以深化供给侧结构性改革为主线,科学有序推进铁路规划建设,防范化解债务风险,全面增强铁路安全质量效益、服务保障能力和综合发展实力。到 2035 年,使铁路网络布局结构更加优化完善,铁路债务规模和负债水平处于合理区间,为加快建设交通强国当好先行,为全面建设社会主义现代化国家提供有力支撑。

　　二、加强规划指导

　　根据国家经济社会发展和军民融合需要,综合考虑铁路与公路、水运、民航、城市交通等关系,加强与国土空间规划、区域发展规划的统筹衔接,科学编制铁路发展规划,形成分层分类、功能互补的规划体系。

　　国家级铁路发展规划包括铁路中长期规划和铁路五年发展规划。铁路中长期规划主要明确发展战略、网络骨架、通道功能等,确定基础设施空间布局,为铁路长远发展留出空间。铁路五年发展规划主要明确发展任务、项目安排、建设标准等,安排铁路规划建设阶段性工作。国家级铁路发展规划要合理布局现代综合交通枢纽,优化高速铁路与普速铁路结构,促进客运与货运协调发展。加快推动铁路进港口、物流园区和大型工矿企业,推动大宗及中长途货物运输向铁路转移。严格控制建设既有高铁的平行线路,既有高铁能力利用率不足80%的,原则上不得新建平行线路。新建铁路项目要严格按照国家批准的规划实施,规划内项目不得随意调整功能定位、建设时序和建设标准,未列入规划的项目原则上不得开工建设。

各地要根据国家级铁路发展规划,按照需求导向、效益为本的原则,编制城际、市域(郊)等区域性铁路发展规划并按程序报批。建立健全铁路建设规划管理机制,科学论证项目建设时机和方案。加强与国家铁路企业的沟通协调,统筹推进干线铁路、城际铁路、市域(郊)铁路和城市轨道交通多网融合、资源共享、支付兼容,具备条件的线路尽快实现安检互信、票制互通。严禁以新建城际铁路、市域(郊)铁路名义违规变相建设地铁、轻轨。

三、合理确定标准

规划建设贯通省会及特大城市、近期双向客流密度2500万人次/年以上、中长途客流比重在70%以上的高铁主通道线路,可采用时速350公里标准。规划建设串联规模较大的地级以上城市、近期双向客流密度2000万人次/年以上、路网功能较突出的高铁线路,可预留时速350公里条件。规划建设近期双向客流密度1500万人次/年以上的高铁区域连接线,可采用时速250公里标准。规划建设城际铁路线路,原则上采用时速200公里及以下标准。除此之外,规划建设中西部地区路网空白区域铁路新线一般采用客货共线标准。有关单位要加强对客流密度等技术指标的论证审核,对数据造假等行为依法依规严肃问责。

高速铁路运营后要尽快按照设计标准达速运行,普速铁路要充分用好通道资源,提高货物运输能力和集装箱多式联运比例,有富余资源的铁路可按照市场化方式适当开行城际列车和市域(郊)列车。

四、分类分层建设

干线铁路由中央与地方共同出资,中国国家铁路集团有限公司发挥主体作用,负责项目建设运营,效益预期较好的项目要积极吸引社会资本参与。城际铁路、市域(郊)铁路、支线铁路及铁路专用线以有关地方和企业出资为主,项目业主可自主选择建设运营方式。中国国家铁路集团有限公司要为项目业主办理与国家铁路接轨手续提供便利条件,及时开展评估论证,在开工前办完接轨手续。

五、有效控制造价

严把铁路建设项目审核关,做深做细前期工作,强化技术经济比选,合理确定建设标准、征拆范围和补偿标准,除国家重大战略需求外,要满足财务平衡的要求,避免盲目攀比、过度超前或重复建设。加强项目管理,鼓励采用自主化技术装备,优化施工组织,严禁擅自增加施工内容、提高标准或扩大规模,需增加中央财政出资的,要履行有关报批程序。新建城际铁路、市域(郊)铁路的功能定位、建设标准等发生重大变化,或线路里程、直接工程费用(扣除物价上涨因素)等与建设规划相比增幅超过20%的,要履行建设规划调整程序。

六、创新投融资体制

全面开放铁路建设运营市场,深化铁路投融资体制改革,分类分步推进铁路企业股份制改造和优质资产上市。制定公开透明、公平合理的路网使用、车站服务、委托运输等费用清算和收益分配规则,保障路网资源统筹配置、公平共享,确保投资者参与项目决策、建设、运营的合法权益。借鉴城市轨道交通开发模式,加强土地综合开发,既有可开发用地可依法依规变更用途,通过转让、出租等方式加快盘活,新增铁路综合开发用地要遵循国土空间规划,与城市建设统一规划、统筹建设、协同管理。

七、防范化解债务风险

妥善处理存量债务,严格控制新增债务。通过多种渠道增加铁路建设资本金来源,确保中西部铁路项目权益性资本金比例原则上不低于50%。中国国家铁路集团有限公司要用好铁路建设基金,增强出资能力。创新铁路债券发行方式,提高直接债务融资比例,有效降低融资成本。进一步理顺铁路运价体系,完善客运票价浮动机制,健全货运价格形成机制。各地要更好发挥地方政府专项债券作用,带动社会资本投资,保障铁路项目合理融资需求。国家有关部门要进一步调整中央预算内投资结构,加大对中西部铁路项目的支持力度。涉及西藏和四川、云南、甘肃、青海涉藏州县以及南疆、重点沿边地区的国家铁路项目,原则上以中央出资为主。科学研究界定铁路公益性运输范围并建立核算和补贴机制。建立健全铁路债务风险监测预警机制,加强地方项目出资能力、运营补亏能力等审核,合理控制债务负担较重、超出财政承受能力地区的铁路建设。

各地区、各有关单位要认真落实本意见要求,加强规划衔接、政策协同、资源统筹,强化联动协调,形成工作合力,共同推动铁路高质量发展。国家发展改革委会同交通运输部、国家铁路局、中国国家铁路集团有限公司等有关部门和单位建立健全工作机制,持续开展跟踪督导,适时组织阶段评估。

(资料来源:国务院办公厅转发国家发展改革委等单位关于进一步做好铁路规划建设工作意见的通知,2021年第10号国务院公报_中国政府网 http://www.gov.cn/gongbao/content/2021/content_5598117.htm)

例文5

<h3 style="text-align:center">福建省人民政府关于公布第十批省级文物保护单位名单
及保护范围的通知</h3>

各市、县(区)人民政府,平潭综合实验区管委会,省人民政府各部门、各直属机构,各大企业,各高等院校:

第十批省级文物保护单位后崎山遗址等65处(含6处拓展项目)名单和保护范围,已经省政府研究同意,现予公布。

各地、各有关单位要深入学习贯彻习近平总书记关于文物保护利用和文化遗产保护传承的重要讲话重要指示批示精神,切实增强责任感、使命感和紧迫感,落实文物保护有关法律法规,全面加强文物保护和管理,推进文物治理体系和治理能力现代化。

福建省人民政府
2020年11月19日

（此件主动公开）

（资料来源：福建省人民政府关于公布第十批省级文物保护单位名单及保护范围的通知_科教文卫政策文件_福建省人民政府门户网站 http://www.fujian.gov.cn/zwgk/zfxxgk/szfwj/jgzz/kjwwzcwj/202012/t20201207_5475964.htm）

例文 6

关于召开 2010 年污染源普查动态更新调查工作第二次调度会议的通知

各省、自治区、直辖市环境保护厅（局），新疆生产建设兵团环境保护局，华北、华东、华南、西北、西南、东北环境保护督查中心，中国环境科学研究院、中国环境监测总站、华南环境科学研究所、环境保护部环境规划院：

为了及时掌握 2010 年污染源普查动态更新调查工作进展情况，有针对性地解决存在的问题，我部将在北京组织召开 2010 年污染源普查动态更新调查工作第二次调度会议。现将有关事项通知如下：

一、会议时间：2011 年 2 月 28 日上午 9 点（会期一天，27 日报到）

二、会议地点：北京国谊宾馆商务楼二楼多功能厅（北京市西城区文兴东街 1 号，总台电话：010-68316611）

三、会议内容：各地介绍工作进展情况，讨论交流存在的问题和解决办法，同时研究污染源普查动态更新调查和总量减排核查核算关系等。

四、联系人及联系方式

环境保护部污染物排放总量控制司

范志国：（010）66556870，66556876，13520327228

传真：（010）66556878

请各省级环保部门总量处处长和一名负责该项工作的同志参会，请各督查中心派 1～2 名同志参会，其他单位人员自定，并将参会回执以电子邮件形式于 2011 年 2 月 24 日之前发送至范志国（Email：fzg@tom.com）。参会代表食宿按标准自结，交通费自理。

附件：2010 年污染源普查动态更新调查第二次调度会议回执

环保部办公厅

2011 年 2 月 18 日

（资料来源：http://govinfo.nlc.gov.cn）

二、通报

通报是党政机关、社会团体、企事业单位用来向有关人员传达重要情况、表扬好人好事、批评错误的一种公文。通报通过反映典型情况或事例，起到倡导、启发、警戒、教育和沟通作用，以推动面上工作的展开。

（一）通报的适用范围及分类

《条例》第 8 条规定："通报。适用于表彰先进、批评错误、传达重要精神和告知重要情况。"

根据通报的适用范围,可将通报分为:用于表彰先进、树立典型、介绍推荐先进经验的表彰性通报,如《国务院关于表彰国家科委等单位长年深入基层开展扶贫工作的通报》;用于批评错误,揭露问题,指出原因,纠正不良倾向,以教育广大干部群众吸取教训,引以为戒的批评性通报,如《国务院安全生产委员会办公室关于最近发生的几起特大伤亡事故和事件的紧急通报》;用于传达重要精神或情况,沟通信息,指导工作的情况通报,如《中共中央办公厅、国务院办公厅关于我国加入世界贸易组织有关情况的通报》等。

（二）通报的特点

1. 典型性

通报的事件和人物必须具有典型意义,才能起到教育广大干部群众、指导各方面工作的作用。

2. 倾向性

通报的目的是宣传教育,写作时不仅要把事情经过准确地叙写出来,还要通过事实表明作者的观点和意图。

3. 时效性

通报的时间性较强,只有抓住时机,及时发文,才能发挥通报应有的作用。否则,时过境迁,就失去了通报的意义。

（三）通报的写法

通报的结构由标题、主送机关、正文、签署和成文时间等项构成。普发性通报可以不列主送机关。

1. 标题

通报标题由发文机关、事由、文种三项构成,通常可以省略发文机关。

2. 正文

通报的正文由被通报的事实及其性质,表彰或批评的决定,希望、号召或要求等部分组成。正文的写法主要有直述式和转述式两种。转述式通报是把被通报的事实作为附件,正文主要对被通报的事实加以分析、评论,提出要求。转述式通报本身只起按语作用。这里主要介绍直述式通报的写法。

（1）表彰性通报

表彰性通报的正文通常包括先进事迹、对该事迹的评价、表彰决定以及希望号召四个部分。

正文开头先叙述事实经过,交代清楚时间、地点、人物、事件、结果,写作时要突出重点。然后对事件的性质加以评论,阐明其意义。评论的话要少而精,起到画龙点睛的作用。接着写明发文机关作出的给予何种表彰的决定,最后提出希望和要求,既有对被表彰者的勉励和期望,更包括对相关干部群众的希望和号召。

（2）批评性通报

此类通报的目的除了在一定范围内批评处理错误外,着重是要从中吸取教训,引起有关方面警戒,以防止类似事件再发生。正文主要包括错误事实,错误原因和教训,处理决定,希望和要求四个部分。这四部分的写作可以根据发文机关的写作意图和目的决定取舍详略。

正文先简述事件或事故的经过,写明涉及的单位和人员、时间、地点、经过、结果,然后点明造成的损失、影响,分析造成事故的原因,明确有关人员的责任。写作时要注意掌握分寸。最后提出发文机关的处理意见,应采取何种措施、办法防止今后类似事件或事故的发生。

（3）情况通报

此类通报写作较为灵活,多为一文一事。主要是据实反映情况,分析问题,有的还要针对通报的情况提出要求和希望。

正文开头叙述通报的情况,然后进行分析,找出相应的对策,以指导工作,最后提出希望或号召。

3. 签署和成文时间

正文结束后,签署发文机关及成文时间。

(四)通报的写作要求

撰写通报要做到:

1. 选用典型的人物和事件

通报的目的在于宣传教育,因此,选择的人物、事件要有典型性、代表性,对当前的工作展开有指导意义,对干部群众有普遍的教育意义,不可事无巨细都用通报,以免削弱了通报的宣传教育作用。

2. 事实要准确

写进通报的材料和事实,务求真实、准确,通报中涉及的有关时间、地点、人物、数据、事例要认真核实,这样才能令人信服,才能对工作有指导作用。

3. 定性要准确

表彰先进、批评错误的通报均属定性文件,对事件的分析评价要恰如其分。在写作时,遣词造句须慎重,结论要中肯,要注意区别模范和先进、重大贡献和突出贡献、严重违纪和一般过失、违纪和违法等的差异性,不可言过其实。

4. 及时撰写发文

通报具有较强的时效性,必须把握时机,及时制发,才能起到应有的宣传教育作用,否则时过境迁,将失去通报的意义。

例文1

福建省人民政府关于表扬鼓浪屿申报世界文化遗产
工作先进集体和先进个人的通报

各市、县(区)人民政府,平潭综合实验区管委会,省人民政府各部门、各直属机构,各大企业,各高等院校:

2017年7月8日,在联合国教科文组织世界遗产委员会第41届会议上,"鼓浪屿:历史国际社区"成功列入《世界遗产名录》,成为我国第36个世界文化遗产项目、第52个世界遗产项目,也是我省第4个世界遗产项目,标志着我省乃至我国世界遗产事业又取得重大进展。在鼓浪屿申报世界文化遗产过程中,省直有关单位和厦门市按照省委、省政府的部署要求,攻坚克难、勇于担当,全力以赴、团结协作,涌现出一批先进集体和先进个人,为鼓浪屿成功申遗作出了积极贡献。

为深入贯彻落实习近平总书记关于鼓浪屿申遗成功和文化遗产保护传承的重要指示精神,扎实推进我省世界文化遗产事业发展,充分发挥文化遗产保护利用传承在服务大局中的作用,经省政府研究,决定对福建省文物局、厦门市鼓浪屿—万石山风景名胜区管理委员会等 4 个先进集体和李云丽等 10 名先进个人予以通报表扬。

希望受表扬的单位和个人珍惜荣誉,戒骄戒躁,再接再厉,再创佳绩。各级、各有关部门要深入贯彻落实习近平新时代中国特色社会主义思想和党的十九大精神,借鉴国际理念,健全长效机制,坚持创造性转化、创新性发展,把加强文化遗产保护、利用、传承摆在更加突出的位置,将文化资源优势进一步转化为发展优势,为加快建设新福建和文化强省作出更大贡献。

附件:鼓浪屿申报世界文化遗产工作先进集体和先进个人名单

福建省人民政府
2018 年 6 月 29 日

(此件主动公开)

(资料来源:福建省人民政府关于表扬鼓浪屿申报世界文化遗产工作先进集体和先进个人的通报_科教文卫政策文件_福建省人民政府门户网站 http://www.fujian.gov.cn/zwgk/zfxxgk/szfwj/jgzz/kjwwzcwj/201807/t20180711_3429180.htm)

例文 2

国务院办公厅关于西安地铁"问题电缆"事件
调查处理情况及其教训的通报
国办发〔2017〕56 号

各省、自治区、直辖市人民政府,国务院各部委、各直属机构:

党中央、国务院高度重视质量安全。习近平总书记明确指出,供给侧结构性改革的主攻方向是提高供给质量,提升供给体系的中心任务是全面提高产品和服务质量,要树立质量第一的强烈意识,下最大气力抓全面提高质量。李克强总理强调,我们追求的发展必须是提质增效升级的发展,提质就是要全面提高产品质量、服务质量、工程质量、环境质量,从而提高经济发展质量。西安地铁"问题电缆"事件曝光后,习近平总书记、李克强总理作出重要批示,要求加强全面质量监管,彻查此事,严肃处理。国务院责成质检总局会同有关部门和单位组成西安地铁"问题电缆"部门联合调查组,赴陕西省开展了深入调查,并组织对"问题电缆"进行排查更换。近日,国务院常务会议听取了调查处理情况汇报,决定依法依纪对西安地铁"问题电缆"事件进行严肃问责,严厉打击违法犯罪,进一步落实"放管服"改革要求,加强全面质量监管。现将有关情况通报如下。

一、主要问题及原因

通过调查核实,2014 年 8 月至 2016 年底,陕西省西安市地铁 3 号线工程采购使用陕西奥凯电缆有限公司(以下简称奥凯公司)生产的不合格线缆,用于照明、空调等电路,埋下安全隐患,造成恶劣影响。这是一起严重的企业制售伪劣产品违法案件,是有关单位和人员与奥凯公司内外勾结,在地铁工程建设中采购和使用伪劣产品的违法案件,也是相关地方政府及其职能部门疏于监管、履职不力,部分党员领导干部违反廉洁纪律、失职渎职的违法违纪案件。暴露的问题主要有以下几个方面:

一是生产环节恶意制假售假。（略）

二是采购环节内外串通。（略）

三是使用环节把关形同虚设。（略）

四是行政监管履职不力。（略）

以上问题叠加，导致"问题电缆"被大量采购使用，造成恶劣社会影响，严重损害了政府公信力。总结问题原因，主要有以下五个方面。

（一）质量安全意识不强。（略）

（二）落实"放管服"改革要求不到位。（略）

（三）协同监管执法机制不健全。（略）

（四）工程建设管理不完善。（略）

（五）党风廉政建设和反腐败工作抓得不实不细。（略）

二、责任追究情况

（一）严肃追究相关政府和监管部门责任。责成陕西省人民政府向国务院作出深刻书面检查。陕西省人民政府责令西安市人民政府作出深刻书面检查并进行整改，责令杨凌示范区管委会和陕西省质量技术监督局、省住房和城乡建设厅、省工商行政管理局作出深刻书面检查。西安市人民政府责令西安市地铁建设指挥部办公室、市质量技术监督局、市城乡建设委员会作出深刻书面检查。

（二）严肃追究相关人员领导责任和监管责任。陕西省按照干部管理权限，对有关政府部门及下属单位问责追责共计122人，涉及厅级16人、处级58人、科级及以下48人，分别给予党纪政纪处分93人、诫勉谈话16人、批评教育9人、解除劳动关系等其他处理4人。对其中17人涉嫌违法犯罪问题移送检察机关立案侦查。

陕西省对厅级人员处理如下：（略）

（三）严肃追究建设单位、施工单位和工程监理单位及人员责任。（略）

（四）严肃追究奥凯公司及涉案人员责任。（略）

涉及其他单位和人员的违法违纪线索，有关地方和部门正在核查处理。

三、举一反三，全面加强质量安全工作

西安地铁"问题电缆"造成安全隐患和重大经济损失，严重损害了政府的形象和公信力，性质十分恶劣，教训十分深刻。各地区、各部门要引以为戒、举一反三，以对人民高度负责的态度，深入推进"放管服"改革，进一步加强全面质量监管。

（一）必须树立质量第一的强烈意识，下最大气力抓全面提高质量。强化企业主体责任和政府监管责任，注重发挥企业主体作用、政府部门监管作用、社会组织和消费者监督作用，切实加强质量共治。加强对质量工作的领导，广泛开展质量提升行动，加强全面质量监管，严把各环节、各层次关口，进一步强化全过程全链条全方位监管，切实保障质量安全。推动企业加强全面质量管理，建立健全质量管理体系，提高制度执行力和质量控制力，确保涉及生命财产安全的重要产品、重要工程的质量安全。着力提高质量和核心竞争力，把质量打造成为新的竞争优势，全面提高产品质量、服务质量、工程质量和环境质量总体水平。当务之急，要全面深入排查"问题电缆"涉及的工程项目，尽快全部拆除更换"问题电缆"，同时在全国开展线缆产品专项整治，排查和消除各类安全隐患。

（二）必须加强事中事后监管，全面落实好"放管服"改革各项工作要求。深入推进"放管服"改革，加快转变政府职能，创新监管方式，政府部门要管好该管的，放开不该管的。要明规矩于前，明确市场主体行为边界特别是不能触碰的红线；寓严管于中，把主要精力转到加强事中事后监管上，充实一线监管力量，及时发现问题和处理问题；施重惩于后，严厉惩处侵害群众切身利益的违法违规行为。进一步简政放权，加快建立权力清单、责任清单和负面清单制度，以刚性的制度来管权限权。全面推行"双随机、一公开"监管，强化部门联合监管，推动部门间、地区间涉企信息交换和共享，及时公开企业不良信息，提升监管效率和水平。加强信用监管、智能监管、审慎监管和全过程监管，完善科学监管机制，加快实施"互联网＋政务服务"，寓监管于服务，急企业和群众所急，主动解决企业和群众困难，为实体经济发展创造良好的营商环境。

（三）必须完善机制，加快构建健康有序的市场环境。完善招投标和设备材料采购制度，抓紧修订相关法律法规和配套文件，营造"优质优价"的市场氛围。建立价格预警干预机制，加快改变以价格为决定因素的招标和采购管理模式，实施技术、质量、服务、品牌和价格等多种因素的综合评估，推动"拼价格"向"拼质量"转变。深入整顿市场秩序，加强打击侵犯知识产权和制售假冒伪劣商品工作，严厉打击各类扰乱市场秩序和不正当竞争行为，加大对有关建设工程质量的监督检查力度，建设优质工程。特别是要"严"字当头，大幅提高涉及群众生命安全的质量违法成本，坚决把严重违法违规企业依法逐出市场，让违法者付出高昂代价。

（四）必须压实责任，进一步加强党风廉政建设和反腐败工作。认真贯彻党中央关于全面从严治党的要求，落实国务院第五次廉政工作会议部署，教育引导广大公职人员持廉守正，干干净净为人民做事。切实履行"一岗双责"，强化激励和问责机制，严肃处理不作为、乱作为问题，推动政风作风转变，坚决纠正和严肃查处执法不公等问题。保持高压态势，聚焦重点领域，坚决惩治腐败问题，对侵害群众利益的违法违纪行为坚持"零容忍"，做到发现一起、查处一起。

国务院办公厅
2017 年 6 月 21 日

（资料来源：国务院办公厅关于西安地铁"问题电缆"事件调查处理情况及其教训的通报_2017 年第 19 号国务院公报_中国政府网 http://www.gov.cn/gongbao/content/2017/content_5208198.htm）

例文 3

国家林业局关于 2005 年全国林木种苗质量抽查情况通报

各省、自治区、直辖市林业厅（局），内蒙古、吉林、龙江、大兴安岭森工（林业）集团公司，新疆生产建设兵团林业局：

2005 年，全国林木种苗质量抽查采取国家抽查和省自查相结合的方式进行。我局组织局南方、北方林木种子检验中心对 17 个省（含自治区、直辖市，下同）和内蒙古森工集团公司的林木种子和苗木质量进行了抽查,要求连续两年种苗质量保持在 90% 以上的 12 个省和吉林、龙江、大兴安岭森工(林业)集团公司及新疆生产建设兵团进行了自查。其中抽查的重点是六大林业重点工程区内造林任务重、用种用苗量大的地区种苗质量,共抽查了 124 个树种(品种),831 个种子样品,1799 个苗批。现将抽查情况通报如下:

一、抽查内容和判定依据

抽查内容:林木种子的发芽率、净度、含水量;苗木的苗高、地径、根系长度、根幅、>5 cm I 级侧根数。

判定依据:《林木种子检验规程》(GB2772-1999)、《林木种子质量分级》(GB7908-1999)、《主要造林树种苗木质量分级》(GB6000-1999)、《育苗技术规程》(GB6001-85)、《容器育苗技术》(LY1000-91)和相关的地方标准。

二、林木种苗质量总体情况

……

三、结果分析

从抽查结果看,各地执行许可、标签和质量检验制度情况较好,部分省针对近几年抽查存在的问题进行了认真整改,取得一定成效。但是,一些省由于放松管理,对所存在问题仍然没有整改,使种苗质量出现大幅度的下滑,主要问题是:

(1)种子含水量超标

(2)苗木生产管理粗放

四、要求

各省林业厅(局)要从为林业建设尤其是重大生态建设工程提供优质种苗,确保生态建设成效的战略高度,进一步加强种苗质量监管工作,由数量需求向质量效益转变,由结果管理向过程管理转变,突出抓好种子加工中的晾晒和烘干环节及苗木生产环节的技术管理,确保入库贮藏的种子含水量达到标准,严禁人为因素影响苗木质量。要加强种子加工贮藏保管和苗木生产技术人员的技能培训,使其提高业务素质,严格按照种苗技术规程和标准操作。要加快制定和修改种苗质量分级地方标准,及时补充生产中新增树种,为种苗质量分级提供科学依据。要建立健全种苗质量监管的长效机制,实现监督检查经常化、制度化。对省际的种子调拨要严把质量关,层层负责,严禁不合格的种子调入调出,确保"相持阶段"生态建设所需种苗的质量。同时,要督促质量不合格的生产单位和个人限期整改,并将整改情况于 12 月底前上报我局。

附件:1.2005 年国家抽查林木种子质量结果表

2.2005 年国家抽查苗木质量结果表

3.2005 年国家抽查林木种苗质量不合格名单

2005 年 12 月 24 日

(资料来源:http://govinfo.nlc.gov.cn)

思考与练习

一、简述题

1. 为什么说通知是公文中使用频率最高的文种？通知可以分成几种类型？

2. 通报有几种类型？写作要求是什么？

二、写作题

1. 根据下面材料,拟写一份会议通知。

省政府决定,于今年 10 月 15 日在西湖宾馆召开省环境卫生保护工作会议,就如何贯彻国家可持续发展的方针政策,制定我省"十三五"环保规划展开研讨。会期三天,与会人员为各市、县人民政府分管环境卫生保护工作的领导,环卫局、省直有关单位的负责人。会务费 600 元,食宿由大会统一安排,与会者要准备好相关的文件材料。

三、改错题

1. 指出下文的错误并说明理由。

通知

因新建洪塘大桥东引桥拼宽施工需要,决定从 2021 年 1 月 4 日至 2021 年 2 月 8 日,对洪塘大桥实行临时交通管制,具体如下:

一、2021 年 1 月 4 日至 2021 年 2 月 5 日,每日夜间 22 时至次日凌晨 6 时,对洪塘大桥实施临时交通管制,禁止车辆及行人通行。

二、2021 年 1 月 9 日至 2021 年 2 月 8 日,周末时段(周六、周天全天,周一 0 时至 6 时),对洪塘大桥实施临时交通管制,禁止车辆及行人通行。

请广大市民提前安排好出行线路,通过三环路、橘园洲大桥等道路绕行,并按照交通指挥人员和交通标志、标线指示有序通行。施工期间给您造成不便敬请谅解。

第四节　议案、报告、请示和批复的撰写

一、议案

议案是具有提案权力的机关或个人向国家权力机关提出请求审议事项时使用的文件,是一种特殊的上行文。

按照我国相关法律规定,有权向全国人民代表大会提出议案的是全国人民代表大会主席团,全国人民代表大会常务委员会,全国人民代表大会各专门委员会,国务院,中央军事委员会,最高人民法院、最高人民检察院,一个代表团或 30 名以上的代表;有权向全国人民代表大会常务委员会提出议案的是全国人民代表大会委员长会议,国务院,中央军事委员会,最高人民法院,最高人民检察院,全国人民代表大会专门委员会,全国人民代表大会常务委员会组成人员 10 人以上联名;有权向地方各级人民代表大会提出议案的是地方各级人民代表大会主席团,常务委员会,各专门委员会,本级人民政府,县级以上的地方各级人民代表大会代表 10 人以上联名,乡、民族乡、镇的人民代表大会代表 5 人以上联名。

（一）议案的适用范围和分类

《条例》第 8 条规定："议案。适用于各级人民政府按照法律程序向同级人民代表大会或者人民代表大会常务委员会提请审议事项。"

国家行政机关向权力机关提请审议的议案，是宪法和法律规定议案的组成部分。根据议案的适用范围，议案大致可分为：国家行政机关制定的行政法规需要提请国家权力机关审议或请求国家权力机关制定某项法规提出的立法案，如《国务院关于提请审议〈中华人民共和国劳动法（草案）〉的议案》；国家行政机关就本行政区域内某些重大事项提请国家权力机关进行审议的重大事项决议决定案，如《国务院关于提请审议兴建长江三峡工程的议案》；国家行政机关向国家权力机关提请审议有关机构变动或批准条约的机构变动与批准条约案，如《国务院关于提请审议设立中华人民共和国监察部的议案》；国家行政机关向国家权力机关提请审议任免国家工作人员或撤销该国家权力机关选举或任命的国家工作人员职务的人事任免与撤职案，如《国务院关于提请审议侯捷等二位同志职务任免的议案》；其他事项案等。

（二）议案的特点

1. 限定性

议案的限定性首先表现为作者的限定性。议案的提出者，仅限于各级人民代表大会常务委员会、人民代表大会专门委员会、人民政府和人大代表，其他组织和个人均无权提出议案。其次是内容的限定，仅限于各级人民代表大会或其常务委员会职权范围内的重要事项。

2. 单一性

议案的单一性首先表现为受文对象单一，即议案的主送机关是本级人民代表大会或其常务委员会。其次，议案的单一性也表现在内容的单一，要求一事一案。

3. 法律化

议案的提出须经一定的法律程序。

4. 约束力

议案经同级人民代表大会讨论通过后，即具有法定约束力。在适用范围内，承办机关必须贯彻执行。

（三）议案的写法

议案的结构由案由、提案人、正文、成文时间等项构成。

1. 标题

议案的标题即案由，由发文机关、事由、文种三项构成。事由一般有"提请审议"字样。

2. 正文

议案的正文，由提出议案的理由（即案据）、解决问题的办法和尾语组成。

正文开头部分写明提出议案的理由，即提出该议案的客观依据是什么。方案部分可分条列项写明对所提问题处理的具体措施办法，结尾部分可用"以上建议如可行，提请大会审议通过"等尾语结束。

3. 签署和成文时间

议案的署名由法律规定。以国家行政机关为例，国务院向全国人民代表大会或全国人民代表大会常务委员会提出的议案，由国务院总理签署；地方各级人民政府向同级人民代表大会或人民代表大会常务委员会提出议案,由国家行政机关的法人代表署名。成文时间以法人代表的签发时间为准。

（四）议案的写作要求

1. 议案所涉及的问题必须是该地区的重大事项或重要问题。

2. 事实准确,措施、办法切实可行。

3. 主题集中,语言准确严密,撰写及时。

例文

福建省人民政府关于提请审议 2014 年省级预算调整方案(草案)的议案

省人大常委会:

经国务院批准,2014 年全国发行 4000 亿元地方政府债券,核定我省债券规模 116 亿元(不含厦门 16 亿元),比 2013 年增加 33 亿元,增长 39.8％。债券期限分为 3 年、5 年、7 年三类,分别占 40％、40％、20％。由于地方政府债券收支需纳入地方预算管理,年初省十二届人大二次会议批准的省级收支预算将发生变化。现将债券资金分配方案和省级预算调整方案汇报如下:

一、债券资金分配方案

《财政部关于做好发行 2014 年地方政府债券有关工作的通知》(财预〔2014〕66 号)要求,地方政府债券的安排要加大对保障改善民生和经济结构调整的支持力度,优先用于棚户区改造等保障性安居工程建设、普通公路建设发展等重大公益性项目支出,债务风险较高的地区主要用于在建公益性项目后续融资,坚决杜绝将债券资金用于楼堂馆所等中央明令禁止的项目建设支出。严格控制安排能够通过市场化方式筹资的投资项目,不得用于经常性支出。

按照中央要求,并结合我省实际,建议 2014 年地方政府债券资金安排用于以下方面:

……

按照上述调整方案,2014 年年初预算省本级财力 401.68 亿元,加上地方政府债券收入 116 亿元,减去转贷地方政府债券支出 111 亿元,2014 年省本级财力调整为 406.68 亿元,比年初预算增加 5 亿元。相应安排省本级支出 406.68 亿元。

特提请审议。

省长:××

2014 年 5 月 15 日

(资料来源:http://govinfo.nlc.gov.cn)

二、报告

报告是下级机关用来向上级机关汇报工作、反映情况、答复询问的一种上行文。它是公文中使用频率较高的一种陈述性公文。各级党政机关、社会团体、企事业单位为了加强管理,及时了解下属单位工作情况,收集必要的信息,都建立了比较完善的报告制度。报告制度是维系党政机关的公务活动,保证各级机关工作顺利展开的一个重要方面。

(一)报告的适用范围和分类

《条例》第 8 条规定:"报告。适用于向上级机关汇报工作,反映情况,提出意见或建议,答复上级机关的询问。"

根据报告的内容,可分为综合性报告和专题性报告两大类。综合性报告是下级机关定期向上级领导机关汇报、反映本单位在一定时期内各方面的工作情况,为领导机关制定决策与指导工作提供依据。这类报告时间要求较明显,内容较全面,如《××市教育局关于 2012 年工作总结的报告》。专题性报告是下级机关就某一项工作、某一问题或某一事项向上级机关所写的报告。这类报告内容专一,一份报告只反映某一方面的情况或问题,针对性强,使用频率较高。根据内容的不同,它又可分为工作报告、情况报告、答复报告、报送报告等。工作报告是下级机关完成某项工作后向上级机关所写的报告,目的是使上级机关了解情况,以取得上级机关有针对性的指导。情况报告是下级机关就工作中出现的新情况、新问题或某一突发事件向上级机关所作的报告,以作为上级机关处理问题的依据和参考,如《铁道部关于 193 次旅客快车发生重大颠覆事故的报告》。答复报告是下级机关向上级机关所询问的问题而作的报告。报送报告是下级机关向上级机关报送文件、物品时,随文呈报的一种报告。

按报告的性质可分为呈报性报告和呈转性报告两类。呈报性报告用于汇报工作、反映情况,一般只呈送,不要求上级机关答复。呈转性报告除了汇报工作、反映情况外,侧重于提出建议和意见。这类报告呈报给上级机关后,还请求上级机关审核批转给有关部门参考执行,如《国家教育委员会、财政部关于改革现行普通高等学校人民助学金制度的报告》、《审计署关于公路建设资金审计情况的报告》等。

(二)报告的特点

1. 汇报性

报告是上行文,下级机关通过报告,向上级机关反馈本单位的有关信息,为领导机关制定决策与指导工作提供依据。

2. 陈述性

报告是一种陈述性公文,不要求上级机关答复,报告中不得夹带请示事项。

(三)报告的写法

报告结构由标题、主送机关、正文、签署和成文时间等项构成。

1. 标题

报告的标题由发文机关、事由、文种三项构成。通常可省略发文机关,具体写作中还可以根据实际需要,标明"紧急报告"字样。

2. 主送机关

报告是上行文,主送机关一般只有一个,如果报告内容需要其他领导部门了解,可在文尾用抄送形式反映。

3. 正文

报告正文由报告目的、报告内容、结束语三部分构成。各类报告具体写法略有差异。

(1)综合性报告

此类报告涉及面较广,内容多,篇幅长,类似工作总结的写法。撰写时可以分成工作的基本情况、取得的成绩和经验、存在的问题、有什么教训、今后的打算、改进措施等几部分来安排结构，也可按工作事项来组织层次，每一层次写一项工作。但不论采用何种方式，写作时都应注意点面结合，突出重点，不能面面俱到。主要运用概叙手法，同时还要善于分析材料，透过纷纭复杂的现象，找出规律性的东西。

（2）专题性报告

①工作报告。开头写清工作的政策依据和主导思想。主体部分按所要汇报的几个问题，逐一写清工作情况与效果，主要包括基本做法、成绩、经验、存在问题及今后设想。

②情况报告。开头主要写明发生了什么情况、问题，要交代清楚时间、地点、事件经过、造成的损失等。主体部分写初步查明的原因，问题的性质，采取了哪些措施、办法来处理。

③答复报告。内容较为单一，上级询问什么就回答什么，不旁及其他。正文开头先摆出上级询问的问题，主体部分给予答复，把事情的前因后果、性质、结论、看法及处理的意见、办法一一写清。

④报送报告。这类报告正文较为简短，但都有附件。正文一般用一两句话写明报送的目的或依据，然后写清报送什么文件、物件即可。

（3）呈报性报告与呈转性报告

呈报性报告写作时侧重于汇报工作、反映情况，不要求上级机关答复。结尾通常以"特此报告"、"以上报告，请查阅"等尾语作结束。呈转性报告对工作情况的叙述较为简要，侧重于提出建议和意见。主要是分析问题，提出要求、办法，请求上级批转给有关部门执行，结尾以"以上报告如无不妥，请批转有关部门执行"等尾语结束。这类报告一经上级机关批转，即带有指示的性质，有关部门必须执行。

4.落款和成文时间

正文结束后，签署发文机关及成文时间。

（四）报告的写作要求

1.报告是陈述性公文，写作时以叙述手法为主。报告内容要做到主次分明，详略有致，不能平均使用笔墨。

2.报告属于上行文，行文时语气应谦和。

例文

第十三届全国人民代表大会第四次会议秘书处
关于代表提出议案处理意见的报告
（2021 年 3 月 10 日第十三届全国人民代表大会
第四次会议主席团第三次会议通过）

十三届全国人大四次会议主席团：

在本次会议上，全国人大代表坚持以习近平新时代中国特色社会主义思想为指导，深入学习贯彻习近平法治思想，全面贯彻党的十九大和十九届二中、三中、四中、五中全会精神，坚持党的领导、人民当家作主、依法治国有机统一，依法向大会提出属于全国人大职权范围内的议案。根据大会主席团第一次会议决定的代表提出议案的截止时间，到 3 月 8 日 12 时,大会秘书处共收到代表提出的议案 473 件,其中,代表团提出的 16 件,代表联名提出的 457 件。在这些议案中,有关立法方面的 467 件,有关监督方面的 6 件。

代表依照法定程序提出议案,是宪法法律赋予代表的基本权利,是代表执行代表职务的主要形式。大会前,代表们积极参加代表学习、集中视察活动,深入开展调查研究,通过代表联络站、代表之家等代表工作平台和基层联系点,更加密切联系人民群众,广泛听取意见建议。会议期间,代表们认真酝酿讨论、修改完善议案,努力提高议案质量。今年代表提出的议案,绝大多数为法律案。其中涉及制定法律的 208 件,修改法律的 247 件,解释法律的 4 件,编纂法典的 4 件,有关决定事项的 2 件。内容主要集中在以下几方面:一是加强民生保障、社会治理领域立法,提出制定社会救助法、法律援助法、个人信息保护法以及养老服务、无障碍环境建设、文化资源保护利用方面的法律,修改治安管理处罚法、道路交通安全法、妇女权益保障法、职业教育法、反家庭暴力法等。二是健全现代化经济体系法律制度,提出修改反垄断法、公司法、企业破产法、科学技术进步法、中国人民银行法、商业银行法等,制定社会信用法、增值税法、乡村振兴促进法以及数据交易和管理、民营企业促进等方面的法律。三是完善生态环保法律,提出制定国家公园法、自然保护地法以及黄河保护、低碳发展促进、资源综合利用、耕地资源保护、生态保护补偿、国土空间规划等方面的法律,修改环境噪声污染防治法、可再生能源法、海洋环境保护法等。四是完善国家机构组织和职能立法,提出制定监察官法以及检察公益诉讼、法律监督等方面的法律,修改地方组织法、监察法、代表法、国家赔偿法、审计法、行政复议法等。五是强化公共卫生法治保障,提出制定突发公共卫生事件应对法,修改传染病防治法、国境卫生检疫法、执业医师法、中医药法、野生动物保护法等。六是健全国家安全法治体系,提出修改突发事件应对法、网络安全法、安全生产法、反洗钱法、引渡法等,制定粮食安全保障法以及物资储备、海外投资保险等方面的法律。七是适时启动条件成熟领域法典编纂工作,提出编纂生态环境法典、教育法典、刑法典等。此外,还提出了修改刑法、刑事诉讼法、民事诉讼法以及对有关法律的规定作出解释的议案。

根据全国人民代表大会组织法和全国人民代表大会议事规则的规定,大会秘书处对代表提出的议案逐件认真分析研究,认为没有需要列入本次会议审议的议案。大会秘书处建议,将代表提出的议案分别交由全国人大有关专门委员会审议。其中,交由宪法和法律委员会审议 119 件,监察和司法委员会审议 56 件,财政经济委员会审议 107 件,教育科学文化卫生委员会审议 64 件,外事委员会审议 2 件,环境与资源保护委员会审议 44 件,农业与农村委员会审议 25 件,社会建设委员会审议 56 件。有关专门委员会对上述议案进行审议后,向全国人大常委会提出审议结果的报告,经全国人大常委会审议通过后印发第十三届全国人民代表大会第五次会议。

审议全国人民代表大会主席团交付的代表提出的议案,是全国人大各专门委员会的重要职责。大会秘书处就代表议案审议和相关工作提出如下建议:

一、深入学习贯彻习近平法治思想和习近平总书记关于坚持和完善人民代表大会制度的重要思想,坚持党对立法工作的领导,坚持以人民为中心,立足新发展阶段,贯彻新发展理念,构建新发展格局,推动高质量发展,加强重点领域、新兴领域、涉外领域立法,不断提高立法质量和效率,加快完善中国特色社会主义法律体系,推动法律全面有效实施,为推进国家治理体系和治理能力现代化、全面建设社会主义现代化国家提供有力法治保障。

二、尊重代表主体地位,把审议代表议案与落实全国人大常委会立法规划、计划和相关专项立法工作计划结合起来,与健全专门委员会联系代表机制结合起来,推进代表议案办理工作全流程信息化,加强与提出议案代表的联系和沟通,积极邀请代表参与立法调研、起草、论证、审议、评估和执法检查、专题调研等活动,认真研究吸纳代表提出的意见建议,及时通报相关立法、监督工作进展,反馈议案交付审议情况和代表意见采纳情况,紧紧依靠代表做好立法、监督工作。

三、发挥人大在立法工作中的主导作用,加强与国务院及其有关部门、国家监察委员会、最高人民法院、最高人民检察院和常委会工作机构的沟通协调,及时研究提出将条件成熟的议案列入立法规划、计划的建议,认真做好重要法律草案的牵头起草工作,对其他国家机关负责起草的法律草案,提前介入并加强督促和指导,推动解决立法难点问题,发挥审议把关作用,持续提升议案审议质量和水平。

以上报告,请审议。

第十三届全国人民代表大会第四次会议秘书处
2021 年 3 月 10 日

(资料来源:第十三届全国人民代表大会第四次会议秘书处关于代表提出议案处理意见的报告_滚动新闻_中国政府网 http://www.gov.cn/xinwen/2021-03/11/content_5592105.htm)

三、请示

请示是用于向上级机关请求批准或指示的一种上行公文。凡是下级机关无权解决、无力解决以及按规定应经上级决断的问题,必须正式行文向上级机关请示。

(一)请示的适用范围和分类

《条例》第 8 条规定:"请示。适用于向上级机关请求指示、批准。"

需要使用请示的情况大致有以下几种:对上级有关的方针政策或上级某一指示精神不十分清楚和理解,要求上级给予明确指示;工作中出现了新情况、新问题,原无规定,无章可循,请求上级指示;因本单位情况特殊难以执行统一规定,需要作变通处理的问题,请求上级批准;本单位职权范围内不能处理,上级又明确规定不经批准不许办理的事项;本单位工作中遇到了困难,需要上级机关帮助解决;请求审核批准本机关制定的法规、规章等。

按请示目的的不同,可分为请求指示、请求批准、请求解决三类。

(二)请示的特点

1. 期复性

请示要求上级机关给予回复,这是它与报告的主要区别。

2. 预先性

请示必须在事先行文,经上级批准后方可办理,不允许"先斩后奏"。

3. 单一性

首先表现为主送机关单一,便于请示的问题得到及时处理。其次表现为内容的单一,即一份请示只写一个问题,以便尽快得到上级机关的答复。

(三)请示的写法

请示结构由标题、主送机关、正文、签署和成文时间等项构成。

1. 标题

请示标题由发文机关、事由、文种三项构成,要概括而准确地反映出所请示的问题。

2. 主送机关

请示是上行文,其主送机关只有一个,如果需要同时分送其他上级机关,可在文尾"抄送"中反映出来。

3. 正文

正文由请示缘由、请示事项、请求语三部分构成。

请示是一种广泛使用的上行文。请示开头部分写明请示缘由,简要分析问题的背景和有关依据,把所请示问题的重要性、迫切性写清楚。这一部分理由要充足,使所请示的问题能引起上级领导的关注,也为主体部分所请示的事项提供足够的依据。主体部分写请示事项,要围绕目的,提出切实可行、明确具体的意见和建议。如果有几种方案或意见,应该表明最佳方案或倾向性意见,以供上级领导参考。结尾部分根据不同情况,写上"当否,请批示"、"以上请示如无不妥,请批准"、"以上意见如无不妥,请批转有关部门贯彻执行"等。

4. 签署和成文时间

正文之后,写上发文机关和成文时间。

(四)请示的写作要求

请示是党政机关、社会团体、企事业单位常用的一种上行文,写作时应注意以下几个方面:

1. 坚持一文一事

请示是期复性公文,要上级机关给予答复。一文一事,能尽快得到上级答复,便于及时解决工作中的问题。

2. 主送机关单一

请示一般只有一个主送机关。多头请示的话,责任不清,容易造成部门之间互相推诿,拖延了时间,耽误了工作。受双重领导的机关,应根据请示的内容,认定一个主送机关,由其负责答复请示问题,同时抄送另一个上级机关。

3. 通常不得越级行文

请示应根据隶属关系和职权范围逐级行文。因特殊情况必须越级请示时,应抄送被越过的上级机关。

4. 除领导直接交办的事项外,请示不得直接送领导者个人,也不要同时抄送同级和下级机关。

5. 联合请示时应先确定主办单位,经充分磋商,取得一致意见,履行会签手续后方可行文。

6. 请示和报告是两个不同的文种,不能混淆使用,不存在"请示报告"这一文种。

(五)请示与报告的区别

请示与报告都是上行文,行文方向一致,都有反映情况、提出建议的共同点。

二者主要区别在于:

1. 目的不同

请示是为请求上级指示、批准而行文,需要上级机关答复,重在呈请。报告则是向上级机关汇报工作、反映情况、提出建议和意见,是陈述性公文,不需要答复,重在呈报。

2. 时限不同

请示只能在事先行文,报告则不受时间限制,一般在事后行文,也可在事前或工作进程中行文。

3. 构成内容不同

请示由缘由、事项、请求语三部分组成。内容单一,不能一文数事。报告由报告目的、内容、结尾语三部分组成,内容涉及面较广,一事、数事皆可。

4. 受文机关处理方式不同

请示均属办件,受文机关必须及时批复。报告均属阅件,受文机关对其不作答复。

例文1

莆田市人民政府关于莆田市荔城区 2012 年度第三十八批次城市建设用地的请示

省人民政府:

根据我市土地利用总体规划及城市建设发展计划,拟将荔城区土地利用总体规划确定的城市建设用地范围内的农用地 32.7753 公顷(其中:耕地 29.4899 公顷)、未利用地 6.3815 公顷转为建设用地,同时征收集体土地 44.3642 公顷(荔城区拱辰街道办事处陡门村水田 5.7881 公顷、林地 0.7495 公顷、其他农用地 1.0478 公顷、城镇村及工矿用地 5.0242 公顷,张镇村水田 6.6923 公顷、水浇地 0.0257 公顷、旱地 0.1827 公顷、其他农用地 0.5906 公顷、城镇村及工矿用地 3.5567 公顷、水利设施用地 0.0115 公顷,荔浦村水田 0.0172 公顷、旱地 0.0348 公顷、城镇村及工矿用地 0.547 公顷,西洙村水田 4.5298 公顷、其他农用地 0.3879 公顷、城镇村及工矿用地 0.2119 公顷,镇海街道办事处古山村水田 8.3396 公顷、其他农用地 0.0861 公顷,埭里村水田 2.0489 公顷、林地 0.125 公顷、其他农用地 0.2887 公顷、城镇村及工矿用地 0.8161 公顷,阔口居委会水田 0.1251 公顷、园地 0.0098 公顷,新溪村水田 0.1297 公顷、城镇村及工矿用地 0.7311 公顷,新度镇白埕村水田 1.576 公顷、城镇村及工矿用地 0.6904 公顷),使用国有土地 6.3815 公顷(内陆滩涂 1.7255 公顷、河流水面 4.656 公顷),合计征收(使用)土地 50.7457 公顷作为本批次城市建设用地。

本批次征收集体土地 44.3642 公顷,征地补偿安置费按照《中华人民共和国土地管理法》和《福建省实施〈中华人民共和国土地管理法〉办法》之规定进行补偿,其补偿标准合法。本批次农转用涉及安置农业人口 1827 人(其中劳动力人数 949 人),采用货币安置的方式进行安置。被征地农民社会保障措施和资金已落实,政府积极发展加工业、服务业、餐饮业等第三产业,为农民提供就业机会,以解决被征地后农民的生产和生活出路。其安置补助方式合理,安置途径切实可行,被征地农民的生产、生活得到保障。

本批次 2012-38-5、2012-38-7、2012-38-9、2012-38-11 地块规划用途为住宅用地—城镇住宅用地(拆迁安置房),为基础设施涉及的拆迁安置用地,不需要使用增减挂钩指标;2012-38-1、2012-38-2 地块属于经营性房地产开发用地,占用耕地 8.0033 公顷(120.0495 亩),使用顺昌县城乡建设用地增减挂钩指标 22.639 亩(1 亩≈0.067 公顷),《指标使用协议书》编号:20111427;使用将乐县城乡建设用地增减挂钩指标 18.452 亩,《指标使用协议书》编号:20111503;使用三元区城乡建设用地增减挂钩指标 10.3715 亩,《指标使用协议书》编号:20100792;使用荔城区新度镇城乡建设用地增减挂钩指标 9.53 亩,《指标使用协议书》编号:20112035;使用荔城区北高镇城乡建设用地增减挂钩指标 11.65 亩,《指标使用协议书》编号:20112032;使用荔城区西天尾镇城乡建设用地增减挂钩指标 47.407 亩,《指标使用协议书》编号:20112033。

本批次占用耕地 29.4899 公顷,耕地开垦费缴纳标准按有关规定执行。

本批次拟将农用地 32.7753 公顷、未利用地 6.3815 公顷转为建设用地,计入莆田市 2012 年度土地利用计划。

本批次未占用基本农田。

本批次没有未批先用等违法用地行为。

以上请示妥否,请批复。

2012 年 6 月 4 日

(资料来源:福建省人民政府网 http://govinfo.nlc.gov.cn)

例文 2

福州市民政局关于申报新增城市医疗救助试点单位的请示

市政府:

根据省政府关于 2008 年在全省普遍建立城市医疗救助制度的部署,3 月 5 日,福建省城乡贫困家庭医疗救助试点工作协调小组办公室下发了《关于申报 2007 年城市医疗救助试点单位的通知》(闽医救办〔2007〕1 号),要求我市今年新增三个城市医疗救助试点的县(市)。2005 年以来,我市先后在五城区和罗源县相继开展了城市医疗救助试点,并取得良好成效。根据我市城乡医疗救助开展情况,经我局研究,拟申报福清市、长乐市、连江县为我市今年开展城市医疗救助的新增试点单位。现呈请市政府审定。如无不妥请以市政府办公厅名义通知上述县(市)政府申报。

专此请示。

2007 年 3 月 20 日

(资料来源:福建省人民政府网 http://govinfo.nlc.cn)

四、批复

批复是用于答复下级机关、单位请示事项的一种下行文。是上级机关对下级机关的指导性公文,代表了上级领导机关的决策和意图,有一定的强制性和约束力,下级机关必须遵守执行。

（一）批复的适用范围

《条例》第 8 条规定：“批复。适用于答复下级机关的请示事项。”

（二）批复的特点

1. 单一性。首先表现为批复的内容只针对请示的事项，不涉及其他问题。其次是主送机关单一，一般情况下，批复只发给呈报请示的单位。

2. 被动性。批复是根据请示而制发的，有请示才有批复，从发文机关的角度看，处于被动地位。

3. 强制性。批复中所提出的意见办法，反映了上级领导机关的决策和意图，具有法定的执行效用和权威，下级机关必须认真遵守与执行。

（三）批复的写法

批复结构由标题、主送机关、正文、落款、成文时间等项构成。

1. 标题

标题由发文机关、事由、文种三项构成，通常在标题中应当表明发文机关对所请示问题的态度，如《国务院关于同意××省设立××开发区的批复》。批复的事由即是请示的事由。

2. 主送机关

批复的主送机关一般即是请示单位。

3. 正文

批复正文部分由批复引语、答复意见、执行要求和尾语构成。

批复引语主要引述有关请示的标题、发文字号，也可以简要引述来文的内容要点，然后用承启语“现批复如下”或“现就有关事项（问题）批复如下”过渡到主体部分。主体部分要根据有关方针、政策或实际情况，对下级的请示事项作出明确答复。如果同意，可用“同意”或“原则同意”表明态度；若不同意，则要说明理由。执行要求通常是从上级机关的角度出发，对请示的事项，提出一些补充性意见，有时也可结合实际情况提出希望号召。主体部分行文应简洁明了，不作议论。最后以“特此批复”或“此复”等尾语作结束，也可以不写。

4. 落款和成文时间

正文之后，写上发文机关和成文时间。

（四）批复的写作要求

1. 针对性要强，围绕请示的事项给予答复，没有请示的事项不必涉及。

2. 答复事项时，要简明扼要，不作详细的说理分析。

3. 表态要明确，语气要肯定，切忌模棱两可，含混不清。

例文 1

国务院关于同意设立新疆塔城

重点开发开放试验区的批复

国函〔2020〕166 号

新疆维吾尔自治区人民政府、新疆生产建设兵团、国家发展改革委：

《国家发展改革委关于批准设立新疆塔城重点开发开放试验区的请示》（发改开放

〔2020〕1559号)收悉。现批复如下：

一、同意设立新疆塔城重点开发开放试验区(以下简称试验区),试验区建设实施方案由国家发展改革委印发。试验区位于新疆维吾尔自治区西北部,与哈萨克斯坦接壤,是我对中亚合作、向西开放的重要窗口。建设试验区有利于深化与周边国家全面合作,加快建设丝绸之路经济带核心区,推进共建"一带一路"高质量发展;有利于打造我国西北地区重要的国际合作平台,促进生产要素集聚,增强内生发展动力,形成沿边地区新的经济增长极;有利于兴边富边和加快边境地区城镇化建设,提高城市承载能力,促进稳边安边固边;有利于提高边境地区、民族地区人民生活水平,进一步铸牢中华民族共同体意识,实现新疆社会稳定和长治久安。

二、试验区建设要以习近平新时代中国特色社会主义思想为指导,全面贯彻党的十九大和十九届二中、三中、四中、五中全会及第三次中央新疆工作座谈会精神,完整准确贯彻新时代党的治疆方略,牢牢扭住新疆工作总目标,坚持党的全面领导,坚持依法治疆、团结稳疆、文化润疆、富民兴疆、长期建疆,按照高质量发展要求,以推进丝绸之路经济带核心区建设为驱动,充分发挥新疆对中亚合作的独特优势,解放思想、先行先试,着力创新体制机制,加强基础设施互联互通,发展特色优势产业,深化经贸交流合作,优化营商环境,推进生态文明建设,统筹城乡一体化发展,努力把试验区建成丝绸之路经济带的重要支点、深化与中亚国家合作的重要平台、沿边地区经济发展新的增长极、维护边境和国土安全的重要屏障。

三、新疆维吾尔自治区人民政府和新疆生产建设兵团要切实加强对试验区建设的组织领导,健全机制、明确分工、落实责任,有力有序有效推进试验区建设发展。要认真做好试验区建设总体规划和有关专项规划的编制工作,加强与相关国土空间规划、环境保护规划、水资源综合规划等衔接,积极探索和推进多规合一。试验区规划建设要落实以水而定、量水而行要求,加强水资源论证、强化刚性约束,根据水资源条件科学规划产业布局和规模。试验区规划建设涉及的重大事项、重大政策和重大项目要按程序报批。

四、国务院有关部门要按照职能分工,加大对试验区建设的支持力度,在有关规划编制、政策制定、资金投入、项目安排等方面给予积极指导和倾斜。各部门要加强沟通协调,指导和帮助地方切实解决试验区建设过程中遇到的问题,协调落实有关重大发展政策,为试验区发展营造良好的政策环境。国家发展改革委要加强统筹协调,对试验区建设情况进行跟踪分析和监督检查,推广试验区建设成功经验,重大事项及时报告国务院。

国务院

2020年12月7日

(资料来源:国务院关于同意设立新疆塔城重点开发开放试验区的批复_2021年第1号国务院公报_中国政府网 http://www.gov.cn/gongbao/content/2021/content_5578534.htm)

例文2

福建省人民政府关于厦门市思明区 2020 年度第一批次土地征收

成片开发方案的批复

厦门市人民政府：

《厦门市人民政府关于思明区 2020 年度第一批次土地征收成片开发方案的请示》（厦府〔2021〕32 号）收悉。经研究，现批复如下：

一、同意厦门市思明区 2020 年度第一批次土地征收成片开发方案（以下简称《方案》），成片开发总面积 64.8999 公顷。

二、厦门市人民政府要坚持新发展理念，认真贯彻落实《中华人民共和国土地管理法》，注重保护耕地，注重维护农民合法权益，注重节约集约用地，注重生态环境保护，注重历史文化遗产保护，妥善处理好保护与开发的关系。

三、厦门市人民政府要做好《方案》与国土空间规划编制工作的衔接，确保《方案》范围纳入国土空间规划中城镇开发边界内的城镇集中建设区，并符合规划管控要求。要坚持土地要素跟着项目走，严格按照《方案》确定的时序计划和规划用途，科学组织实施成片开发，依法办理建设项目用地相关手续。《方案》难以实施确需调整的，应按程序报原审批机关批准。

四、省自然资源厅要加强对地方人民政府土地征收成片开发工作的指导和监管。

福建省人民政府

2021 年 4 月 17 日

（此件主动公开）

（资料来源：福建省人民政府关于厦门市思明区 2020 年度第一批次土地征收成片开发方案的批复_省政府文件_福建省人民政府门户网站 http://www.fujian.gov.cn/zwgk/zxwj/szfwj/202104/t20210421_5579645.htm）

？思考与练习

一、简述题

1. 在哪些情况下可以使用"请示"？它的写作有哪些要求？

2. 请示与报告有何区别？

3. 简述批复的结构与写法。

第五节　函、纪要和意见的撰写

一、函

函属于平行文，应用范围比较广泛，使用频率也较高。

（一）函的适用范围和种类

《条例》第8条规定："函。适用于不相隶属机关之间商洽工作、询问和答复问题、请求批准和答复审批事项。"

从使用情况来看，函主要用作平行文，适用于平行机关或不相隶属的机关之间互相商洽工作、询问问题、征询意见，也可用于上级机关对下级机关催办一般性事务、询问问题。特别应注意的是，平行机关或不相隶属的机关之间请求批准本机关涉及对方机关职权的事宜时，应使用函。因其目的是请求批准，但仍属于平行文，因此不能使用请示。

根据内容和用途，函可分为用于平行机关或不相隶属机关之间商洽工作、联系有关事宜的商洽函；平行机关或不相隶属机关之间询问答复处理有关问题的问答函；向不相隶属的业务主管部门制发的请求批准函和业务主管部门向不相隶属的机关单位制发的审批函。

根据行文方向，函可分为发函和复函两种。发函用于本机关主动向受文单位提出问题或者联系公务事宜。复函用于回答来函所提出的问题或事宜。

根据性质，函可分为公函和便函两种。公函属于正式公文，要使用公文稿纸，有标题、发文字号、单位印章等完整的公文格式。便函主要用于一般性事务，写作较为灵活，类似普通书信的写法，不要求有完整的公文格式，但要加盖印章。

（二）函的特点

函不受发文机关级别的限制，任何机关都可以制发。不受行文方向限制，行文简便。篇幅简短，写法自由灵活。

（三）函的写法

函的结构由标题、主送机关、正文、落款、成文时间等项组成。

1. 标题

标题由发文机关、事由、文种三项构成。文种可根据行文方向标明"函"或者"复函"。

2. 主送机关

函的主送机关即对函负有办理或答复责任的机关。

3. 正文

发函的正文简要写明发函的理由和依据，主体部分具体写明需要商洽、询问或请求批准的事项，必要时可以简要说明理由，但不作引申议论。结尾部分提出请对方尽快办理的要求，或以惯用语"特此函告"、"盼复"、"候复"、"即请函复"等作结束。

复函的正文开头一般是引述对方来函的日期、发文字号、标题等内容，如"×月×日来函悉"等，还可以简要引述来函要点，然后用"现函复如下"过渡到主体部分，接着即对来函所商洽、询问或请求批准的事项给予明确答复。结尾以惯用语"此复"、"特此函复"等结束。

4. 落款和成文时间

正文之后，写上发文机关和成文时间。

（四）函的写作要求

1. 一函一事，写作时要摈弃不必要的客套，开门见山，尽快地接触主题，直陈其事。简洁明快，不作议论，不讲大道理。

2. 函属于平行文，行文时应注意来往机关的职权范围与隶属关系，把握分寸，语气平和，语言质朴。

例文 1

关于协助拍摄文献纪录片《水脉》的函

河北省文物局、山东省文物局、河南省文物局、湖北省文物局：

近日，我局收到中央电视台科教频道关于商请协助拍摄文献纪录片《水脉》的函。该片由国务院南水北调办公室与中央电视台联合摄制，拟采访拍摄一批南水北调工程涉及的文物保护项目。请各有关文物部门对该片的拍摄给予积极协助和配合。

在配合拍摄工作中，请注重反映南水北调沿线文物保护的进展和重要意义，增进人们对国家重大工程中文物保护工作的了解，宣传国家经济社会发展与文物保护相互促进的重要成果。涉及文物拍摄内容，请监督该摄制组严格服从管理人员安排，务必确保文物安全。

具体事宜由中央电视台与各有关单位联系办理。

附件：纪录片《水脉》拍摄涉及文物内容需求

国家文物局
2013 年 6 月 27 日

（资料来源：http://govinfo.nlc.gov.cn）

例文 2

关于"海峡论坛"主办单位及相关事宜的复函

福建省人民政府办公厅：

你府《关于商请国家文物局为"海峡论坛"主办单位的函》（闽政函〔2009〕9 号）收悉。经研究，我局同意作为"海峡论坛"主办单位，由国家文物局副局长童明康担任组委会副主任并出席会议。文物保护与考古司为联络单位，文物保护与考古司副司长李培松担任组委会委员，文物处处长许言为联系人。

专此函复。

国家文物局
2009 年 4 月 7 日

（资料来源：http://govinfo.nlc.gov.cn）

例文 3

教育部关于同意安徽农业大学经济技术

学院转设为合肥经济学院的函

教发函〔2020〕130 号

安徽省人民政府：

《安徽省人民政府关于商请批准安徽农业大学经济技术学院转设为独立设置的民办普通本科学校的函》（皖政秘〔2020〕74 号）收悉。

根据《中华人民共和国高等教育法》《中华人民共和国民办教育促进法》《中华人民共和国民办教育促进法实施条例》《普通本科学校设置暂行规定》《关于加快独立学院转设工作的实施方案》有关规定以及第七届全国高等学校设置评议委员会评议结果，经教育部党组会议研究决定，同意安徽农业大学经济技术学院转设为合肥经济学院，学校标识码为4134013616；同时撤销安徽农业大学经济技术学院的建制。现将有关事项函告如下：

一、合肥经济学院系独立设置的本科层次民办普通高等学校，由你省负责管理。

二、学校要切实加强党的领导，全面贯彻党的教育方针，坚持社会主义办学方向，落实立德树人根本任务，培养德智体美劳全面发展的社会主义建设者和接班人。

三、学校办学定位于应用型高等学校，主要培养区域经济社会发展所需要的应用型、技术技能型人才。

四、安徽农业大学和合肥庐阳科教发展有限公司应逐项落实双方签订的《关于终止合作举办安徽农业大学经济技术学院暨转设相关事宜协议书》，以保证过渡期内学校平稳、健康发展。

五、我部将适时对学校办学定位、办学条件、办学行为和人才培养质量等情况进行检查。

望你省加强对学校的指导和支持，督促举办者进一步加大投入力度，坚持公益办学导向，加强教师队伍建设，完善内部治理结构，健全资产管理和财务会计制度，规范办学行为，注重内涵发展，促进学校办出特色、办出水平，更好地为地方经济社会发展服务。

附件：1.合肥经济学院办学许可证信息

2.合肥经济学院章程

教育部

2020 年 12 月 18 日

（资料来源：教育部关于同意安徽农业大学经济技术学院转设为合肥经济学院的函——中华人民共和国教育部政府门户网站 http://www.moe.gov.cn/srcsite/A03/s181/202101/t20210105_508780.html）

例文 4

福建省人民政府关于报送 2019 年 4 月份饮用水水源地环境问题
清理整治进展情况的函
闽政函〔2019〕35 号

生态环境部、水利部：

感谢生态环境部、水利部对我省经济社会发展和生态环境保护的关心与支持。

根据《全国集中式饮用水水源地环境保护专项行动方案》(环环监〔2018〕25 号)和生态环境部办公厅《关于做好全国集中式饮用水水源地环境保护专项行动相关信息报送和公开工作的函》(环办环监函〔2018〕70 号)有关要求,我省认真组织省直有关部门和地方政府深入开展饮用水水源地环境问题清理整治工作。目前我省 52 个地级水源地问题已全部完成整改。县级水源地问题已完成整改 66 个,其余 14 个问题正在有序推进整改。

现将《福建省县级饮用水水源地环境问题清理整治进展情况统计表》函报生态环境部、水利部。

附件:福建省县级饮用水水源地环境问题清理整治进展情况统计表

福建省人民政府
2019 年 5 月 7 日

(此件主动公开)

(资料来源:福建省人民政府关于报送 2019 年 4 月份饮用水水源地环境问题清理整治进展情况的函_环境能源政策文件_福建省人民政府门户网站 http://www.fujian.gov.cn/zwgk/zfxxgk/szfwj/jgzz/hjnyzcwj/201905/t20190509_4873159.htm)

二、纪要

纪要是在会议记录的基础上加工整理而成的,是反映会议基本情况和精神的记录性公文,是记载和传达会议议定事项和重要精神,并要求有关单位执行的一种文种。纪要基本上是下行文,但与会单位不一定是会议主办单位的下属,有时是协作单位,因此它作为下行文是相对而言的。

(一)纪要的适用范围和种类

《条例》第 8 条规定:"纪要。适用于记载和传达会议情况和议定事项。"

各级机关、社会团体、企事业单位都要经常召开会议。会议结束后,就要以"纪要"这一形式将会议的议题、情况、结论反映出来,用以沟通情况,交流经验,指导有关方面的工作。

根据纪要的内容和性质,纪要可分为例行办公会议纪要、指示型会议纪要、座谈会纪要三类。例行办公会议纪要是各级机关研究处理日常工作,以议决事项为主要内容的会议纪要。指示型会议纪要是涉及面较广的大型工作会议纪要,内容不像例行办公会议纪要那样单纯,主要用于贯彻有关方针政策,对某一方面的工作进行布置、安排,提出具体要求。座谈会纪要多用于学术性质的或者某一专题的座谈会,目的在于传递信息,交流经验。

(二)纪要的特点

1. 纪要性

纪要是在会议记录和会议文件的基础上整理归纳出来的会议要点,写作时不是像会议记录那样对发言内容逐一记载,而是要对会议结果进行归纳概括,提炼出会议的主要精神和议定事项。

2. 纪实性

纪要是在会议结束后根据会议记录和各种会议材料整理而成的,须全面反映会议情况和会议精神,不可断章取义,也不能根据撰写者的个人情感对会议内容进行评论。总之,纪要必须忠实反映会议原貌。

3. 指导性

纪要是用来传达会议议定事项和主要精神的,对下级单位和有关部门的工作有重要的指导作用,与会单位必须共同遵守执行。

(三)纪要的写法

纪要由标题、正文、成文时间等项内容构成。

1. 标题

纪要标题由会议名称和文种构成,如《国务院物价小组会议纪要》。成文时间可以标注在标题下方,也可标注在正文右下方。

2. 正文

纪要的种类不同,正文的写法也略有不同。

正文开头部分主要介绍会议的基本情况,写明会议的名称、指导思想、目的、主要议题、时间、地点、召集人、出席人员情况、议程、进展情况、对会议的总体评价等。这一部分要求概括简要。例行办公会议纪要可用分条列项的写法,指示型会议和座谈会可采用归纳叙述写法。

正文的主体部分阐述会议的主要精神、讨论结果、决定的事项、今后的任务和要求。主要写法有以下几种:

(1)按讨论的事项,分条列项写,适用于例行办公会议纪要。在会议记录的基础上综合整理,抓住所讨论和解决的主要问题,将会议内容、决定的事项,分类叙述说明,条理清晰,层次分明。

(2)分列标题式,适用于指示型会议纪要。它涉及面广,容量大,篇幅较长。写作时,不受原来发言顺序的约束,把会议发言讨论的情况加以综合、整理,按问题性质分类、归纳,用排列小标题的方式,概括为几个部分,分项叙述。

(3)发言顺序式,适用于学术性或某一专题的座谈会。写作时按与会者的发言顺序,抓住发言要点,把主要的观点、意见概括出来,如实反映会议的讨论情况和各种意见。

结尾有两种写法。一种是提出希望、号召,或对会议作出评价,发表议论。另一种是自然收束,即正文问题写完就结束,不再单独结尾。

纪要写法多样,不拘于固定格式。写作时常用第三人称,如"会议指出"、"会议认为"、"会议号召"、"会议决定"等用语。

（四）纪要的写作要求

1. 要真实准确地反映会议实际情况。纪要是会议的产物，必须如实反映会议内容，忠于会议原貌。在整理、摘要时，不能断章取义，各取所需。

2. 要点明确，中心突出。纪要的写作要求层次分明、条理清晰、文字简练。要用概括、摘要的方法突出反映会议的主要精神和议定事项，不能平铺直叙，过于详尽，失去纪要的特点。

3. 及时整理、发文。会议纪要是记录性文件，时间要求较强，应及时整理，撰写成文，发挥其作用。

例文 1

第三次全国文物普查质量控制专题座谈会会议纪要

2009 年 2 月 17 日至 18 日，第三次全国文物普查质量控制专题座谈会在西安召开。国家文物局文物保护司、第三次全国文物普查办公室（以下简称普查办）和河北、河南、浙江、陕西四省普查办负责同志，来自北京大学考古文博学院、清华大学建筑学院、中国社会科学院考古研究所、中国科学院古脊椎动物与古人类研究所、国家博物馆、中国建筑设计研究院、中国文物信息咨询中心和中国文化遗产研究院的专家和代表共计 20 余人参加了座谈会。

会上，国家文物局普查办相关同志介绍了普查进展情况、质量控制与认定计量方法，河北、河南、浙江、陕西四省同志介绍了本地区文物普查在质量控制方面采取的措施、取得的经验及遇到的问题，与会人员就文物普查质量控制和遇到的各种具体问题进行了深入讨论。

会议认为，第三次全国文物普查自启动以来，已经取得了显著的成绩，目前正处于实地文物调查的关键阶段，一定要确保工作质量。要充分发挥高校和各省考古研究所的作用，普查登记文物点要实事求是，决不能虚报或瞒报，要避免过分追求文物点数量而忽视工作质量的倾向。对于文物的认定和计量问题，专家们建议在收录文物点上宜宽不宜严，在计量上要根据普查对象的内在联系和空间分布来科学把握，并建议普查办运用实例具体说明。

会议指出，质量控制贯穿于第三次全国文物普查的组织管理、实地调查、数据整理、工作验收等各个环节，各地在建立符合本地区特点的工作方法和管理模式时，应服从于国家统一的工作规范和指标体系。会议明确，保证文物普查质量，首先是实地调查的覆盖率、到达率要达到国家统一要求，县域基本单元覆盖率和行政村到达率是首要考核指标；其次是要对调查对象各项要素信息进行科学认定和准确表述；最后是要有切合实际的计量方法。会议强调，在实地文物调查阶段要切实保证工作质量，正确处理质量与进度的关系，不能因为追求进度而牺牲质量，也不能因为追求新发现文物数量而牺牲质量。

根据座谈会上各省反映的情况和专家意见，国家文物局普查办近期将为普查成果的检查验收制定统一的工作程序，并编发指导意见。同时，针对各地反映比较多的文物认定与计量问题,国家文物局普查办将选择典型案例,在第三次全国文物普查网站举例说明。

2009 年 2 月 25 日

(资料来源:http://govinfo.nlc.gov.cn)

例文 2

福州地区大学新校区文献信息资源共建共享协调工作小组会议
第一次全体会议纪要

为贯彻落实省教育厅、省财政厅《关于进一步推进福州地区大学新校区教学资源共享建设工作的通知》(闽教高〔2010〕123 号)精神,2010 年 11 月 16 日,福州地区大学新校区文献信息资源共建共享协调工作小组在福州大学召开第一次全体会议,研究协调了进一步推进福州地区大学城文献信息资源共享工作的具体措施和工作安排。会议由协调工作小组组长、福州大学副校长王健教授主持。现纪要如下:

一、会议提出,福州大学、福建师范大学、福建农林大学、福建医科大学、福建中医药大学、福建工程学院、福建江夏学院、闽江学院等 8 所高校和厦门大学应认真落实省教育厅、财政厅《关于进一步推进福州地区大学新校区教学资源共享建设工作的通知》提出的建设目标、工作任务和工作要求,本着"抓紧时间、分工合作、分步实施、尽快受益"的原则,抓紧制订工作计划,加快组织实施,确保按时完成建设任务。

二、会议协调通过了《福州地区大学城文献信息资源共享平台建设 2010—2011 年工作计划》,具体各项工作安排如下:

(一)共享平台主机房及应用服务系统建设

1. 共享平台的硬件建设工作

……

2. 共享平台软件与服务建设

……

(二)数据库联合采购工作

……

(三)纸质文献"通借通还"工作

……

(四)CALIS 省中心建设工作

……

(五)加快"一卡通"号码统一编制工作

……

三、会议确定成立由厦门大学图书馆萧德洪馆长任组长的"图书馆自动化管理系统论证特别工作组",对图书馆自动化管理系统进行调研和论证(名单见附件)。

四、会议对下一阶段的工作提出了如下要求:

(一)各专业工作小组和各有关高校,要严格按照会议通过的"2010—2011 年工作计划"中所确定的工作任务、完成时间和负责单位组织实施,开展工作,确保计划中的各项目标及时完成。协调工作小组将以定期或不定期的方式对各单位的工作情况进行检查。

(二)各专业工作小组和各有关高校,要在会后召开相关的工作会议,传达此次会议的精神,并根据"2010－2011年工作计划"中所规定的工作任务和完成时间,对下一阶段的工作进行认真的研究和布置,提出本单位的详细工作计划以及明年的经费预算,并于11月30日前上交秘书处。(联系人:黄××,电子邮箱:12345678@qq.com,电话:0591-22865322。)

(三)各高校要严格按照经费使用的规定和财务制度执行,专款专用,在项目实践过程中涉及工程和设备以及软件采购时,要做好充分的调研和论证工作,并按照相关的规定、程序进行招投标和采购工作。同时,要周密计划,合理安排,提高效率,加快项目的建设步伐。

参加会议人员:

王健、刘会勇、萧德洪、汤德平、林丹红、陈丽芳、汪敬钦、黄建铭、林熙阳、郭毅、吕述珩、郑美玉、刘思得、黄建平、刘敏榕、詹庆东

记录:黄维玲、范起彬

附件:图书馆自动化系统论证特别工作组名单

(资料来源:http://govinfo.nlc.gov.cn)

三、意见

意见是用于对重要问题提出见解和处理办法,以起到指导或建议作用的一种公文。关于"意见"文种的使用,2001年1月1日发布的《国务院办公厅关于实施〈国家行政机关公文处理办法〉涉及的几个具体问题的处理意见》中明确指出:"意见"可以用于上行文、下行文和平行文。作为上行文,应按请示性公文的程序和要求办理。所提意见如涉及其他部门职权范围内的事项,主办部门应当主动与有关部门协商,取得一致意见后方可行文;如有分歧,主办部门的主要负责人应当出面协调,仍不能取得一致时,主办部门可以列明各方理据,提出建设性意见,并与有关部门会签后报请上级机关决定。上级机关应当对下级机关报送的"意见"作出处理或给予答复。作为下行文,文中对贯彻执行有明确要求的,下级机关应遵照执行;无明确要求的,下级机关可参照执行。作为平行文,提出的意见供对方参考。

(一)意见的适用范围和种类

《条例》第8条规定:"意见。适用于对重要问题提出见解和处理办法。"

按照性质和用途的不同,可将意见分为:指导性意见、建议性意见和参考性意见三类。

指导性意见是党政机关用于布置工作的下行文,对下级机关单位有一定的规范作用和行政约束力,但内容上更注重原则性和灵活性结合,为下级办文留有更多的余地。如《国务院关于进一步做好旅游等开发建设活动中文物保护工作意见》。

建议性意见是向上级提出工作建议、设想的上行文。又可分为呈报类意见和呈转类意见。呈报类意见是向上级机关提出某方面工作的建议,供上级决策参考;呈转类意见是职能部门就某方面工作提出见解措施,呈送领导审定后批转给有关方面执行的意见。此类意见与以往的呈转性报告写法相似。目前呈转性报告多被此类意见所取代。

参考性意见是业务职能部门在本单位职权范围内就处理某项工作或解决某个问题提出看法、主张和建议,供对方参考的平行文。

（二）意见的特点

1. 行文的多向性

意见可以作为上行文,提出工作建议和参考意见;又可以作为下行文,阐明工作原则方法和要求;还可以作为平行文,就有关事项提请平行单位或不相隶属机关注意。

2. 内容的针对性

意见常常是针对当前工作中存在的重要或普遍问题而发的,因此意见往往在特定时间内发生效力。

（三）意见的写法

意见的结构由标题、主送机关、正文、落款和成文时间等项组成。

1. 标题

由发文机关、事由和文种构成。如《教育部关于推进教师信息化建设的意见》。有时也写为《对××××的意见》。

2. 主送机关

意见的主送机关即是意见应当知照的机关。

3. 正文

意见的正文由缘由、主体和结尾组成。

缘由部分简要阐明发文的目的、依据,或概述行文的原因、背景;扼要说明意见的指导思想等,然后用"现就……提出如下意见"过渡到主体部分。

主体是意见的核心部分,多以条文形式分述目标任务、实施要求、措施办法或建议事项、意见看法等。指导性意见不同层次机关使用时,内容侧重点应有所不同。如是高层领导机关发布的意见,一般理论色彩较为浓厚,意见更原则。下层机关提出的意见则较为具体,可操作性更强。建议性意见提出的建议主张要切实可行。

结尾部分要根据意见不同的行文,使用不同的结尾。如果是呈报类意见,结尾可用"以上意见供领导决策参考"等作结;如果是呈转类意见,需要上级批转的,结尾一般以"以上意见如无不妥,请批转各地区、各部门执行"作结;如果是参考性意见,结尾一般用"以上意见供参考"、"以上意见供选用"等作结。有的意见的结尾还可以说明意见自何时实施等结束。

4. 落款和成文时间

正文之后,写上发文机关和成文时间

（四）写作要求

1. 意见具有指导性,提出的建议主张应具体可行。写作时,应熟悉有关方针政策,深入调查研究,提出切实可行的意见和建议,用于指导工作,解决实际问题。

2. 语言要得体。无论何种类型的意见,语言应平和,少用指令性词语,多用指导性、祈请性词语,以体现注重商榷的民主作风。

例文 1

<h1 style="text-align:center">国务院办公厅关于
加强草原保护修复的若干意见
国办发〔2021〕7号</h1>

各省、自治区、直辖市人民政府,国务院各部委、各直属机构:

草原是我国重要的生态系统和自然资源,在维护国家生态安全、边疆稳定、民族团结和促进经济社会可持续发展、农牧民增收等方面具有基础性、战略性作用。党的十八大以来,草原保护修复工作取得显著成效,草原生态持续恶化的状况得到初步遏制,部分地区草原生态明显恢复。但当前我国草原生态系统整体仍较脆弱,保护修复力度不够、利用管理水平不高、科技支撑能力不足、草原资源底数不清等问题依然突出,草原生态形势依然严峻。为进一步加强草原保护修复,加快推进生态文明建设,经国务院同意,现提出以下意见。

一、总体要求

(一)指导思想。以习近平新时代中国特色社会主义思想为指导,全面贯彻党的十九大和十九届二中、三中、四中、五中全会精神,深入贯彻习近平生态文明思想,坚持绿水青山就是金山银山、山水林田湖草是一个生命共同体,按照节约优先、保护优先、自然恢复为主的方针,以完善草原保护修复制度、推进草原治理体系和治理能力现代化为主线,加强草原保护管理,推进草原生态修复,促进草原合理利用,改善草原生态状况,推动草原地区绿色发展,为建设生态文明和美丽中国奠定重要基础。

(二)工作原则。

坚持尊重自然,保护优先。遵循顺应生态系统演替规律和内在机理,促进草原休养生息,维护自然生态系统安全稳定。宜林则林、宜草则草,林草有机结合。把保护草原生态放在更加突出的位置,全面维护和提升草原生态功能。

坚持系统治理,分区施策。采取综合措施全面保护、系统修复草原生态系统,同时注重因地制宜、突出重点,增强草原保护修复的系统性、针对性、长效性。

坚持科学利用,绿色发展。正确处理保护与利用的关系,在保护好草原生态的基础上,科学利用草原资源,促进草原地区绿色发展和农牧民增收。

坚持政府主导,全民参与。明确地方各级人民政府保护修复草原的主导地位,落实林(草)长制,充分发挥农牧民的主体作用,积极引导全社会参与草原保护修复。

(三)主要目标。到2025年,草原保护修复制度体系基本建立,草畜矛盾明显缓解,草原退化趋势得到根本遏制,草原综合植被盖度稳定在57%左右,草原生态状况持续改善。到2035年,草原保护修复制度体系更加完善,基本实现草畜平衡,退化草原得到有效治理和修复,草原综合植被盖度稳定在60%左右,草原生态功能和生产功能显著提升,在美丽中国建设中的作用彰显。到本世纪中叶,退化草原得到全面治理和修复,草原生态系统实现良性循环,形成人与自然和谐共生的新格局。

二、工作措施

（四）建立草原调查体系。完善草原调查制度，整合优化草原调查队伍，健全草原调查技术标准体系。在第三次全国国土调查基础上，适时组织开展草原资源专项调查，全面查清草原类型、权属、面积、分布、质量以及利用状况等底数，建立草原管理基本档案。（自然资源部、国家林草局负责）

（五）健全草原监测评价体系。建立完善草原监测评价队伍、技术和标准体系。加强草原监测网络建设，充分利用遥感卫星等数据资源，构建空天地一体化草原监测网络，强化草原动态监测。健全草原监测评价数据汇交、定期发布和信息共享机制。加强草原统计，完善草原统计指标和方法。（国家林草局、自然资源部、生态环境部、国家统计局等按职责分工负责）

（六）编制草原保护修复利用规划。（略）

（七）加大草原保护力度。（略）

（八）完善草原自然保护地体系。（略）

（九）加快推进草原生态修复。（略）

（十）统筹推进林草生态治理。（略）

（十一）大力发展草种业。（略）

（十二）合理利用草原资源。（略）

（十三）完善草原承包经营制度。（略）

（十四）稳妥推进国有草原资源有偿使用制度改革。（略）

（十五）推动草原地区绿色发展。（略）

三、保障措施

（十六）提升科技支撑能力。通过国家科技计划，支持草原科技创新，开展草原保护修复重大问题研究，尽快在退化草原修复治理、生态系统重建、生态服务价值评估、智慧草原建设等方面取得突破，着力解决草原保护修复科技支撑能力不足问题。加强草品种选育、草种生产、退化草原植被恢复、人工草地建设、草原有害生物防治等关键技术和装备研发推广。建立健全草原保护修复技术标准体系。加强草原学科建设和高素质专业人才培养。加强草原重点实验室、长期科研基地、定位观测站、创新联盟等平台建设，构建产学研推用协调机制，提高草原科技成果转化效率。加强草原保护修复国际合作与交流，积极参与全球生态治理。（科技部、教育部、国家林草局等按职责分工负责）

（十七）完善法律法规体系。加快推动草原法修改，研究制定基本草原保护相关规定，推动地方性法规制修订，健全草原保护修复制度体系。加大草原法律法规贯彻实施力度，建立健全违法举报、案件督办等机制，依法打击各类破坏草原的违法行为。完善草原行政执法与刑事司法衔接机制，依法惩治破坏草原的犯罪行为。（国家林草局、自然资源部、生态环境部、司法部、公安部等按职责分工负责）

（十八）加大政策支持力度。建立健全草原保护修复财政投入保障机制，加大中央财政对重点生态功能区转移支付力度。健全草原生态保护补偿机制。地方各级人民政府要把草原保护修复及相关基础设施建设纳入基本建设规划，加大投入力度，完善补助政策。探索开展草原生态价值评估和资产核算。鼓励金融机构创设适合草原特点的金融产品，强化金融支持。鼓励地方探索开展草原政策性保险试点。鼓励社会资本设立草原保护基金,参与草原保护修复。(国家林草局、国家发展改革委、财政部、自然资源部、生态环境部、农业农村部、水利部、人民银行、银保监会等按职责分工负责)

(十九)加强管理队伍建设。进一步整合加强、稳定壮大基层草原管理和技术推广队伍,提升监督管理和公共服务能力。重点草原地区要强化草原监管执法,加强执法人员培训,提升执法监督能力。加强草原管护员队伍建设管理,充分发挥作用。支持社会化服务组织发展,充分发挥草原专业学会、协会等社会组织在政策咨询、信息服务、科技推广、行业自律等方面作用。(国家林草局、自然资源部、人力资源社会保障部、民政部等按职责分工负责)

四、组织领导

(二十)加强对草原保护修复工作的领导。地方各级人民政府要进一步提高认识,切实把草原保护修复工作摆在重要位置,加强组织领导,周密安排部署,确保取得实效。省级人民政府对本行政区域草原保护修复工作负总责,实行市(地、州、盟)、县(市、区、旗)人民政府目标责任制。要把草原承包经营、基本草原保护、草畜平衡、禁牧休牧等制度落实情况纳入地方各级人民政府年度目标考核,细化考核指标,压实地方责任。

(二十一)落实部门责任。各有关部门要根据职责分工,认真做好草原保护修复相关工作。各级林业和草原主管部门要适应生态文明体制改革新形势,进一步转变职能,切实加强对草原保护修复工作的管理、服务和监督,及时研究解决重大问题。

(二十二)引导全社会关心支持草原事业发展。深入开展草原普法宣传和科普活动,广泛宣传草原的重要生态、经济、社会和文化功能,不断增强全社会关心关爱草原和依法保护草原的意识,夯实加强草原保护修复的群众基础。充分发挥种草护草在国土绿化中的重要作用,积极动员社会组织和群众参与草原保护修复。

国务院办公厅
2021 年 3 月 12 日

(资料来源:国务院办公厅关于加强草原保护修复的若干意见_2021 年第 11 号国务院公报_中国政府网 http://www.gov.cn/gongbao/content/2021/content_5600082.htm)

例文 2

司法部　财政部关于建立健全
政府购买法律服务机制的意见
司发通〔2020〕72 号

各省、自治区、直辖市司法厅(局)、财政厅(局),新疆生产建设兵团司法局、财政局,各计划单列市司法局、财政局:

为积极稳妥、依法规范有序推进政府购买法律服务工作,根据政府采购和购买服务等有关法律法规,结合法律服务工作实际,提出如下指导意见。

一、总体要求

以习近平新时代中国特色社会主义思想为指导,深入贯彻落实党的十九大和十九届二中、三中、四中全会精神,落实《关于深化律师制度改革的意见》《关于加快推进公共法律服务体系建设的意见》《关于政府向社会力量购买服务的指导意见》等部署要求,大力推进政府购买法律服务工作,完善政府购买法律服务机制,强化政府公共法律服务职能,提高政府依法行政能力和水平,加快建设覆盖城乡、便捷高效、均等普惠的现代公共法律服务体系,增强人民群众共享全面依法治国的获得感、幸福感、安全感,为统筹推进“五位一体”总体布局、协调推进“四个全面”战略布局提供优质法律服务和有力法治保障。

二、购买主体和承接主体

各级国家机关是政府购买法律服务的购买主体。党的机关、政协机关、民主党派机关、承担行政职能的事业单位和使用行政编制的群团组织机关使用财政性资金购买法律服务的,参照国家机关执行。

政府购买法律服务的承接主体应当具备法律服务能力,并符合有关法律、行政法规、规章规定的资格条件。

购买主体应当依法保障承接主体平等参与政府购买法律服务的权利,不得设置不合理的条件对承接主体实行差别待遇或者歧视待遇。

三、购买内容

政府购买法律服务的内容为属于政府职责范围且适合通过市场化方式提供的法律服务事项。政府购买法律服务的具体范围和内容实行指导性目录管理。下列法律服务事项可以依法纳入政府购买服务指导性目录:

(一)政府向社会公众提供的公共法律服务。主要是政府为保障和改善民生,促进基层依法治理,维护社会和谐稳定,委托律师、基层法律服务工作者等社会力量向公民、法人和其他组织提供的公共性、公益性、普惠性、兜底性的法律服务,包括:法律援助服务;值班律师法律帮助服务;村(居)法律顾问服务;法治宣传教育服务;人民调解服务;公共法律服务热线、网络、实体平台法律咨询服务;公益性律师调解、律师代理申诉、律师化解涉法涉诉信访案件服务;公益性公证、司法鉴定服务;仲裁委员会参与基层纠纷解决服务;等等。

(二)政府履职所需辅助性法律服务。主要是政府委托律师、基层法律服务工作者等社会力量提供的政府法律顾问服务及其他辅助性法律服务,包括:参与重大决策、重大执法决定合法性审查,为重大决策、重大行政行为提供法律意见;参与法律法规规章、党内法规和规范性文件的起草论证;参与合作项目的洽谈,起草、修改重要的法律文书或者合同;参与处理行政复议、诉讼、仲裁等法律事务;为处置涉法涉诉案件、信访案件和重大突发事件等提供法律服务;参与法治建设相关调研、培训、督察等工作;为行政活动办理合同证明、权利确认、保全证据、现场监督等公证;等等。

实施政府购买法律服务的部门负责将符合规定的法律服务事项纳入本部门政府购买服务指导性目录,根据经济社会发展变化、政府职能转变及公众需求等情况,按程序及时对目录进行动态调整。

四、购买活动实施

购买主体应当按照《政府采购法》和《政府购买服务管理办法》等法律法规规章和制度规定组织实施购买活动。

(一)预算管理。政府购买法律服务项目所需资金,应当在年度部门预算中统筹安排。

(二)采购管理。购买主体应当综合考虑购买内容的供求特点、市场发育程度等因素,按照方式灵活、程序简便、公开透明、竞争有序、公平择优的原则,采用适当采购方式确定承接主体,并参照所在区域同类法律服务的市场收费标准合理确定政府购买价格。

(三)合同管理。购买主体与承接主体应当签订政府购买法律服务书面合同,明确服务对象、服务内容、服务期限、服务数量和质量、双方权利义务、服务价格及资金结算方式、服务绩效目标、违约责任等内容。

(四)履约责任。购买主体应当加强对政府购买法律服务项目的履约管理,开展绩效执行监控和验收评估,按照合同约定向承接主体支付服务费用。承接主体应当认真履行合同,依法诚信规范执业,规范使用政府购买服务项目资金,按时保质保量提供法律服务。

五、指导监督

购买主体和承接主体应当自觉接受监察监督、财政监督、审计监督、社会监督以及服务对象的监督。

省级司法行政部门和财政部门可以结合本地实际制定政府购买法律服务的具体办法,进一步明确购买主体、承接主体、购买内容、购买程序等,推进本地区政府购买法律服务工作有序开展。

各级财政部门负责本级政府购买法律服务计划的审核和监督管理,可以根据需要对部门实施的资金金额和社会影响大的政府购买法律服务项目开展重点绩效评价,会同司法行政部门积极推动各相关部门将符合条件的法律服务事项纳入本部门政府购买服务指导性目录。

各级司法行政部门应当引导律师等社会力量有序参与政府购买法律服务供给,加强业务指导和监督,研究完善政府购买法律服务质量标准,促进提高法律服务水平。

司法部

财政部

2020 年 10 月 8 日

(资料来源:司法部 财政部关于建立健全政府购买法律服务机制的意见_2021 年第 3 号国务院公报_中国政府网 http://www.gov.cn/gongbao/content/2021/content_5582639.htm)

思考与练习

一、简述题

1. 纪要与会议记录有何区别?

2．来函和复函在写法上有何不同？

3．"意见"何时成为法定的公文？它有什么特点？写作上有何要求？

参考文献

[1]夏海波.公文写作与处理[M].北京:北京大学出版社,2013.

[2]鲁迅.南腔北调集·我怎么做起小说来[M]北京:人民文学出版社,2005.

第四章 事务文书

事务文书指各级各类机关、企事业单位、社会团体等进行管理、处理公共事务而制作的不属于法定公文和专用文书范畴的重要文书,常被称为"常规文书"。

事务文书和国家行政机关公文一样,都属于公务文书,但事务文书有其自身的特点:

第一,广泛的实用性。事务文书的使用范围广、使用频率高,一切机关、单位、团体乃至个人都可以使用,并且可以连续运用;它没有发文内容轻重的限制。常见的事务文书有计划、总结、简报等。

第二,制发程序的简便性。同样是公务文书,法定公文的制定和生效有着严格的程序,而事务文书制作程序相对简单,且有较大的灵活性。

第三,行文格式的宽泛性。事务文书行文无严格规定,可以灵活选择主送机关与抄送机关,也可以越级行文。如简报,既可以上报,又可以下发,还可以平行报送。

第一节 计 划

一、计划的界定

计划是国家各级行政管理机关、企事业单位、社会团体或公民个人,对未来一定时期内的工作或所要完成的任务加以书面化、条理化和具体化的一种常用文书。

广义的计划是计划类文书的统称,规划、纲要、设想、要点、方案、打算、安排等都属于计划类文书的范畴,但有细微的差别。从内容上看,规划是具有全局性的、长远的计划;设想是初步的、尚未确定的非正式的计划;要点是未来一段时间工作的主要之处,并非详细周到的计划;方案是较为全面的部署,可操作性强的计划;安排是对短期内的工作进行具体的部署;打算则是某项短期工作的要点式计划。从时间上看,规划的时间跨度较长,一般要三五年以上;方案时间跨度小且多指专项工作;设想、打算是粗线条、非正式的计划,设想适用时限较长,打算是近期要做的工作。

狭义的计划是计划类文书中一个具体的文种,与规划、方案、设想等并存,时间跨度一般半年、一年左右,内容较具体、细致。

二、计划的特点、分类与作用

(一)计划的特点

1. 目的性

计划是为了达到某种预期的目标或完成某项任务而制定的,目的性明确。它对未来的工作、任务所作的构想,也是为了避免工作、学习的盲目性。因此,目的性是制订计划的根本出发点。

2. 预见性

制订计划主要是着眼于未来,因此它要考虑到要做什么,怎么做,在实施的过程中可能会遇到什么问题以及采取哪些相应的应对措施等。

3. 可行性

计划是作为执行性文书制订的,因此制订计划必须考虑自身的实际,重视构想的可行性,目标是要可以实现的,具体的措施、办法要切实可行,才能达到预期的目标,完成预期的任务。

(二)计划的分类

计划的种类繁多,不同的角度有不同的类别。

按内容分,有学习计划、工作计划、生产计划、科研计划等。

按时间分,有年度计划、季度计划、月计划等。

按性质分,有综合计划、专项计划(单项计划)。

按范围分,有个人计划、班组计划、部门计划、地区计划、国家计划等。

按形式分,有条文式计划、表格式计划、条文和表格结合式计划。

(三)计划的作用

"凡事预则立,不预则废。"不管做什么事,只有制订了详细可行的计划,才能避免盲目性,从而提高工作效率,达到预期的目标。

1. 指导工作,整体优化。

计划是制订单位或个人在一定时期内的行动指南。有了计划,就能够指导工作,明确工作目标和任务,统一思想和行动,从而做到上下目标一致。

2. 便于科学管理与目标的实现。

计划的制订,使参与者各司其职,无论是任务分配上,还是进度方面都有所依据。有了计划,便于实施管理和指挥,为目标的实现提供了有力的保证。

3. 便于工作的落实与检查。

管理者推动工作的手段之一就是抓计划的执行与落实。有了计划,便于检查、监督,实现科学领导。可以说,计划为总结提供了前提和基本依据。

三、计划的结构与写法

一份完整的计划,一般由标题、正文、落款三部分组成。

(一)标题

计划标题的写法,常见的有以下几种:

1. 公文式标题:由计划单位、事由和文种构成,如:《××局关于发展水产养殖的计划》。

2. 完整式标题:由计划单位、时限、内容和文种四要素构成,如:《××大学 2016 年教学工作计划》。

3. 省略式标题:在众所周知的情况下,可以省略单位名称或时限,但不能省略内容和文种。

如果计划尚不成熟或仅供讨论,则要在标题后面或下一行用圆括号注明"初稿"、"讨论稿"、"修改稿"等。

（二）正文

正文一般由前言、主体、结尾三部分组成。

1. 前言。这是计划的开头部分,通常有两种写法:一种是依据式开头,用简明扼要的文字概述制订计划的指导思想、依据、目的、意义等,即说明"为什么要制订此计划"和"为什么要这样制订计划";另一种属于比较重要或长远的计划,其前言应对前一段工作情况加以简要概述,然后写出此计划的目的。

当然不是所有的计划都要有前言的,期限比较短的计划如个人学习计划或本单位年度执行工作的计划等就可以不写前言了。

2. 主体。一般包括目标和任务、步骤和措施两项内容。

目标和任务,是计划要达到的具体要求,即"做什么";步骤和措施,即"怎么做"。要明确具体地写明开展的步骤,如时间安排、工作程序、相关要求等,以及确保目标实现拟采取的措施和方法,这是实现目标和完成任务的具体手段,是计划是否具有可操作性的关键所在。

3. 结尾。要简短有力,可以提出希望和号召;可以表决心;可以展望前景;还可以补充说明一些注意事项;有的计划主体内容表述完了就结束全文。因此,写不写结尾,要根据表述内容的具体需要确定。

（三）落款

落款包括署名和时间。如果在标题中已写明单位名称,落款处只要写时间即可。时间写计划通过或批准的时间。

四、计划的写作要求

1. 从实际出发,实事求是。制订计划一定要从本单位和个人实际出发,既要尽力而为,又要量力而行,任务目标不能定得过高也不能过低。

2. 服务大局,统筹兼顾。计划的制订要符合本单位系统的全局性指导思想,下级服从上级,局部服从整体,还要处理好当前与长远、局部与整体的关系。

3. 目标明确,步骤具体。计划是要执行的,写得越具体明确,可操作性就越强。行文中对于任务涉及的指标、措施、责任、步骤等必须表述具体,便于落实与监督检查。

4. 重点突出,主次分明。计划中落实的事件必须有先有后,有轻有重,先做什么,后做什么,主要做什么,次要做什么,有条不紊,才有利于工作的全面展开。如果计划含混不清,模棱两可,就会使执行者不得要领,难以达到预期目标。

例文

环保"领跑者"制度实施方案

环保"领跑者"是指同类可比范围内环境保护和治理环境污染取得最高成绩和效果即环境绩效最高的产品。实施环保"领跑者"制度对激发市场主体节能减排内生动力、促进环境绩效持续改善、加快生态文明制度体系建设具有重要意义。为贯彻落实《环境保护法》、《大气污染防治行动计划》(国发〔2013〕37 号)、《中共中央国务院关于加快推进生态文明建设的意见》(中发〔2015〕12 号)和《水污染防治行动计划》(国发〔2015〕17

号）的有关要求，制定本方案。

一、基本思路

建立环保"领跑者"制度，以企业自愿为前提，通过表彰先进、政策鼓励、提升标准，推动环境管理模式从"底线约束"向"底线约束"与"先进带动"并重转变。制定环保"领跑者"指标，发布环保"领跑者"名单，树立先进典型，并对环保"领跑者"给予适当政策激励，引导全社会向环保"领跑者"学习，倡导绿色生产和绿色消费。

二、环保"领跑者"的基本要求

综合考虑产品本身的环境影响、市场规模、环保潜力、技术发展趋势以及相关环保标准规范、环保检测能力等情况，面向大气、水体、固体废弃物及噪声污染源头削减，选择使用量大、减排潜力大、相关产品及环境标准完善、环境友好替代技术成熟的产品实施环保"领跑者"制度，并逐步扩展到其他产品。具体要求：

（一）产品环保水平须达到《环境标志产品技术要求》标准，且为同类型可比产品中环境绩效领先的产品。

（二）推行绿色供应链环境管理，注重产品环境友好设计，采用高效的清洁生产技术，达到国际先进清洁生产水平，全生命周期污染排放较低。

（三）产品为量产的定型产品，性能优良，达到产品质量标准要求，近一年内产品质量国家监督抽查中，该品牌产品无不合格。

（四）生产企业为中国大陆境内合法的独立法人，具备完备的质量管理体系、健全的供应体系和良好的售后服务能力，承诺"领跑者"产品在主流销售渠道正常供货。

三、环保"领跑者"的遴选和发布

环保"领跑者"遴选和发布工作委托第三方机构开展，每年遴选和发布一次。根据《大气污染防治行动计划》《水污染防治行动计划》确定的部门分工，有关部门根据实际情况，研究提出拟开展环保"领跑者"产品名录，并将相关具体要求在公众媒体上公开。相关企业在规定期限内自愿申报，按照专家评审、社会公示等方式确定环保"领跑者"名单。

环保"领跑者"标志委托第三方机构征集、设计，按程序审定后向社会公布。入围产品的生产企业可在产品明显位置或包装上使用环保"领跑者"标志，在品牌宣传、产品营销中使用环保"领跑者"标志。严禁伪造、冒用环保"领跑者"标志，以及利用环保"领跑者"标志做虚假宣传、误导消费者。

四、保障措施

（一）建立标准动态更新机制。

建立并完善环保"领跑者"指标以及现有环保标准的动态更新机制。根据行业环保状况、清洁生产技术发展、市场环保水平变化等情况，建立环保"领跑者"指标的动态更新机制，不断提高环保"领跑者"指标要求。将环保"领跑者"指标与现有的环境标志产品技术要求、清洁生产评价指标体系以及相关产品质量标准相衔接，带动现有环保标准适时提升。

（二）加强管理。

定期发布环保"领跑者"产品名录及环保"领跑者"名单，树立环保标杆。加强对第三方机构的监督管理，确保环保"领跑者"认定过程客观公正。环保"领跑者"称号实行动态化更新管理。开展跟踪调查,对出现产品质量不合格或违法排污等不符合环保"领跑者"条件的,撤销称号,并予以曝光。

(三)完善激励政策。

财政部会同有关部门制定激励政策,给予环保"领跑者"名誉奖励和适当政策支持。鼓励环保"领跑者"的技术研发、宣传和推广,为环保"领跑者"创造更好的市场空间。

(四)加强宣传推广。

通过公开发文、政府网站、大众传媒等方式向全社会宣传实施环保"领跑者"制度的目的与意义,扩大制度影响力。利用电视、网络、图书、期刊和报纸等大众传媒,以及召开新闻发布会、表彰会、推介会等形式宣传环保"领跑者",树立标杆,弘扬典型,表彰先进,为制度实施营造良好的社会氛围、舆论氛围。

×××××××××
××××年×月×日

思考与练习

一、简述题

1. 简述计划与规划、安排、要点、意见、方案的区别。

二、写作题

1. 请结合自己的实际,试拟一份切实可行的下学年学习计划。

第二节 总 结

一、总结的界定

总结是党政机关、企事业单位、社会团体或公民个人对前一阶段的工作和实践活动进行回顾,从中找出经验和教训,得出一些规律性的认识以指导今后工作的一种应用文体。因此,总结最基本的内容可以概括为:一是回顾过去,二是评估得失,三是指导将来。

总结和计划在工作上的关系十分密切,计划是对未来的打算、安排,而总结是对过去的回顾、检测。计划解决的是"做什么"和"怎么做"的问题,而总结解决的是"做了什么"和"做得怎样"的问题。计划是总结的依据和标准,总结是下阶段工作计划的参考。

二、总结的特点、分类与作用

(一)总结的特点

1. 客观性

总结是在学习、工作告一段落或结束之后才写的,是对前一阶段的工作的回顾,应该忠于客观事实。总结的材料不能添枝加叶,更不能无中生有,要实事求是,有一说一。

2. 自述性

总结是以自身的实践活动为基础的,通常以第一人称行文,行文者是本人或本单位。

3. 说理性

计划主要是叙述说明,而总结主要是概述说理。由于总结是对前一阶段实践活动作出的评估,所以不能只局限于罗列做过的工作,而是要在取得成绩的基础上进行分析和适当的评价,才能找出带规律性的东西,以便更好地指导下一阶段的工作。

(二)总结的分类

1. 按总结的对象(内容)分,有生活总结、工作总结、科研总结、思想总结等。

2. 按总结的范围分,有地区总结、部门总结、单位总结、个人总结等。

3. 按总结的时间分,有年度总结、学期总结、季度总结、月份总结等。

4. 按总结的性质分,有综合性总结、专题性总结。

5. 按总结的格式分,有条文式总结、表格式总结、条文表格式总结。

(三)总结的作用

总结的作用是多方面的,具体表现为:

1. 是推动工作良性开展的重要手段。

任何工作开展的过程中,总会有成绩与失误、经验与教训,及时总结,有利于提高认识,积累经验。每做完一次工作就总结一次,才能对客观事物的认识逐渐系统地深入,不断地推动工作向良性发展。

2. 是指导日后实践的重要方式。

总结的过程,既是对自身实践活动的回顾过程,又是对思想认识提高的过程。通过总结,人的零散的、肤浅的感性认识上升为系统、较深刻的理性认识,为日后的工作提供了科学的依据和参考。上级领导部门还可以借鉴下级总结中的经验教训,以便加强科学管理和指导。

3. 是积累资料的重要蓝本。

总结把做过的事情系统、真实地用文字记述下来,起到了备忘的作用,久之便形成宝贵的资料。无论是个人总结,还是国家、组织的总结,它们都是进行相关研究的重要依据。

三、总结的格式与写法

总结的格式并不固定,写法也较灵活,一般包括标题、正文、落款三部分。

(一)标题

总结的标题比较自由,常见的标题有以下几种:

1. 公文式标题。完整的标题一般由单位名称、时限、事由和文种组成,如《××省人民政府 2015 年工作总结》。有时可视情况省略其中的一两项。

2. 新闻式标题,如《榜上无名,脚下有路——××省教委 2015 年自学考试工作总结》,正标题概括主要内容,揭示主旨,副标题写明单位、时间、文种等。

3. 论文式标题,如《从基础文明教育入手,加强××大学师生思想政治工作》,主题明确,思路清晰,多用于专题总结,尤其是经验性总结。

(二)正文

正文主要包含基本情况、成绩经验、问题教训及今后的努力方向四方面。结构上一般分为开头、主体、结尾三部分。

1. 开头。一般性总结的开头多是概述基本情况,即交代时间、背景、地点、条件等,相当于新闻的导语,给人一个总体的印象;有的总结开头点明结论,揭示出全文的重点;还可以采用对比式、提问式等写法,不管写法如何,要求简明扼要,紧扣中心。

2. 主体。这是总结的核心部分,其内容包括:

(1)成绩与经验(即做法与体会)。这部分写法一般有两种:一是先概述所做的各项工作及取得的成绩,然后分析原因,提出获得的经验;二是写工作及成绩的同时,写出经验,寓经验于各项工作及成绩之中。

(2)问题与教训。在总结成绩、经验的基础上,还应对存在的问题和不足作认真的分析,找出原因,以达到吸取教训、改进工作的目的。这部分内容的安排要根据写作总结的需要而定:如果是综合性的总结,这部分可以简单些,不必详细展开;如果是反映问题的总结,这部分就要重点展开。

3. 结尾。结尾应简短有力,常见的有以下几种写法:

(1)自然式。指正文结束后,不另写结尾。

(2)总括式。对总结的内容作一高度概括性的总评。

(3)展望式。表明决心,展望未来,争取更大的进步。

(4)打算式。在正文提出问题后,结尾简要地提出改正的措施与步骤,今后的打算及努力方向。

(三)落款

包括署名和时间两项内容。在正文的右下方写明总结的单位(或个人姓名)和具体时间。如果在标题中已写明单位名称,落款处只要写时间即可。

四、总结的写作要求

(一)明确总结的用途

在写总结前,先明确总结的用途。用途不同,内容的侧重点就不同。在报刊上的总结,重点放在经验及具体做法上,篇幅不宜过长;如果是向上级单位汇报工作,就应围绕单位的工作重心来写,最好能写出特色来;如果是面向本单位全体员工的,就应具体、全面地把成绩列出,该表扬的不可吝啬,该批评的不可回避。

(二)充分占有材料,实事求是

充分掌握材料,是写好总结的先决条件。实事求是是写总结应持有的态度,写总结是为了使人了解工作的真实情况,对今后工作有指导意义。因此,总结的内容必须真实准确,做到总结成绩不夸大,提出经验不随意拔高,指出问题不掩饰,既不片面化,也不杜撰。

(三)合理取舍,突出重点

写总结实事求是,但绝不是有事必录,而是确定重点,点面结合,有所侧重。这样,写出的总结,才有说服力,避免了面面俱到、泛泛而谈。

(四)语言简洁、朴实

简洁就是简明扼要,不拖泥带水。朴实就是要朴素,不浮夸。用平实的语言把"做了什么"和"怎样做的"简述出来,以供借鉴参考。

例文

××市纺织品交易团××××年春季交易会调研工作总结

在今年春季交易会上，我纺织品交易团重视调研工作，组成工贸结合的调研组。调研人员通过业务洽谈和召开专题座谈会进行调研，取得了一些成绩。

一、本届调研会工作取得的成绩

（一）通过调研，基本上弄清了当前纺织品市场情况、供求关系、价格水平。对搞好本届交易会的业务成交起了良好的作用。

（二）通过调研，对于当前和今年下半年纺织品市场供求关系和价格趋势有了更为明确的认识，有利于完成全年的经营计划，为领导确定经营决策、制定措施提供了参考。

（三）对一些重点城市和重点商品的产、销、存等情况及趋势进行了调研，积累了资料，有利于今后进行系统研究。

（四）调查了解国外纺织品和服装的品种、花色、款式、后处理等方面的流行趋势及用户对我产品的反映，提供给我生产部门以便改进生产，使我产品适合国外市场需要，扩大纺织品出口。

二、本届交易会调研工作的经验和体会

（一）领导重视，不断地强调和宣传调研工作的重要性，调动调研员的积极性，是搞好调研工作的保证。

（二）本届交易会采用工贸结合的调研组织形式，是可行的较好的形式，只要加强统一领导，互相通气配合，工贸双方既可分头活动，也可合作活动。

（三）调研中要注意不断提高调研工作的质量，不仅要及时反映情况，还要在一定时间内进行分析研究，提出意见和看法。调研期间，可分阶段进行，前半段应着重调研当前市场和价格，为本届交易会工作服务；后半段应着重强调调研趋势，为今后工作服务。

（四）调研会是进行调研的好方法，今后可多搞一些专题性的商业座谈会和业务员座谈会。

三、存在的问题和建议

（一）工作中调查多，分析研究少。在编印的简报中，介绍商人的反映多，而经过分析拿出我们的看法、建议少。调查偏重于商品，对地区市场情况缺乏系统归纳分析，拿不出有参考价值的意见。

（二）建议今后在交易会前，各有关公司都应提出本公司的调研提纲，以便调查组及时制定反映实际要求的调研方案。

××××年5月10日

？思考与练习

一、简述题

1. 总结与计划的关系是什么？

二、写作题

1. 请撰写一篇期末的个人学习总结。

第三节　简　报

一、简报的界定

简报，就是近期情况的简明报道。它是党政机关、企事业单位、社会团体向上反映情况、向下指导工作或向平行单位交流经验、沟通信息、揭示问题而编发的简短灵活的文字材料。在日常生活中，简报也被称作"××动态"、"××简讯"、"内部参考"、"经验交流"等。

简报是内部刊物，不公开发行，只在机关内部运转。有些内容机密的简报，还需在首页左上方标明密级和在末页左下方注明发送范围。

二、简报的作用、特点与分类

（一）简报的作用

1. 汇报工作、反映情况。

下级机关向上级机关反映情况、汇报工作，除了面对面地反映情况外，主要还是靠简报。通过简报，可以向上级机关汇报工作，反映存在的问题，使上级机关能够及时了解下情，针对实际情况作出相关决策。但应该明确，简报只是一种汇报工作、反映情况的一般性文件，无法律效力，不能代替请示、报告、通报等公文。

2. 交流信息，沟通协作。

简报在同级机关或不相隶属的机关之间可以起到交流信息的作用，以便促进了解，加强协作。

3. 上情下达，指导工作。

简报不能作为正式文件下达，但领导机关可以通过简报向下级机关传达、解释有关方面的指示精神，介绍先进经验，以推动下级机关工作的进展，一些重要的简报往往是正式公文或调查报告的前奏。

（二）简报的特点

1. 真实

简报和其他应用文一样，要求真实。简报是为了上情下达或交流信息而采用的，如果反映的事情不真实，就会失去它的价值，并且上级机关很多重要的决策，常常是根据简报反映的情况作出的，因此简报所写的内容必须准确无误，既不夸大，也不缩小。

2. 简明

篇幅短小、内容集中、语言简洁是简报鲜明的特点。简报一般是千字文，不能长篇大论，而且多是一文一事。因为简报的阅读对象大多是各级机关的领导同志,所以要尽可能地用最少的篇幅、最简练的语言来反映情况。

3. 快速

有人把简报称为机关应用文中的"轻骑兵"。它迅速、灵活,具有时效性,无论是编写还是印发都要快速及时。尤其是会议简报,往往在一定时间内有效,如果慢了,失去了时效,就失去了简报的意义。

4. 新颖

在这方面,简报类似于新闻。它捕捉的是先兆征象,反映的内容是最近发生的新情况、新动态、新经验,如果写的是众所周知的旧闻,人云亦云也就没什么参考价值了。这里的新不仅要求内容的新,而且要求观点也要新,当然也不能为新而新,哗众取宠,故作异闻。

(三)简报的分类

1. 按内容分类

(1)工作简报

工作简报也称为情况简报,是最常见的一种用以反映本机关、本部门、本地区等日常工作的经常性简报。这里简报包含的内容很广:工作情况、经验教训,对上级机关的某些政策指示贯彻执行情况等都可反映。它是定期或不定期的内部刊物。

(2)动态简报

动态简报是为反映本单位、本系统思想、政治、经济、文化等方面的最新情况而编写的综合性简报。这类简报主要是给有关决策部门看的,着重反映与本单位工作有关的正反两方面的新情况、新动向、新问题。

(3)科技简报

这是为反映最新科学技术研究成果,介绍推广新产品、新技术、新动态而写的简报。这类简报内容新、专业性强,有的属于技术情报或经济情报,有一定的机密性,必要时需加密级。

(4)会议简报

这是在会议期间反映会议情况、主要精神的简报。其内容包括会议中的情况、进程、发言及会议决定等,以便让上级机关和与会者了解会议的全面情况。

2. 按性质分类

(1)专题简报

它是反映一个单位中比较典型、新鲜的事件或问题的简报。这类简报的内容比较单一,着重反映一人一事或一个问题。

(2)综合简报

它是对某部门、某单位、某地区的基本情况所作的一个综合的反映。与专题简报比,综合简报反映的情况比较广泛,往往围绕大量的事实材料,提炼出一个中心,反映问题的实质、规律或发展趋势。

三、简报的格式和写作

(一)简报的格式

简报一般由报头、主体、报尾三部分组成。

1. 报头

简报的报头部分，一般应占首页的三分之一，下面常用一条横线与行文部分隔开。报头由以下四个必备要素构成：简报名称、期数、编发单位、印发日期。除以上四个要素，视简报内容、保密要求，还可以增加简报编号、密级等要素。

（1）简报名称：一般套红、居中、字体稍大。

（2）期数：位于简报名称正下方，不需要红字，字要小，写"第×期"或只写序号"××"。

（3）编发单位：在期数的下面另起一行，靠左上方顶格写主办简报单位的名称。

（4）印发日期：与主办单位同一行，居右边写印发的年、月、日。

（5）保密要求：其内容需保密的简报，其密级位置在简报名称的左上端，分别标明"机密"、"秘密"或者是"内部刊物，注意保存"等。

（6）编号：位于简报名称的右上端，保密性简报才有编号，一般简报不需要编号。

2．主体

写在红色分隔线下面的内容，是简报的主体部分。

（1）标题：位置在红色分隔线下居中排列。

（2）正文：这是简报的核心部分，由开头、主体和结尾组成。

目录：如一期简报有两篇以上的文稿，间隔横线下要安排目录，"目录"二字居中标注。由于简报内容单纯，容易查收，目录一般不需标序码和页码，只需将编者按语或各篇标题排列出来即可。为避免混淆，可以在每项前加一个★标志。

按语：有些转载性或内容重要的简报，在编发时往往要加上按语。按语放在标题前，解释和说明编写该简报的原因和目的，或提示主要内容，或强调其重要性，或提出要求等。按语位于标题之上，红色分隔线之下，字比正文字号小，两侧留有余地。

3．报尾

正文写完后，用一条黑线将主体部分与报尾部分隔开，在横线下写简报的报、送、发单位及简报的份数。

（1）发送范围

报、送、发单位居左上方，分三行排列。

报：指上级机关。

送：指同级或不相隶属单位。

发：指下级单位。

（2）简报的份数

在报尾的右侧下方标明本期简报的印刷份数，上面画一横线，或把份数打上括号。

（二）简报主体部分的写作

简报主体部分写作，一般有标题和正文两大部分。在撰写时，要注意从整体出发，充分掌握材料，合理安排这些材料，做到层次段落井然有序；另外要注意符合简报的特点。

1．标题

简报的标题要求明确，让读者见题就能明义，一目了然，即标题就是主题的体现。具体写作时，可以是单标题，将报道的核心事实或其主要意义概括为一句话作为标题。如《审查应有准则，不能以言代法》。标题中间可以用空格的方式表示间隔，也可以用标点隔开。也可以用双标题的形式，正标题揭示报文的意义，副标题概括简报的内容，如《真情暖师心——

中文系志愿者为教师送温暖》。

2. 正文

（1）开头

简报的开头要求开门见山，用简洁准确的语言，提纲挈领地概括全文，点明主题，具体来说，有以下几种开头方式：

直叙式：开门见山，直接叙述交代简报的主要内容，直接入题。如："9月1日，学校召开中层以上干部会议，传达了中央、省委有关加强高校思想政治工作的文件精神，部署了本学期的党政工作。"

结论式：先交代结果，然后在正文中才说明原因和方法。如："新年新气象，自今年1月1日起，我市人民公园内中心绿化带又恢复了往日的宁静，原来聚集在这里的算命先生销声匿迹了。这是我市公安机关今年为全市人民办的第一件好事。"

提问式：提出问题，引起读者的注意和思考。如："怎样加强研究生管理工作？这是一直困扰有关领导、老师及研究生自身的一大难题。12月20日，中文系研究生联合班集体的组织为解决这一难题找到了答案。"

（2）主体

主体的结构，没有固定的格式，但也有一些较常用的方法：

①可按事件发生、发展、结局的顺序来安排材料。这类方法适用于单一事件的简报。

②可按事件的因果或递进关系安排材料。这类方法比较适合总结式、评述式的简报。

③可把所要反映的情况分成几个方面，并加上小标题，让文章结构清晰。这类方法比较适合内容较复杂的简报。

（3）结尾

简报的结尾可灵活处理，如果正文已经把话都说完了，可以不要结尾。如果意犹未尽，需要结尾，要注意简报简洁的特点，用比较概括的语言或作出评论，或提出问题，或表明希望等。总之，要深化主题，加深印象。

例文

教育部简报

第×期

教育部办公厅   2015 年 12 月 6 日

××大学评出 2015 年感动校园十大学生新闻人物

为进一步弘扬当代大学生先进事迹，推动大学生树立社会责任意识，营造积极向上的校园气氛，上海交通大学近日由全校学生自主评选出感动校园十大学生新闻人物。

十大学生新闻人物分别是：年度艺术人物：朱俊，学习小提琴 20 年，担任校交响乐团团长、上海城市交响乐团副团长及首席。获得第一届全国大学生文艺汇演比赛一等奖，并多次率团赴国内外演出。2005 年参与组织了第 48 届世乒赛闭幕式大型直播文艺晚会大型小提琴齐奏项目。年度责任人物:陈恩桃……

　　据了解,十大新闻人物的评选在学生中受到了极大欢迎,学生们纷纷表示要向身边的先进典型学习,争做一名优秀的大学生。

　　报:中共中央政治局、书记处各同志
　　送:中央和国务院各部委,各省、自治区、直辖市党委、人民政府
　　发:各省、自治区、直辖市教育厅(教委),新疆生产建设兵团教育局

共印××份

思考与练习

一、简述题

1. 简报的作用与特点是什么?

二、写作题

1. 汶川地震后,我校学生处组织了向灾区献温暖活动。活动中,同学们捐钱、捐物十分踊跃。该活动大大激发了学生们关心他人、奉献爱心的情结。请根据这个活动编写一份专题简报。

第四节 调查报告

一、调查报告的界定

　　调查报告是针对某一情况、事件、经验或问题,经过深入细致地调查研究写成的能反映客观事实的书面报告。调查报告的别称有"考察报告"、"调研报告"、"调查记"、"调查"等,是常用的一种应用文种。

　　调查报告有两个构成要素:一是调查,二是报告。调查是报告的基础,报告是调查的反映;调查是报告的依据,报告是调查的综合。只有深入实际地调查,不臆想,才能及时准确地反映客观事实,闭门造车、人云亦云是绝对产生不出调查报告的。

二、调查报告的作用、特点与分类

(一)调查报告的作用

　　调查报告是经过周密调查,认真分析后形成的文字,所以它能揭示某些规律性的东西。它可以作为制定政策的依据,可以提供经验、揭示问题等,它的作用主要体现在以下几个方面:

　　1. 下情上传的纽带

　　上级领导部门不可能对自己所管辖的各个部门的各项工作逐一进行调查,除了个别有计划、有重点地亲自进行调查研究外,更多的是靠调查报告等文字材料来了解情况。因此,调查报告可以起到下情上传、沟通上下级联系的作用。

2．提供决策的依据

调查报告是从实际生活中经过深入调查和认真研究得来的结果,决策部门可以用它来研究问题,总结经验,以点带面,用以指导和推动全局工作。因此,它可以作为有关决策部门提供决策的依据。

3．反映新人新事,推广先进经验

随着社会的进步,每一个历史时期都有新人新事涌现,先进经验总结。那些反映新人新事的调查报告能使新人新事得到歌颂,使先进经验得到介绍推广,使人们从中得到教益和引导,促使社会的前进。

4．揭露问题,加速问题的解决

揭露问题的调查报告能揭示出社会生活中存在的不良倾向及丑恶腐败的现象。它以确凿的事实分析这类问题或弊端产生的原因,指出其严重的社会危害性,可以引起社会的关注,加速问题的解决,从而达到针砭时弊、吸取教训、改进工作的目的。

(二)调查报告的特点

1．针对性

调查报告总是针对需要弄清和解决的某个问题先做调查研究,然后将事实和结论写成报告,或为了决策提供依据,或便于领导机关了解情况,或通过典型总结经验等。调查报告的针对性越强,它的指导性越大。

2．真实性

真实是调查报告的生命。失去了真实性,调查报告就失去了存在的价值。调查报告整个形成的过程,从调查研究到整理成文,一切必须从实际出发,实事求是,做到材料真实、数据准确,阐述问题公正客观,不能凭主观的好恶左右事实。

3．事理性

调查报告着重写事,不着重写人。在叙述事实时,多用简明概括的方法,不讲究生动形象和情节的连贯。在写调查报告时,不仅要求叙述事实,还需要对调查材料中的结论进行适当的分析、议论,但只是点到即止,不必层层推理。

(三)调查报告的分类

调查的目的、性质不同,调查的对象千差万别,写出来的调查报告也就不同。从不同的角度分,调查报告可以分为不同的类型。

1．按调查的范围分

有综合调查报告和专题调查报告两种。综合调查报告是进行全面的调查,对调查对象的各个方面,包括历史、现实、好的、坏的进行考察形成的报告;专题调查报告是对一项业务、一个案件、一个问题等作深入调查研究后形成的报告。

2．按调查的内容分

有市场调查报告、治安调查报告、教育调查报告、股票交易调查报告等,从内容上分,这类调查报告最多。

3．按调查的目的分

有反映情况的调查报告、介绍新生事物的调查报告、总结典型经验的调查报告、揭露问题的调查报告等。

三、调查报告的结构与写法

调查报告的种类较多,写法也有差别,往往是因材料而异,因主题而异。一般来说,调查报告的篇章结构由标题、前言、主体、结尾四部分组成。另外,在标题的下面或结尾部分,注明调查单位(或调查者)和调查时间。

（一）标题

调查报告的标题可分为公文式标题和文章式标题两种类型。

1. 公文式标题

公文式标题一般由"事由＋文种"构成,直接标明调查的对象、内容、范围。如:《关于当代青年消费问题的调查报告》《重庆农民工生存现状调查》等。

2. 文章式标题

文章式标题比较自由,可以单标题,也可以双标题。

单标题一般概括文章的内容,揭示文章的主题,如:《为什么大学毕业生择业倾向沿海和京津地区》;双标题即正副标题,正标题揭示文章的主旨,副标题交代调查范围、内容及文种,如:《靠高质量低成本开拓市场——春兰集团公司业务情况调查》等。

（二）前言

也称导语、引语、序言。这部分以简洁的文字对整篇调查报告的内容作提示,交代调查的目的、时间、背景、采用的调查方法、调查的范围,概括调查内容,说明调查研究的结果。

常见的写作方式有:交代式,对调查课题的由来作简明的介绍和说明;简介式,对调查课题的对象、时间、地点、方式、经过等作简明的介绍;概括式,对调查报告的内容,包括对象、调查内容、调查结果等作简要的概括说明。

（三）主体

主体是充分表达主题的重要组成部分,是调查报告的核心。主体一般要反映以下三方面的内容:

第一,调查报告的主题或作者的观点。

第二,说明主题或观点的具体事实。

第三,对事实材料的分析与评价。

主体部分常用的结构有以下几种:

1. 横式结构

横式结构的调查报告,是按照事物的内在联系来安排内容的先后顺序。这种结构适用于大型的调查报告。因为大型的调查报告不仅背景广阔,内容丰富,而且涉及面较广,综合性较强。因此,只有抓住事物的本质特点和内在联系安排结构,才有利于表达。

2. 标题式结构

标题式结构是把要写的内容分成几个部分,每一部分都有能概括中心的小标题。这种结构往往是较为大型的调查报告采用的一种结构形式,是以若干小标题作为框架的,小标题可以是并列的,也可以是递进的。

3. 纵式结构

纵式结构的调查报告一般是以事物的发展时间和层次为线索的,依次层层递进,从而揭示出事物的产生、发展、变化过程,将其来龙去脉反映出来。树典型的调查报告往往采用这种结构形式。

4. 三段论式结构

三段论式结构的调查报告往往是将要写的内容分为三大部分依次写。第一部分是经验教训,包括具体做法;第二部分是存在的问题;第三部分是建议、思考或打算。

5. 条文式结构

条文式结构的调查报告是用"一"、"二"、"三"、"四"条文的形式,把要报告的内容分条列出表述。

(四)结尾

调查报告的结尾,应根据具体内容的不同,依据写作的需要,采取多样的写法,但不能说废话,画蛇添足。

总体上看,常见的结尾有以下几类:

1. 总结全文,进一步深化主题

如果主体采用的是"标题式结构",往往在最后标出"小结",对全篇调查报告的主要观点作概括说明、总结,进一步深化主题。

2. 提出解决问题的办法、建议

主体采用"条文式结构"的调查报告,往往在最后一个问题中提出解决的办法、措施和意见。有的直接标上"存在的问题及建议"、"设想与建议"、"对策与思考"等。

3. 展望未来,指明方向

这种形式的结尾简明扼要地指出未来的发展方向,对未来作出展望。

另外,有的结尾是补充说明调查情况的;还有的调查报告没有结尾,其内容写完就结束全文。

四、调查报告的写作要求

(一)深入调查,详尽地占有材料

只有深入地调查研究,才能得到丰富、真实的材料,才能做到得心应手,这样调查出来的报告才有真实性和科学性。材料分为:直接材料和间接材料,即当事人所反映的材料和有关部门介绍及整理好的材料;现实与历史的材料;正面材料和反面材料等。

(二)坚持实事求是

写作调查报告,对于写作的人和事,应公正地划分是非界限,不因领导或自己的好恶而随意地褒贬,更不能歪曲事实。这就要求写作者要有不趋时、不附势、不虚美、不隐恶的精神。在调查报告正式定稿之前,还应对一些重要的人、事、数据进行核实,力争做到实事求是。

(三)语言准确、通俗

调查报告应重视语言的推敲,它的语言除了一般公文要求的准确等特点外,还应通俗,采用一些富有表现力的群众语言,增强调查报告的可读性。

例文

"三自"精神扬国威

——江南造船厂党委坚持传统教育的调查

郭景辉

江南造船厂是全国100家进行现代企业制度改革试点的单位之一,已经连续多年列入我国500家最大工业企业行列,也是国家重要的军工企业。现有职工12000人,能制造8万吨级以下的各类船舶,年造船吨位约占船舶工业总公司的1/5,改革开放以来,生产出口船舶近150万吨,年均创汇5000万美元。在推进现代企业制度改革时,必须坚持和发扬工人的优良传统,把科学的管理建立在优良传统的基础上,以此取得企业长久和稳定的发展。

"江南传统"的特征

在改革开放中,江南造船厂发动全厂职工,对江南传统精神进行归纳、提炼和表述。最后一致认同"自力更生、自觉奉献、自强不息"的"三自"精神为江南造船厂的企业精神。

××年代,靠自力更生的力量,江南造船厂迅速恢复了生产,为我国工业建设、海军建设作出了重大贡献。最有代表性的是三个"万":建造了我国第一艘自己设计的万吨级远洋货轮"东风号";恢复了苏联万吨级豪华货轮"伊里奇号";建造了我国第一台万吨锻造水压机。××年代,批量建造了大型干货轮和煤矿两用轮,以及"远望号"航天测量船和"向阳红号"系列科学考察船。"远望号"等尖端产品都是自力更生的结晶,分别获得了国家科学技术进步特等奖和一等奖。党的十一届三中全会以后,遵照邓小平的指示:"中国船舶要打进国际市场",江南造船厂采用了"出口—引进—提高—再出口"的模式,大胆吸收国外先进的造船技术,依靠自己,注重消化,率先成功地踏进了国际船舶市场。

造船工业是个微利行业,累、脏、苦、险,样样俱全。但造船工业又是国家经济命脉和国防事业中不可缺少的重要组成部分。

江南造船厂的发展又与"自强"两字紧密相连。对自强的追求,使"江南"能不断适应客观经济形势的变化,始终处在时代和行业的前列。中国造船工业在国际上的地位正是从江南造船厂开始的。

"江南传统"的基点

"江南传统"之所以能够代代相传,并随着时代的发展,不断融合新的内容,成为凝聚全厂职工的最基本的力量,成为多数职工为人处世的道德规范,是因为有三个重要的基点。

第一,党的领导和党组织的作用是根本。"江南传统"的继承和发扬光大是在企业党组织的领导下逐步深化的。新中国成立后,除了"文革"期间,江南造船厂党组织体制都是健全的。党组织全心全意依靠工人阶级,配合各项中心工作,不断地对职工群众进行党的路线、方针、政策的宣传和教育,努力使工人阶级的优良传统在社会主义建设时期得到继承和发扬。改革开放以来,党组织支持企业现代化建设的同时,努力挖掘、弘扬、宣传、倡导江南工人的传统品格,2600多名共产党员在传统的发扬光大中发挥了先锋模范作用。江南造船厂党委被中组部命名为"全国先进基层党组织",还获得了上海市文明单位和最佳企业形象单位的荣誉称号。

第二,主人翁意识是基础。党和国家历来对江南造船厂十分重视,党和国家领导人都曾亲临江南造船厂视察,对江南造船厂工人委以重托。许多重大工程项目、国防工业许多高精产品,国家都交给江南造船厂承担,因此江南造船厂工人当家做主的主人翁意识是十分强烈的。"没人做、难做的工程找江南造船厂",成了国家许多部门的习惯语。

第三,爱国主义教育是永恒的主题。长期以来,江南造船厂注意把爱国主义教育作为传统教育的主题。他们兴建了厂史展览馆,现在已成为上海市青少年爱国主义和科技教育的基地。他们编辑出版了《江南工人运动史》、《中国第一厂丰产录》,拍摄了《百年沧桑话江南》电视片,为爱国主义教育提供了有声有色的教材。他们在团员青年中开展"江南探宝"活动,通过"访史迹、立宏志、展新貌、荐新人"活动,使江南青年了解昨天,热爱今天,献身明天。

"江南传统"的弘扬

江南造船厂的历史地位和作用,目前面临的国有老企业普遍遇到的困境,以及在世纪之交所要实现的抱负,都要求江南造船厂的党政领导和全体职工把握传统,艰苦奋斗,"穷且益坚,不坠青云之志",敢于承认与世界先进造船企业的差距,尽快完成现代企业制度的改革,让传统与现代化完美地结合起来。

江南造船厂的经验告诉我们,为了使我国工人阶级的优良传统在新时期、新机制中发扬光大,必须充分发挥国有大中型企业党组织的政治核心作用。如果党组织的政治核心作用削弱了,保证监督弱化了,那么传统的力量也将随之消失。江南造船厂党委主动地创造性地工作,在企业改制中坚持做到"五个同步":同步设计党组织的工作方案,同步建立党的工作机制,同步配备党组织的领导干部,同步运行党的工作机制,同步实施两个文明建设规划。由于党组织的坚强有力,党员队伍过硬,我国工人阶级的优良传统在江南造船厂得到了很好的弘扬。

？思考与练习

一、简述题

1. 什么是调查报告?它有什么特点?

二、写作题

1. 调查本专业学生就业情况,写一篇调查报告。

第五节 会议记录

一、会议记录的含义

会议记录是由会议组织者指定专人,准确、如实记录会议基本情况和内容的事务文书。

一般用于比较重要的正式会议,要求真实反映会议的本来面貌。

二、会议记录的特点、分类与作用

(一)会议记录的特点

1. 实录性

会议记录要坚持"有言必录",按会议进展过程将发言人的讲话内容、研究认定的问题如实记录,对文字、结构一般不允许加工、整理,更不允许更改,力求把会议全程记准确、记完整。听不清或有疑问处应及时核准。

2. 凭据性

会议记录是会议的第一手材料,一旦会后对某问题的讨论和决定有争议或需要核实,翻开就可查找,是会后查对情况的真实凭据。

(二)会议记录的分类

会议记录一般根据会议性质划分为党委会议记录、政府机关会议记录、群众团体会议记录、企事业单位行政会议记录、单位会议记录、工作会议记录、座谈会议记录等。

(三)会议记录的作用

会议记录具有以下几个方面的作用:

1. 会议记录是传达、执行会议决议和贯彻会议精神的依据。也可以作为随时检查会议精神贯彻情况以及决议、决定执行情况的依据。

2. 会议记录是形成会议纪要、会议简报的重要素材,也是形成文件和其他文字材料的主要素材。

3. 会议记录是日后备考的原始凭证,是重要的历史档案,具有保存、备查和利用的价值。

三、会议记录的结构与写法

会议记录一般由标题、正文、落款三部分构成。

(一)标题

标题一般由开会单位、会议名称(或会议内容)和文种构成。如《××市人民政府第×次办公会议记录》、《××乡学习实践科学发展观活动动员大会会议记录》。有的可省略开会单位的名称。

(二)正文

正文包括开头、主体和结尾三部分。

1. 开头

开头的写作要记录以下内容:

(1)会议时间,如"×月×日×时×分至×时×分"。

(2)会议地点,如"××会议室"。

(3)出席人姓名、职务,人数多时只写人数。重要的会议可另设签到簿。

(4)缺席人姓名、职务,并注明缺席原因。缺席人数多,一时难以查清原因的,可只写缺席人数。

(5)列席人姓名、职务。

(6)主持人姓名、职务。

(7)记录人,有几个写几个,必要时注明其职务。

以上每项内容均须另起一段。记录人要在开会之前就写好。

2. 主体

会议记录的主体部分,主要应记录以下内容:

(1)会议中心议题、宗旨。

(2)会议议程。

(3)会议发言,包括主持人开场白、会上的报告、传达的事项、与会者的发言(按先后顺序)。

(4)会议决议,若无异议,记上"一致通过"或"一致同意";如有异议,详细记下表决情况,即同意的、反对的、弃权的各有多少。

(5)会议遗留问题。

会议记录的方式可分为摘要记录和详细记录两种。

(1)摘要记录是抓住重点、摘录要义,如发言要点、结论、决议等,还要着重记录好会议主持人、主要负责人以及不同意见者的发言。这种方式适用于一般性会议。

(2)详细记录是按会议进程完整记录会上的发言、不同意见、争论和决议,做到有言必录。有时为了保证记录的完整性,可以同时进行录音或录影,或另外增加记录人员。重要的会议多采用详细记录。

3. 结尾

单列一行,写"散会"。

(三)落款

会议记录的右下方,由会议主持人和记录人签名,并署上日期。

四、会议记录的写作要求

1. 会议记录要真实准确,摘要记录或详细记录都必须忠于事实,不丢三落四,更不得随意增删,断章取义,尤其是会议决议,绝不能有丝毫出入。

2. 注意会议记录的格式规范。先发言记录在前,后发言记录在后。凡是会议记录都应设立单独记录本,重要会议记录本还应编写号码。

例文

××学院第×次办公会议记录

时间:2015 年 3 月 20 日下午 3 时至 5 时

地点:第三会议室

出席:刘××(院长)、杨××(总务长)、孙××(教务处长)、张××(院长办公室主任)、吴××(院长办公室秘书)及各系各部门主要负责人

缺席:王××、张××(外出开会)

主持人:刘××(院长)

记录:吴××(院长办公室秘书)

一、报告

(一)杨××报告学院基本建设进展情况。(略)

(二)主持人传达省人民政府《关于压缩行政经费的通知》。(略)

二、讨论

我院如何按照省人民政府的《通知》精神抓好行政经费的合理开支,切实做到既勤俭节约,又不影响正常教学、科研等活动的开展。(略)

三、决议

(一)利用两个半天时间(具体由各系各单位自己安排,但必须安排在本周内)组织有关人员集中传达学习《通知》精神,提高认识,统一思想。

(二)各系各单位负责人在认真学习的基础上,利用下周政治学习时间向群众传达、宣讲。

(三)各系各单位责成有关人员根据《通知》的压缩指示,重新审查和修改本年度行政经费开支预算,并于两周内报院长办公室。

(四)各系各单位必须严格控制派出参加校外会议及外出学习的人数,财务部门更要严格把关。

(五)利用学习和贯彻《通知》精神的机会,对全院师生员工普遍开展一次勤俭节约、艰苦朴素的传统教育。

散会。

主持人:刘××(签名)

记录人:吴××(签名)

2015 年 3 月 20 日

(资料来源:张云台主编《新世纪中国实用文体全书》,书海出版社,2004 年,第 202 页。有改动)

思考与练习

一、简述题

1. 会议记录与会议纪要有哪些不同点?

2. 会议记录写作的基本要求是什么?

下编 常用文书写作

第五章　宣传教育类

第一节　消息与通讯

"新闻"一词有广义和狭义之分。广义的新闻是指报刊、广播、电视等媒介中各种新闻体裁和报道形式的总称,包括消息、通讯、评论、调查报告、新闻图片、新闻资料等;狭义的新闻是专指消息这一体裁,包括简讯、电讯等。我们在这里所讨论的新闻是指广义的新闻。

根据不同新闻文体的写作特征,我们可以将新闻分为消息、通讯、评论。下面对这三类文种进行介绍。

一、消息的写作

(一)消息的概念

消息和通讯是所有的新闻文书中最为基本的两种文体。

消息是用概括叙述的方式,以简明扼要的文字来报道最新发生的事件的新闻文体。在当今世界的众多新闻文体中,消息的发表量最大,受众最多,而且影响最广。消息在报社、电台、通讯社、电视台、网站等新闻媒体中都被广泛使用,在新闻界被誉为新闻报道的"主力军"。我们通常所说的新闻,指的就是消息。

(二)消息的作用

消息作为最基本的新闻体裁,从某种角度来说,其他新闻体裁都是在消息的基础上进行的延伸和发展。比如通讯,就是由"记事消息"发展而来。可以这么说,没有消息就没有报纸,就没有广播新闻和电视新闻。

(三)消息的分类

根据消息的结构可以分为标题新闻、无标题新闻和短讯。

根据消息的内容,可以分为动态消息、综合消息、经验消息和述评消息。

1. 动态消息

也称动态新闻。这类消息迅速、及时地报道国内国际发生的重大事件,报道社会涌现出来的新人新事、新成就、新气象和新经验。动态消息的内容单一,文字精简。它强调一个"动"字,既要反映动态的事实,又要动态地反映事实。动态消息注重反映事物的最新动态,能够给人以动态感。一般是一事一报,当天事当天报。

2. 综合消息

也称综合新闻。指的是综合反映带有全局性情况、动向、成就和问题的消息报道。综合消息的主题和所反映的事件一般比较重大,它要求作者立足全局,具有宏观视角;在写法上讲究点面结合,往往叙中有议。

3. 经验消息

也称典型新闻。经验消息是对某一单位或者某一地区的典型经验或者成功做法进行集中报道。这类消息往往具有较强的针对性和指导意义，所介绍的经验具体可行；如有教训，也须照实写出，以提醒读者注意，少走弯路，减少不必要的损失。

4. 述评消息

也称述评新闻。它除了有动态消息的一般特征外，还往往在叙述新闻事实的同时，由作者直接发出一些适当的议论，简明地表达作者的观点。记者述评、时事述评就是其中的两种。

（四）消息的特点

1. 真实性

真实性是消息的生命。失去了真实性的消息也就失去了其存在的价值。尤其是在一些社会普遍关注的问题上，报道者必须保持客观的立场，如实地进行报道。消息不需要记者在其中发表议论或作出主观判断。即使想通过报道事实进行宣传，也必须"用事实说话"，通过选择所报道的事实来表达倾向。

2. 时效性

消息是报道动态事件的演进，可以说事件报道和事件发生之间的时间差往往决定了一则消息的生命力。在广播电视传媒中，消息报道是更新最快的新闻类别。

3. 简明性

消息报道要求以最少的语言表达最为简洁明白的事件。一则消息所报道的事件不能过多，一般是集中报道一两件事，因此要求消息的表述非常严谨，行文紧凑。消息的新闻结构不要求完整，不必详细描述事件的前因后果，新闻的五个要素也不必齐全。

4. 新鲜性

消息尤其注重"新"。这里的"新"是指事实的新近性和新鲜性。"新近性"是指事件的最近发生时间。"新鲜性"是针对事件的意义或者价值来说的，缺乏发现和敏锐的新闻直觉是写不出好消息的。

（五）消息的结构

消息的结构形式主要有以下几种：

1. 倒金字塔式结构

倒金字塔式结构是新闻文体所特有的结构形式，也是新闻文体最基本、最传统的结构样式。倒金字塔写法也是目前消息中较为普遍的一种写法。

这种结构的特点是：

第一，整条消息根据材料的重要性安排顺序，按重要性程度来安排叙述的层次和段落。最重要的材料放在最前面，次要的稍后，再次的更往后排，直至完毕。如果用图形来表示，就像一座倒置的金字塔。

第二，以具有"倒金字塔形导语"为标志，即在第一自然段中，开门见山地写出最重要的或最精彩的事实，或首先回答人们最普遍关心的问题。

第三，第一自然段往往有相对独立性，可独立成章，可变为"简明新闻"和"一句话新闻"。检验倒金字塔结构消息成功与否的方法之一就是：将这条消息从后面删减，删到只剩下导语，最后只剩下第一句话，甚至只剩下一个标题，如果这时它仍然可以作为一条新闻独立存在,并清楚地告诉读者发生了一件什么事情,则说明这则消息符合倒金字塔式结构的要求。

2.金字塔式结构

金字塔式结构又叫悬念式、积累兴趣式结构。与倒金字塔结构相反,它把主要的事实放在篇后,前面设置某种悬念,让读者必须读完,弄清事情的全貌。这种写法保持了故事的完整性,把情节步步推进,事件的高潮在后面出现,读来兴趣盎然,引人入胜,使人有一种渐入佳境的感觉。

3.倒金字塔和金字塔混合结合式结构

对于这种结构方式,通常第一段导语采用倒金字塔式结构,开门见山,点明消息最重要的事实,但又不把最主要的事实都集中在导语中。导语之后,按事情发展的顺序来写,在结尾时再对主要事实加以说明。这是一种有头有尾、头尾呼应的写法,更显得结构完整,比较符合普通读者的习惯。

(六)消息的写作要点

消息要回答读者的问题,主要包括新闻五要素(新闻的五个"W"),即 When(何时)、Where(何地)、Who(何人)、What(何事)、Why(何故)。有时,还补充了一个要素:How(如何)。在五个"W"和一个"H"中,最主要的是 Who(何人)和 What(何事)。

一篇完整的消息通常包括标题、导语、主体、背景、结尾五个部分。

1.标题

标题是消息的眼睛,也是消息的内容提要。消息的标题变化灵活,丰富多彩。消息的标题形式有单行式和多行式之分。这是消息区别于其他文体的一个特点。

(1)单行式标题

单行题必须是实标(或称实题),以叙事为主,点明必要的新闻要素,使人一见标题就知道这篇报道主要讲什么事情。

例如:

美国警告朝鲜不要再次实施核试验

我国拟新建两个南极科学考察站

(2)多行式标题

新闻标题因常常是多行题,所以制作时要处理好主标题与辅标题的关系。一是二者在内容上要有层次感,要明确分工,不能重复。二是处理好实标与虚标(或称虚题)的关系。每一条新闻的标题,都应有一个实标题,不能全题都是虚的。

多行式标题包括引题、正题和副题。

引题:排在正题上方,字体稍小些,因而被人形象地称为"肩题"或"眉题"。引题的作用是揭示消息的思想意义或者交代背景、说明来源、烘托气氛,所以它属于虚题。

正题:即正标题,一般用来点明消息中最主要的事实或观点,字号最大,居于最显著的地位。又因内容实在,称为实题。

副题:排在正题下面,对正题做补充说明,揭示报道的事实结果,或者做内容提要,又叫子题、辅题。副题一般也属实题。

①两行式标题

一般有"引题+正标题",或"正标题+副题"两种,偶尔也有双主标题的。不论采取何种类型,其中必须有一个是实题,另一个可虚可实。

例如：

成龙捐楼，该谁反思？（正标题）

成龙拟捐徽派古建筑引发热议的背后（副题）

②引题＋主标题＋副题

"引题＋主标题＋副题"的系列标题，其中有一个必须实标，其余可虚可实。但是副题一般是实标，引题以虚标居多，主标题可虚可实。

例如：

我国科学探测卫星进入为经济建设服务的实用阶段（引题）

巡天遥遥看九州　山川历历图中收（正标题）

观海可见波浪纹理　测地可知地下结构

考古可识历史陈迹　探矿可辨地层结构（副标题）

新闻标题，不论是单行题还是多行题，都必须处理好实标与虚标的关系。

2. 导语

导语是指在消息电头之后的一句话或一段话。导语在一篇消息中占有重要的地位。正如古语说的："立片言以居要，乃一篇之警策。"导语要求用最精炼的文字，简明扼要地把消息中最重要、最新鲜、最吸引人的事实及其意义表达出来。

导语通常有两个作用：一是用简明的语言把消息的基本的、核心的内容告诉读者；二是吸引读者的阅读兴趣。

导语可以有以下几种写法：

（1）叙述式导语

将消息中最重要、最新鲜的事实简明扼要地写出来，能使人一下就了解消息的主要内容。

例如：

2006 年 3 月 16 日，中国新闻网的报道：

中新网 3 月 16 日电　岛内政治人物近来增添了一项新的选举手段，利用博客（岛内称部落格）来宣传自己，为选举造势。

（2）描写式导语

选择主要事实的一个场面或侧面做简要而具体的描写，给人以现场感。

例如：

2006 年 3 月 16 日，德国作曲家老锣准备以"编钟"为题材，创作音乐剧，从而来武汉考察时，《长江日报》对他的报道：

"昨日，湖北省博物馆编钟厅，一位德国人引起了人们的注意：他一会儿坐在观众席里认真看演出，一会儿举着相机、摄像机从不同角度留取资料……"

（3）设问式导语

记者故意在消息的开头提出尖锐的、读者所关心的问题，然后加以解答。设问式导语带一点议论的色彩，能引起关注和思考。

例如：

2006 年 2 月 23 日，《羊城晚报》报道"出租车 50 万公里须报废"的新政下令之后，出租车纷纷到维修店进行改表这一事实时的导语如下：

本报讯"出租车 50 万公里须报废"的新政估计火了谁？答案:维修店!

(4)评论式导语

在叙述事实的同时对此事作出画龙点睛的评价,以揭示所报道事实的价值和意义。

例如:

2005 年 8 月 24 日,《人民日报海外版》对国民党代表访问厦门时的报道:

本报厦门 8 月 23 日电　为落实胡锦涛总书记与连战主席会谈新闻公报中关于"建立党对党定期沟通平台"的重要共识,中国国民党台中市党部访问团一行 30 人 23 日下午抵达厦门,与中共厦门市委开展交流,这标志着两党政党交流正式启动。

(5)引用式导语

引用消息中主要人物有新意、能揭示主旨的语言,或者把权威结构、权威人士的有关发言与文字放在导语中。

例如:

美联社伦敦 1954 年 4 月 21 日电　柏林电台今晚说,苏联红军坦克已攻入烈火熊熊、遍地废墟的首都主要大街,离市中心只有三英里了。

(6)对比式导语

用事物的不同方面做对比,如过去与现在、成功与失败、美与丑、好与坏等,在对比中表现记者的态度。

2006 年 3 月 18 日,《新京报》的消息——《北京:流动人口分娩数 10 年增 7 倍　几近京籍出生数》的导语是这样的:

"从 1995 年—2005 年,北京流动人口在医院分娩的孩子,从 8000 例上升到 56000 多例,10 年间增长了 7 倍。昨天,北京市卫生局发表《健康播报》称,目前,每年流动人口的新生儿已接近北京户籍人口出生数。"

3.主体

主体是消息的主干部分,它紧接导语,对导语中高度概括的事实做具体、全面的阐述,起到具体展开事实或进一步突出中心的作用,以满足读者对事实进一步了解的需要。它是导语内容的具体化和完整化,同时还是导语的补充和完善。主体通常按照时间顺序或者逻辑顺序写作,但仍然要先写主要的,再写次要的。

4.背景

美国新闻学家赖斯特说过:"我看不出新闻背景与解释有什么区别。""解释,在我看来,就是新闻报道的深入化。就是把单一的新闻事件放到一系列的事件中去写","就是提供新闻的背景知识,从而使读者能够对新闻事件作出客观的判断。但是'解释'不是议论,解释本身就是事实,也就是说用事实去解释。所以新闻背景又称为'事实背景'"。在消息的写作过程中,为了帮助读者更好地理解消息的内容和价值,起到衬托、深化主题的作用,也就是回答五个"W"中的 Why(为什么)。往往将事件发生的有关历史背景、社会环境以及其他的材料做简要介绍,这些和事件相关联的材料就是消息的背景。

背景材料主要分为以下几种:

(1)说明性材料

往往用来说明新闻事实产生的原因、条件和环境,交代清楚新闻事实的来龙去脉和因果关系。

（2）对比性材料

指与新闻事实进行前后、新旧、正反比照的材料。用以衬托消息的主题,表明作者的观点。

（3）解释性材料

有些新闻事件或错综复杂,或题材特殊,解释性背景材料可起指点迷津的作用,往往在"为何"这个新闻要素上做文章。

5. 结尾

消息的结尾承接主体,好的结尾是主体部分的自然延伸或归结,并与导语相呼应。它的作用是结束全文,加强主题的表达;加深受众对新闻的感受,使内容得以升华。有的消息没有结尾,事实叙述完毕,就自然收尾了,有的对全文做简单总结。

例文

我国开展空间科学实验:高空撒钡粉　研究电离层

本报北京 4 月 9 日电　（记者吴月辉）记者从中科院国家空间科学中心获悉:5 日清晨 5 点 55 分,我国空间环境垂直探测及首次空间科学主动实验在位于海南省儋州市的中科院海南探空部进行,并取得圆满成功。

实验总指挥、中科院国家空间科学中心主任吴季介绍,在这次空间科学实验中,探空火箭在 200 千米高度附近的电离层中释放了 1 千克金属钡粉,金属钡在太阳光的照射下迅速电离,形成了钡云,通过对钡云演化的观测,可以研究近赤道区电离层的动力学特性。这样的空间科学实验被称为主动式的实验,在我国首次开展。

同时,这一实验的成功将为研究空间环境主要物理参数在不同高度上的垂直分布提供原位探测数据,对低纬度空间环境垂直分布特征开展研究,为地基遥感观测设备进行标定。

据介绍,此次实验火箭飞行高度 191 千米,从起飞到溅落共飞行约 8 分钟。探空仪上搭载了三种科学探测仪器,包括探测电子和离子垂直分布的朗缪尔探针、探测空间电场垂直分布的空间电场仪,以及研究电离层动力学特征的金属钡释放装置。

此次实验任务的运载火箭——"天鹰"3E 型火箭由中国航天科技集团公司所属航天动力技术研究院研制。探空仪——"鲲鹏一号"由中科院国家空间科学中心、中科院西安光机所和奥地利格拉兹大学共同研制。中科院国家空间科学中心是实验的总体单位,同时负责火箭发射场、遥测、地面及科学应用系统任务。

中科院海南探空部于 1986 年建立,在国家重大科技基础设施子午工程建设中其能力得到全面提升,除具备探空火箭发射能力外,还拥有近十种空间环境地基综合观测设备,其近赤道的地理位置在国际上具有突出观测优势。

（资料来源:吴月辉:《我国开展空间科学实验:高空撒钡粉　研究电离层》,《人民日报》,2013 年 4 月 10 日 2 版）

二、通讯的写作

（一）通讯的概念

通讯是新闻报道的另一基本体裁，它和消息一样也是新闻媒体中最常用的文体。通讯是以翔实、深入、生动的文字报道新近发生的事件的新闻体裁，多运用叙述、描写、议论、抒情等多种表达手法，反映新闻事件和新闻人物，揭示事件的真相。

（二）通讯的作用

通讯比消息更能详尽、生动地报道现实事件，让读者更具体地了解某一深刻的思想，以及事件发生、发展、变化的来龙去脉，因而比较容易为群众所接受和喜欢，有较好的社会作用。

（三）通讯的分类

根据通讯的内容和写法，一般将通讯分为人物通讯、事件通讯、工作通讯、风貌通讯和社会观察通讯。

1. 人物通讯

人物通讯是以人物的思想、言行、事迹和经历为报道内容的通讯。人物通讯的报道对象取决于其蕴含的新闻价值，一般来说，人物必须具有先进性或典型性，也包括代表某种倾向的反面人物。

在取材上可写"全人全貌"，也可以截取片段着重写人物的某个侧面或阶段。此两类一般以人物的事迹或者行为为主，而人物专访则以记录人物的语言为主。通过记者的专访，记叙人物的谈话，从而揭示其内在精神面貌。

2. 事件通讯

事件通讯报道对象的基本类型包括突发性事件、在社会上产生较大影响的预知事件和反映社会精神风貌的小故事。"事因人生，人以事显。"和人物通讯中事件围绕人物展开的特点有所不同的是，事件通讯不能孤立地写事。由于事件通讯必须牵涉与事件有关的人物，所以它通过较为详尽地展现事件的完整过程，挖掘其意义，揭示其本质，进而反映社会风尚，弘扬时代精神。

3. 工作通讯

工作通讯是介绍某一单位各项工作中的成功经验、揭示工作中的问题和教训及解剖工作中的难点问题，以指导一般的通讯。工作通讯在围绕党和政府的中心工作进行报道时，还发挥着沟通各行各业、交流彼此工作方面的信息的桥梁作用。

4. 风貌通讯

风貌通讯的报道内容主要包括综合报道某个地区、某条战线的今昔变化和新的建设成就；报道某地的风土人情、人的精神面貌；报道历史文化遗产，以景写情，睹物思人。风貌通讯具有开阔眼界、互相沟通、增长知识的作用。

5. 社会观察通讯

社会观察通讯是一种新兴的通讯类型，也是当代使用频率很高、很受关注的一种通讯类型。

社会观察通讯，是报道社会现象、剖析社会问题的通讯。传统的人物通讯、事件通讯、工作通讯、风貌通讯着眼于社会上的某一个别人物、个别事件，或者某一方面工作中的经验教训，某个地方的风光风貌。社会观察通讯则不同，它是在上述各类通讯的报道范围之外，用广角镜头透视大千世界和人生百态,反映社会生活中值得注意的新变化、新问题和新观念的通讯,如中央电视台播放的《新闻观察》。

（四）通讯的特点

通讯报道是一种深度报道的新闻形式,重大事件的深入报道、揭示性报道都可体现为通讯形式。作为一种重要的新闻报道体裁,通讯有着自身特殊的内容和形式。

1. 新闻性

作为一种新闻文体,在形式和内容方面,通讯都应该紧贴时代脉搏,关注社会热点,反映时代风尚,宣传党的路线方针,从而以正确的议论引导人,以先进的人物激励人,以真实的事件震撼人。

通讯作为报刊等媒体最主要的体裁之一,新闻性显然是其最基本的特点。通讯的新闻性首先体现在其真实性上。就报道对象而言,无论是人物、事件,还是经验、成果、工作情况、社会风貌等,都必须是真实的,不允许夸张和虚构,不能随意夸大或缩小,不能以偏概全,以假乱真,不能移花接木,张冠李戴,要完全符合客观事实的本来面目,揭示客观真理,从而以正确的议论引导人,以先进的人物激励人,以真实的事件震撼人。

其次,体现在报道的时效上。作为一种新闻文体,通讯应该紧贴时代脉搏,关注社会热点,反映时代风尚,及时宣传党的路线方针。通讯中所报道的人物和事件应具有时代意义,应是现实生活中的新人新事,要尽量反映新情况,推广新经验,发现新问题,给人新启发。通讯虽不及消息这般快速,有时为将人物、事件报道得更细致、深入、完整而需时较长,但也必须及时,仍须有很强的时效观念。一般在报道同一事物时,往往先发消息,后发通讯。

2. 生动性

通讯要深入形象地反映事件的来龙去脉,揭示事件的实质。因此,通讯的表现手法灵活多样,尤其是人物通讯在语言和表达方法上都具有一定的文学性。在叙述方式上,有直叙、倒叙、插叙等表现手法;除了叙述外,还要运用描写、议论、抒情等多种手法来表现主题。它对新闻事实的报道,善于再现情景,给人以立体感和现场感,可读性和形象性都很强。

此外,通讯虽然一般以第三人称叙述为主,但在"见闻""采访记"一类的通讯中,也采用第一人称。不过其中的"我"主要起见证人或采访线索的作用。在效果上,第一人称的使用也增加了一些亲切感。

3. 理论性

通讯不仅要写人记事,介绍人物和事件的基本情况,而且为了突出典型性和指导性,还要适当进行说明和议论,以表明作者的见解和态度。通讯的评论性与议论文不同,议论文文体使用逻辑推理的方式,而通讯则紧扣人物、事件的特点,给以评述,笔墨不多,一笔点破,或理在情中,或寓理于事,因事言理。

（五）通讯的写作要点

通讯的写作比较灵活,没有固定的模式,主要由标题、开头、主体、结尾四部分构成。

1. 标题

通讯的标题一般采用单行式,有的也有引题或副题。其作用主要是烘托或者用来交代报道的对象和新闻的来源。

2. 开头

通讯的开头形式主要有直起式和侧起式。

直起式,就是开门见山地直叙其人其事,直接抒情或者发表见解。

侧起式,利用铺垫的方法,娓娓道来,然后进入正题。

3. 主体

主体是通讯的主干部分,是对事件或事实报道的核心。从通讯的内容来看,叙述单一事实的,多采用时空顺序结构,而综合性通讯则多采用逻辑结构。

4. 结尾

通讯的结尾形式多样,常见的有自然收束、发人深省、卒章显志等。

三、消息和通讯的区别

消息和通讯作为新闻媒体中的两种基本文体,二者有不少相同之处。

首先,消息和通讯都具有新闻性的特点,两者所写的都必须是真人真事,不能虚构,都必须对现实生活中发生的、具有新闻价值的情况,作出真实准确的报道,并且用事实说话。

其次,在时间性上,两者都要求迅速及时,都是"对新近发生的事实的报道"。

再次,在新闻五要素上,无论消息还是通讯都要包括何时、何地、何人、何事、何故这五个要素。

同时,也要注意消息和通讯存在不同之处。

首先,从内容上看,消息以报道事件为主,通讯则以写人为中心,写人的思想以及实践活动。即使是记事类的通讯,也是围绕事件,刻画和事件相关的人物形象。通过写事来写人,表现人物的思想、感情和精神世界。所以,消息只是简单地报道发生了什么事,不多写情节;而通讯则详细、具体地报道前因后果,展示情节。

其次,从结构上看,消息为了吸引读者,往往把最重要的、最新鲜的材料放在最前面,其最精彩的部分在导语中,呈现倒金字塔式结构。通讯则用统一的主题把丰富的材料贯穿起来,各个部分都具有相同的重要性。通讯的结构往往比较灵活,可因题材而异,因内容而异,因作者水平而异,可以写成散文式通讯、杂文式通讯等。它既可以按照时间顺序来写,也可以按照事物内在的逻辑结构来展现主题。

再次,从表达的方式上看,消息一般以叙述为主,消息只要告诉读者发生了什么事情和事情的简单经过,并不要求详细展开新闻事件,对事件和人物形象性的要求也比较低。通讯则要求生动形象地写人写事,要求写情节、写细节,并且要求作者满怀激情地去表达主题,有感情色彩,有作者对新闻事件和新闻人物的评论。总之,通讯的表现手法比消息自由灵活得多:消息以叙述为主,通讯则综合采用叙述、描写、议论、抒情等多种手法,表现生动、形象。

最后,从新闻的时效性上看,消息强调迅速及时,要求保证事实准确的前提下,尽快把新闻事实报告给读者。通讯对时间的要求不像消息那么严格,只要是人们普遍关心的、符合当时报道需要的,哪怕时间稍微迟些,仍然可以报道。这点从外在形式也可以体现出来,如消息的开头经常有注明"本报讯"或电头之类的"消息头";而通讯则没有特别明显的外部标识。

例文

播撒幸福的"盒饭书记"

记浙江省宁波市江东区划船社区党委书记俞复玲

新华社宁波 1 月 7 日电(记者张奇志、郑黎、裘立华)俞复玲每天都拎着一只竹篮子上下班,篮子里装的是她当天午餐的盒饭。

作为浙江省宁波市江东区划船社区党委书记,俞复玲说:"社区工作没准点,自带盒饭可以随时接待群众来访,处理各种事情,灵活方便。"

于是,大家便送给俞复玲一个雅号——"盒饭书记"。

社区就像一个家

这些年,除了天天拎盒饭,俞复玲还有一个习惯,就是放下竹篮去"早巡"。

"社区不少问题就是通过'早巡'发现解决的。"俞复玲说。一次"早巡"中,有志愿者反映,一名独居老人家里发生煤气泄漏,差点酿成大祸。俞复玲当即与社区其他领导商量,决定组织志愿者每年定期对独居、"空巢"、行动不便的老人和残疾人家庭进行煤气、电器安全大检查,杜绝此类隐患。

乐业才能安居。划船社区是个老小区,再就业任务很繁重,俞复玲努力收集各类就业信息,并根据失业人员的不同情况,提供个性化服务和培训,如今划船社区居民就业率达 99.7%,被评为"全国充分就业示范社区"。

"近年来,居民更关心的是大学生就业问题。"俞复玲说,现在年轻人大都是独生子女,他们寄托着一家人的希望。社区有个姓程的小伙子,文科专业,成绩不错,但性格较内向,每次应聘,总是笔试合格了,面试被刷下来。大学毕业一年多,小程窝在家里当宅男,父母都很焦虑。俞复玲得知后,把小程"请"出来到社区当"义工",还带他串门入户,学习如何与人交流,半年后小程顺利通过一家企业的面试,找到了喜爱的工作。

百姓冷暖事　滴滴在心头

社区有不少残疾人,这个特殊的困难群体,时时牵挂在俞复玲的心头。

俞复玲认为,残疾人大多有自卑感,孤独是他们最大的敌人,能不能利用或培养残疾人的一技之长,让他们融入社会,为社会服务? 于是,社区"助残服务梦工坊"开张了,这是为残疾人提供劳动就业、康复训练、文体活动等综合服务的场所。

俞复玲给善摆弄花卉的残疾人老王设立了花卉超市,不到两天,即被充满爱心的居民争购一空。接着俞复玲又找企业求助,揽来了一些纸盒包装、小五金装配等简单加工活,让那些行动不便、智障甚至盲人来到"梦工坊",一起聊天,一起快乐地干活,每年还有四五千元的收入。

军军患自闭症 20 多年,不愿出门,不愿与人交流,严重时连生活都不能自理,母亲不得不辞职照顾他。俞复玲领着军军走进了"梦工坊",每天不忘抽时间陪他说话。终于有一天,他望着俞复玲轻轻地喊出了一声"书记阿姨",在场的人都惊呆了,俞复玲也欣喜万分。此后,在"梦工坊"欢乐的氛围中,军军也能与大伙交流了,心理医生表示,军军的转变简直是个奇迹。而军军母亲几次流着眼泪说:"是俞书记救了我们一家。"

　　划船社区地势低洼,一场大雨就四处积水,居民深感不便。前两年,宁波遭受百年未遇的"菲特"台风袭击,划船社区成了重灾区,不到24时小区积水即齐腰深,俞复玲在抢险一线奋战了七天七夜,累得嗓子都发不出声了。大水退后,俞复玲痛定思痛,觉得这个状况必须彻底改变。

　　于是,她盯上了江东区委书记胡军,准备就划船社区低洼地改造问题与书记约谈。胡军带着有关部门领导来到划船社区,与居民代表面对面沟通协商,确定了加高河岸护堤、更新排水泵、疏通窨井及排污管等多项措施,使划船社区的排涝抗灾能力得到很大提升。胡军说,俞复玲此举,也为他们开展群众路线教育活动提供了一项新常态化制度——群众点题约谈,干部答题解难。

和睦墙门传递快乐

　　俞复玲上任不久,遇到了一件棘手难题,划船社区刚由4个小社区合并成大社区,小区与小区之门隔着铁门,居民通行不便,有的提出拆掉铁门,有的认为打通不利于安全,不同意拆门。俞复玲天天到门两边住户走访,听取意见,双方依然情绪对立。后来俞复玲提出了一个折中方案,即白天开门晚上锁门,经过一段时间运行,大伙确实感受到开门的便利,最终拆除了铁门。

　　这事也引起了俞复玲的反思:社区是我们共同的家园,应该有浓浓的人情味。她带着墙门组长挨家挨户把"邻里守望卡"发到居民手中,卡片上印着各个楼道住户的门牌号码、联系电话等信息,有事可以互相照应帮忙。

　　"倡导和睦墙门,关键是要增进邻里间的交流了解。"俞复玲发起组织居民一起包粽子、尝月饼、吃年夜饭。"一个楼道十来户人家,互相熟悉了,即便邻里间有些误会也能很快化解。"俞复玲说,他们还办起了"社区和睦邻里节",一起夸夸好邻居,那些互帮互爱的小故事,让人心生感动。

　　社区有台家喻户晓的"小春晚",那就是一年一度的精神文明成果展演,至今已连续举办了九届。这些作品有鲜明的草根特色,如歌舞剧《邻居甜蜜蜜》、表演唱《墙门年夜饭》等,都是根据社区真实的故事,由居民自编、自导、自演的。俞复玲说,演出时,他们还把主人公本人请上舞台与观众见面,台上台下产生了强烈的共鸣。

　　(资料来源:张奇志、郑黎、裘立华:《播撒幸福的"盒饭书记"　记浙江省宁波市江东区划船社区党委书记俞复玲》,《新华每日电讯》2015年1月8日1版)

思考与练习

一、填空题

1. 消息的常见结构形式有＿＿＿＿＿＿＿、金字塔式结构、＿＿＿＿＿＿＿。

2. 按照内容来划分,消息可以分为＿＿＿＿＿＿＿、＿＿＿＿＿＿＿、＿＿＿＿＿＿＿、＿＿＿＿＿＿＿。

3. 金字塔式结构把主要的事实放在篇后,前面设置某种悬念,让读者必须读完,弄清事情的全貌。因此,金字塔式结构又叫悬念式或者＿＿＿＿＿＿＿结构。

4. ＿＿＿＿＿＿＿＿和＿＿＿＿＿＿＿＿是新闻报道的两种基本体裁。

5. 根据通讯的内容和写法,一般将通讯分为＿＿＿＿＿＿＿＿、＿＿＿＿＿＿＿＿、
＿＿＿＿＿＿＿＿和＿＿＿＿＿＿＿＿。

6. 新闻的五要素包括:＿＿＿＿＿＿＿＿、＿＿＿＿＿＿＿＿、＿＿＿＿＿＿＿＿、
＿＿＿＿＿＿＿＿、＿＿＿＿＿＿＿＿。

二、判断题

1. 时效性是消息的生命。(　　　)

2. 新闻的多行式标题可以全是虚标题。(　　　)

3. 通讯只要写人记事,介绍事件和人物的基本情况就行了,不需要议论。(　　　)

4. 通讯的写作比较灵活,没有固定的模式,主要由标题、开头、主体、结尾四部分构成。
(　　　)

三、简述题

1. 说说通讯和消息之间有哪些区别?

四、写作题

1. 请为以下消息设计标题。

　　在辽宁省康平县沙金台乡敖力村一片林子里住了近30年的屈长友,是这一带远近闻名的百万元大户,但也是当地生活水平最低、受资助最多的人。当地人形容老屈"捧着金饭碗要饭吃"。

　　74岁的屈长友在1984年卖掉了家里的骡、马等牲畜,承包了我国三北防护林建设区内的500亩荒岭沙丘开始造林治沙。"30年前我承包这片地时还都是白沙堆,现在长出8万棵树,哪还能看出沙地。"屈老汉一手拄拐杖,一手指着眼前这片林子对记者说,刚栽时,樟子松苗三寸多高,杨树苗也不过一米高,现在都长成大树成材了。

　　"稀里糊涂",当记者询问当初为什么选择承包荒沙地时,朴实的屈长友回答了四个字。而真正让屈长友决定放弃安逸生活,来到沙丘上造林的原因,是他身上那股子拗劲。

　　屈长友一家五代人生活在这里,其中三代人饱受风沙之苦,而他自己又在林场当过工人,懂得沙地造林技术的他决心要和风沙"斗一斗"。而这一"斗"就是30年。"开始种树忙,回不去家。后来为了看护林子,不敢回家。这一种一看就是30年。"屈长友说。

　　屈长友的老伴胡淑凡跟着他种树,一辈子没出过远门。"刚搬到沙丘上住时,我和老伴住在自己挖的'地窨子'里。白天在沙地上种树,一忙一天。晚上担心住在五里外家里的孩子们出事,都要到沙包上向家里方向看一看。"胡淑凡说。

　　听了老伴的话,屈长友的表情显得有些内疚。"老伴跟着我这辈子确实没少受罪。过去这里全是白沙堆,即使赶上降水多的时候,一块地也要种上几遍才能活,一年从头忙到尾。"屈长友说,"别看种树难,看护好树更难。经常有人放牧,刚栽活的小树苗最怕放牧,一天要在林子里走上几遍。"

　　经过近30年的坚守努力,屈长友让这片荒沙丘变成了绿树林,成为当地的治沙造林典型。这片林子仅林木资源的经济价值就可达数百万元。康平县林业局办公室主任吴洪涛说,从林木资源价值来看,老人家算得上这个村里的富人了。但是一方面林木资源砍伐需要审批,只能适当间伐,另一方面老人自己也不同意砍伐,所以空守金饭碗,对

于现实生活水平没有改变。当地村民戏称其为种树治沙的"倔老汉"。

记者采访发现,这个外人眼里的"百万元户"生活上却一直非常贫困。在屈长友约100平方米的大房子里,记者看到,屋子里墙体发黑,设施简陋,砖块铺地。最特别的就是没多少电器设备。

"为啥电器少?房子不通电。"屈长友笑道,由于这里就他一户人家,单独接电成本过高,平时用电只能靠小型风力发电机,而且只有三级风以上才能用。"过去整月刮风,但没有发电机。现在有发电机了,风却小了。"

屈长友对记者说:"这个大房子是政府帮咱盖的,条件已经很好了。没有这房子前,我们老两口一直住在几十平(方米)的小房子里。"

事实上,过去在村里生活还算富足的屈长友,自从造林治沙开始就没了收入来源。"家里的耕地给儿女了,我自己就靠养点鸡、猪换点零花钱,实在没钱了就得儿女出钱。"屈长友说:"另外这些年也感谢社会对我的帮助,家里大到电视机、小到碗筷,都是各方资助得来的。"

对于这种清贫的生活,老屈似乎并不想通过卖林子改变什么。交谈时每每提到林子的经济价值,老汉总是避而不谈。

"确实有很多人来看过我这片林子,也提出要买,但我从来没问过价格。"屈长友说,"我真怕林子卖了被砍光,不就又变成荒沙丘了么?"

现在,屈长友的家人对是否要出售这片林子形成两派势力,一方认为,应该卖掉林子,用赚的钱去享受晚年生活。但是,屈长友说:"我活着就不能卖这片林子,今后儿女们能不能坚持,我不强行要求。"

吴洪涛对记者说:"别看老人种的林子经济价值两三百万,但是创造出的生态价值要远远高于此,从其付出和收获来看,显然有些不对称。"很多关注屈长友的人也向记者表示,不应该让投身生态事业的人过这样的生活。

本栏撰稿新华社记者马义　汪伟

均据新华社沈阳8月22日电

2. 把下面的这篇通讯稿改写成一篇消息。

去年12月4日,数万名埃及民众在总统府外示威游行,抗议穆尔西11月底颁布的新宪法声明并要求推迟新宪法草案公投,一些示威者在总统府周围搭建帐篷并静坐,穆尔西的支持者与反对者随后爆发冲突。持续数日的冲突造成至少8人死亡、数百人受伤。

今年10月9日,开罗上诉法院院长纳比勒·萨利卜宣布,经检方调查,穆尔西曾命令共和国卫队司令和内政部长驱散总统府附近的示威者,但遭拒绝。随后,穆尔西的3名顾问授命穆兄会支持者使用暴力对抗示威者,拆除其帐篷并纵火。

除11月4日的庭审案件外,穆尔西目前还面临越狱、袭警和蔑视司法等多项指控。

当地分析人士指出,埃及对前总统穆巴拉克旷日持久的审理尚未结束,如今对另一位前总统穆尔西的审判亦将是"一段漫长的路程"。

埃及法律人士称,若谋杀示威者罪名成立,穆尔西可能面临最高为死刑或终身监禁的判决。也有分析人士认为,穆巴拉克涉嫌谋杀示威者一案尚无最终结果,穆尔西的命运也难以预料,但审判穆尔西的重要意义在于其恢复总统职务的希望已经破灭。

穆兄会领导的"支持合法性全国联盟"3日发表声明，称"此次审判是无效和非法的"，并号召穆兄会成员及穆尔西支持者于审判日前后在庭审地点周围举行抗议示威活动。

分析人士认为，在每周五及穆尔西被解职100天等重要时间节点，穆兄会均发起过有一定规模的游行示威，因此不排除审判穆尔西引发新一轮的大规模抗议示威，并引发流血冲突的可能。

为应对随之而来的骚乱，埃及当局进行的安防准备被媒体描述为"前所未有的最高级别"。

埃及卫生部门表示，庭审当天派出2000多辆救护车，分布在埃及各省。埃及安全部门官员说，近两万名军警庭审当日在街头执行任务。针对近期穆兄会近日频频在大学校园组织抗议示威活动，临时政府宣布，当安全局势失控时，警察有权在获得检方许可后进入学校。

苏伊士运河大学政治学教授穆罕默德•阿卜杜勒•拉赫曼说，审判穆尔西开始后，穆兄会领导层为避免遭受相同的命运，必定会发起激烈反抗。而当前穆兄会唯一的筹码就是通过发起更多示威游行和暴力活动，阻碍过渡路线图得以实施，破坏当局在政治和经济领域的努力取得进展。

埃及金字塔战略研究中心专家尤斯里•阿兹巴维则认为，在当局对穆兄会的持续打压和不断加强的安保措施下，埃及局势不仅不会因穆尔西审判陷入动荡，反而存在逐渐好转的可能性。

美国国务卿克里3日到访埃及并与临时总统曼苏尔、国防部长塞西和外交部长法赫米等人举行会见。克里选择在穆尔西案开庭的前一天访问埃及，引发各方猜测。

埃及外交部否认克里此行与审判穆尔西有关，克里也未安排与穆兄会方面举行会见。不过，曾任埃及外交部长助理的艾哈迈德•海尔告诉新华社记者，克里来访的时机"并非巧合"。

艾哈迈德说，不排除克里在访问期间与埃及当局进行秘密商讨，美国很可能想为穆尔西寻求一条出路，因为漠视将对穆尔西的审判或对美国的形象产生消极影响。

埃及美国大学政治学教授胡达•拉吉卜表示，克里访埃的时机"值得推敲"。他说，自上月美国暂停对埃及每年13亿美元的军事援助后，美埃关系开始变得微妙。但克里此行强调，美国暂停军援并非惩罚，而是外交政策使然。

克里与法赫米会见时表示，两人通过会谈达成一致，认为应当保证埃及人在接受审判时，其程序是正当和公正透明的。

埃及政治学专家瓦希德•阿卜杜勒•马吉德则认为，克里访埃仅是其中东之行的首站行程，其目的不过重申美国对埃及过渡进程的看法。

第二节　新闻评论

一、新闻评论的概念

新闻评论是报纸、广播、电视等新闻媒体针对现实生活中新近发生或发现的具有普遍意义的新闻事件、迫切需要解决的现实问题或公众广泛关注的社会话题,发表议论、作出分析、讲明道理、提出意见的一种有理性、有思想、有知识的论说文体。

二、新闻评论的作用

新闻评论的主要功能是强化媒体的舆论导向作用和舆论监督作用,启迪人们的思想。因此,在各种新闻体裁中,虽然新闻评论的刊播量所占比重不是很大,但是地位很重要。美国"报业大王"普利策把"社论"视为"报纸的核心",他说:"我最关心的是社论版,我采用种种栏目吸引读者来读社论。"

三、新闻评论的分类

新闻评论的种类从不同角度出发,可以有多种分法。

按内容分,有政治评论、思想评论、经济评论、时事评论、国际评论、文艺评论等。

按说理的方式分,有立论和驳论。立论是正面讲道理,证明自己的观点正确。驳论是反驳别人的道理,证明别人的观点错误。

按署名和非署名分,有署名评论和非署名评论。署名评论,如记者述评、各种言论专栏的署名言论。非署名评论,如社论、编辑部文章、本报评论员等。

按评论的重要程度、篇幅长短的规格分,新闻评论一般分成五大类:社论、评论员文章、短评、编后和编者按语、专栏评论。

(一)社论

社论是最高规格的评论,它是代表报刊、通讯社、广播电台、电视台等媒体编辑部发言的权威性言论。它集中反映政党、政府、团体对当前重大事件和迫切问题的立场、观点和主张,以组织、发动和教育群众。社论包括全面性的社论、专题性的社论、代论、来论、编辑部文章等。

(二)评论员文章

评论员文章的规格次于社论、编辑部文章,是介于社论和短评之间的一种评论形式。评论员文章包括本报(台)评论员文章、本报(台)特约评论员文章等。评论员文章通常不去全面地论述某一重大问题或重大决策,而是就某一个问题或选择一个重要的侧面发表意见,做深层次的分析。评论员文章有署名和不署名两种形式。具体用哪种形式,由编辑部根据论述问题的重要程度和发表的郑重程度决定。有的署名实际上是报社评论部的集体化名。对于一些重大国际性问题,有时发表评论员文章比发表社论更灵活,所以评论员文章往往成为讨论国际性问题的评论中最高规格的文体。

(三)短评

短评的规格低于评论员文章。短评是一种篇幅短小、内容单一、分析扼要、使用灵活的编辑部评论。它根据党的方针政策,常常配合新闻报道,就现实生活和实际工作中某一个方面的问题,代表编辑部发言。短评分为署名和不署名两类。

(四)编者按语

编者按语不是独立的新闻评论文体,而是一种依附于新闻报道或文稿的画龙点睛式的、简短的编者评论,是对新闻稿件所加的评介、批注、建议或说明性文字,也是新闻媒介的编者最常用的一种发言方式。

编者按语可分为文前按语、文中按语和文后按语三种,各自所起的作用有所不同。

文前按语的编排位置位于文前或栏前,片言居要,显得庄重。

文中按语,又称文间按语,是报刊独有的按语形式。它与新闻报道或文稿既相互配合,又相互渗透,通常置于文章的字里行间,在新闻报道或文稿的某句话或某段文字后面加上括号,加上"编者按"、"编者"或"按"字,就报道或文稿中的词语、提法、材料、内容,或诠释补正,或评点批注,帮助读者领会文义,加深认识,有时还可以代表编者修正失误、提出希望等。

文后按语也称编后、编余、编后小议、编辑后记等。在广播、电视中称为编后话,它是一种附于新闻报道或文稿之后的编者按语,是编者依托报道有感而发的抒情、联想及议论性文字,旨在补充和深化报道或文稿的主题和中心思想,帮助受众领会和理解其意;同时,增强其深度和力度,使报道或文稿锦上添花。

(五)专栏评论

在评论中,那些一般有固定栏目名称、定期刊发的、以作者个人名义署名的、简明扼要的新闻评论通称为专栏评论。专栏评论名目繁多,有的叫小型评论,有的叫小言论,它们大多短小精悍,即事议理。

四、新闻评论的特点

(一)强烈的新闻性

评论冠以"新闻"二字,突出了其新闻的特性。新闻性是所有新闻文体的共同特征,也是新闻评论最为根本的特质,是新闻评论区别于其他社会科学论文的主要标志。新闻评论所讨论的话题,是现实生活中新近发生的事件和问题,而且是重大的、大众关心的或迫切需要回答的问题。一篇新闻评论,如果不能及时、快速地对新闻事实加以评论,其传播效果和影响力就会大打折扣。这就要求我们准确把握新闻评论发表的时效性和准确性,要紧扣现实生活,选取典型的、具有新闻价值的评论对象。

(二)深刻的说理性

不同于新闻报道的以陈述客观事实为主,新闻评论主要是通过议论、说理的方式,直接表明作者的主张和认识,以达到引导舆论的作用。新闻评论研究者王民认为:"新闻评论写要注重'评论'二字,亦即论事评人,都要表明我们的立场与态度,或为赞成,或为反对,或为怀疑,或为褒扬,或为贬责,或为勉励。对于事实的真伪,理由的是非,实际的利害,都要加以明辨,提出我们的判断,或为事实判断,或为价值判断,以供公众参研。"因此,新闻评论需要有一定的理论深度,要尽可能从思想、政治、理论高度提出问题、分析问题、解决问题,而不应该就事论事,泛泛而谈。新闻评论的力量和吸引力正在于字里行间所渗透出来的深刻的理论性。真正优秀的评论性文章应该既有理论高度,又能以精辟的文字阐明深邃的道理,寓抽象原理于形象生动的论述之中,深入浅出,以理服人。

(三)广泛的群众性

新闻评论的群众性,首先表现为评论的内容是同人民群众切身利益密切相关的问题。这些问题要为人民群众所广泛关注,必须能够反映和代表人民群众的愿望、要求和呼声,具有现实意义。

其次,新闻评论的发布载体是大众传媒。大众传媒的重要特点就是面向大众进行传播。这就决定了新闻评论在形式上也要符合广大读者的阅读兴趣和口味,照顾他们的阅读兴趣和接受能力,为他们所喜闻乐见。

此外,新闻评论的群众性还要求媒介吸引广大群众加入新闻评论的队伍中来,成为新闻评论的执笔者,直接表达对新近事实的看法和观点。这样既可以扩大新闻评论作者队伍和论题的范围,又可以切实地反映出社会主义新闻自由的真实性和广泛性。只有让群众参与和传媒进行充分的互动、交流,新闻评论才能成为"有源之活水",其社会影响力才能得到最大程度的发挥。

五、新闻评论的写作要点

(一)选题

俗话说"题好文一半",新闻评论的成败和选题有着密切的联系。新闻评论要选好题目,必须做到以下几点:

1. 把握政策性

要胸怀全党的工作大局,把握好时代脉搏,认真学习党的各项路线、方针、政策,在新闻评论中努力体现党的思想和重要精神。

2. 体现新闻性

实际生活中新情况、新变革、新矛盾层出不穷,广大群众和社会基层的呼声和要求,是新闻评论取之不尽、用之不竭的源泉。这就要求精心选择新闻评论的选题,要针对大众关心和关注的热点、焦点、难点问题以及社会基层的呼声和要求。

3. 讲究新颖性

新闻评论的新颖性,首先体现在选题要有自己的新见解和新观点,要敢于"言人所未言"。老生常谈的话题对读者来说味同嚼蜡,是没有吸引力的。当然,我们不能为了讲究新颖而不顾事实、逻辑和真理。新闻评论者要深入实际调查研究,准确了解事物的本质,把握事物的内在规律,透过现象看到本质。

(二)结构

评论写作要求"言之有序",这就涉及结构问题。新闻评论的结构一般由引论、正论和结论三部分组成。

1. 引论

是评论的开头部分。新闻评论的引论要求开门见山地尽快进入正题,吸引读者的阅读兴趣。

2. 正论

又叫本论、正文,是评论的主体。正论要根据主题的需要,安排适当的层次组织论据证明论点,抓住重点,深入展开论证。

3. 结论

即评论的结尾部分。结论部分通常用来概括全篇,表明结论。要求简明精辟、自然流畅。既不能虎头蛇尾,也不能画蛇添足。必须根据评论内容和说理的需要来选择适当的结尾方式。

作为评论的重要部分,引论、正论和结论组合的结构方式主要有以下几种:

1. 演绎式论证结构

这是一种最为基本的论证结构。一般是先提出论点,再运用论据证明论点。

2. 归纳式论证结构

这是一种由个别到一般、由具体到概括、先分论后结论的结构方式，即围绕论题，在逐步论证分论点的基础上，归纳出总论点。

3. 并列式论证结构

即先提出总论点，再从不同角度论证总论点的结构方式，本论中由不同分论点统率的各个部分之间处于并列关系。

4. 递进式论证结构

这是一种由表及里、由浅入深的结构方式，它要求对论题逐层剖析，层层说理，每一层分析都是在前一层分析的基础上进行的补充、深化，最终达到说理透彻和深刻。

（三）语言

评论在讲究逻辑性之余，还应力求把抽象的道理讲得富有形象性，这样可以增强文章的吸引力。新闻评论的语言切忌艰深晦涩、矫揉造作，反对空话、套话。要善于把深奥的道理用普普通通的群众语言讲述清楚。社会评论的作者在写作时要像在老朋友面前讲述一件有趣的新闻一样，在随意和轻松之中将道理阐释清楚。

评论写作中常用的方法有：注重运用比喻；注重对评论的客观事物进行形象化的、富有感染力的描写；注重寓理于情，将观点融入富有感情色彩的语言中，做到情理交融；适当运用有关修辞手法，如排比、设问、反诘等。此外，有的社会评论还具有幽默感，就是使用一种巧妙、机智的论述方式及轻松或富有感染力的笔调表达一种严肃的观点。

例文

乔丹诉乔丹 折射企业品牌意识之困

一家是中国叫作"乔丹体育"的企业，一位是美国前篮球巨星。两者因为名誉权的问题扭在了一起，在乔丹体育和乔丹的来回起诉和被起诉之间，孰是孰非暂不做定论，但其间折射出中国企业在做大做强的过程中，品牌意识亟待加强，扎扎实实作出响当当的自主品牌，是企业应对各种风险（包括法律风险）的最大杀手锏。

事情的缘起是这样的：日前，中国企业乔丹体育反诉飞人乔丹损害了企业的名誉权，并希望得到 800 万美元的精神损失赔偿。2012 年 2 月，飞人乔丹状告乔丹体育未经许可使用他的姓名"乔丹"，侵犯了他的姓名权。乔丹体育认为，球星乔丹在这家企业上市的关键时刻进行高调起诉，利用诉讼损害了乔丹体育的名誉权，致使乔丹体育新股首次发行上市受阻，影响了公司的商业发展计划。这次反起诉是被迫无奈。

乔丹体育在起诉中指出，我国《民法通则》对姓名权的保护适用于在中国领域内的外国人和无国籍人。而 Michael Jordan 是美国公民，且从未在中国居住过，不是中国领域内的外国人，其援引《民法通则》的规定在中国境内主张姓名权于法不符，不具备诉讼主体资格。依照中国法律规定，构成法律保护的姓名权客体必须是公民决定或使用的姓名。中文"乔丹"不是 Michael Jordan 的姓名，只是英美普通姓氏"Jordan"的中文惯常翻译，不构成我国法律下的姓名权客体。

无论最终乔丹胜诉还是乔丹体育胜出，不在本文讨论之列。但中国上市公司舆情中心认为,透过这一事件,中国企业在品牌意识和商标权方面,确实需要加强。首先,作为国际知名篮球运动员,无论是中文版的乔丹,还是英文版的"Jordan",都有极大的知名度。撇开法律问题不论,企业以"乔丹"命名,尤其是在创始阶段,当然有利于产品营销的拓展、品牌形象的建立,更有利于降低成本,节省开支。要不,企业干嘛不叫阿猫阿狗,非得往名人身上靠?要不,干嘛有小餐馆的鸡,也命名为"莱温斯鸡"呢?显然,企业之所以把名称往名人边上靠,最大动因无非是有利可图。

其次,从长远来看,当企业发展壮大后,一旦面临乔丹体育类似的诉讼,万一企业败诉,可能不得不改换名称,这就意味着企业需要再次从零开始树立一个新的品牌形象,在瞬息万变、竞争激烈的市场,很可能因为这段时间的错失,竞争对手趁势而上,企业被甩在后面,丧失黄金发展期。即便胜诉,企业也会遭受一些不应该有的损失。相关资料显示,2011年11月25日,证监会发行审核委员会审核通过了乔丹体育IPO申请,按计划将于2012年3月底前挂牌上市。正是因为摊上了这桩诉讼案件,乔丹体育的上市计划搁浅至今,这中间的损失,绝非单单以金钱可以衡量。

当初球星乔丹起诉时,得到了不少文体明星的支持,显示此类事件绝非孤例,何况这还是一起跨国诉讼案件,涉及不同国家间不同的商业文化、法律制度、规则条例等。中国上市公司舆情中心认为,撇开具体的法律不论,乔丹体育和乔丹之争,再次提醒中国企业:在企业做大做强的过程中,我们是不是更应该注重品牌形象的培育和维护?我们是不是更应该加强商标权意识?

企业竞争的最高形态就是品牌竞争,从树立一个品牌到维护、坚守、拓展,首先就需要企业有极强的商标权意识,无论是傍名人还是傍名商标,都不是企业的独有品牌,或者至少未来面临诉讼风险,只有扎扎实实做好自主品牌,企业才有底气应对包括法律诉讼在内的任何风险。

(资料来源:付建利:《乔丹诉乔丹　折射企业品牌意识之困》,证券时报网,2013年4月10日)

思考与练习

一、填空题

1. 按评论的重要程度、篇幅长短的规格分,新闻评论一般分成五大类:＿＿＿＿＿＿、＿＿＿＿＿＿、短评、编后和编者按、专栏评论。

2. 新闻评论区别于其他社会科学论文的主要标志是它的＿＿＿＿＿＿＿＿。

二、简述题

1. 谈谈新闻评论的群众性。

2. 谈谈新闻评论和新闻报道的区别。

3. 谈谈新闻评论的作用。

三、写作题

1. 日前,国家高层次人才特殊支持计划第一批入选名单正式发布。据《人民日报》报道,这项启动于2012年9月的"万人计划",将用10年左右时间遴选1万名高层次科研人才,其中包括100名"具有冲击诺贝尔奖、成长为世界级科学家潜力"的杰出人才。这一消息经某些网站"标题党"转载后,引发巨大争议。请你针对上述消息,发表你的评论。

2.为了形成良好的社会道德风尚,许多政府设立专项基金用来奖励做好事者。这一措施引起社会上对行善是否需要回报的探讨。请针对上述现象写一份评论,发表你的观点。

3.据《南国都市报》报道,海口部分政务服务窗口单位存在"高价复印"的情况,一张 A4 纸复印收费普遍为 0.5 元/页,有的甚至 1 元/页,不仅高于市场价格,也高于发改、财政部门规定的 0.2 元/页的标准;但也有部门为方便群众提供了免费复印服务。

请针对这种现象写一份新闻评论。

第三节　海报与启事

一、海报的写作

(一)海报的概念与作用

海报是适用于一定范围的告示。"海报"的"海"有两个含义:一是"做"和"实施",二是"大"。它可以用于很多地方,如商品信息、演出、展销、比赛、会议等。它的传播形式常常是用大纸张、大字体醒目地写出内容,张贴于闹市、人多的地方,有的直接写在墙壁上,也有的刊登在报纸上。

海报是一种信息传递艺术,是一种大众化的宣传工具。海报又称招贴画,是贴在街头墙上、挂在橱窗里的大幅画作,以其醒目的画面吸引路人的注意。海报的设计有相当的号召力与艺术感染力,调动形象、色彩、构图、形式感等因素形成强烈的视觉效果,并且具有独特的艺术风格和设计特点。

(二)海报的分类和特点

1.海报的分类

海报的种类较多,根据海报的形式,可分为文字海报和美术海报两种。

海报按其应用不同大致可以分为商业海报、文化海报、电影海报和公益海报等。

商业海报是指宣传商品或商业服务的商业广告性海报。

文化海报是指各种社会文娱活动及各类展览的宣传海报。

电影海报是海报的分支,主要起到吸引观众注意、刺激电影票房收入的作用,与戏剧海报、文化海报等有几分类似。

公益海报是带有一定思想性的,这类海报具有特定的对公众的教育意义,其海报主题包括:各种社会公益、道德的宣传,政治思想的宣传,弘扬爱心奉献、共同进步的精神等。

2.海报的特点

(1)信息准确

海报属于告启类文书,所以传递的信息必须真实准确,除了附启内容外,主题语和诱导语的写作尤其需要注意,不能因为艺术化处理而使信息失真,比如主题语既要避免繁冗,也要避免过简,不能给公众带来误导;诱导语要把握活动的本质特征,不能华而不实,言辞虚夸,如明明只是稍有成就的学者,不要吹嘘什么"名闻世界""海内外享誉"等。

(2)语言简明

海报的语言要简明扼要,以最少的文字传达足够的信息量,有很强的宣传性、号召性和鼓动性,能引起公众极大的兴趣,但又要注意实事求是。

(3)形式美观

海报在形式上要尽量醒目些,可根据活动内容的需要,适当地进行美术加工和设计,配上一些精美的文字和图案以达到吸引公众眼球和积极参与的目的。

(三)海报的写作要点

海报由标题、正文和结尾组成。

1. 标题

标题对海报来说,是十分重要的,它是海报的主题,是内容的焦点。因此,标题必须醒目、新颖、简洁,能把一瞥之间的人的兴趣和注意力紧紧抓住,使得人们"一见钟情",被深深地吸引住,激起要踊跃参加的热情。一般的写法是,上方正中间写出标题,如"海报""精彩球赛""填补国际空白的科技成就报告会"等。标题的字一定要大而醒目,大到占一张纸的大半都可以。

和其他文体不同,标题的位置可根据排版设计随意摆放,有以下几种形式:

(1)用文种作标题,有的海报标题只写"海报"两字;

(2)用内容作标题;

(3)用主办单位的名称作标题。

2. 正文

海报的正文要用简洁的文字写清楚活动的内容、时间、地点、参加方式等。海报的正文形式主要有以下几种。

(1)一段式

一段式海报的内容简单,通常只用三言两语,一段成文。

例如:××月××日下午×时,我校和××大学足球队在本校大操场举行友谊比赛,欢迎踊跃观赛。

(2)项目排列式

项目排列式海报的内容稍多,可分项目、分项排列成文。

例如:特邀××学院××教授　主讲题目:××

讲座形式:视频为主,辅以讲解

时间:××年××月××日至××日,每晚×时至×时

地点:××报告厅

时间、地点、票价一定要写得明白而具体,如"本月 6 日(星期三)下午 5 时 30 分"等,切不可粗线条地写"6 日下午",因为下午的时间有好几个小时,会让大家弄不清楚。地点也要明确,如"××大学图书馆三楼报告厅""本市××区××路×××。××商场×楼",必要时,要写明乘车路线。

3. 结尾

在正文之后,另起一行可用稍大的字书写"莫失良机""欢迎参加"等作结语。结语后另起一行,稍右写落款,即举办单位的名称,在名称的下一行的右下位置写上制作海报的年、月、日。

例文

海　　报

为了提高广大同学的写作水平,特邀请××大学著名教授×××来我校举办"文学与写作"讲座,欢迎大家踊跃参加。

时间:××月××日下午2:30

地点:本校大礼堂

××学校团委

××××年××月××日

二、启事的写作

(一)启事的概念与作用

启事是机关、企事业单位、团体或个人需要公开向公众说明某事或希望公众协助办理某事时所使用的告知性文书。它是一种使用频率极高、运用范围很广的文体,一般张贴在公共场所或刊登在报刊上。

(二)启事的分类

启事根据内容不同,通常可以分为五类:一是找寻类启事,二是征召类启事,三是声明类启事,四是更正类启事,五是庆典类启事。

1.找寻类启事

是指内容为寻人或寻物等方面的启事。这类启事非常常见,在报刊及各种公共场所随处可见。

2.征召类启事

包括征婚、征订、征文、征集启事和招生、招工、招聘、招标、招领启事等。种类较多,也比较常见。

3.声明类启事

如遗失、作废、负责、维权声明等,这类启事常以"声明"或"××声明"命名。

4.更正类启事

包括更名、更期、更址、更正等启事。

5.庆典类启事

包括婚庆、校庆、开业庆典、奠基庆典等。

(三)启事的特点

1.公告性

"启",即"陈述"之意;"事"即事情。启事的告启性,是指有事向公众告知,并希望得到公众的支持和协助,但它只是具有知照性,不具有强制性和约束力。

2.广泛性

启事的广泛性,一方面是指其内容广泛,涉及社会生活多个方面,可反映政治、经济、文化、生活等各领域内容;另一方面是指发布范围广,除张贴在公共场合,还可通过报刊、广播、电视、网络等媒体传播。

3. 简明性

启事受篇幅及版面限制,文字简短,无论通过哪种传播途径发表,都必须写得简洁明了,多为三言两语,长也不超过几百字。

(四)启事的写作要点

启事通常由标题、正文、落款三部分构成。

1. 标题

启事的标题要求写得简练、醒目,以引起人们的注意。

启事标题的写法主要有以下几种形式:

(1)由文种构成,即在第一行中间写上"启事"二字。

(2)由内容构成,如"招聘""征婚"等,省略了文种,只概括出启事的内容。

(3)内容+文种,如"寻人启事""失物招领启事"等。

(4)发文者+内容,如"××房地产校区景观设计方案招标"等。

(5)发文者+内容+文种,如"××大学多媒体设备采购及安装招标启事"等。

2. 正文

启事正文的行文既可用分段写法,也可用条款式写法。内容特别简单的启事通常一段成文,或仅用一两句话来简单概括。启事正文的事项需包括启事的原因、目的、要求等,不同类型的启事,正文写作的侧重点和内容是不同的。

(1)找寻类启事。应先写清所寻之人、物的具体情况,接着写走失或丢失的时间、地点等,最后写清联系人姓名、单位、住址、电话及酬谢方式等。

(2)征召类启事。一般需写清启事单位、原因或目的,征召对象、要求、联系方式、联系时间和地点等,内容复杂的往往还要分条列项来写。

(3)声明类启事。若属遗失作废启事,要写清遗失作废证件的名称和作废原因;而免责和维权启事则首先要写明原因,其次要说明真相,有时最后还要说明侵权行为及其制裁办法等。

(4)更正类启事。要写清原有名称(日期或地址)和变更后的具体名称(日期或地址)。

(5)庆典类启事。要先简单介绍举行的单位或个人,再写明庆典时间、地点、活动及表示欢迎光临等。

3. 落款

启事一般要注明启事单位或个人姓名及成文日期,在报刊、电台、电视台、网络发表或播放的启事等,以刊登或播放的日期为准。另外有些重要启事还在落款中注明联系地址、电话、联系人等。如标题中已注明单位名称,或在正文中已写清联系人姓名、地址和电话号码的,则可省略落款。以机关、团体、单位名义张贴的启事,一般应加盖公章。

例文

"我与《电讯》"征文启事

1993 年起步,一路前行,本报将迎来 20 周年华诞。

发行量从最初的 7 万,到今年已超过 120 万。

时光弹指间,心灵常相伴。20 年了,有坎坷,有挫折,有奋斗,有收获。酸甜苦辣都是味道,酸甜苦辣都是营养。

20 年了,无论您是老相识,还是新相知,《新华每日电讯》(简称《电讯》)的成长都离不开您的厚爱。值本报创刊 20 周年之际,我们愿意提供一个平台,说说您与《电讯》相关的故事,让更多读者分享。请接受我们真诚隆重的邀请,回首与《电讯》结缘的过往,向我们和读者讲述您与《电讯》的一滴一点。题目自拟,字数不限,择优刊登,优稿优酬。

来稿请注明"我与《电讯》"字样。

发稿邮箱:xhmrdxs@sina.com

新华每日电讯社

2012 年 7 月 30 日

思考与练习

一、填空题

1. 海报的设计有相当的号召力与艺术感染力,它要求调动_____、_____、构图、形式感等因素形成强烈的视觉效果。

2. 根据海报的应用不同可以分为_____、_____、电影海报和公益海报等。

3. 启事根据内容不同,通常可以分为五类:_____;_____;_____;_____;_____。

4. 启事的广泛性,一方面是指其_____;另一方面是指_____。

二、判断题

1. 海报是一种信息传递艺术,因此只有专业人士才能设计海报。(   )

2. 海报的制作可以进行艺术加工,所以不需要信息准确的特点。(   )

3. 启事是具有知照性的文体,它同时具有强制性和约束力。(   )

4. 启事一般要注明启事单位或个人姓名及成文日期,在报刊、电台、电视台、网络发表或播放的启事等,以刊登或播放的日期为准。(   )

三、简述题

1. 谈谈启事和海报写作的异同点。

四、写作题

1. 请根据以下内容写一份启事:福州市某小区一位 82 岁的老先生近日走失,头发花白,佩戴老花镜,出门时身穿白色衬衫、黑色西装裤,脚穿黑色皮鞋。

五、改错题

1. 请找找以下写作有何不妥之处,并加以纠正。

海报

院学生会纳新活动开始,现面向我院全体同学招聘干事 6 名,望踊跃报名。

院学生会

第四节　学术论文

一、学术论文的定义和作用

学术论文是对自然科学和社会科学某一专业领域中具有学术价值或亟待解决的问题进行探讨和研究,并提出有独创性见解的一种议论文。

二、学术论文的分类

从作者的身份看,学术论文可以分为两大类型。

1. 专业论文

专业论文是各专业领域里的从事专业科研的人员所撰写的学术论文。

2. 学业论文

学业论文是高等学校在校学生撰写的学术论文。

学年论文、学位论文和毕业论文等都属于学业论文。

毕业论文,实际上也属于学术论文。一般来说,本、专科毕业论文是学术论文的"初级阶段"。

三、学术论文的特点

1. 科学性

学术论文是建立在深厚的学习和实践基础上的理论。用科学的思想方法进行论述,得出符合客观实际的结论。科学性是学术论文的灵魂,没有科学性的学术论文,是没有生命力的。

2. 独创性

独创性是学术论文的生命。学术论文的创造性主要体现为选择的课题新,研究的方法新,展开的角度新,取得的成果新。学术论文的创造性要求学术论文的作者能够站在某一学科的前沿,以自己的远见卓识捕捉住合适的研究对象,并能灵活地发现需要解决的问题,经过深入细致的研究,取得突破性的成果,提出富有创见性的观点和看法,在理论上、实践上较前人有创见性的进展。

3. 体现作者的专业水平及综合素质

一篇专业论文能反映一个作者的专业水平,综合思维能力、创造能力、研究作风、研究方法和文字表达水平。

四、学术论文的写作步骤

(一)选择恰当的论文题目

正确而又合适的选题,对完成高质量的学术论文具有重要意义。爱因斯坦曾经说过,在科学面前,"提出问题往往比解决问题更重要"。提出问题是解决问题的第一步。"题好文一半",选准了论题,就等于完成论文写作的一半,论题选得好,可以起到事半功倍的作用。

首先,一篇优秀的学术论文是撰写者根据自己已有的知识基础和能力基础,发挥自己所长,避己所短,选择能够充分发挥个人专业特长的研究课题。

其次,要根据个人的兴趣选择课题。俗话说"兴趣是最好的老师"。进行学术研究是一件很有意义同时又枯燥的事情。它要求研究者有坚持不懈、甘受寂寞的心态。对某个课题保持浓厚的兴趣能够支撑研究者在课题研究过程中即使遇到困难也能够不轻言放弃,激发攻克各种困难的斗志。

再次,研究者要充分考虑自身所能够得到的资料条件、时间条件和导师指导条件。大学生毕业论文一般选择小论题,要善于"小题大做"。

(二)搜集丰富充足的资料

丰富的资料在论文撰写中的价值,首先体现在它能够帮助我们充分了解学术界对自己所选定的这个课题的研究情况;其次,能够帮助研究者开拓更为宽阔的学术视野,吸取前人智慧的结晶,推动学术研究事业不断向前进步。

当今社会,资料搜集的途径多样。在进行资料的搜集工作之前,最好能够制订一份资料查阅的目录,这样在资料搜集过程中才能够做到有的放矢,事半功倍。

1. 图书资源

传统的学术研究者多利用图书馆从有关书籍、报刊中搜集资料。各类工具书也为我们查阅文献资料提供了便利。

2. 网络资源

网络也是现代社会进行信息搜索必不可少的途径。

3. 实践调查

实地调查多用在自然科学研究领域。通过研究者深入实践第一线,能够获得第一手的真实可信的资料,这些资料本身就具有一定的学术价值。

调查的方法有普遍调查、典型调查、抽样调查等。

利用座谈会调查、访问调查、问卷调查等。

4. 科学实验和科学观察

即通过实验和观察,以求获得第一手的事实资料。

实验方法有定量法、定性法、对照法、模拟法等。

(三)确立论点和论证方法

1. 初步确定论文的标题;

2. 确定论文的中心思想,写出主题句子。

(四)编写清晰的写作大纲

1. 确定论文的总体框架,安排有关论点的次序;

2. 确定大的层次段落,确定每个段落的主旨句;

3、确定每段选用的材料,标示材料名称、页码和顺序。

(五)认真撰写和修改论文

初稿写成后最好马上查查有无遗漏材料,趁记忆尚清晰,马上修改或重写一遍。斟酌论点新不新、论证是否合乎逻辑,结构是否需要调整。每一篇定稿的论文,一般都要经过多次反复认真的修改。

五、毕业论文的写作要点

毕业论文是高等学校应届毕业生综合运用自己所学专业的基础知识、理论和基本技能阐述对某一问题的见解或表述研究结果的应用文章。

1. 封面：封面由学校统一设计印制。

2. 目录：有些毕业论文篇幅较长，文中又有若干小标题，为方便阅读，可列出目录。目录内容至少按二级标题编写，要求层次清晰，且与正文中的标题一致。每级标题后应标明起始页码。

3. 标题：标题是对选题研究过程和成果的直接阐述，是对论文内容的高度概括，反映论文的中心内容。标题要尽量做到简明扼要，以高度概括和准确的语言来反映论文的主要内容。论文题目一般不得超过 20 个字，可加副标题，书写工整、规范。

4. 中文摘要：摘要是论文内容的简要陈述，尽力反映论文的主要信息，提示论文的研究对象、主要观点、成果等。要深入浅出，通俗易懂，语言精练、准确。字数在 300～400 字之间。

5. 关键词：关键词又称主题词，在摘要之下空一行，写"关键词"。关键词后用冒号，由 3～5 个揭示论文中心内容的词语组成，每词之间空一字距离，不用标点。

6. 绪论：绪论又称前言、引言、引论等，是论文的开头部分。绪论的主要内容是指出本论文涉及的领域在国内外研究的现状，提出本论文所要解决的问题。选择该课题的动机、该研究工作的实用价值和理论意义等，进行该课题研究的研究方法。绪论的字数为 400 字左右。

7. 本论：本论是论文的主体部分，它的主要内容是展开分析问题，证明观点，全面、详尽、集中地表述研究成果主体部分，在绪论之下，空一行。主体部分要求：层次清楚，文字简明，重点突出。要求：各层标题均独占一行书写。

一级标题(1 第一层次题序和标题)用三号黑体字，居中。

二级标题(1.1 第二层次题序和标题)用四号黑体字，居左，顶格。

三级标题(1.1.1 第三层次题序和标题)用四号黑体字，居左，顶格。

8. 结论：是全文的归纳和总结，表明总的看法和意见，或者强调某些要点等。应当写得概括、有力。正文之下，空一行，再写结论。除了总结全文、强调要点外，还可以对自己或他人在这一领域如何进一步深入研究提出展望。结论应写得简明扼要。并非每篇论文都需要结尾。有的论文本论一写完，全文就结束。

9. 致谢：置于正文之后、参考文献之前。在论文首页下加"注"，以简短的词语，对给予指导和帮助完成毕业论文的组织及个人表示感谢。态度要诚恳，语言要谦恭。

10. 参考文献：在文后列出引文出处和有关参考文献，以便发现有误时查找。文献为期刊的书写格式：序号、作者、文题、期刊、卷(期)、页码。文献为图书的书写格式：序号、作者、书名、出版社、年份。

参考文献类型及其标识：根据 GB 3469 规定，以单字母方式标识以下各种参考文献类型。

参考文献类型	专著	论文集	报纸文章	期刊文章	学位论文	报告	标准	专利
文献类型标识	M	C	N	J	D	R	S	P

对于专著、论文集中的析出文献，其文献类型标识建议采用单字母"A"；对于其他未说明的文献类型，建议采用单字母"Z"。

对于数据库、计算机程序及电子公告等电子文献类型的参考文献，电子文献的载体类型及其标识也有相应的规定。

11. 装订:加上封底,左侧装订,剪切整齐。

例文

浅论企业核心竞争力

吴×× 杨××

[提要]企业核心竞争力是企业经营的根本依托,是企业竞争优势的决定力量,同时核心竞争力又是一个复杂和多元的系统。企业核心竞争力的形成和培育必是一个长期的战略过程。

[关键词]企业核心竞争力;学习型组织;企业文化

中图分类号:F270 文献标识码:A 文章编号:1008-2751(2002)04-0040-02

随着市场经济的发展,企业核心竞争力已经成为企业竞争优势的决定性力量。从短期看,企业产品质量、性能和服务质量决定了企业的竞争能力;从长期看,以企业资源为基础的核心能力则是企业保持竞争优势的决定性源泉。在本文中,笔者仅就企业核心竞争力谈一点浅见。

一、核心竞争力的含义

1991年,普拉汉拉德和哈默在《哈佛商业评论》上发表"The Core Competence of the Corporation"一文,标志着企业核心竞争力理论的正式提出。他们认为,核心竞争力是企业组织中的集合性知识(collective learning),特别是如何协调多样化生产经营技术和有机结合多种技术流的知识。随着产品生命周期的日益缩短和企业经营的日益国际化,一个企业的差异化竞争优势来源于企业管理层如何既快速又低成本地将遍布于企业内的各种技术和生产技巧有机结合起来形成核心竞争力的能力。企业的核心竞争力是指企业以开发独特产品、发展独特技术能力为基础,通过企业战略决策、生产制造、市场营销、内部组织协调管理的交互作用而获得使企业保持持续竞争优势的能力,是企业在其发展过程中建立与发展起来的一种资产与知识的互补体系,同时企业核心竞争力的强弱在很大程度上受企业所面临的产业技术与市场动态性的影响。

通俗地讲,企业的核心竞争力就是企业在那些关系到自身生存和发展的关键环节上所独有的,比竞争对手更强的、持久的某种优势、能力或知识体系。企业文化是企业生存和发展的"元气",是企业核心竞争力和动力之源。创新是一个企业生存、发展的内在要求和基本形式,也是一个企业不断适应环境、实现自我超越的必然过程。人才是企业的核心战略资源,企业之间的较量,归根结底是人才及其综合素质的较量。能力作为企业核心竞争力的转换要素,特指企业动员、协调和开发企业内外资源的生产力,这种组合提供了企业潜在的竞争优势。一般来说,核心能力存在于企业中人的身上,而不是存在于企业资产负债本身,核心能力深深地植根于技巧、知识和人的能力之中。

二、核心竞争力的构成

核心竞争力是一个复杂和多元的系统,包含多个层面。归纳起来主要包括以下几个方面:

1. 创新能力。一个企业要保持发展和竞争优势,就必须善于总结和提高,永远追求卓越,不断超越自我,不断进取和创新。所谓创新就是根据市场和社会的不断变化,在原基础上重新整合人才、资本等资源,进行新产品开发和更有效地组织生产,不断创造和适应市场,实现企业的更大发展,它包括技术创新、产品和工艺创新、管理创新。在以技术快速更新和产品周期不断缩短为主要特征的现代企业竞争中,创新是保持长久竞争优势的动力源泉。创新能力是一个企业具有核心能力和旺盛生命力的体现。

2. 形象力。这是通过塑造和传播优秀企业形象而形成的一种对企业内外公众的凝聚力、吸引力、感召力和竞争力,是隐含在企业生产经营活动背后的一种巨大的潜在力量,是企业新的生产力资源,它包括产品形象、服务形象、品牌形象和管理形象。我们知道,塑造企业形象不是一朝一夕的事,形象力资源要求企业从长远发展角度来审视和制定企业的战略规划,它从企业的发展趋势和运行的前景着眼,能对企业的发展产生长远的、战略性的推动力,带有战略性思考与制度安排的特征。

3. 服务增值能力。现代市场发展的一个重要趋势就是服务竞争在现代市场竞争中的地位和作用越来越突出。质量概念,不仅包括产品质量,也包括服务质量。国外企业文化研究中首先使用的"服务增值"的概念,值得重视。因为同样质量的产品,可以因服务好而"增值",也可以因服务差而"减值"。企业形象从根本上说表现为产品质量和服务质量。服务的永恒主题是企业同客户、用户、消费者的关系问题。这里包括如何使对产品抱怨的用户转变成满意用户、忠诚用户进而成为传代用户,包括如何开发忠诚的顾客群,不丢失一个老客户而不断开发新客户的问题,如何使营销服务成为情感式劳动,真正让用户、顾客引导决策,进而引导产品开发的问题。

4. 管理能力。温家宝总理在 2004 年的政府工作报告中指出今年是管理年,要向管理要效益。据统计,生产中有 50% 的效益来自管理,技术管理中的 80% 来自管理,可见管理能力的重要性。企业的管理也是生产力,它涉及企业结构组合、信息传递、沟通协调、激励奖惩以及各种生产要素的优化组合,通过高效优势的运作,保障了技术优势的发挥,也保障了将生产优势转化为市场优势。

三、核心能力的培育

企业核心竞争力的形成不是一种短期行为,而在于要把企业建设成为一种创新型的学习型组织,在不断学习和积累中形成特有的竞争力,并通过机制来保障这种竞争力的发展。因此,形成并保持企业核心竞争力是一项长期的根本性战略。为此,必须做好以下工作:

1. 建立学习型组织。企业核心竞争力的出现是系统整合的结果,尤其面对日益复杂多变的环境,企业应比以往任何时候更重视持续地、更快地获取信息和知识,而且这种学习必须是全体的、主动的、积极的和创造性的。彼得·圣吉认为,企业是一个系统,可以通过不断学习来提高发展的能力,《第五项修炼》即在组织中实行共同愿景,自我超越,团队学习,改善心智模式和系统思考,在企业中建立一个相互关照、彼此通融的"学习型组织",使组织形成"学习—持续改进—建立持续性竞争优势"的良性循环。

2. 建立良好的企业文化。从企业文化力的功能来说,它有五个方面:第一,凝聚力。企业文化搞好了是一种"黏合剂"。可以把上下左右、广大员工紧紧地团结在一起,这是一种凝聚功能和向心功能。第二,导向力。包括价值导向与行为导向。在企业行为中该怎么想？怎么做？企业价值观与企业精神发挥着无形的导向功能。第三，激励力。企业文化所形成的文化氛围和价值导向是一种精神激励，能够调动与激发职工的积极性、主动性和创造性，把人们的潜在智慧诱发出来。第四，约束力。在企业行为中哪些不该做、不能做，企业文化和企业精神常常发挥着一种"软"约束的作用，是一种免疫功能。第五，纽带力。企业，特别是大企业集团，维系发展要有两种纽带：一个是产权、物质利益的纽带；另一个是文化、精神道德的纽带。这两种纽带相辅相成，缺一不可。

3. 建立良好的管理队伍。企业核心竞争力是企业综合实力的表现，是人的主观能动性得以发挥的成果。要产生这样的效果，必须使企业有良好的领导者和良好的运行体系。拿破仑说过，"世界上没有无用的士兵，只有无用的将军"。没有良好的领导者和运行体系，就难以建立起人力资源的集群和激励人力资源发挥力量，而没有知识结构合理、能力结构互补、规模相当、人才队伍稳定的集群，是很难发挥出主观能动性的，也很难保持持久的核心竞争力的优势。

4. 坚持技术创新与技术领先。技术能力是企业赖以生存的关键。邓小平同志说，科学技术是第一生产力。产品与服务的领先的支柱是科技。像英特尔不断推出高性能的微处理器的能力、微软不断推出新的计算机软件的能力等都是保持领先、形成垄断的基础能力。

综上所述，企业核心竞争力是企业综合实力的象征，是决定企业生死存亡的关键。企业应把核心能力的管理放到战略的高度来考虑，在企业的发展过程中逐渐积累、培育领先于对手的核心能力。

（转引自刘杰、付胜：《经济文书写作范例》，人民出版社，2005年出版）

思考与练习

一、填空题

1. 学术论文的特点可以概括为以下四点，即学术性、创造性、_____、_____。

2. 毕业论文是_____综合运用自己所学专业的基础知识、理论和基本技能阐述_____或表述研究结果的应用文章。

3. 论文一般由封面、目录、标题、_____、关键词、绪论、_____、结论、致谢、参考文献部分构成。

二、判断题

1. 大学生的毕业论文、学位论文不属于学术论文。（　　　）

2. 大学生毕业论文一般选择小论题，要善于"小题大做"。（　　　）

三、简述题

1. 谈谈学术论文的写作和普通议论文有何区别。

2. 谈谈在论文写作中要如何选择恰当的论题。

四、在下列论文题目中，任选一个，列出写作提纲

1. 论培养青少年对经典著作阅读兴趣的重要性及策略

2. 当代大学生就业心态及调整对策分析

第六章　财经法律类文书

　　财经文书指各级各类机关、企事业单位、社会团体或从事经济管理工作的个人在处理、解决财经事务,沟通、反映财经信息时所使用的文书。它是经济活动中的重要凭证,是沟通经济信息、分析经济活动状况、提高经济效益的管理工具,具有以下特点:

　　第一,政策性。财经文书是传达、贯彻党和国家的财经方针、政策,处理财经事务的一种重要工具。只有严格遵守有关的法律法规,才能充分发挥其服务经济建设的作用,否则会给财经活动带来损失。

　　第二,专业性。财经文书以经济活动为内容,反映经济领域里的各种现象。内容表达上大量运用图表和统计分析方法,语言上多用专业术语。

　　第三,效益性。财经文书通过作用于经济管理来提高经济效益。效益性是财经类文书与其他实用文体的重要区别。如经济合同保证经济活动有效、有序地进行,商品广告通过宣传获取最大利益等。

　　司法文书是实施法律的文字凭证和记载。广义的司法文书是指公安机关、国家安全机关、检察机关、法院、监狱等司法机关、律师组织、公证机关、仲裁机关、当事人及诉讼参与人依法制作的处理各类诉讼案件及非诉讼事件的具有法律效力或法律意义的文书的总称。

　　相对于其他实用文体,司法文书有其自身的特点:

　　第一,制作的合法性。体现在:司法文书必须由适格主体作出,其叙述内容、说理方法、处理结果的认定及制作程序等环节都必须符合法律规定,才能产生法定的效力。

　　第二,形式的规范性。体现在:司法文书的种类、名称在相关法律、法规中有明文规定,文书的基本结构相对规范与统一,文书的用语表达确保简练与准确。

　　第三,效力的保障性。体现在:司法文书具备法律意义或能够产生法律效力,由国家强制力保证实施。

第一节　经济活动分析报告和可行性研究报告

一、经济活动分析报告

(一)经济活动分析报告的含义

　　经济活动分析报告是以科学的经济理论为指导、以国家有关方针政策为依据,根据计划指标、会计核算、统计工作的报表和调查研究掌握的情况与资料,对某一地区、某一单位或某一部门一定时期内的经济活动状况进行科学的分析,作出正确的评估,找出成绩和问题,探讨其中的原因,寻求改进方法,指导经营管理,提高经济效益而写成的书面报告。经济活动分析报告可简称为"经济活动分析",或称"经济活动总评""经济状况分析""经济情况说明"。

（二）经济活动分析报告的特点、分类与作用

1. 经济活动分析报告的特点

（1）分析性

经济活动分析报告始终紧紧围绕经济活动中的各项指标、数据展开对经济活动的分析。通过定量、定性、定时的分析和比较说明，找出各指标间的相互关系，剖析经济活动的变化。

（2）指导性

经济活动分析报告通过系统分析研究，客观检验得失，找出影响经济效益的薄弱环节，预测未来发展的趋势。对改善工作、制订计划、提高效益具有重要指导意义。

2. 经济活动分析报告的分类

经济活动分析报告的种类繁多，根据不同的标准可划分为不同的类别。

（1）按时间分，有长期经济活动分析报告、中期经济活动分析报告和短期经济活动分析报告。

（2）按内容分，有产销分析、产品价格分析、产品质量分析、产品成本分析、安全事故分析、劳动生产率分析、合同纠纷分析、盈亏分析、资金运用分析等。

（3）按范围分，有综合分析报告、简要分析报告和专题分析报告。

3. 经济活动分析报告的作用

经济活动分析报告是总结经验教训、寻求改进方法的重要手段，撰写分析报告对于进行科学有效的经营管理、提高经济效益具有重要指导意义。

（1）有助于制定科学的经济决策

通过经济活动分析报告客观深入地反映经济活动，可以正确评价过去的经营业绩，掌握当下的财务状况，预测未来的发展趋势，有助于作出正确的分析判断和选择，并制订相应的计划。

（2）有利于提高经济管理水平

经济活动分析根据核算资料对计划的执行进行分析，及时认清现状态势，发现问题及不足，进而调整计划，有利于扬长避短，有效提高经济管理水平，促进经济健康发展。

（三）经济活动分析报告的结构与写法

经济活动分析报告一般由标题、正文、落款三部分组成。

1. 标题

经济活动分析报告标题的写法，常见的有以下几种：

（1）公文式标题：由分析单位、分析时限、分析对象和文种构成，如"××钢厂第一至三季度财务三项指标完成情况的分析报告""××市商业局企业年度财务分析报告"。

（2）文章式标题：用一个观点鲜明的判断句表明分析报告的主要内容，如"结算资金大量增加的问题必须尽快解决""钢铁行业并未'过热'"。

（3）双标题：文章式标题做正标题，公文式标题做副标题，如"质量稳定提高，问题依然不少——××公司 2014 年度产品质量的经济分析报告"。

2. 正文

正文一般由前言、主体、结尾三部分组成。

（1）前言。是分析报告的概述，又称导语、引言。主要是针对分析的问题，简明扼要地介绍基本情况。可简要交代分析对象的状况，或概括说明经济活动的背景条件，或概述主要工作的成绩及问题，也可介绍分析方法、分析内容和范围等。写作时根据实际需要交错使用。

（2）主体。是报告的主要部分，包括情况说明和原因分析。

①情况说明,全面介绍一定时期的经济情况,如计划指标的完成情况、资金周转情况、利润增减情况、产品质量达标情况等,即这一时期该经济活动的各项指标"怎么样",为下文分析原因做好铺垫。表达上应简明概括,准确清楚,一般采用概述和说明的表达方式,多数运用统计数据和图表辅以说明。

②原因分析,在前文列举材料介绍情况的基础上,运用多种分析方法对影响经济效益的各种因素和有关数据进行分析评价。一般要把本年各项经济指标完成的数据与上年同期,或与本年计划,或与历史最好水平、同行业先进水平、国际国内先进水平等对比。实施对比分析后,可将对比分析的结果(对比找出的差距)再采用因素分析法,找出问题产生的原因,尤其是主要的原因,继而采用关联分析或相关分析,认识和归纳这些问题间的内在联系,总结规律,说明问题。如果只罗列材料,缺乏深入细致的分析评价,那么分析报告便会流于表面,其参考价值亦会大打折扣。分析时,要紧紧围绕"为什么这样"全面客观进行,主客观原因结合,既要肯定成绩,总结经验,又要寻找差距,分析不足。内容安排还应根据不同的报告种类有所侧重,如综合分析报告要站在全局角度,从不同侧面全面把握经济活动的整体情况,而专题分析报告则可根据分析目的,分析某一重要经济指标或重点问题,有的放矢,针对性地揭示独特原因。

写作中,情况说明和原因分析两部分可以分开写,也可以放在一起写,即边摆出情况边分析原因,可根据实际需要灵活把握。

(3)结尾。提出建议,根据分析中存在的问题,提出相应的改进意见和办法,明确回答"应该怎么办"的问题。表达上应简明概括,篇幅不宜太长。可以分条列项或用一两段文字概括陈述。要注意具有可行性,尽量提出具体的数字指标和时间期限,便于决策者参考采纳。也可在结尾部分概括总结全文,重申观点,或者对未来的发展趋势作出预测。

3. 落款

写明撰写者的姓名或分析单位的名称以及写作时间。如果是公开发表的经济活动分析报告,撰写者的姓名或单位名称可置于标题之下。

(四)经济活动分析报告的写作要求

1. 材料要真实、准确、可靠,这是做好分析工作的基础。还要注意对材料进行认真的核实比对,掌握真实情况,发现切实存在的症结,进而提出改善管理的对策。

2. 分析要全面、科学,避免片面性和局限性。要使用正确的分析方法,揭示经济活动的规律。同时对国家的经济政策、相关法规、国内外经济形势要有一定认识,才能认清本地区、本单位或本部门的经济形势,作出正确的分析判断。

3. 文字与数字相辅相成。只有用确凿的数据印证观点的正确,用简洁的文字阐明数据的意义,才能使报告成为有机整体。

例文

××卷烟厂××××年上半年经济效益分析报告

我厂是近年来新建的地方国有卷烟厂,现有职工 700 人。建厂几年来,生产逐年上升,但利润增长较慢,远低于生产的增长。

一、基本情况

我厂本年上半年利润略有下降,有关资料如表1所示。

表1　产量、销售、利润等指标对比

指标 项目	上年 上半年 实际	本年 上半年 计划	本年 上半年 实际	本年与 上年对比		本年 与计划对比	
				差异	%	差异	%
产量(万箱)	3.8	4.2	4.2	+0.4	+10.5	0	0
销售量(万箱)	3.8	4.2	4.0	+0.2	+5.3	-0.2	-0.48
销售收入(万元)	2000	2200	2060	+60	+3	-140	-6.4
销售利润(万元)	90	100	86	-4	-4.4	-14	-14
单箱利润(元)	23.68	23.92	21.5	-2.18	-9.2	-2.42	-10.1

从表1看出,本年上半年实际与上年同期相比,产量继续上升,增长10.5%,销售量增长5.3%,销售收入增加3%,但销售利润下降4.4%,单箱利润下降9.2%。如与计划对比,除产量计划完成外,其他指标都未完成,特别是销售利润指标比计划下降14%,单箱利润下降10.1%。

经济效益差,这是我厂需要重点分析研究的重大课题。为了分析这一问题,现收集有关经济效益的数据资料和情况,以及国内同行业的有关资料,如表2所示。

表2　上年度本厂与同行业先进水平、全国平均水平的有关指标对比

指标 项目	同行业 先进水平	本年 上半年 计划	本年 上半年 实际	本年与 上年对比		本年 与计划对比	
				差异	%	差异	%
生产率(箱/人)	400	240	221	-179	-44.8	-19	-7.9
产品合格率(%)	99.9	99.5	98.1	-1.8	-1.8	-1.4	-1.4
单箱消耗烟叶(吨)	51	56	58	+7	+13.7	+2	+3.6
煤(吨)	18.9	19.2	21.1	+2.2	+11.6	+1.9	+9.9
电(度)	0.3	8.9	10.9	+4.6	+73	+2	+22.5
百元产值占用流动资金(元)	2.7	9.8	10.4	+7.7	+285.2	+0.6	+6.1
单箱利润(元)	52.20	25.10	23.20	-29	-55.6	-1.9	-7.6

从表2可以看出,与同行业先进水平相比,本厂各项指标都相差很远。与全国平均水平相比,本厂各项指标也都有不小差距。这足以说明本厂的人力、物力、财力利用效果都欠佳,生产消耗过多,利润减少,经济效益差。

二、原因分析

经过调查研究,产生上述差距的原因如下。

(一)职工队伍素质较差,技术力量薄弱,劳动纪律松弛

我厂是新建厂,除少数老工人、技术骨干是兄弟厂支援来的外,大部分是近年来进厂的新工人。目前全厂工人技术等级平均为1.9级,有的车间平均只有1.05级。职工队伍文化技术素质较低,又没有进行严格培训,劳动纪律松弛,不按规程操作,相当一部

分人顶不了岗,定员超编,劳力浪费。这使得劳动生产率不高,不仅与国内先进水平相差甚多,而且比全国平均水平还低7.9%。产品质量欠佳,合格率比全国平均水平低1.4%。

（二）采购无计划,验收不合格

烟叶是卷烟工业的主要原料,约占卷烟成本的80%以上。为保证生产,一般要求甲级烟叶贮备1年生产用量,其他等级烟叶贮备半年用量即可满足要求。但本厂采购无计划,盲目购进大量烟叶,积压严重。仅甲级烟叶存量,按目前生产用量计算,即可用4年多。超额贮存大量占用储备资金,使资金周转减慢（周转一次的时间由上年的40天减慢为本年上半年的56天）。百元产值占用流动资金指标也上升较多。另外,烟叶收购入库无严格的验收手续,缺斤短两,混级变质,时有发生,这样既增加了烟叶的采购成本,又影响烟卷质量。

（三）消耗无定额,成本上升

由于各项规章制度不健全,生产用料无严格定额和核算,材料和能源的消耗偏高。从表2可看出,上年度每箱卷烟消耗烟叶58千克,超过全国平均量3.6%;消耗煤和电也分别超过9.9%和22.5%,本年上半年仍无下降趋势,使成本降低计划难以完成,从而利润计划也不能完成。

（四）追求产量,忽视质量

因片面追求产量,忽视了质量,加之新工人增加,技术力量薄弱,卷烟质量逐步下降,上年度产品合格率为98.1%,比全国平均水平低1.4%;本年上半年与去年同期对比,一级品率下降,次品烟和废品烟比重上升,以致平均单价略有降低,使销售收入受到影响。

此外,烟叶提价、水费提高和银行利息升高等客观因素,也给经济效益的提高带来不利影响。

三、对策建议

根据上述分析过程和结果,我厂今后应在如何提高经济效益方面多做努力,具体来说,应从以下几个方面进行改进。

第一,积极抓好职工队伍的培训工作,提高职工的文化技术素质。同时大量整顿劳动纪律,制定各项岗位责任制。

第二,加强计划管理工作,健全各种规章制度,使采购有计划,消耗有定额,费用开支有预算,材料和成品进出库有严格的验收手续。

第三,努力提高产品质量,搞好市场调查,以销定产。

第四,搞好经济核算,加强经济活动分析工作,及时总结经验教训,发扬成绩,提出措施,改进工作。

×××

××××年×月×日

（例文来源:蔡露昌:《经济应用文写作》,清华大学出版社,2010年,第258页）

？思考与练习

一、简述题

1. 经济活动分析报告与总结有哪些共同点和不同点？

二、写作题

1. 复印一份教材范例以外的经济活动分析报告，根据该文种的性质功能和写作规范，写一段不少于 200 字的评析。

二、可行性研究报告

（一）可行性研究报告的含义

可行性研究报告是对拟议中的项目，围绕项目执行的可能性和必要性、经济与技术条件、可供选择的实施方案、经济与社会效益及其风险因素等进行分析、预测、计算、评估和论证，提出技术上先进、经济上合算、实践上可行的最优方案，为最终决策提供科学的依据。可行性研究报告不仅限于经济领域，还涉及政治、军事、文化、科技、教育等各个领域，应用范围十分广泛。它是编制计划任务书和项目设计书的依据，也是管理部门审批项目、银行发放贷款和投资者签订协议的依据。可行性研究报告又称"可行性分析报告"或"可行性论证报告"。

（二）可行性研究报告的特点、分类与作用

1. 可行性研究报告的特点

（1）预见性

可行性研究报告是运用科学的理论、方法与手段预测估量拟议项目中的不确定因素，对该项目未来的效益、发展前景与风险作出尽可能准确的判断。预见性越准确，可行性研究报告的价值也就越高。

（2）综合性

可行性研究报告的内容常常涉及政治、经济、科技等多个领域，多方面、多角度对拟议中的项目进行综合性评价。如财经类的可行性研究报告就包含市场需求、资金预算、技术判断等方面的内容。因此要求作者具备多方面的专业知识和实践经验，或需要多方面专业人员共同协作完成。

2. 可行性研究报告的分类

依据不同的分类标准，可行性研究报告可分为不同的种类。

（1）按项目的规模分，有一般项目可行性研究报告和大中型项目可行性研究报告。

（2）按项目的内容分，有建设项目可行性研究报告、技术项目可行性研究报告、生产经营项目可行性研究报告、行政管理项目可行性研究报告等。

3. 可行性研究报告的作用

可行性研究报告是对拟议项目的必要性、可能性、执行条件与未来前景等进行科学分析论证的文书，对于该项目的决策和建设有着极为重要的作用，具体来说，有以下几个方面。

（1）为项目的决策、审批、投资提供科学依据

可行性研究报告的撰写需要收集掌握大量资料，反复比对评估，它能全面反映完整的调

查研究、分析预测的过程,得出科学、可靠的结论,作为单位作出正确决策的依据;同时,也是上级领导机关或主管部门对项目进行审批、管理以及有效监督的重要依据。通过技术经济的分析论证,证实该项目投产之后确有经济效益和社会效益,更能增强投资者的信心,为银行发放贷款或国内外投资提供决策的依据。

(2)是避免实践失误的重要手段

可行性研究报告具有很强的综合性,往往涉及多学科多领域,在深入分析论证和对比评估的基础上得出科学的结论,因此在项目的建设和经营过程中能够最大限度地避免失误。

(三)可行性研究报告的结构与写法

可行性研究报告篇幅的长短和内容的繁简,取决于项目的大小和难易。一份完整的可行性研究报告一般由封面、摘要、目录(含图表目录)、术语表、前言、正文、参考文献、附件、落款等组成。其中,摘要、目录(含图表目录)、术语表、参考文献、附件等项可根据实际需要选择。

1. 标题

可行性研究报告的标题位于封面第一行居中,常见有以下两种形式。

(1)完整式。完整式标题一般由编写单位、项目名称和文种构成。如"新华机床厂关于开发新产品 Z 系列电机壳流水线的可行性研究报告"。

(2)省略式。省略式标题一般省略编写单位,由项目名称和文种构成。如"关于筹建××加油站的可行性研究报告"。

2. 封面

可行性研究报告的封面内容和格式没有固定要求,但一般要包括标题、项目名称、编写单位和编写时间,如图 1 所示。

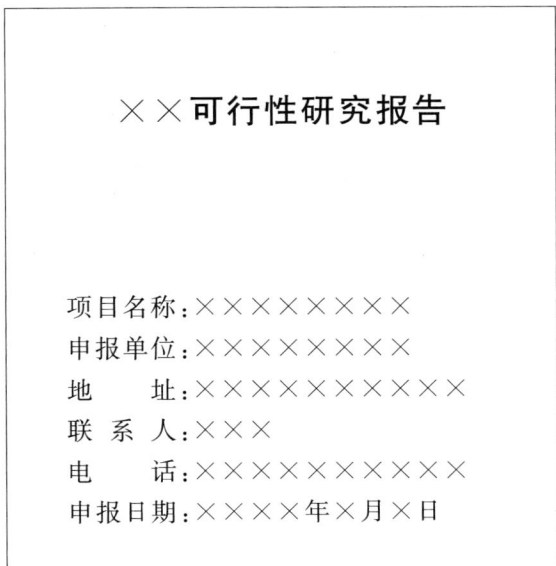

××可行性研究报告

项目名称:×××××××××
申报单位:×××××××
地　　址:×××××××××
联 系 人:×××
电　　话:×××××××××
申报日期:××××年×月×日

图1　可行性研究报告封面

3. 前言

前言一般以简洁的文字概括项目的基本内容。通常包括以下三个方面。

（1）基本情况。交代项目的基本情况，一般包括立项由来、项目目的、项目意义、项目的承担者与实施者以及项目建议书审批文件等。

（2）基本设想。一般包括项目名称、规格、技术技能、市场需求、利润情况、产销计划等。

（3）基本结论。一般通过几个可供选择方案的比较论证，提出结论性的建议。

4. 正文

可行性研究报告的正文在结构上无固定格式，可根据内容的需要自行安排。通常包括开头、主体、结论三个部分。

（1）开头。一般包括项目的名称、范围、规模、目的、意义、社会效益和经济效益、项目的背景依据、相关工作概况、存在的问题与建议等。写作上要求条理清楚，文字简练，中心明确，起到提纲挈领的作用。

（2）主体。主体是可行性研究报告的核心，由于各行业的性质和特点不同，项目建设的规模大小和难易程度不同，各类可行性研究报告的内容侧重点自然有所差异，但总体来说，一般包括以下几个方面。

①根据调查、预测以及分析相关产业政策等因素，论证项目建设的必要性。

②合理设计项目实施技术方案，分析其技术上的可行性。

③进行财务预算和提供资金筹措渠道，评估项目的财务盈利能力，论证其财务上的可行性。

④设计合理的项目实施进度计划、组织机构和人员配备等要素，保证项目组织上的可行性。

⑤从资源配置的角度衡量项目的价值，保证其经济上的可行性；分析项目对社会的影响，论证项目的社会可行性。

⑥对影响项目的各种风险因素进行评价，制定规避风险的对策，为项目全过程的风险管理提供依据。

由于可行性研究报告的主体部分内容多，涉及面广，加之不同项目具有不同的特点，所以其写作难以局限于某种固定模式。通常情况下，对于一般项目的可行性研究报告，由于项目的规模小，涉及面窄，其论证部分多集中在综合性的技术经济分析上，而大中型项目的可行性研究报告由于项目规模大，涉及面广，其论证部分常常要设置专题论证。

为加强建设前期工作，提高投资效益，国家计委在《关于建设项目进行可行性研究的试行管理办法》中规定了工业项目的可行性研究的主要内容。

（3）结论。正文的结尾部分除了对项目建设的必要性、可行性明确表态，或肯定或否定之外，还可以对各种建设条件综合分析评价，提出推荐方案或需要采取的措施。

5. 落款

落款包括编写单位、编写负责人的签名盖章以及编写日期。

6. 附件

附件的有无，根据实际情况而定，一般包括：项目建议书、项目审批书、有关协作意向书、试验数据、计算附表附图、选址报告、调查报告、市场预测资料、项目时间表、工程设备材料一览表、上级主管部门的有关批文等。

（四）可行性研究报告的写作要求

1. 尊重事实，实事求是，做好调查研究工作。任何偏差、主观臆断或弄虚作假都有可能造成研究结果的重大失误，造成损失。即使专家意见不一致，各部门看法不统一，也应如实反映，对各种意见要一视同仁，给予充分的表达。

2. 注意内容的全面性和完整性。客观公正地论述事实，周密细致地分析数据资料。可行性研究报告的技术性很强，即使在论证阶段做得非常好，也不能保证其在实施阶段不会有任何问题。但是，科学的论证做得越好，得出的结论就越准确可靠。

例文

××水站工程可行性研究报告

一、项目基本情况

该站坐落于王屋灌区西干渠、兰高镇马蔺精脚下，设计灌溉面积 920 亩，辖太平庄、北邹、北张家等 9 个行政村。作物种植以苹果、大樱头等果树为主。该工程系新建项目，主要是针对灌区水源奇缺、灌溉条件差而兴建的。该站装机容量 110 kW，扬水站管路 1160 m。

目前存在以下问题：

（一）部分工程老化失修较为严重。由于小型水库、塘坝等工程多数兴建于 20 世纪 60 至 70 年代，建设时间早，运行时间长。加之近年来农产品的价格下滑，导致村集体和农民群众对水利设施保护意识不强，个别村级班子不稳定以及工程经营管理体制尚未真正适应市场经济发展需要，致使部分工程老化失修较为严重，工程效益未能真正发挥。

（二）"两工"取消，实行"一事一议"，对工程建设有一定影响。其主要原因表现于跨村、镇的工程，实行"一事一议"，给工程实行统一会战带来难度。

（三）部分工程投资较大，农民自身难以承受。小型水库、塘坝维修加固以及微灌、喷灌等节水灌溉工程，投资相对较大，多数村集体尤其是山丘区基本上均无力出资，仅靠农民自身难以承受。

（四）一家一户的土地经营模式制约着微灌、喷灌先进节水灌溉工程的建设和管理。目前，土地经营模式采用的是一家一户，地块面积少，作物种植种类不一，灌水时间各不相同，给工程建设和管理带来一定困难。

（五）镇区街基层水利技术力量相当薄弱。2002 年全市实行机构改革后，四站合一，无单设的基层水利站。改革后，水利在编职工由改革前的 75 人减少到 52 人，其中在岗在编 27 人，占编不在岗 25 人。而在岗在编人员中，以水利工作为主的仅有 8 人，具有中专以上学历的仅有 1 人。基层水利技术力量的削弱，严重影响了小型农田水利设施的建设与管理。

二、项目建设的必要性和可行性

该站建设对加强水利基础设施建设，改善农民群众生产和生活条件，促进农产品增值、农民增收，加快农民致富奔小康的步伐起着决定性作用。因此，项目建设尤为必要。

灌区作物多数靠天吃饭，农民深知灌溉将会给他们带来较大经济效益，所以农民迫切要求兴建该扬水站，乐意为项目投资，自筹资金有了一定保障。项目由专业部门进行规划设计，确保项目建设勘测设计的正确性和准确性。项目施工安装采取专业队伍和群众队伍相结合的形式，从而保证项目建设质量。因此，项目建设是可行的。

三、项目投资概算

本项目总投资 33.03 万元,详见表 1。

表 1 马蔺耩扬水站工程投资概算表

定额编号	材料名称及规格	单位	数量	单价(元)	总价(元)
10020 10002	土方挖填	立方米	680	13.4	9112.00
30026	M7.5 浆砌引水渠	立方米	9.3	134.34	1249.36
	大口井(直径 2.5 米,深 6 米)	眼	1	2400	2400
	250PE 管(0.4 MPa)	米	700	110	77000
	250PE 管(0.6 MPa)	米	260	165	42900
	250PE 管(0.8 MPa)	米	200	200	40000
	DN250 无缝钢管	米	4	520	2080
	DN250 逆止阀	套	1	1080	1080
	DN250 闸阀	套	1	1750	1750
	水锤消除器购置安装	套	1	4500	4500
	真空泵购置安装	套	1	3950	3950
	启动器购置安装	台	1	11800	11800
	机泵(机组)购置安装	套	1	24200	24200
	机房管理房	平方米	64	550	35200
	SJ-200/10 变压器	台	1	32800	32800
	配电盘	面	2	12000	24000
	架空线路	千米	0.34	24000	8160
	其他(含出水口、镇墩)				4600
	勘测设计费	元			3500
	工程投资合计				330281.36

四、项目资金筹措方案

工程投资 33.03 万元,其中申请省级以上补助 10 万元,受益村、群众自筹 23.03 万元。

五、项目建设方案

1. 建设内容:控制面积 920 亩,辖 9 个村庄。扬水站装机容量 110 kW,安装 PE 扬水管路 1160 m,出水口 4 个,建机房管理房 64 m²。

2. 规划设计:由具有设计资质的××水利勘测设计室负责。

3. 项目施工安装:采取专业队伍和群众队伍相结合的形式,即管路挖填、泵房建设等技术要求相对不高的工程,由受益村农民群众负责。机泵及管路购置安装等技术要求相对较高的工程,由专业队伍负责,且对专业队伍实行招投标。变压器、高压线路等电器设备购置与安装由市供电公司负责。

4. 项目建成经验收合格后,交付管理单位使用。

5. 建设时间:××××年10月至××××年12月。

六、项目建后管护方案

工程项目建成后能否正常发挥效益,关键在于管理。该项目竣工且经市级验收合格后,交付管理单位使用。该泵站拟成立灌溉协会,实行自主经营、自我管理、独立核算的供水、用水和管水新机制,以实现泵站的自我发展、自主管理。协会的管理人员必须经市水务部门进行技术培训,合格后持证上岗。

每年年底市水务局还将对工程运行管理情况进行检查评比,对检查出的问题及好的经验,以座谈会的形式对工程管护人员进行技术培训,确保工程健康运行。

七、效益分析

1. 经济效益。本项目可改善扩大浇地920亩,其中果树面积720亩,粮田面积200亩。由于作物得到了适时、适量的灌溉,因此增产增值效果明显。据有关测试推算,年可增产水果108 t,粮食24 t,增值23.04万元。

2. 社会效益。该项目具有典型的代表性和可操作性,它的实施将有效带动周边镇村乃至全市适宜地区兴建扬水站工程。

3. 生态与环境效益。该项目的实施不仅促进了农民增收,而且每当果树处于花期时,可形成一道美丽的风景线,吸引众多游客观赏。同时,随着果树等经济作物的逐渐增加,区域内的水土流失现象和局部小气候也将得到进一步改善。

八、结语

实施小水源工程与配套、小型灌区配套、扬水站更新改造以及为灌溉服务的小型农村河道综合治理工程建设,将进一步加强和巩固水利基础设施建设,有效扩大灌溉面积,使作物需水得到充分满足,为确保区域农作物高产增收、农民脱贫致富奠定了基础。由于农民在农作物种植上得到了实惠,将进一步增强爱护、管护水利设施的决心和积极性。因此,项目的实施是必要的、可行的。

(例文来源:中国科技信息,2015年第5期,第161页)

思考与练习

一、简述题

1. 为什么说可行性研究并非目的,但又是必不可少的程序?

2. 可行性研究报告在建设项目决策过程中处于什么位置?

第二节　商品广告和商务信函

一、商品广告

(一)商品广告的含义

商品广告是指商品经营者或服务提供者承担费用,通过一定媒介和形式直接或间接介绍自己所推销的商品或提供的服务。在实用写作中,商品广告特指广告词,又称广告文案、广告文稿,也就是商品广告中的语言文字部分。

(二)商品广告的特点、分类与作用

1. 商品广告的特点

(1)真实性

商品广告必须符合广告法的有关规定,实事求是地介绍商品的性质、功能、服务等,不夸大其实,也不以假乱真,要以诚信为本。

(2)艺术性

商品广告讲究艺术美,在真实的基础上,尽量使用生动活泼的语言,运用各种艺术手段突出商品的特质,调动情感,渲染气氛,吸引人们的注意,激起人们的消费欲望。

(3)创意性

商品广告不靠直露的说教,贵在创新,力求独一无二,通过大胆新奇的手法制造与众不同的视听效果,达到品牌的声浪传播与商品营销的目的。商品以"质"取胜,商品广告以"智"取胜。

2. 商品广告的分类

商品广告的分类标准很多,根据不同的标准分为不同的种类。

(1)按内容分,有产品广告、劳务广告、企业广告等。

(2)按范围分,有行业性广告、地区性广告、全国性广告、世界性广告等。

(3)按媒介分,有旗帜广告、实物广告、报刊广告、广播广告、影视广告、橱窗广告、牌匾广告、网络广告、电子屏幕广告、艺术表演广告等。

3. 商品广告的作用

商品广告的作用是多方面的,具体表现为:

(1)有利于扩大销售,促进生产,增加利润

商品广告是提高商品知名度和美誉度的重要手段,一旦提升商品的信任度,必然会促进消费,鼓励扩大再生产,继而形成规模效益,大大增加获利。

(2)有利于丰富人们的文化生活

商品广告兼具商业功利和社会文化的双重色彩,不再是简单的卖什么吆喝什么的促销工具。商品广告中传达的价值理念、生活方式,经过传播会渗透到人们的日常生活,对受众的思想行为产生一定影响。

(三)商品广告的结构与写法

商品广告的写作在不同媒体上有不同的要求,一般包括标题、正文、标语、附文(随文)。

1. 标题

商品广告的标题一般用来揭示广告的主题,体现广告的基本内容,置于显著位置,色彩形状也要妥善安排。通常有以下几种方式:

(1)直接标题。开门见山,把商品最重要、最本质的内容直截了当地指出来,常见的是以商品的名称、品牌、特点、作用等为标题。如"保护嗓子,请用金嗓子喉宝""想要身体好,请喝健力宝"。

(2)间接标题。不直接点明商品广告的主题或介绍商品,而是采取含蓄迂回的手段,诱发人们的兴趣。如"天上彩虹,人间长虹"(长虹彩电广告语)、"口服,心服"(矿泉水广告语)。

(3)复合标题。以上两种标题的综合运用,既直接点明商品名称,又配以耐人寻味的语

句,表里兼顾,通常用于广告内容较多的文案。形式上可以是正标题和副标题,或引题和正标题,或引题、正标题和副标题。引题交代背景,渲染气氛,正标题点明商品广告的主要内容,副标题则是对正标题的补充说明。如"四川特产,口味一流(引题)天府花生(正标题)越剥越开心,越吃越想吃(副标题)""中国名酒(引题)西凤酒(正标题)芳香可口,醇和甘甜,清冽净爽,余味久长(副标题)"。

2. 正文

正文是商品广告的核心部分,用以具体介绍说明商品,证实标题的内容,深度说服消费者。正文的写作没有固定模式,一般要包括以下内容:

(1)商品的品种、规格、性能、用途、特点、价格、使用和保养方法或企业经营范围、经营项目、经营特色、权威机构的评定等,以及能给受众带来的利益。

(2)订购方式、接洽方式、售后服务措施等。

(3)敦促消费者接受并购买。

正文常见的写作方式有:

(1)陈述式。平铺直叙,明白准确地说明商品的名称、规格、用途和特点等信息。

(2)描述式。采用诗歌、散文、小说、剧本、小品文等文学样式,语言优美,生动传神,使受众在语言艺术的享受中接受商品基本信息。

(3)证明式。常以专业机构的认证或鉴定,专家、权威、名人对商品特性的评价、评奖证书、民意测验、新闻报道等为主要内容,证明其商品质量或服务,增加受众的信任感。

(4)问答式。通过自问自答或自问他答的方式,展示商品广告的主题,激发人们的求知欲或好奇心,达到有效宣传的目的。

3. 标语

商品广告标语,有时称为"广告口号",是在一定时期内反复对商品进行宣传的特定语句,或是对商品信息的精炼概括,或是对企业形象、商品理念的简洁诠释,便于传播记忆并使受众形成强烈印象。

商品广告标语的写作灵活,方法不一,可采用对偶、比喻、夸张、双关、谐音、顶真等多种修辞手法,也可以将口语、诗词、格言等写入标语中。如"牛奶香浓,丝般感受"(德芙巧克力)、"传奇品质,百年张裕"(张裕葡萄酒)。

商品广告标语不同于标题,区别在于以下几点:

(1)目的不同。标题的目的在于吸引消费者,引起兴趣;标语的功能在于使消费者建立一种信念,成为购买的依据。

(2)时效不同。针对不同商品类型会有不同的标题,用完即废;标语相对固定,可在相当长的时期内、同一品牌的不同商品的广告中使用。

(3)位置不同。标题通常放在商品广告的开头;标语的位置比较灵活,可以在结尾,可以独立成段,也可以在商品广告文案之外单独使用。

4. 附文

附文是正文的附加说明,又称"随文",一般由商标、商品名称、企业名称、企业地址、联系方式等组成。附文不是商品广告的必要组成部分,应根据商品广告的目标、传播媒介等有所取舍。

(四)商品广告的写作要求

1. 准确无误,简明扼要。商品广告应讲究用词的准确,词语组合要符合逻辑,要避免不良的引申义。同时用尽量少的语言清楚传达商品信息，累赘的语言不仅浪费时间，而且还达不到广告的诉求效果。

2. 形象生动，通俗易懂。生动、具体、形象感强的语言更利于受众的理解记忆。同时要注意语言的大众化，才能满足更多消费者的需求，避免曲高和寡。

例文

花手箱女装
——母亲的美丽心愿

的确良衬衣、黄布衣裤、翻毛皮鞋、军大衣，
年轻的姑娘带着她丰厚的嫁妆，
成了我们的母亲。
那时的母亲没有条件去美丽。

松紧带、人造棉、二手的丝袜、地摊上买回的皮鞋，
年迈的母亲身着普通的衣裳，
成了街坊四邻亲切的大妈。
现在的母亲没有心情去美丽。

年轻抑或年迈的母亲，
一直在勤俭，一直在付出，却一直没有美丽。
美丽成了母亲无法实现的心愿。

爱在金秋，优质品牌"花手箱"，
30 年来专注于中老年女装市场，
卓越品质，让您有机会还母亲一个美丽心愿。

（资料来源：百度文库 http://wenku.baidu.com）

世界经典两厢车

一汽大众：汽车价值的典范
和我一样，贝尼觉得朋友越多越好
没错，高尔夫，很生活
相信你也一定需要这样一部车，去记载生活中许多值得回味的细节。独具特色的第五门揭背设计，后备空间大有余地，真正符合你，宠物与欢乐，越多越有趣。原来，高尔夫可以很生活，生活可以很高尔夫。
杰作天成，一见如故。高尔夫，经典名车。

轻松能量　来自红牛

还在用这种方法提神？都新世纪了,还在用这一杯苦咖啡来提神？你知道吗？还有更好的方式来帮助你唤起精神:

全新上市的强化型红牛功能饮料富含氨基酸、维生素等多种营养成分,更添加了8倍牛磺酸,能有效激活脑细胞,缓解视觉疲劳,不仅可以提神醒脑,更能加倍呵护你的身体,令你随时拥有敏锐的判断力,提高工作效率。

迅速抗疲劳　激活脑细胞!

(例文来源:蔡露昌主编《经济应用文写作》,清华大学出版社,2010 年,第 327 页)

思考与练习

一、简述题

1. 从商品特征的角度拟定商品广告的主题,应如何考虑竞争对手、商品生命周期、消费需求的因素?

2. 有时一则商品广告会引起一种社会时尚,有时一句商品广告语会引出一种流行语。试找出实际生活中的例子来印证此观点。

二、商务信函

(一)商务信函的含义

商务信函的概念有广义和狭义之分。广义的商务信函是指商务活动当事方在洽谈业务、磋商问题、交流信息等过程中往来的信函、电话、传真、电报等文书。狭义的商务信函一般只指书面形式的文书。近年来,随着电子商务的迅速发展,传统的商务信函含义也因此有所变化。本节在介绍商务信函时,主要从实际工作出发,并不强调商务信函在纸质和电子介质上的差别。

(二)商务信函的特点、分类与作用

1. 商务信函的特点

(1)口语化

商务信函用于生意交往,以交易为目的,以洽谈生意为内容。感性、自然、简洁、人性化的口语会比生硬的"生意腔"更能使对方理解和接受。

(2)格式化

商务信函有其独特的格式、惯用的商务词汇、丰富的贸易术语和固定的句式表达,写作中要注意各类商务信函的格式规范。

2. 商务信函的分类

商务信函一般根据商务磋商交易程序的内容细分为建议商务关系函、询价函、报价函、还价答复函、磋商函、订购函、装运通知函、催款函、索赔函、理赔函等。归纳起来常用的主要有建立商务关系函、商务磋商函、确认成交函、索赔理赔函四类。

3. 商务信函的作用

(1)沟通、传递商务信息

商务信函不仅是贸易双方或多方联系业务、洽谈生意、磋商问题、处理问题的重要工具,也是彼此沟通联络商务情感的重要手段。

（2）为商务往来或商务事件提供凭证

商务信函不仅是达成商务协议的重要依据，而且在发生商务纠纷时，能发挥其凭证作用，维护合法权益。

（三）商务信函的结构与写法

商务信函一般由信头、标题、称谓、正文、信尾、附件组成。

1. 信头

信头由发函方的名称、地址、电话、传真、电子邮箱、邮编、发函日期、编号等组成。一般企业的信笺多印有信头，商务信函均使用印有信头的信笺，这样就不必再写信头了。

有的商务信函还标有编号，其位置一般在信头的左上方或标题的右下方。编号是为了更方便收发函方对信函的处理、归档、备查，提高工作效率。编号常见的形式有两种：一是类似行政公文发文字号的格式，如"中丝字〔2015〕9 号"；二是直接编号，如"第 24 号"。

2. 标题

标题是商务信函主题的反映，位置在商务信函首页上方，居中书写。

3. 称谓

称谓是对收信人或收信单位的称呼，位置一般在标题或编号的左下方，单独占一行，顶格书写，后加冒号。商务信函的称谓要注意理解、尊重对方的文化习俗。如是写给单位的应写单位全称；如是写给个人的，要在其姓名后加职务或职衔表示对对方的尊重，例如"××公司××总经理"，或用"先生""女士"；还可在称呼后加"台鉴""惠览"等词语。

4. 正文

正文是商务信函的核心，通常由发函缘由、发函事项、发函希望要求三部分组成。

（1）发函缘由。首次发函，可先自我介绍，并简洁明了地说明发函意图，如"我们专门经营中国美术工艺品出口，希望与你们合作，与贵公司建立业务关系"。如与对方已有过磋商交易，可直截了当表明发函意图，如"我司新研制的××××已推出上市，特此奉告"。给对方复函，要先引述对方来函的日期、事由作为发函缘由，再表明自己的态度，如"贵公司×年×月×日来函及所寄商品目录收悉"。

（2）发函事项。详细陈述需要告知对方的具体事项，阐明自己的意见，或针对来函作出答复。

（3）发函希望要求。表示希望对方回函或提出有关要求，如"特此复函""盼复"。有的商务信函为表示礼仪，可在正文结尾处使用祝颂语，如"顺致商安""商祺""台祺"等。

5. 信尾

信尾包括落款、签章、日期。

6. 附件

附件是随函附发的有关材料，如报价单、发票、单据、确认书等。附件的位置在正文最后，靠左侧写明附件名称和件数。

（四）商务信函的写作要求

1. 目的要明确，内容要完整具体。商务信函具有明显的目的性，因此主题要突出，切中要点，不要涉及无关紧要之事。专事专文，内容集中单一，所谈事项必须观点明确，交代清楚，切忌含糊不清、模棱两可。

2. 态度要谦恭有礼。态度诚恳，便于对方接受，达成交易。用礼貌的方式解决正常的商务分歧。即使是索赔函,也应掌握分寸,以理服人。此外,及时回复也是一种商务礼仪,不会因此失去商机,也不能无缘无故让对方苦苦等待。

例文

希望建立商务关系函

××轻工业品进出口公司:

　　通过××使馆商务处的介绍,得知贵公司是××搪瓷器皿的独家出口商。

　　我公司经销搪瓷器皿已有多年历史,在此地是最大的批发兼零售商之一。我公司愿与贵公司建立贸易合作关系。为此,请即将贵公司经营的搪瓷器皿目录及价单寄来,以便我方考虑试购一批作为开端。如蒙寄来几只实样,更为感激。价格要 CIF 伦敦,包括 5％佣金,希望附告大概装运期。

　　盼复。

　　顺致

商祺

××贸易公司

××××年×月×日

　　注:CIF,到岸价格,包括 Cost(成本)、Insurance(保险)、Freight(运费)。

　　(资料来源:苏欣主编《商务应用文实训》,对外经济贸易大学出版社,2004 年,第 118 页,有改动)

包装磋商函

×××先生:

　　贵方 6 月 2 日关于××××××的订单(订单号××××)已收悉,谢谢。我们高兴地通知您,除了包装条款以外,订单中所列其条款我们均能接受。

　　贵方订单中所述的包装是我们数年前采用的老式包装。此后,我们改进了包装,结果表明我们的客户对近几批货物完全满意。我们的雨衣产品现用塑料袋包装,然后装入纸盒内,十打装一箱,每箱毛重为 30 公斤左右。每一纸箱衬以塑料纸,全箱用铁箍加固,以防内装货物受潮及因粗暴搬运可能引起的损坏。

　　我们的意见是由于使用了塑料袋包装,每件雨衣完全可陈列于商店的橱窗,而且美观,这样定将有利于货物的销售。此外,改进的包装分量轻,因而容易搬运。

　　以上所述供贵方参考,如果在本月底前我方没有收到你方的反对意见,我方将相应地完成你方订货。

××超级市场

××××年×月×日

订购函

南京××有限公司：

贵公司 12 月 1 日的报价单获悉，谢谢。我司认为贵公司报价较合理，特订购下列商品：

商品	数量	单价	总计
EPSONLQ-100 打印机	10	1500 元	15000 元
STARAR-2463 打印机	10	900 元	9000 元
CICIAENCKP-5240 打印机	10	1500 元	15000 元
交货日期		2008 年 12 月 10 日	
交货地点		××市××仓储部（南京市××区××路××号）	
结算方式		转账支票	

烦请准时运达货物，以利我地市场需要。

我方接到贵公司货物后，将立即开具转账支票。

南京××办公器材销售公司

×××× 年 × 月 × 日

催款函

上海市××食品进出口公司：

我司于××××年××月××日，在春季交易会上，与贵公司签订了关于购买柠檬茶 600 箱的第 27 号合同，我司已经按照合同的要求，在规定的时间和规定的地点把货物发送到了上海，但是贵公司迟迟没有按照合同约定开出信用证。故特致函提醒，请贵公司务必于××月××日前开出信用证。逾期将按约定向贵司追索欠款利息，必要时采取相关法律措施。届时。贵公司可能要承担诉讼而带来的更大损失。

广州市××食品进出口公司

×××× 年××月××日

索赔函

××鸿泰贸易公司：

我商行于×××年××月××日向贵公司购买了一批青花瓷茶具，订单号为××××。××月××日货到之后，我们发现其中有两箱为象牙白茶具，并非我行原先购买

的商品。我们认为贵方没有认真执行订单才导致此次事故,影响了我方正常的经营销售,特向贵方提出如下索赔:

1. 退还两箱象牙白茶具,有关运输费用由贵公司全部承担。
2. 贵方无偿赔付我行两箱青花瓷茶具。
3. 发表公开声明,就此事向我行道歉。

特此函达。

英国查理德商行
××××年××月××日

理赔函

英国查理德商行:

　　××月××日索赔函收悉。来函指出贵行××月××日××××订单号的货物错装了两箱象牙白瓷茶具,因此向我方提出索赔要求。我们认为:

1. 我贸易公司从事国内大型瓷器进出口业务多年,我公司经手的瓷器非常畅销,与贵行的合作也一直十分愉快。当时贵行要求在三日内发货,时间过于仓促,仓库现有的青花瓷茶具数量不能满足贵行订单,经办此事的业务员×××擅自以同样热销的象牙白瓷茶具充了数。我方十分重视此事,已按照公司相关规定,对该业务员进行了处分。

2. 我司同意贵行将两箱错装的象牙白瓷茶具退货退款,有关装运费用及保险由我方全部承担。

3. 由于我方工作的疏忽,影响了贵行正常的营销,深表歉意,我方愿意在本公司官网发表声明,就此事件公开道歉。

4. 贵行要求我们无偿赔付两箱青花瓷茶具一事,共计人民币十万元整,很抱歉,我方无法接受。但为表诚意,我方愿意降低那两箱青花瓷茶具的售价,在原报价上折10%,希望得到贵行的支持与配合。

请函告贵方意见。

××鸿泰贸易公司
××××年××月××日

(资料来源:戴永明主编《财经应用文写作》,高等教育出版社,2009 年,第 176～185页,有改动)

思考与练习

一、简述题

1. 举例说明商务信函在商务往来过程中发挥了怎样的作用。

2. 搜集各类商务信函,谈谈建立商务关系函、商务磋商函、确认成交函、索赔理赔函在结构上有何不同。

第三节 经济合同与意向书

一、经济合同

（一）经济合同的界定

《中华人民共和国合同法》（以下简称《合同法》）中规定："合同是平等主体的自然人、法人、其他组织之间设立、变更、终止民事权利义务关系的协议。"由此可知，经济合同是企业、事业单位、机关、团体和组织之间以及上述单位与个人之间、个人与个人之间为实现一定的经济目的，设立、变更或终止民事权利义务关系的协议。

（二）经济合同的特点、分类与作用

1. 经济合同的特点

由《合同法》可得出，经济合同具有规范性、经济性和合同生效后所具有的强制执行性。

（1）规范性

经济合同的制定要符合一定的规范，不能随意撰写，根据《合同法》，经济合同的订立应条款齐全，视情况而定内容，否则条款不齐，内容不符合规范，则既不利于合同的执行，又容易引起合同纠纷。

（2）经济性

经济合同，顾名思义，是基于一定的经济目的而制订的协议，是经济活动的产物。其内容所反映的是商品货币关系，即当事人在商品生产和流通中的经济关系。这种经济关系具体表现为一定的劳务付出、财产转移或工作的完成等。因此，经济合同体现了当事人对经济利益的追求，具备一定的经济性。

（3）强制性

经济合同是具有法律效力的文书，必须依法订立，一旦合同生效，即具有法律约束力。各方应严格按照合同条款来履行义务。国家以强制力来监督、保证合法合同的实现。如果有任何一方不按约履行合同，则要承担因此所带来的法律后果。因此，经济合同生效后具有强制执行力。

2. 经济合同的分类

日常经济生活丰富复杂，由此也决定了经济合同的多样性。按不同的标准，可把经济合同做不同的类的划分。

（1）按时间分，有长期合同、短期合同、季度合同等。

（2）按形式分，有条款式合同、表格式合同、口头合同等。

（3）按《合同法》分，有买卖合同、赠与合同、借款合同、租赁合同、承揽合同、运输合同等。

3. 经济合同的作用

由于经济合同生效后具有强制执行性的特点，因而在经济活动中起到了重要作用。

首先，经济合同的订立有利于保护合同双方当事人的合法权益。依法订立、权利义务明确的合同，能有效避免扯皮、互相推诿的现象。对不履行合同的一方，可依法给予经济制裁，以保护合同当事人的合法权益。

其次，经济合同有利于加强合同双方的合作互利关系。合同在订立之时，签订双方就要考虑自己能否完成合同,尽可能以较少的经济投入获取最大的经济利益,以促进自身的发展;而且现代经济社会中,协同合作、互惠互利才能在市场竞争中立于不败之地。合同就是这一特征的体现和保障。

最后,从宏观角度来看,经济合同有利于促进国民经济发展,提高经济效益。形成和完成整个社会经济有机协调地运作,使国家各部门协调一致,需要靠经济合同来实施,实现产品产供销的均衡发展,从而促进国民经济,提高经济效益。

(三)经济合同的结构和写法

经济合同种类繁多,例如有表格式和条款式,不同类别的经济合同在写法上各有侧重点,但在结构上都由标题、正文、落款构成。

1. 标题

合同标题位于合同首行居中,并通常由单位名称、标的名称和文种名称三部分构成。如"××厂与××公司货物运输合同"。有的标题省略标的名称或单位名称,如"××厂与××公司合同""商品房买卖合同"。

2. 正文

这是经济合同的主要部分。主要包括首部、前言和合同条款。

(1)首部

包括双方当事人、合同编号和地点。

(2)前言

前言交代双方当事人签订合同的依据和目的。如"为了……根据《合同法》的规定,经双方充分协商,签订以下条款,以便共同遵守"。

(3)合同条款

合同条款是双方在经济活动中行使权利和承担义务的依据,主要条款有以下几种:

①当事者的名称或者姓名、住所

应该要准确、详细。

②标的

此"标的"指的是经济合同中权利和义务所指的对象,即双方当事人要求实现的目标。标的指货物、劳务、服务等,依据合同种类不同而变化。

③数量和质量

数量和质量是标的在量和质方面的规定,任何经济合同所涉及的财产转移、劳务提供等都应有明确的量和质的要求。如购货合同应写明产品名称、技术规范、型号规格、数量、计量单位等。有些产品还应交代交货数量的正负尾差、合理磅差或超欠幅度等。

④价款或报酬

价款指取得对方商品或接受对方劳务等所需支付的代价。签约时必须把产品价款或劳务报酬协商一致,写明数目和结算货币名称、结算方式、付款方式、付款期限。

⑤履行期限、地点和方式

履行期限应明确、具体,最好具体到某一天。履行地点也必须明确。履行方式要规定是一次履行还是分期履行,可否代履行等。

⑥违约责任

指对不按合同规定履行义务的制裁措施。合同中应规定当事人对合同发生争议时所采用的协调方法。根据何种法律承担何种责任,或依法商定违约责任。

3. 落款

包括署名、日期。

经济合同需当事人单位名称和法定代表人签名,并加盖公章。必要时,由双方自愿向有关机构鉴证或公证。

最后需注明签订合同的具体日期(××××年××月××日)。

例文

劳动就业合同

    甲方: 乙方:
    法定代表人: 性别:
    出生日期: 年   月   日
    甲方地址: 居民身份证号码:
    家庭住址:

根据《中华人民共和国劳动法》,甲、乙双方经平等协商同意,自愿签订本合同,共同遵守本合同所列条款。

一、劳动合同期限

第一条 本合同期限类型为——期限合同。

本合同生效日期_____年____月____日,其中试用期 3 个月。

本合同_____终止。

二、工作内容

第二条 乙方同意根据甲方工作需要,担任_____岗位(工种)工作。

第三条 乙方应按照甲方的合法要求,按时完成规定的工作数量,达到规定的质量标准。

三、劳动保护和劳动条件

第四条 甲方安排乙方执行双休工作制。

执行综合计算工时工作制的,平均日和平均周工作时间不超过法定标准工作时间。

执行不定时工作制的,在保证完成甲方工作任务的情况下,工作和休息休假乙方自行安排。

第五条 甲方为乙方提供必要的劳动条件和劳动工具、工作规范和劳动安全卫生制度及其标准。

第六条 甲方负责对乙方进行政治思想、职业道德、业务技术、劳动安全卫生及有关规章制度的教育和培训。

四、劳动报酬

第七条 甲方的薪酬应遵循按劳分配原则。

第八条 从事该岗位职责范围内的工作,主要包含以下内容:一、在一个年度内完成_____台公司主营机器的销售任务。二、在一个年度内销售_____万包配套设备的药片。三、每台销售机器平均费用控制在_____内,如超出从薪酬中扣除,如有结余,给予奖励。四、乙方工作期间,不得销售其他公司任何产品,如因特殊情况需要,需征得甲方同意方可实行。五、为客户提供后期服务及协助公司应对各种事宜。六、汇报工作进度。

第九条 乙方的岗位、职责及工作质量要求,按照甲方的有关规定及要求执行。

第十条 工资及奖励措施:

本公司采取按完成任务比例阶梯式给予酬劳模式,如下:

1. 完成任务100%,即年销售达到____台设备和销售达到____万包药片,给付工资_____万薪酬。

2. 完成任务80%至100%,即年销售达到_____至_____台设备和销售达到____万包至____万包药片之间,按情况给付____万至____万薪酬。

3. 完成任务50%至80%,即年销售达到_____至_____台设备和销售达到____万包至____万包药片之间,按情况给付____万至____万薪酬。

4. 乙方每月从薪酬先中支付_____元,结余部分薪酬的_____%留作保证金,保证离开公司三年内不做与本公司相同或者类似产品。结余部分年终时支付。

第十一条 奖励措施:

1. 每多销售____台设备及____万包药片,奖励____万元,累进制上不封顶。

2. 依据给公司带来的经济利益,年终会拿出专门资金,对表现优秀的销售经理进行奖励,最高有10万元的额外现金奖励。

五、劳动纪律

第十二条 乙方应遵守甲方依法制定的规章制度:严格遵守劳动安全卫生、生产工艺、操作规程和工作规范;爱护甲方的财产,遵守职业道德;积极参加甲方组织的培训,提高思想觉悟和职业技能。

六、劳动合同的变更、解除、终止、续订

第十三条 订立本合同所依据的法律、行政法规、规章发生变化,本合同应变更相关内容。

第十四条 因甲方生产(工作)情况发生变化或乙方不能胜任岗位时,乙方应服从甲方的工作安排、调配或者解除合同事宜。

第十五条 订立本合同所依据的客观情况发生重大变化,致使本合同无法履行的,经甲、乙双方协商同意,可以变更本合同相关内容。

第十六条 经甲、乙双方协商一致,本合同可以解除。

第十七条 乙方有下列情形之一,甲方可以解除本合同:

1. 在试用期间,被证明不符合录用条件的;

2. 严重违反劳动纪律或甲方规章制度的;

3. 严重失职、营私舞弊,对甲方利益造成重大损害的;

4. 被依法追究刑事责任的。

第十八条 下列情形之一,甲方可以解除本合同,但应提前三十日以书面形式通知乙方:

1. 乙方患病或非因工负伤,医疗期满后,不能从事原工作也不能从事由甲方另行安排的工作的;

2. 乙方不能胜任工作,经过培训或者调整工作岗位,仍不能胜任工作的;

第十九条　乙方解除本合同,应当提前三十日以书面形式通知甲方。

第二十条　有下列情形之一,乙方可以随时通知甲方解除本合同:

1. 在试用期内的;

2. 甲方以暴力、威胁或者非法限制人身自由的手段强迫劳动的;

3. 甲方不能按照本合同规定支付劳动报酬或者提供劳动条件的。

第二十一条　本合同期限届满,甲、乙双方经协商同意,可以续订劳动合同。

第二十二条　乙方因工负伤,经劳动鉴定委员会确认不能从事原工作,也不能从事由甲方另行安排的工作而解除本合同的,甲方还应发给乙方不低于企业上年月人均工资三个月的医疗补助费,患重病和绝症的还应增加医疗补助费。

第二十三条　乙方违反本合同约定的条件或不能保守与本公司商业秘密事项,对甲方造成经济损失的,应按损失的程度依法承担赔偿责任。

第二十四条　本合同未尽事宜或与今后国家、贵阳市有关规定相悖的,按有关规定执行。

第二十五条　本合同一式两份,甲、乙双方各执一份。

甲方(盖章):　　　　　　　　　　乙方(签章):

法定代表人:

签订日期:　年　月　日

(资料来源:http://wenku.baidu.com)

思考与练习

一、简述题

1. 为什么要订立合同? 合同的特点和作用有哪些?

二、写作题

1. 假若你已毕业,在外租房,请拟定一份租房合同。

二、意向书

(一)意向书的界定

意向书是指当事人双方或多方之间,在对某项事物正式签订条约、达成协议之前,表达初步设想的文书。

(二)意向书的特点、分类和作用

1. 意向书的特点

(1)协商性。意向书是在双方或多方协商一致的基础上签订的,体现一种趋向性,把共同目标确定下来,以便进一步讨论细节。

(2)灵活性。意向书与协议、合同不同,协议、合同一旦签订不能随意更改,意向书则较为灵活,是一个协商的过程,当事人各方均可按自己的意图和目的提出意见,在正式签订协议、合同前可随时变更或补充。

(3)简略性。意向书的语言高度概括、简练,一般用条款式概述几条原则性意见,而相关细节、方案待进一步讨论商议。

2. 意向书的分类

从签署形式上分,有:

(1)单签式,即由出具合作意向书的一方签署,一式两份,另一合作方在其副本上签订即可,并交还对方。

(2)双签式,即联合签署,当事人双方代表人在意向书签上姓名及职位,然后各执一份为凭。此形式较为正式。

(3)换文式,双方以交换信件方式来表达合作意向。

3. 意向书的作用

意向书是协议书、合同的先导,是双方进行实质性谈判的依据,为进一步正式签订协议奠定了基础。在签订协议和合同前,撰写一份意向书有利于后续双方合法权益的维护。

(三)意向书的写法

意向书一般包括标题、正文和尾部等。

1. 标题

意向书的标题有两种写法:

(1)只写"意向书"即可。

(2)交代意向书的内容,如"××宣布接收收购××股份的初步收购意向书"。

2. 正文

由导语和主体构成。

(1)导语。写明合作单位的全称,双方接触的简要情况,说明签订合作意向书的目的、遵循原则等,磋商后要达成的意向性意见,然后用"达成意向如下"作为导语的结束。

(2)主体。意向书的核心部分,写明双方磋商达成协议的各个事项,如合作方式、程序、义务等,分条款写明达成的意向性意见。有些贸易意向书还应拟订下一步的工作计划、何时何地再进行磋商或签署等。

3. 尾部

写明签署意向书各方单位的名称、代表人姓名并加盖公章、私章及日期。

例文

意向书

香港××油漆有限公司(以下简称"甲方")与上海××造漆厂、××进出口公司上海分公司、××有限公司(以下简称"乙方")于 2004 年 5 月 26 日在上海商谈后决定在香港开办合资公司,经友好协商,达成以下意向:

一、双方按《中华人民共和国中外合资经营企业法》及其他有关规定合资兴办企业,企业名称暂定为"华利快餐餐具有限公司"。

二、双方同意资本为××万港元,可用现金、设备、实物(包括厂房)等进行投资。实物作价的原则为设备按同类产品的国际市场价,从原公司的设备、物资及厂房由公证行估价和友好协商相结合的办法解决。

三、产品销售以香港本地销售为主,如出口到其他国家和地区应以不冲击××进出口公司上海分公司现有的销售网点为原则,合营公司应在出口前征求乙方的意见。

四、合营公司的投资争取在四年内收回,具体方案由董事会根据公司赢利情况讨论决定。

五、为了维护合营公司的利益,甲方不再以任何名义和方式在香港、深圳经营同类产品的生产和销售,乙方也不再在该地段设厂生产同类产品。

六、公司合营生产的××牌产品,按产品销售金额向上海××造漆厂交付若干商标使用费。

七、关于参股比例、人事安排,双方同意由甲方到港后与乙方代表××有限公司商讨。

八、关于参股比例、人事安排等未尽事宜,双方同意由甲方到港后与乙方代表××有限公司商讨。

九、本意向书用中文书写,一式____份,双方各执____份。

甲方:香港××油漆有限公司(印)　　　　乙方:上海××造漆厂

代表:张××　　　　　　　　　　　　　　代表:程××

××有限公司　　　　　　　　　　　　　××进出口公司上海分公司

代表:厉××　　　　　　　　　　　　　　代表:××

2000 年 4 月 5 日

(资料来源:http://wenku.baidu.com)

？思考与练习

一、简述题

1. 意向书在何种情况下使用? 有何特点?

二、写作题

1. 请试着写一份就业意向书。

第四节　招标书与投标书

招标与投标是国际上经常采用的一种竞争性经济活动。企业或单位为营建项目、买卖大宗商品或合作经营某项业务,公开向社会公布相关要求和条件,以邀请承包者、承办者从中选择最有利于自己的合作者,叫作"招标"。而对此有意向的承包者按照招标启事中的标准和条件提出自己的价格和条件,以竞争做承包人,就是"投标"。

招标需要对外发布"招标通告",要写"招标书",投标也需要写"投标书"。

一、招标书

(一)招标书的界定

招标书是招标方提出的公开要约,亦称"招标通告""招标启事""招标通知"等,是将招标主要事项和要求公布于众,从而使众多投资者前来投标的一种商业广告性文书。

（二）招标书的特点、分类和作用

1．招标书的特点

（1）公开性。招标书具有广而告之的特点，一经确定，应向全社会公布。

（2）程序性。招标书要遵守一定的招标程序，即《中华人民共和国招标投标法》（以下简称《招标投标法》）中的规定，并按照相关规定严格地向社会公布或保密。

（3）时效性。招标书有时间要求，文书内必须明确地表明时间期限，并严格执行，如有变更，需及时发布，避免不正当竞争。

2．招标书的分类

按发布范围分，有国际招标书、国内招标书和系统或单位内部招标书；

按照标的物的种类分，有建筑招标书、生产招标书、劳务招标书、设计招标书等。

3．招标书作用

招标书是招标工作的关键环节，有助于招标工作的顺利进行，有助于企业在公平竞争中获取更大的经济利益。

（三）招标书的写法

招标书结构上可分为标题、导语、正文、结尾四部分。

1．标题。标题有两种写法：一是以文种做标题，如"招标通告""招标启事""招标通知"等；一是"单位名称＋标的名称＋文种名称"，如"××市贸易公司招标书"。

2．导语。也称前言，用简明的文字写明招标的根据、目的、商品、设备名称、规格及招标范围等。

3．正文。《招标投标法》第19条规定，主体部分包括：招标项目的技术要求、对投标人资格审查的标准、投标报价要求和评标标准等所有实质要求和条件，以及拟签合同的主要条款、需载明的其他事项。

4．结尾。应写明招标单位名称和发文时间并加盖印章。单位名称应具体，包括地址、电话、传真号码、邮政编码和联系人等。由于网络的普及，可加上邮箱和网址。

例文

福建生物工程职业技术学院学生食堂招标书

福建生物工程职业技术学院是福建省具有生物医药特色的全日制公办高等职业院校。根据学院需要，为引入竞争机制，切实提高服务质量，更好地满足学生生活需求，经学院领导批准，我院食堂现对外招标，本着公开、公平、公正、择优和诚实信用的原则，选择经营管理单位。期限三年。

一、基本概况

师生食堂上、下两层，总面积约1300平方米。（详情请务必实地考察，招标人将安排于20××年元月21日上午9:00—11:00开放参观。）

二、投标单位条件及须知

（一）资质

1．符合《中华人民共和国政府采购法》第22条规定条件。

2. 具有学校食堂或较大规模餐饮业(食堂)经营管理经验。

3. 投标人需提供企业法人营业执照(副本)复印件、税务登记证(副本)复印件、单位代码证(副本)复印件、报价代表人的法定代表人授权书(以上文件均需加盖公章)。

4. 不接受个人投标。

(二)投标单位在经营期间要做到以下几点：

1. 确保安全与饮食卫生。

2. 保证一天三餐供应。食堂经营以供应饭菜、面食、小炒为主,做到品种多样化。主食:三餐不少于 2 种;菜类:早餐不少于 6 种,午、晚餐不少于 15 种。

3. 师生用餐场所要相对分开。

4. 根据招标方工作安排,合理安排食堂开放时间(含寒、暑假期间)。

5. 投标单位在食堂经营期间要严格执行《食品卫生法》及学院校园有关规定,否则造成的一切后果投标单位应承担其全部赔偿责任,包括政府行政部门的所有罚款和法律责任。主动接受学院和国家食品卫生部门的检查与监督。

6. 投标单位聘请的员工必须符合《中华人民共和国劳动法》的有关要求,承担食堂人员工资、福利、社保等费用。乙方所有工作人员必须及时交验个人身份证、健康证等。不准聘用童工、"两劳释放"及有劣迹人员。未取得健康证明进入工作岗位的,被检查发现一人次扣其违约金人民币 200 元。投标单位人员住校内的,必须按规定办理暂住证,未经学院许可不准留宿外人。投标单位应对工作人员进行管理,并进行防疫、防火等各项安全教育。如果发生工伤及其他事故,所有费用及责任由投标单位承担。

7. 投标单位必须按照国家有关规定建立健全《食堂餐饮安全管理制度》等相关制度,并交学院备案后严格执行。

8. 投标单位须按学校作息时间营业,遵守学校有关规章制度,不得影响学校教学和办公秩序。晚间营业不得超过熄灯时间。

9. 投标单位在食堂经营活动中自行定价,但不得牟取暴利,毛利要控制在 20% 以内,并要制作价格牌,实行明码标价,自觉接受学院物价监督。否则,学院有权中止合同并不退还财产押金。

10. 投标单位应加强防火、防盗、防爆等安全保卫工作,定期检查电源、货源。对易燃物品应妥善使用和保管,确保安全无事故。投标单位必须接受学院防火、防食物中毒等检查监督,执行学院的整改意见。

11. 学院移交给投标单位使用的食堂售饭菜窗口的收银机应妥善使用和保管,一经损坏,立即修复。如经营者发现学生或教工遗忘拿走的饭卡,必须立即交给学院有关负责人,严禁套支,否则将承担相应的法律责任。

12. 投标单位必须按国家有关规定缴纳各种费税。

13. 投标单位自行承担食堂垃圾转运费用。

14. 投标单位在经营食堂期间自负盈亏,其在社会活动中所产生的债权、债务均由投标单位负责,学院概不负任何责任。

15. 食堂卫生许可证由投标单位办理,学院负责协助。所需费用由投标单位承担。因投标单位原因造成许可证延误,后果由投标单位负责。

16. 投标单位在收到中标通知书一周内须向甲方缴纳履约保证金人民币 10 万元

整。租赁期满时,若投标单位没有违反合同有关条款约定,所交押金全部无息退还。

17. 投标单位不得转租转包,不得经营餐饮服务之外的非法项目。无特殊原因,双方均不得终止合同,违约方应支付守约方违约金人民币3万元整。若因政府有关部门责令终止、招标方因新校区建成整体搬迁等不可抗原因造成合同终止时,双方均不负责赔偿责任。

18. 学院提供给投标单位的所有设备设施(包括水电设施),均由投标单位负责保管和维修,所需费用全部由投标单位承担,如有损坏或丢失,应按约定价格赔偿(即设备设施,扣除4%的价值后,按6年折旧分摊,每年折旧率为16%。学院扣除使用年限折旧价值后,其余部分由投标单位赔偿)。设备价格详见《设备移交清单》。投标单位在没得到学院的书面同意下,不得随意拆除现有设备及设施。但投标单位新添置的可移动的设施及设备,在合同期满后,所有权归投标单位。

19. 学院将指派专人对食堂进行管理,管理费用由投标方承担(每月约1000元,签订合同时另行商定)。

三、投标书编制

(一)投标书的组成(按照以下顺序编制投标书)

1. 公司简介,包括企业概况、法人代表或法人代表授权书、餐饮企业营业执照复印件、卫生许可证以及企业代码复印件(需附相关证明材料)。

2. 经营业绩(需附相关证明材料)。

3. 制订食堂经营方案,方案内容主要包括以下几点:

(1)人员配备;(2)规章制度、实施措施;(3)经营方案;(4)方式及品种;(5)经营内容(包括原料的采购、卫生保障、饭菜价位的制定等各方面);(6)人员招聘(工资、福利、伤残、社医保等);(7)违约责任的承担与赔偿;(8)其他。

4. 安全承诺书(财产、人员、食品、水电火等)。

(二)投标文件要求

1. 投标书要求用A4纸编制。投标书应打印,不得有加行、涂抹或修改。如有修改,必须在修改部位加盖公章。

2. 投标书要求有两本。正本一本,副本一本。密封后在规定时间内送到福建生物工程职业技术学院后勤管理处,投标书送达后,不得撤回或修改。

四、投标风险及履约保证金

1. 投标人应充分考虑由物价起伏等因素造成的投资成本增加的后果。

2. 需交纳投标保证金人民币1万元。保证金应于2011年元月21日12:00前到达以下指定账户,未按时缴纳的投标无效。

开户名称:福建生物工程职业技术学院

开户银行:中国建设银行股份有限公司福州城南支行农大分理处

账号:35001886300050000232

五、发标、投标、开标、评标的时间和地点

1. 发标时间:20××年××月××日

2. 投标时间:截止到20××年××月××日上午9:00

3. 开标时间、地点:所有投标方代表于20××年××月××日上午9:30到福建生物工程职业技术学院后勤管理处参加开标。

4. 评标：招标方组成评标工作小组，对投标文件进行评估。

六、中标通知

经学校招标工作小组审查、评估、论证后确定中标单位，经公示 5 天后通知中标单位。

未中标单位在学院网站下载《办理退回投标保证金函》，经招标办确认签署后到学院财务处办理保证金退回手续。

七、本项目招标的解释权归福建生物工程职业技术学院。

八、投标人对本次招标活动事项提出疑问的，请在投标截止时间三日之前，以正式信函的形式通知招标人，一般情况可与招标联系人或咨询人联系。

九、如有变更增加，将在福建生物工程职业技术学院网站上通知，请投标人关注。

合同主要要求：

1. 合同期限三年。

2. 学校对中标方不收取房租及设备设施使用费。

3. 学院对食堂发生的水电费用给予一定的补贴，原则上不低于 30％。

4. 中标餐饮企业需向福建生物工程职业技术学院缴纳履约保证金 10 万元整。

5. 食堂现有的设施设备经双方确认，移交中标方使用，维修改道经学院同意后由中标方负责，并承担费用。合同期满应确保归还设施设备完好。其他由中标的餐饮企业自行购置的设施设备，合作期满归中标方所有。

6. 食堂在规定的开饭时间内菜不脱销；可采用套餐和小炒等形式。主食：三餐不少于 2 种；菜类：早餐不少于 6 种，午、晚餐不少于 15 种。所供食品明码标价。中、晚餐均应有免费汤供应，免费汤品种每周至少更换 3 次。价格不高于同类学院的价位。不随意或变相涨价。

7. 餐厅员工要热情、周到，文明服务，统一着装，挂牌上岗。未经允许不得在校园内摆摊设点。

8. 未经学院以书面方式许可，食堂不得以学院的名义从事任何活动。在工作期间，应当接受学院必要的监督检验。不得整体或分隔向第三方出租、转借或外包。

福建生物工程职业技术学院后勤处

××××年××月××日

地址：×××××××××

招标电话：0591-22851101

传真：×××××××××

邮政编码：×××××××××

招标联系人：×××××××××

（资料来源：http://www.LiuXue86.com，有改动）

思考与练习

一、简述题

1. 招标书的作用和特点有哪些?

二、写作题

1. 根据下面材料,以××市贸易大厦筹备处的名义,写一份工程设计招标书,有关内容可以虚构。

> 经上级批准,准备新建贸易中心大厦。建筑面积 30000 平方米。楼高 20 层,建筑地点在××区××路中段。要求由甲级设计单位并具有必要的设计条件和成功设计过类似项目的设计单位投标设计。有欲设计者请于 2004 年 10 月 20 日前到××市贸易大厦筹备处面洽。联系人:××招待所 105 房间××先生。联系电话:×××××××。

二、投标书

(一)投标书的界定

投标书是投标人对招标书的应答,在同意招标方的招标条件下,按招标书的要求,向招标人提出具体的标价、保证,供招标人选择的文书,也叫"标书"或"标函"。

(二)投标书的特点、分类和作用

1. 投标书的特点

投标书目的鲜明,就是为了中标,因此具备针对性、求实性和竞争性。

(1)针对性。投标书要按照招标书的要求来制订,有的放矢,针对招标项目、条件及要求来写。

(2)求实性。投标书要针对单位自身的实际条件来写,实事求是,不夸大不缩小,一切以自己的实力为基础,否则要承担法律后果。

(3)竞争性。投标书是为了击败其他竞争对手而中标,因而在语言上和内容上要尽量显示自己的优势条件。

2. 投标书的分类

按投标方人员组成情况划分,可分为个人投标书、合伙投标书、企业投标书、集体投标书等。

按性质和内容划分,可分为企业租赁投标书、劳务投标书、技术引进投标书、科研投标书等。

3. 投标书的作用

投标书是投标过程中使用的文书,是市场经济活动中的具有积极意义的文书,与招标书一样,有利于真正实现"公开、公正、公平"的市场竞争原则,有利于提高管理水平和经济效益,有利于保证项目质量和国家利益。

(三)投标书的写法

投标书包括标书封面、标题、主送单位、正文、附件、结尾六部分。

1. 标书封面。封面通常可以省略,但大型的标书一般用封面,用以写明主送单位、投标单位名称、招标编号、投标项目名称、法人代表职务和姓名、标书送出时间等。

2. 标题。一般直接用"投标书",或"投标项目名称+文种",如"××建筑工程投标书"。

3. 主送单位。在标题之下顶格写明招标单位名称。

4. 正文。一般采用条文并列式或表格式结构,用以说明投标项目名称、数量、标价、包干形式、质量保证、交货、竣工时间等。有的投标书还包括投标单位的基本情况、企业性质、级别、经营历史、技术力量和设备情况等。

5. 附件。投标书所附带的文件材料。一般写在正文下方,标明附件名称和份数。

6. 结尾。写明招标单位名称、发文时间并加盖印章。单位名称应具体,包括地址、电话、传真号码、邮政编码和联系人等。由于网络的普及,可加上邮箱和网址。

例文

封面:

项目名称:博爱应急箱物资

招标编号:2015-SH548

投标人名称:厦门××进出口有限公司

日期:2015 年 11 月 06 日

博爱应急箱物资项目投标书

厦门市红十字会:

根据贵方为博爱应急箱物资项目的投标邀请(招标编号:2015-SH548),本签字代表陈××,销售经理,正式授权并代表投标人厦门××进出口有限公司、厦门市××区××路 8 号 1906 室提交下述文件正本一份和副本两份。

1. 资格性文件

2. 商务部分

3. 技术部分

4. 价格部分

据此函,签字代表宣布同意如下:

1. 所附详细报价表中规定的应提供和交付的货物及服务报价总价(国内现场交货价)为人民币 140000 元,即壹拾肆万元整(中文表述)。

2. 投标人已详细审查全部招标文件,包括修改文件(如有的话)和有关附件,将自行承担因对全部招标文件理解不正确或误解而产生的相应后果。

3. 投标人保证遵守招标文件的全部规定,投标人所提交的材料中所含的信息均真实、准确、完整,且不具有任何误导性。

4. 投标人将按招标文件的规定履行合同责任和义务。

5. 本投标文件自开标日起投标有效期为:在招标文件投标人须知前附表 1 第 3 项所规定的期限内保持有效。

6. 如果发生招标文件第二章投标人须知第 12 条所述情况,则同意招标代理机构不予退还投标保证金。

7. 投标人同意按照招标采购单位要求提供与其投标有关的一切数据或资料,完全理解贵方不一定要接受最低的报价或收到的任何投标。

8.与本投标有关的一切正式往来通讯请寄:

附件:1.资格性文件

2.商务部分

3.技术部分

4.价格部分

地址:厦门市××区××路882号××商城D座904室

邮编:×××××

电话:13767985330　　传真:××××××

投标人代表签字:

投标人(全称并加盖公章):厦门××进出口有限公司

2015年11月19日

思考与练习

一、简述题

1.什么事投标书?它与招标书的关系是怎样的?

二、写作题

1.请根据招标书中的例文,撰写相对应的投标书。

第五节　起诉状与委托书

一、起诉状

(一)起诉状的界定

起诉状是公民、法人或其他组织在自身权益受到侵害或者与他人发生争议时,向人民法院提出保护其合法权益的请求时所使用的法律文书。

起诉状具有很强的实用性,是当事人维护合法权益的诉讼工具,是人民法院受理案件的重要来源,也是司法机关依法进行诉讼活动的凭证以及核查、存档的主要凭据。

(二)起诉状的特点、分类与作用

1.起诉状的特点

(1)直接性

任何公民、法人或其他组织在权益受到侵犯或与他人发生纠纷时,当事人或法定代理人都可以直接向人民法院递交起诉状。

(2)指向性

起诉状必须有明确的被告、具体的诉讼要求和充足的事实根据,要有相关的法律条文为依据。

(3)严肃性

是指当事人必须对起诉书内容的真实性、格式的规范性和制作程序的正当性负责。一经人民法院受理,起诉状非经法定程序不得任意更改,以维护法律文书的严肃性。

（4）保障性

起诉状是维护当事人合法权益或平息纠纷的法定文书，用以保障当事人的合法权益。人民法院依据起诉状启动法定程序后，具体案件涉及的当事人与其他相关人员也要因此进入司法程序中，并对起诉书的相关内容作出回应。

2. 起诉状的分类

起诉状按诉讼性质不同，可分为民事起诉状、刑事自诉状、行政起诉状等。

（1）民事起诉状

民事起诉状，是指民事法律关系主体因自己的民事权益受到侵害或与他人发生争议时，根据法律、事实和证据，向人民法院提交的、请求人民法院依照法定程序进行裁判的书面诉讼请求。

（2）刑事自诉状

刑事自诉状，是指被害人或其法定代理人、近亲属根据事实，依照法律，直接向人民法院控告被告人，要求追究其刑事责任所递交的书面诉讼请求。所谓"自诉状"，是相对于人民检察院的"公诉书"即起诉书而言的。

（3）行政起诉状

行政起诉状，是公民、法人或其他组织对行政机关或其工作人员的某一具体行政行为存在质疑，以国家机关、行政组织为被告，依法向人民法院提出诉讼，要求保护其合法权益的书面诉讼请求。

3. 起诉状的作用

（1）维护当事人权益的保障

宪法和法律赋予公民平等的诉讼权，当事人可以在自身合法权益受到侵害时直接向人民法院递交起诉状，申请法律的支持和保护。

（2）启动司法程序的基础

诉讼程序的启动标志为当事人向人民法院提交诉讼文书并得到法院的受理。

（3）参与司法审判的依据

人民法院了解当事人的诉讼请求、事实和理由的基础，是调解和审理案子的参考之一，也是被告应诉答辩的依据。

（三）起诉状的格式与写法

起诉状一般由三部分组成：首部、正文和尾部。

1. 首部

（1）文书标题。首页正上方居中写明"民事起诉状"、"刑事自诉状"或"行政起诉状"等。

（2）当事人的基本情况。依原告、被告、第三人的顺序列明。当事人为自然人的，应写明当事人姓名、性别、年龄、民族、职业、工作单位、住所、联系方式。当事人是法人或者其他组织的，应写明单位名称、地址、法定代表人或者主要负责人的姓名、职务、联系方式、企业性质、工商登记核准号、经营范围和方式、开户银行、账号等。有委托代理人的，在其代理人下一行注明委托代理人的姓名、单位和职务。行政起诉状中的被告仅限能作出具体行政行为的行政机关。

（3）案由。主要是为案件纠纷定性。最高人民法院颁布的《民事案件案由规定》对各种民事案件案由做了全面、具体的规定，当事人提起民事诉讼时可根据该规定确定案由。

2.正文

(1)诉讼请求。诉讼请求是起诉人通过人民法院主张自己的合法权益的具体事项。如果是民事诉讼,其诉讼请求主要有停止侵害、排除妨碍、消除危险、返还财产、恢复原状、修理、重作、更换、赔偿损失、支付违约金、消除影响、恢复名誉、赔礼道歉等。可以根据实际情况,将被告应承担的责任具体化、明确化。

(2)事实和理由。事实即双方争议的具体问题,要实事求是地写清争议的起因、过程及现状。理由即诉讼请求的依据,要准确、全面地列举事实和证据,援引法律进行论证。

3.尾部

(1)致送人民法院。尾部下行左空两格写"此致",另起一行顶格写致送法院名称。

(2)附项。包括本诉状副本、其他证据和证明材料。起诉状副本份数,应按被告人的人数提交。

(3)起诉人署名。如果是法人或其他组织,应加盖公章。起诉状如果由代书人代书的,应在年、月、日的右下角写明代书人的姓名、工作单位和职务。委托律师代为诉讼的,则应写明委托律师的姓名及其所在律师事务所名称。

(4)起诉的时间。注明提起诉讼的年、月、日。

(四)起诉状的写作要求

1.主体要适格。即诉状中所列的当事人符合法律规定。合格的原告必须是与本案有直接利害关系的公民、法人和其他组织。合格的被告应是原告权利请求保护指向负有义务的一方,所列被告应是明确、具体和特定的。

2.诉讼请求要合法、合理。即诉讼文书中所提事项能够履行,数字明确,避免笼统抽象。

3.叙述事实与理由要客观准确。即事实部分要逻辑清晰,实事求是,切忌主次不分、夸张失真。理由部分应抓住重点,准确、恰当地援引法律条款,有效地支撑诉求。

例文1 公民提起民事诉讼用

民事起诉状

原告:×××(写明姓名、性别、年龄、民族、籍贯、职业、住址、联系方式等基本情况)。

被告:×××(写明姓名、性别、年龄、民族、籍贯、职业、住址、联系方式等基本情况)。

案由(主要写明当事人之间讼争的法律关系及其争议):××。

诉讼请求(主要写明请求解决争议的权益和争议的事实,以及请求人民法院依法解决原告一方要求的有关民事权益争议的具体事项):××。

事实与理由:×××。

211

证据和证据来源、证人姓名和住址：

××××××××××××××××××××。

××××××××××××××××××××。

此致

××××人民法院

附：本诉状副本×份。

起诉人：×××（签名或盖章）

××××年××月××日

例文2　公民提起刑事自诉用

刑事自诉状

自诉人：×××（写明姓名、性别、年龄、民族、籍贯、文化程度、职业、住址、联系方式等基本情况）。

法定代理人：×××（写明姓名、性别、与自诉人的关系、年龄、民族、籍贯、职业、住址、联系方式等基本情况）。

委托代理人：×××（写明姓名、性别、年龄、民族、籍贯、文化程度、职业、住址、联系方式等基本情况；系律师的，写明姓名、工作单位和职务）。

被告人：×××（写明姓名、性别、年龄、民族、籍贯、文化程度、职业、住址、联系方式等基本情况）。

案由（被告人被控告的罪名）：××××××××××××××××××××××。

诉讼请求（自诉的请求）：××。

事实与理由（被告人犯罪的时间、地点、侵害的客体，动机、目的、情节、手段及造成的后果。有附带民事诉讼内容的，在写明被告人的犯罪事实之后写清。理由应阐明被告人构成的罪名和法律依据）：××。

证据和证据来源，证人姓名和住址：

1.××××××××××××××××××××××××。

2.××××××××××××××××××××××××。

此致

××××人民法院

自诉人：×××（签名）

××××年××月××日

代书人：×××（如无，省略）

附:1. 本诉状副本×份(副本份数按照被告人数提交);

2. 物证×份;

3. 书证×份。

例文3 行政诉讼状实例

行政起诉状

原告马××,女,27岁,××省××市人,××省××市××医院护士,住××省××市××区××路××号。

被告××省××市卫生局,××省××市××区××大街××号,法定代表刘××,局长。

诉讼请求:

一、依法撤销被告(2007)×卫字第×号行政处罚决定。

二、判决被告承担本案诉讼费用。

事实与理由:

2007年1月27日,患者栗××到××市××医院治疗,需注射青霉素。当日下午4时30分,栗××到注射室,恰遇原告值班,原告由于急于去托儿所接孩子,并考虑到患者栗××多次在××市××医院注射青霉素,从未见异常,故没有给栗××做皮下试验,即注射了一支青霉素。15分钟后,栗××出现异常反应。××市××医院立刻组织抢救,但30分钟后栗××死亡。同年1月31日,我市卫生医疗事故技术鉴定委员会作出鉴定结论,认为原告的行为系医疗事故。原告对此鉴定结论无异议。

2007年3月4日,被告依据《医疗事故处理办法》第22条的规定,对原告作出以下行政处理:(1)原告给予被告家属经济补偿费8000元;(2)吊销原告的行医资格。对此行政处理决定,原告表示不服。理由如下:

一、被告适用法律错误

《医疗事故处理办法》第22条规定:个体开业的医务人员所造成的医疗事故,由当地卫生行政部门根据事故等级、情节、本人态度,除责令其给病员或其亲属一次性经济补偿外,还可以处以1年以内的停止或吊销开业执照。第18条规定:确定为医疗事故的,可以根据事故等级、情节和病员的情况给予一次性经济补偿。医疗事故的补偿费,由医疗单位支付给病员或家属。

从以上规定可看出,在医疗事故的情况下,给予病员或其家属经济补偿费的主体应当是个体开业的医务人员或医疗单位。原告是××医院的护士,而不是个体开业的医务人员,所从事的医务活动均以××医院的名义。因此,原告出现的医院事故所引起的经济补偿费应由所在的××医院支付。被告适用《医疗事故处理办法》第22条规定,作出责令原告支付经济补偿费的处理决定,属于适用法律错误,应当适用该办法第18条的规定。

二、被告作出吊销原告行医资格的行政处罚决定不当

根据《医疗事故处理办法》第20条的规定,对造成医疗事故的直接责任人员,由医

疗单位根据事故等级、情节轻重、本人态度和一贯表现,给予行政处分。这一规定明确了应由医疗单位对其造成医疗事故的工作人员按照行政隶属关系、分不同情况给予相应行政处分,而不是由被告作出处罚决定,更不存在吊销行医资格的处罚办法。被告在无法可依的情况下擅自作出的对原告的处罚等决定应予纠正。

综上所述,根据我国《行政诉讼法》第 54 条第 2 项的规定,原告认为被告适用法律错误,作出的处罚决定不当,特请求人民法院依法作出撤销被告行政处罚决定的判决。

证据和证据来源,证人姓名和住址:

一、《医疗事故处理办法》;

二、(2007)×卫字第×号行政处罚决定书,四川省××市卫生局 2007 年 3 月 4 日作出。

三、证人××,住址:四川省××市××路××号。

此致

四川省××市××区人民法院

起诉人:马××

××××年×月×日

附:1. 本诉状副本 8 份;

2. 证据材料 7 份。

思考与练习

一、简述题

1. 简述起诉状的特点。

2. 简述起诉状写作的要求。

二、委托书

(一)委托书的界定

授权委托书,是指由委托人出具的授予代理人代理资格及权限的法律文书,是代理资格的证明。

授权委托书中的代理人可以是律师,也可以是当事人的近亲属、有关社会团体或其他具有代理资格的公民。在委托人委托书上的合法权益内,代理人行使的全部职责和责任都将由委托人承担,代理人不承担任何法律责任。

(二)委托书的特点、分类与作用

1. 委托书的特点

(1)委托性。授权委托书是委托人要求委托代理人让其代自己行使诉讼权利的书面凭证。

(2)代理性。代理受人之托,就应该在授权范围内把受托的事情办好。

2. 委托书的分类

根据委托性质,授权委托书一般可以分为民事代理授权委托书和诉讼代理授权委托书两类。

（1）民事代理授权委托书。非诉讼类的委托代理文书,由委托人委托代理人在指定权限内进行民事法律行为,如委托他人管理、出售房屋等相关事宜。

（2）诉讼代理授权委托书。是指委托人把诉讼的权利以书面的形式授予代理人作为行使的证明文书。按诉讼性质可分为民事诉讼代理授权委托书、行政诉讼代理授权委托书、刑事诉讼代理授权委托书。授权书的基本内容为代理人代行诉讼权利,如查阅案卷、陈述辩论、审查证据等。

此外,委托书按照主体来分,可分为法定代表人授权委托代理书和个人授权委托代理书;按照内容来分,可分为商务授权委托书、房屋出售委托代理书、代办证件委托书等。

3. 委托书的作用

（1）有效凭证。委托书能够证实代理人具有代理资格与代理权限的有效身份、证实委托人与代理人存在真实、合法、有效的委托关系,也是相关部门审查代理人资格与权限的书面凭证。

（2）明确依据。委托书用以确定和明确代理人的代理权限,在权限内代理人的相关行为、结果由委托人负责,超越其代理权限则认为是无效行为。

（3）权益保证。公民或法人在进行民事活动或进入诉讼程序时,有时会因多种原因如分身乏术或条件受限不能亲自应对,需要书写授权委托书,委托他人办理相关事务或代为诉讼,有助于被委托事项正常进行。如是诉讼委托,则有利于案件启动、开展,提高审判工作的效率与质量。

（三）委托书的结构与写法

委托书一般包括首部、正文和结尾三部分。

1. 首部

（1）标题。居中写明文书名称"授权委托书"。

（2）委托人与代理人的基本情况。委托人是公民的,应写明其姓名、性别、年龄和住址等基本情况;委托人是法人或其他组织的,应写明其全称、地址及法定代表人或者负责人的姓名、职务。作为代理人的律师应写明其姓名和所在律师事务所名称。

2. 正文

（1）委托事项。写明授权委托代理的事项,如房屋管理、办理诉讼案件、办理工商登记、签订合同等。代理内容、范围与权限要交代清楚。

（2）授权范围。写明代理权限,如代理人在诉讼类委托中进行特别授权的,还需写明"诉讼代理人有权代为承认、放弃、变更诉讼请求,进行和解,提起反诉或上诉"。

（3）授权期限。写明委托书的履行期限、地点和方式,以便双方履行合同。

3. 结尾

委托人及代理人签名或签章,并注明委托日期。

（四）委托书的写作要求

1. 要明确权限。代理事项和代理权限范围要明确、具体,不易产生歧义。委托书并未特别指明的,则视为并未授权。如因授权书授权不明而造成不良后果的,代理人和授权人要承担连带责任。

2. 要明确期限。必须采取书面形式确定委托期限。代理人在期限内持委托书所产生的法律行为、效果归属被代理人。

例文1　民事代理权委托书

授权委托书

委托人：×××（写明姓名、性别、年龄、民族、住址以及联系方式等）

代理人：×××（写明姓名、性别、年龄、民族、工作单位、联系方式等）

现委托上列受委托人在我与×××因××××××××纠纷一案中，作为我方诉讼代理人。

代理人×××的代理权限为：××××××××××××××××××××××××（写明代理权限，如对代理人进行特别授权的，还需写明"诉讼代理人有权代为承认、放弃、变更诉讼请求，进行和解，提起反诉或者上诉"）。

委托人：×××（签名）
××××年××月××日

例文2　诉讼代理授权委托书

授权委托书

委托人×××根据《刑事诉讼法》第三十三条的规定，特聘请××××律师事务所×××律师为××××××案件的××的律师。

本委托书有效期自即日起至本案侦查终结止。

委托人：×××（签名）

××××年××月××日

（注：本授权委托书一式三份，由委托人、律师事务所各持一份，交侦查机关一份。）

例文3　授权委托书实例

授权委托书

委托人：刘××，男，××××年××月××日出生，住址：广东省××市××区××路××号，居民身份证号码：××××××××××××××××××。

代理人：兰××，女，××××年××月××日出生，住址：福建省××市××区××路××号，居民身份证号码：××××××××××××××××××。

委托人与代理人系夫妻关系，并以兰××的名义办理购买坐落于福建省××区××路××小区××号楼××单元房产（详见预售合同号×××××××××《商品房买卖合同》），并以该房产作为抵押物向××××公积金中心和××××银行申请贷款。现委托人因事务繁忙,特委托兰××为本人的代理人,代为办理与购房、银行贷款相关的一切手续,委托人具体代理权限及范围如下:

1. 代为签署购买上述房产时所需的一切相关购房合同并支付购房款。

2. 代为办理上述房产的调档查册、网签、领取购房人家庭登记记录查询证明。

3. 就所购房产向××××银行(或公积金管理中心)申请贷款,办理贷款有关的一切手续(包括但不限于在借款合同、抵押合同、购房抵押登记申请表、个人贷款支付凭证等于贷款有关的文书上签字),代为办理上述房产银行开卡、银行款项冻结、解冻及划转等相关手续。

4. 办理归还银行贷款、抵押注销。

5. 签收福建省住房公积金中心和××××银行送达的与贷款有关的各类文书,代为领取银行过户材料等相关事宜。

6. 代为办理及领取上诉房产的《房屋所有权证》《国有土地使用证》并缴纳相关费用。

7. 代为办理上述房产的房屋交接及水、电、管道煤气、有线电视、公共维修基金、物业等相关配套的交接手续。

8. 代为查询对账单、提取公积金、住房公积金委托冲还贷等相关手续。

9. 代为办理上述房产购房过程中的其他相关手续。

受托人在办理上述事项所做的一切行为,视同本人所为,因此所签署的相关文件及支付的相关费用,本人均予以承认并承担相应的法律责任。

受托人无转委托权。

委托期限自委托之日起至××××年××月××日为止。

委托人:×××

××××年××月××日

思考与练习

一、写作题

1. 阅读下列材料,写一份授权委托书。

市民王某因工作调动去江西某市,要出租、出售福州市鼓楼区××小区××栋××号房产。为了免去两城奔波之苦,想要委托亲属李某全权办理出租、出售该套房产的相关手续,如签订合同、商定价格、过户登记等事宜,并负责管理该套房产,代为缴纳各项水、电、煤气等相关费用。请代他拟一份授权委托书。要求格式标准,条款清晰。

第六节　遗嘱与公证

一、遗嘱

(一)遗嘱的界定

遗嘱,是遗嘱人生前在法律允许的范围内,按照法律规定的方式对其遗产或其他事务作

出处理,并于死亡时发生效力的法律文书。

(二)遗嘱的特点、分类与作用

1. 遗嘱的特点

(1)遗嘱是单方面的法律行为,无须征求继承人的意见。

(2)遗嘱是遗嘱人行使所有权的一种方式。

(3)遗嘱在立遗嘱人死后才发生效力。

2. 遗嘱的分类

遗嘱有公证遗嘱、自书遗嘱、代书遗嘱、录音遗嘱和遗嘱人在危急情况下的口头遗嘱等形式。

(1)公证遗嘱。是经由国家公证机关公证的遗嘱。公证遗嘱是最为严格的遗嘱方式,是证明遗嘱人处分财产意愿最有力、最可靠的证据。

(2)自书遗嘱。是指遗嘱人亲笔书写的遗嘱。这种遗嘱简便易行,便于保密。但为了证明其真实性,须由遗嘱人亲笔书写全部内容并签名、盖章,注明年、月、日。日期的记载作为考察立遗嘱人遗嘱能力的依据。

(3)代书遗嘱。是由他人代笔书写的遗嘱。代书遗嘱应当由两个以上见证人在场见证,由其中一人代书。须有代书人、其他证人和遗嘱人签名,并注明年、月、日。

(4)录音遗嘱。是以录音磁带记录下遗嘱人处分其遗产的话语。以录音形式立的遗嘱,应当有两个以上见证人在场见证。

(5)口头遗嘱。法律规定,只有在危急情况下才可以立口头遗嘱。口头遗嘱应当有两个以上见证人在场见证。危急情况解除后,遗嘱人能够用书面或者录音形式立遗嘱的,所立的口头遗嘱无效。

遗嘱人可以撤销、变更自己所立的遗嘱。立数份遗嘱,内容相抵触的,以最后的遗嘱为准。遗嘱人以不同形式立有数份内容相抵触的遗嘱,其中有公证遗嘱的,以最后所立公证遗嘱为准。没有公证遗嘱的,以最后所立的遗嘱为准。

3. 遗嘱的作用

(1)保护立遗嘱人与继承人的合法权益。遗嘱具有法律效力,用以保护立遗嘱人依照个人意愿处理、支配个人合法财产的权利,同时保护未成年人、失去劳动能力或生活困难的法定继承人的继承权。

(2)有助于减少继承者的纠纷与讼争。如果遗嘱合情合法,用遗嘱处理个人财产,可以避免一些遗产纠纷,有助于家庭和睦和社会稳定。

(三)遗嘱的结构与写法

一篇完整的遗嘱由首部、正文、尾部三部分组成。

1. 首部

(1)标题。写明文书名称"遗嘱",或将遗嘱人姓名写入标题,如"×××遗嘱"。

(2)订立遗嘱人的基本情况。写明其姓名、性别、年龄、民族、籍贯、住址等。

(3)代书人与见证人的基本情况。委托他人代书的,应写明受托人和见证人的姓名、年龄、性别、住址等情况;受托人为律师的,写明其所在事务所名称及代书遗嘱的律师姓名。

2. 正文

(1)写明立遗嘱的原因。

（2）确定遗产的范围。《继承法》规定,遗产是公民死亡时遗留的个人合法财产。主要包括:①公民的合法收入;②公民的房屋、储蓄和生活用品;③公民的林木、畜生、家禽;④公民的文物、图书资料;⑤法律允许公民所有的生产资料;⑥公民的著作权、专利权中的财产权利;⑦公民的其他合法财产。

（3）遗嘱的内容。包括继承人与立遗嘱人之间的关系、立遗嘱人对其所有财产的具体处理意见,确定各继承人继承遗产的数额。指定两个以上继承人的,应分别列明指定继承人的姓名及他们各自继承的份额。

遗嘱继承人必须是法定继承人,但不受继承顺序的限制,即遗嘱继承人必须是配偶、子女、父母、兄弟姐妹、祖父母、外祖父母、对公婆尽了主要赡养义务的丧偶儿媳、对岳父母尽了主要赡养义务的丧偶女婿等这些人中的一个、几个或全体。遗嘱继承顺序不受法定继承所规定的继承人顺序,可由立遗嘱人依据个人意愿安排。如遗嘱中指定的遗产接受人是法定继承人以外的人,则不再称为遗嘱继承,而称为遗赠。

（4）指明某项财产的用途或使用目的。有的遗嘱是无条件的,有的为继承人取得该项遗产设立了条件,附加了义务。如可以继承某项财产,但必须用来做什么或达到什么样的使用目的。

（5）指定遗嘱执行人。遗嘱人可以指定遗嘱执行人按照遗嘱的内容对财产进行分割,使遗嘱得到有效的执行。

3. 尾部

（1）注明设立遗嘱的时间,遗嘱人签名或盖章。

（2）注明见证的时间、地点,见证人的签名或盖章。

（四）遗嘱的写作要求

1. 遗嘱必须受法律的约束,不得违反《宪法》《婚姻法》《继承法》等法律规定。

2. 遗嘱继承不得违背社会主义道德准则和社会的道德风尚。

3. 遗嘱人虽遗嘱自由,但不能剥夺法定继承人中需要赡养的老人和无独立生活能力的未成年子女及丧失劳动能力的病残者的必要遗产份额。

4. 遗嘱不得处分遗嘱人个人财产以外的财产。

5. 遗嘱内容要明确、具体。不应有含糊不清的内容,以免在分割遗产时产生歧义,发生纠纷。

例文 1　代书遗嘱

遗嘱

立遗嘱人:×××(姓名、性别、年龄、工作单位、职业、住所等)

本人因××××××××××,特请×××和×××作为见证人,并由×××代书遗嘱如下:

一、遗产的范围(写明立遗嘱人所有的财产名称、数额、价值、存在形式、存放地点等):××××××××××××××××××××××××××××××××

××

××××××××××××××××××××××××××××××××××××××。

二、遗产具体分配的方法(写明各继承人及其所继承的财产的详细情况):×××。

三、其他事项(写明其他需要嘱托或说明的问题。是否有继承条件,如要求继承人承担立遗嘱人丧葬的义务、指定遗嘱执行人等):××。

本遗嘱一式×份,由×××、×××、×××保存。

立遗嘱地点:××××××;立遗嘱时间:××××××。

立遗嘱人:×××(签名)

见证人:×××(签名)

代书人:×××(签名)

××××年××月××日

例文2　遗嘱实例

遗嘱

立遗嘱人:王××,男,汉族,居民身份证号:××××××××××××××××××。

住址:××市××区××路××号××小区××栋××室。

为了证明本人所立遗嘱的真实性,特请张××和李××作为见证人,并由张××代书遗嘱如下:

一、立遗嘱人所购买的××市××区××路××号××小区××栋××室三室一厅(房屋所有权号为:××房权证××字第×××××号)的房屋归儿子王甲继承。

二、立遗嘱人在××银行的存款(存折号为:×××××××××××)人民币50万元归女儿王乙继承。

本遗嘱一式三份,由王××、张××、李××各自保存一份。

立遗嘱地点:××市××区××路×号××小区×栋×室。

立遗嘱时间:2016年1月28日上午9时30分。

立遗嘱人:王××

见证人:张××,李××

代书人:张××

2016年1月28日

思考与练习

一、简述题

1. 遗嘱是否反映立遗嘱人的真实意愿？是否是遗嘱合法的唯一决定要素？为什么？

2. 遗嘱应注意哪些事项？

二、公证书

（一）公证书的界定

公证书是国家公证机关对当事人申请公证的法律行为、有法律意义的文书和事实进行核查后，确认其真实性、合法性而出具的具有特殊法律效力的司法证明文书。

（二）公证书的特点、分类与作用

1. 公证书的特点

（1）法定性。只有代表国家的公证机关在公证活动中才能制作这种特殊效力的法律文书，其他机关、组织无权代制。

（2）权威性。公证书是公正机关代表国家进行的证明活动所形成的法律文书，具备其他一般证明书所不具备的可靠性和证明力。

（3）广泛性。公证书具有通用性、广泛性的特点，其效力可以不受国籍、地域、行政级别、行业范围的限制。

2. 公证书的分类

根据公证业务，可划分为以下几种：

（1）证明法律行为的公证。包括买卖合同公证、赠予合同公证、土地使用权出让转让合同公证、委托公证、收养公证、财产分割协议公证等。

（2）证明法律意义事实的公证。包括出生和死亡的公证、意外事故公证、不可抗力公证。

（3）证明有法律意义文书的公证。股份公司章程的公证、商标专利的公证、有强制执行力的债权文书的公证等。

根据公证书的用途和使用地域划分，公证书还可分为国内民事公证书、涉外民事公证书、国内经济公证书、涉外经济公证书四大类。

3. 公证书的作用

（1）公证文书具有法律上的证明力。公证书作为特定的书证，证明力较强，审判人员在认为没有疑义时，可以直接作为证据使用。

（2）公证书具有强制执行的效力。债权人有权根据公证机关的证明，直接申请人民法院强制执行，而不必向人民法院起诉。可以迅速强制债权人履行义务，保护债权人的合法权益，避免因打官司带来的时间上的浪费和人力、财力方面的损失。

（3）公证书具有涉外交流的效力。对外交流中如需要对资金、财产、学历、合同、商标、执照及身份信息进行核对，必须通过各国的公证机关公证才能有效地保护其身份和财产的合法权益。

（三）公证书的结构与写法

公证书一般由首部、正文、尾部三部分构成。

1. 首部

(1)公证书标题。证词页上部居中写明"××公证书"。

(2)公证书编号。公证书名称的右下方,由年底编码、公证处及公证类别代码和公证书序号编码组成,如(××××)××证××字第××号。

(3)当事人的基本情况。

一般情况下,公证书的首部不写当事人的基本情况,但继承、收养、亲属关系公证书的首部应写明当事人的姓名、性别、出生日期、住址等内容。

当事人的姓名要准确,如有需要,可对曾用名、又名、别名等括号注明。对当事人之间的称谓,应采取法律规范的称谓。不能用地方性习惯称谓和方言称谓。

机关、团体、企事业单位的名称,在公证书上第一次出现时,应写全称,其后可写简称。

在公证书中,当事人的出生地一般只写省(自治区、直辖市)、县(市)的名称。如地名有变化,应以出生时地名为准;如地名现已不存在,可在地名前加"原"字。

当事人的年龄,一律以出生年月日代替,一般采用公历,必要时,可用括号注明农历日期。

(4)公证事项。这是要素式公证书新增加的内容,简要写明公证证明对象的名称或类别。

2. 正文

正文也叫公证证词,是公证书的核心部分和主要内容。正文应写明公证证明的对象、公证证明的范围和内容、证明所依据的法律法规等。

3. 尾部

(1)写明制作文书的公证处的全称,如中华人民共和国××省××市公证处。

(2)承办公证员的签名或签名章。

(3)出具公证书的年、月、日。

(4)公证处印章及钢印。

(5)部分涉外及涉港澳台公证书需贴上当事人的照片。对于经历、学历、结婚等公证书,应一律贴照片。照片一律为近期一寸半身免冠照,贴于公证书证词页左下方的空白处,贴照片后需加盖钢印。

(四)公证书的写作要求

1. 公证文书应当一律使用中文制作。

2. 必须遵循真实、合法的原则。

3. 必须按照法定程序和格式制作。

例文 1

学历公证书

(××××)××字第××号

根据××大学(学院)20××年××月××日发给×××的第××号毕业证书,兹证明×××(男,19××年××月××日出生)于20××年××月至20××年××月在

××大学××学院××专业学习,学制×年,于20××年××月毕业,并被授予××学士学位。

中华人民共和国××省××市公证处

公证员(签名章):×××

××××年××月××日

例文2

房屋买卖合同公证书

(××××)××字第××号

申请人:

甲(卖方):×××,男/女,××××年××月××日出生,住所:××××或身份证号码:××××××××

乙(买方):×××,男/女,××××年××月××日出生,住所:××××或身份证号码:××××××××

公证事项:房屋买卖合同

甲、乙双方于××××年××月××日向本处申请办理前面的《房屋买卖合同》公证。

经查,甲、乙双方经协商一致订立了前面的《房屋买卖合同》。甲、乙双方在订立合同时具有法律规定的民事权利能力和行为能力(如有代理人,还应写明:代理人具有相应的代理权)。

甲方转让的房屋坐落于××××,建筑面积为×××平方米,相应占用的土地使用面积为×××平方米。甲方对该房屋持有××××(房屋土地管理部门全称)颁发的《房地产权证》(编号:××)。该房屋至××××年××月××日在××××(房地产登记部门全称)查无转让、抵押及其他权利受限制的登记记录(如有共有人的,还应写明:共有人×××对该房屋转让无异议)。根据《中华人民共和国城市房地产管理法》的规定,该房屋可依法转让(注:该房屋在转让时设有抵押权或者其他权利受限制的,证词应据实表述)。

甲、乙双方签订《房屋买卖合同》意思表示真实。双方在合同中约定,甲方以(币种)××××(大写)元整将上述房屋转让给乙方,合同中约定的付款方式、房屋交付日期及违约责任等条款具体、明确(注:若房价款在订立合同时已付清的,证词应当据实表述)。

依据以上事实,兹证明×××(甲方姓名)与×××(乙方姓名)于××××年××月××日在××(合同签订地点)签订了前面的《房屋买卖合同》,双方当事人的签约行为符合《中华人民共和国民法通则》第55条的规定,合同内容符合《中华人民共和国合同法》的规定,合同上双方当事人的签字、印鉴属实。

(注:若合同在本处、本公证员或其他公证员面前签订的,证词应视情表述;若合同经境外公证、认证的,合同当事人的签约行为不予证明。)

该合同自双方当事人签字、盖章（或公证）之日起生效。

中华人民共和国××省××市公证处

公证员：(签名章或签名)

××××年××月××日

例文 3

遗嘱公证书

(20××)×证字第××号

兹证明本遗嘱为×××(男,19××年×月×日生,现住址为××市××区××大街××巷××号)所立,该人的权利和行为能力经查实无误,并于20××年×月×日×来到我处,在我处公证员××面前,立下了上面遗嘱,并在自己所立的遗嘱上签字盖章。符合《中华人民共和国继承法》第16条之规定,属于有效遗嘱。

中华人民共和国××省××市公证处

公证员：×××,×××

2×××年××月××日

思考与练习

一、简述题

1. 公证书与一般说明书相比具有哪些特点？

第七章　社交礼仪类

第一节　介绍信、证明信、感谢信、表扬信

一、介绍信

（一）介绍信的概念

介绍信是机关、团体、企事业单位为了联系工作、了解情况、学习经验、参加会议等给本单位人员外出所开具的一种专用书信,用以介绍被介绍人的姓名、身份、人数、接洽事项等情况。介绍信具有介绍和证明的双重作用。

（二）介绍信的格式和写法

介绍信按照格式可分为用一般公文纸书写的介绍信,印刷成文、不留存根的介绍信,印刷成文、留有存根的介绍信。

1. 用一般公文纸书写的介绍信

用一般公文纸书写的介绍信的格式和写法如下:

（1）标题

在第一行正中写"介绍信"或"××单位介绍信",字体一般较大。

（2）称呼

顶格书写收信单位名称或收信人姓名,后加冒号。

（3）正文

另起一行空两格书写介绍信的内容,具体应包括以下内容:

①持介绍信者姓名、人数（大写）、年龄、职务,如果是党、团事务类的,还应写清楚被介绍人的政治面貌等。一般用"兹有""现有"等词语开头。中间写明要接洽的具体事项及对收信者的要求（请求）等,结尾用"请接洽（协助）""请予接洽（协助）为盼"等词语结尾（可空两格单独成行）。

②祝颂语,格式要求同一般书信,内容一般都是"此致、敬礼"。

③落款,包括署名和日期。在结尾下一行的偏右方写上单位的名称,并加盖公章。署名下一行写日期,并加盖公章。

④另起一行,左空两格加括号,内填有效期限。一般是往返路途加办事所用时间再稍宽出几天为宜。

例文 1

×××学校介绍信

×××：

　　兹有我校×××同志等人，前往贵公司参加×××调研，并联系×××等事宜，请予接洽为盼。
　　此致
敬礼！

×××学校（公章）
××××年××月××日
（有效期×天）

2.印刷成文、不留存根、随用随写的介绍信
(1)在第一行正中印有"介绍信"字样。
(2)正文、结尾、署名均按一定的格式印好，只在上面的空白处填写清楚有关的内容即可。

例文 2

×××教育局介绍信

×××：

　　兹有我局_____（部门）_____同志等__人，前往贵处联系_____等事宜。
　　请予接洽为盼。
　　此致
敬礼！

×××教育局（公章）
××××年××月××日
（有效期×天）

3.印刷成文、留有存根的介绍信
较正规的介绍信一般由存根、间缝、本文三部分构成。其格式及写法如下：
(1)介绍信存根部分的右上方印有"××字××号"。
(2)介绍信存根部分的正文，按其格式将内容填入空格处即可。
(3)介绍信存根部分的署名和日期。
(4)介绍信的间缝部分。存根与介绍信本文之间有一条虚线，这条虚线上印有"××字××号"字样，依照存根部分的有关内容填写。但号码要大写，如"壹佰伍拾柒号"，字体要大些，便于裁开后各留一半字迹。虚线在正中要加盖骑缝章。

（5）介绍信本文部分中"××字××号"要与存根相同。第三行要顶格写上联系单位或个人姓名,后边加冒号。其余部分按格式将空白处的内容填写清楚即可。

例文

介绍信存根

介字第（　　）号

前往单位：　　　　　　　　　　　　　　持信人　　　等　　　人

接洽事项：

批准单位：

××××年××月××日

··················（骑缝章）··················

×××市人民政府介绍信

介字第（　　）号

×××：

　　兹介绍　　　等同志　　　人,前往你处联系　　　　　　　　　　等事宜。

　　请予接洽为盼。

　　此致

敬礼!

×××（公章）

××××年××月××日

（有效期×天）

以上三种形式的介绍信写完后,均应装入公文信封内。信封写法与普通信封写法相同。

（三）介绍信的写作要求

1. 要填写持介绍信者的真实姓名、身份,不得冒名顶替。

2. 接洽和联系事项要写得简明扼要,办什么事就写什么事,与此无关的不写。

3. 要经过领导过目或在存根上签字以示慎重负责。

4. 重要的介绍信要留有存根或底稿,内容和正文完全一致,并由开具介绍信的人认真核对。存根或底稿要留存,以备查考。

5. 书写工整,不得涂改。如有涂改,涂改处必须加盖公章,否则对方可以不予接待。

二、证明信

（一）证明信的概念

证明信是以机关、团体、个人的名义凭借确凿的证据,证明某人的身份、经历,或证明有关事件的真实情况的专用书信。

证明信的特点如下：

1. 真实性。这是证明信最重要、最本质的体现。出具虚假证明就失去原有的意义和作用，会害人害己，贻误大事。

2. 凭证性。证明信贵在证明，它以真实性为基础，是持有者用以证明自己身份、经历或某事真实性的一种凭证。没有证明就言之无据。

（二）证明信的格式与写法

证明信按照写信者身份分为以组织名义出具的证明信和以个人名义出具的证明信。

1. 以组织名义发出的证明信

这类证明信用来证明某人身世、经历或某一事件的真相，其格式与写法如下：

（1）标题。在第一行居中以较大字体写"证明信"三个字，也可以写为公文形式的标题，如"关于××问题的证明"。

（2）称谓。顶格写明需要证明单位的名称，名称后加冒号。

（3）正文。另起一行空两格写。如证明一个人的历史问题，写清楚人名、时间、地点及所经历的事情；如证明的是一件事，要写清楚参与者的姓名、身份及在此事件中的地位、作用和事件本身的前因后果。

（4）结尾。可接着正文或另起一行空两格写上"特此证明"四个字。祝颂语格式同一般书信。

（5）落款。在末行右下方写上证明的单位名称，加盖公章。另起一行，在右下方写日期。

2. 以个人的名义证明某人某事情况的证明信

证明人对所证明的内容要完全负责。若为与工作相关的证明，除个人签名外，还需由证明人所在单位签署意见，以增强证明信的可靠性和严肃性。

以个人名义出具的证明信，除结尾须由写信者单位签署意见和加盖公章外，其余的写法与以组织的名义所写的介绍信的格式相同。

（三）证明信的写作要求

1. 内容要有针对性，对方所要求的要点写，无关的不写。如果证明的是某人的某段经历，应写清人名、时间、地点及所经历的事情；如证明某一事件，要写清参与者的姓名、身份及其在此事件中的地位、作用和事件本身的前因后果。

2. 态度要严肃认真，实事求是，言之有据。证明信有时是作为结论的根据的。所以，写证明信对被证明的人或事，须有清楚的了解才能书写。如果不太熟悉或记忆不十分清楚，应写清并注明"仅供参考"。

3. 语言要准确，不能随意夸饰，不可模棱两可。不能用铅笔、红色笔写，不得涂改。

4. 单位出具的证明信要求盖章，并且留有存根备查。以个人名义出具的证明信要求署名。对于随身携带的证明信，一般要求在信的结尾注明有效时间和"过期无效"的字样。

例文

证明信

××单位：

　　你单位××××年××月××日来信收悉。根据信中要求，现将×××同志在我单位工作期间的情况介绍如下：

×××同志于××××年××月××日至××××年××月××日在我单位××部门任职。该同志思想先进,工作认真,并三次被评为我单位优秀职工。

特此证明。

×××(公章)

××××年××月××日

三、感谢信

感谢信与表扬信均是为了表达对个人或者团体的感谢及表扬而写的信件,是会经常用到的一种文书。

(一)感谢信

1. 感谢信的概念

感谢信是为了感谢对方的关心、帮助而写的书信。感谢信具有感谢、表扬双重意思。

2. 感谢信的结构与写法

(1)标题

在首行居中用稍大字体写明"感谢信"或"致×××的感谢信"等字样。除标题外,其格式要求同一般书信。

(2)称呼

在标题下一行顶格写被感谢对象的单位名称或个人姓名。称呼注意要用敬称。

(3)正文

①简练地叙述需要感谢的对象的先进事迹。

②热情赞颂对方的可贵精神及积极影响,表示向对方学习的态度和决心。

(4)祝颂语

写表示敬意和感谢的话,如"致以最诚挚的谢意""表示衷心的感谢"等词语。

(5)落款

落款包括署名和日期。

3. 感谢信的写作要求

感谢信一般用大红纸誊写好,贴到对方单位墙上。

(1)叙述对方优秀品德、先进事迹的语言要精练,这是感谢信的主体。人物、事件、时间、地点、原因、结果要交代清楚,对方的关心、支持和帮助所产生的效果要强调,这是感谢信的重点。

(2)叙述过程中要加以适当的议论、评价,既要恰如其分,又要充分表达出感激之情。

(3)表示感谢的话要符合双方的身份,特别是要根据对方的具体情况表示感谢,感情要真挚、朴实。

(4)文字要精练,评价要恰当,篇幅不能太长。

例文

感谢信

中国建筑第八工程局有限公司：

文明因交流而多彩、因互鉴而丰富。9 月 26 日—28 日,2018 中国(曲阜)国际孔子文化节暨第五届尼山世界文明论坛在山东济宁曲阜成功举办。本届文化节和论坛紧扣习近平总书记关于构建人类命运共同体的倡议,积极响应联合国"世界文明对话"号召,围绕"用儒家文化讲好中国故事""同命同运相融相通：文明的相融与人类命运共同体"主题,深入探讨文明的相融以及人类命运共同体建设的途径,向世界发出中国的声音,为人类的未来和平、有序发展献计献策。盛会成功举办,彰显了中华文明在世界文明对话中的主体地位,必将进一步提升济宁的国际知名度和影响力,对于打造世界儒学文化研究中心有着重大意义。孔孟大地 850 万人民备受鼓舞、深感自豪,极大地增强了文化自信,我们将时刻牢记习近平总书记视察济宁时的殷殷嘱托,更好地担负起传承弘扬优秀传统文化的历史使命。

万众一心,共襄盛举。本次文化节和论坛规模大、规格高、影响广,筹备时间紧、任务重,取得圆满成功得益于各方的同心协力、精诚合作,更离不开贵单位的鼎力支持。中共济宁市委、济宁市人民政府,向贵单位表示衷心的感谢和崇高的敬意!

孔孟之乡,儒韵流长;结缘济宁,来日方长。真诚期盼贵单位各位领导再次来孔孟之乡旅游观光,对济宁给予更多的支持和帮助!

中共济宁市委

济宁市人民政府

2018 年 9 月 30 日

(资料来源：http://www.cscec81.com/198.news.detail.dhtml? news_id＝6117)

四、表扬信

(一)表扬信的概念

表扬信是对某个单位或个人的先进思想、高尚风格或模范事迹进行表彰和颂扬的一种专用书信。

(二)表扬信的结构与写法

1. 标题

第一行正中写上"表扬信"或"致××的表扬信"。

2. 称呼

标题下一行顶格写被感谢对象的单位名称或个人姓名。称呼要用敬称。

3. 正文

(1)交代表扬理由。重点叙述受表扬人物的先进事迹。

(2)对被表扬者的先进事迹进行热情的赞扬,并表示向其学习的决心。

4. 结尾

如果写给被表扬者个人的，就写"值得学习""深受感动"等方面的内容；如果是写给被表扬者的所在单位或领导的，就可以提出建议，如"×××同志的优秀品德值得大家学习，建议予以表扬""建议在×××中加以表扬"等。

5. 落款

落款包括署名和日期。

（三）表扬信的写作要求

1. 内容上要重点叙述事件的发生、发展、结果及其意义，要突出最本质的方面，让事实说话，少讲空道理。议论要适当，赞扬要热情。

2. 事实要准确，实事求是，不夸大、不缩小。

3. 语气热情恳切，篇幅不宜过长。

例文

表扬信

中央民族大学：

在中联办、香港特区政府的支持下，国家民委港澳台办与香港各界青少年迎奥运系列活动委员会于 5 月 1 日至 6 日在香港联合举办了第二届"中华民族文化周"系列活动，取得了圆满成功。文化周活动以"民族共融，喜迎奥运"为主题，开展丰富多彩的民族文化表演和形式多样的青少年交流活动，营造出内地各族青少年与香港青少年共迎圣火、喜迎奥运的热烈、欢快、祥和的人文奥运氛围，赢得了香港各界人士的积极关注和广大媒体的高度评价，在香港产生了强烈的社会反响。

你校选派教师和学生参与了"香港会亲迎奥运"项目，在香港参加了"喜迎圣火"、"迎奥运大巡游"、"多彩中华迎奥运·人文奥运大汇演"和"心系奥运·中华青年大联欢"等重要活动，并进入家庭举行了会亲活动，建立了深厚的友谊，生动展示了内地各族大学生积极向上的良好形象，为文化周活动的成功举办作出了贡献。为此，特对你校予以表扬，并向参加活动的同学致以亲切问候。希望在今后的工作中，进一步加强内地各族青少年与香港青少年的交流，激励他们为祖国的繁荣发展作出贡献。

国家民族事务委员会
2008 年 5 月 28 日

第二节　求职书、申请书、倡议书

一、求职书

（一）求职书的概念

求职书，是求职者向用人单位或相关的领导陈述自己的基本条件、专业技术水平和能力特长等方面,以期谋求职位的一种专业文书。

（二）求职书的特点

1. 求职对象的针对性

所谓针对性,就是求职者要针对本人的专业、兴趣特长等实际情况,同时还应针对招聘单位的用人需求,阐明自己求职的理由,特别是要阐明用人单位之所需正是本人之所有;还要有能证明自己专业特长、实际能力的佐证材料。这种具有很强的针对性的求职书,是求职者成功的重要保证。

2. 信件内容的自荐性

求职者必须凭借求职书将本人介绍、推荐给用人单位并达到录用的目的,这就是求职书的自荐性。在此之前,双方可以说互不了解。因此,求职者要通过求职书让用人单位了解自己,信任自己,必须在求职书里真实、全面、精练地介绍自己,信心十足、恰如其分地向用人单位推荐自己的"德""识""才""能",并使用人单位了解自己的求职之"诚",说服用人单位录用自己。

3. 工作岗位的竞争性

双向选择本身就是竞争,用人单位要在众多的求职人员中选择适合本单位需要的人才。求职人要在竞争中取胜,就必须写出自己在本岗位的竞争优势。

（三）求职书的格式与写法

求职书与应聘书是书信文体之一种,所以其基本格式应当符合书信体的一般要求,一般由标题、称呼、问候语、正文、祝颂语、书名和日期、联系方式、附件（个人简历、学校推荐表、证书复印件等证明材料）等构成。由封面、自荐信（或竞聘书或应聘书）等内容组成。

1. 标题

一般用文种"求职书"（或求职信）做标题。在求职书第一行正中写"求职书"三字即可。

2. 称呼

在标题下空一行顶格写明接受求职书的单位名称或有关领导的姓氏和职务,为表示尊重,可写作"尊敬的×处长""尊敬的人事部负责人"等,但忌用"亲爱的"之类过分亲昵的称呼。之后加一冒号,表示下面有话要说。

3. 问候语

在称呼下一行另起一段,左空两格书写,一般写"您好!",以示对相关人员的尊敬。

4. 正文

在问候语下另起一行空两格处开始写正文,这是求职书的核心部分,要求写明求职缘由、求职信息来源、个人基本情况、所应聘的职位与自身条件的对应分析以及本人的愿望和要求等。

第一,要写明求职缘由。求职缘由三个方面入手。一要说明求职信息的来源渠道,以使自己求职"师出有名",理由充足。说明自己如何获知用人单位的招聘信息,常常用以下形式开篇,如"非常高兴在××招聘网站获悉你们正在招聘××人员,本人于××××年毕业于××大学××专业,恰恰符合贵公司××岗位的要求,我也一直期望能有机会为贵公司效力……"或"很高兴得知贵公司目前正在招聘××人员,贵公司一位资深人士竭力推荐我前来应聘此职位。我是××××年毕业于××大学……"或"有幸获知贵公司××××年××月××日于《××报》上的招聘信息,特寄上我的简历一份敬请收阅……",还有"得知贵公司正在招聘××人员,我非常兴奋,作为一个在××方面已初获成功的我,已有××年的工作经历和经验,我期望能为自己设定一个更高的标准和寻求一个更大的发展空间……贵公司的招聘正适合我的发展愿望……我的工作经历、经验、技术特长……"等可供选择采用。二要表明自己对用人单位的敬慕、热爱,为自己来求职寻找理由,拉近与用人单位的距离;写明自己为何要选择应聘该单位和××岗位。直截了当写明自己求职的具体目标以及自己对应聘单位、岗位的认识,是一个很重要的环节。招聘人员通过阅读这段文字,看你对该单位及职务、岗位理解的深度和广度,基本可以确定对你的招聘是否继续下去。三要阐明自己的人生理想与所求岗位相吻合,如所求岗位可以充分发挥自己的聪明才智和专业特长,为自己的求职寻找最充分的理由。

第二,要写明个人的基本情况,特别要突出自己的优势和"闪光点",以使对方信服。这是求职书的重点内容,一定要仔细、认真,力求写得最好。求职成功关键在于求职者的基本情况是否符合所求岗位的要求。因此,应着重写好两方面的内容:一是本人的年龄、性别、学历学位、职称、专业技术特长等,二是基本情况之外的求职者特有的内容,如主要工作经历、工作经验、工作成绩及创新成果、外语水平、计算机等级、获奖情况、敬业精神和重要社会关系等等,这些都可以增加基本情况砝码的分量,使用人单位能更全面、更深刻地了解求职者,从而为录用打下良好的基础。

第三,写明目标与条件。有的用人单位在招聘信息中未明确披露招聘的岗位及岗位所具备的条件,因此,求职书应写明自己所求的应聘岗位以及应提供的工作环境和条件。因为必要的工作环境和条件,是完成工作目标及取得工作成效的保障。同时,还可简单地阐明自己对工作的具体设想及所能达到的目标,以博得对方的信任。

第四,写明愿望和要求。求职者的基本条件只是求职者的"硬件",愿望和要求则体现出求职者的诚意和诚信,如"希望您能为我安排一个与您见面的机会"或"盼望您的答复"或"敬候佳音"之类的语言。这段属于信的内容的收尾阶段,要适可而止,不要啰唆,不要苛求对方。

5. 祝颂语

求职书正文结束后,可以像普通书信一样,在正文下一行空两格写一些致谢、致敬之类的话,如"感谢您在百忙中阅读我的求职书,在此,再次表示衷心感谢"或"您能在百忙中阅读我的自荐材料,我感到很荣幸,衷心希望得到您的指导和帮助,给我一个机会,奉献您一份真诚和努力,殷切期盼您的答复"等。最后,另起一行空两格写"此致",然后再下一行顶格写"敬礼",这是一般通用的致敬语的写法。这两行均不点标点符号,也不必过多寒暄。

6. 署名和日期

在致敬语的下一行后半位置写上自己的姓名,书写要工整并且和自己所有的证件、学籍的姓名用字完全相同,以示严肃、郑重。姓名前面不必加任何谦称的限定语,以免有阿谀之感,或让对方轻看你的能力。

在署名的下一行稍后位置写明求职书完稿日期(年、月、日)。

7. 附件

有说服力的附件是对求职者的鉴定的凭证。所以求职信的附件是不可忽视的组成部分。通常情况下还要在求职书的最后附言说明:随此求职书奉上个人简介、推荐表、证明材料(学历、学位证书、职称证书、获奖证书、身份证、户口户籍复印件照片),敬请查收。需要说明的是,既然求职书上写明了附件,在投送求职书时一定要同时投送。

（1）个人简历（略）

（2）推荐表

推荐表在求职书中很有权威性，用人单位对此也比较信任。推荐表一般包括本人及家庭基本情况、在校（或工作）期间（学习）成绩和奖励情况、自我鉴定、组织意见等部分。只是推荐表格式规范，不易展现个性。

（3）证明材料

证明材料是指能证实求职材料中所列的各方面情况的原始证明材料，它是求职人各种能力的有力佐证（投递简历时，建议证明材料用复印件）。

将附件的复印件单独订在一起随信寄出。附件不需太多，但必须有分量，足以证明你的才华和能力。

8. 联系方式

在日期的下一行空两格处写清楚自己的联系地址和联系方式，包括电话、E-mail 等。

（四）求职书的写作要求

1. 不卑不亢，用词得体

用语委婉而不隐晦，既不低声下气，也不傲慢自大。

2. 实事求是，针对性强

不可夸夸其谈，弄虚作假；根据具体的单位招聘的职位，有所侧重的来书写。

3. 整洁美观，简练大方

内容应尽量精简，不宜累赘。版面整洁大方，美观。

例文

求职书

尊敬的××校领导：

    您好！

    我是 XX 大学 2010 级数学系数学教育专业本科毕业生，近日获悉贵校招聘数学教师，故冒昧写信应聘，希望得到贵校领导青睐。

    "宝剑锋从磨砺出，梅花香自苦寒来"。大学四年，本人在德、智、体各方面都取得了全面的进步，连续三年获得优秀三好学生称号，学习成绩一直处于年级前三名，多次获得学院甲等奖学金。2012 年通过了国家计算机一级等级考试，全国普通话测试二级甲等，英语达到国家四级水平。同时，我不断扩大知识面，培养专业技能，辅修了教师职业技能（中学数学教育），通过了教育学、心理学课程考试，熟练掌握了 Windows、C 语言、Office 办公软件及多媒体课件制作等技能。

    为了提高自己的授课能力，积累教学经验，本人从大二开始，在学好专业课的同时，积极参加家教实践活动，为中小学生补习数学知识，使他们的成绩有了较大的提高，得到了家长的肯定。2013 年在 XX 中学进行了两个月初中数学教学实习，我虚心向有经验的老师请教，学习他们忠诚教育事业，勤勤恳恳从事教育教学的精神以及高超的教学技巧，使自己的教学能力和教学水平有了较大的提高，受到了学校领导和老师的好评，我更坚定了从事教育事业的信心和决心。

我热爱教师这个平凡而伟大的职业,我热爱学生,热爱贵校这个人文环境,我热切期望进入贵校这个温暖的大集体,我将用百倍的热情和勤奋的工作回报您的知遇之恩,奉献自己的青春,努力做出自己的贡献。

静候您的佳音。

随信附上个人简历及获奖证书。

此致

敬礼!

求职人:×××

20××年××月××日

附件:×××××××××

联系人:

联系电话:

联系地址:

邮编:

E-mail:

二、申请书

（一）申请书的概念

申请书是个人或集体向组织、机关、单位、领导或社会团体表达愿望、寻求帮助或者请示解决问题,并希望得到批准的专用文书。

（二）申请书的种类

1. 按申请者不同可分为个人申请书和单位申请书等。

2. 按形式可分为文章式申请书和表格式申请书两类。

3. 按申请书的用途和使用范围可分为:

（1）思想政治生活方面的申请。常用于个人对党团组织和其他群众团体表达志愿、理想和希望时。如入党申请书、入团申请书,还有加盟申请、入会申请等。

（2）工作、学习方面的申请。常用于下级对上级有所请求时。如入学申请书、带职进修申请书、调动申请书、开业申请等。

（3）日常生活方面的申请。常用于个人在日常生活中遇到问题,需要组织、单位或领导进行考虑、照顾或给予解决时。如解决住房困难申请、经济困难补助申请等。

（三）申请书的结构与写法

1. 标题

申请书的标题通常在第一行居中以文种"申请书"做标题。也可以"事由＋文种"做标题,如"入党申请书""开业申请"等。标题的字体可以稍大些,也可以和正文一样。

2. 称呼

也叫"抬头""称谓"。在标题下空一两行顶格处写接受申请书的组织、机关、团体、单位的名称或有关负责人的姓名＋同志或姓氏＋职务名称。名称后加冒号,要用敬称。

3. 正文

正文是申请书的主体部分,从称呼下一行空两格处写起。根据具体情况可以采用行文式或条款式。

4. 结尾和祝颂语

结尾可接在正文结束后,也可单独成行,一般是"敬祈批准""恳请批准申请""以上申请,请批准"之类的礼貌、客套话。另起一行再写"此致""敬礼"之类的祝颂语,格式如书信。

5. 署名和日期

署名和日期格式亦如书信。单位申请还要加盖公章,以示庄重。

(四)申请书的写作要求

1. 属于上行文。称呼和词语要符合下对上的行文标准。

2. 应具备"三要素"。申请事项应必要,明确,具体;申请理由应充分,合理,真实;申请条件应符合要求,且不能越级申请或向不主管此事的上级领导或部门申请。

3. 内容的单一性。申请书一般是一事一书。多事项和多理由的最好分段写,每段开头都要空两格。

4. 语言应准确、朴素、简明,态度应诚挚、谦和、恳切。切忌东拉西扯,拖沓冗长。

例文

入党申请书

敬爱的党:

像小苗盼望阳光雨露那样,我殷切期望早日投入您慈母般的温暖的怀抱。在您的直接关怀、教育、培养下,成为伟大社会主义祖国"四化"建设的有用之才。因此,我盼望成为一名中国共产党党员。

敬爱的党,虽然我不能像健康人那样,在学校里系统地学习党的光荣历史,但是,从给我以厚爱的亲朋师友之中,从我自学的课堂上,从二十几年的生活经历中,同样强烈地领略到党的光荣和伟大。我们的党是中国工人阶级的先锋队,是中国各族人民利益的忠实代表,是中国社会主义事业的领导核心。党的最终目标,是实现共产主义的社会制度。我们的党领导全国各族人民,经过长期的反对帝国主义、封建主义、官僚资本主义的革命斗争,取得了新民主主义革命的胜利,建立了人民民主专政的中华人民共和国。"没有共产党就没有新中国"的歌声,唱出了人民的心声,也道出了一个伟大的历史事实。新中国成立以后,党又领导全国人民顺利地进行了社会主义改造,完成了从新民主主义到社会主义的过渡,确立了社会主义制度,发展了社会主义的经济、政治和文化。党的十一届三中全会的召开,在各条战线上取得了拨乱反正的重大胜利,实现了历史性的伟大转变,规划了"四化"建设的伟大蓝图。党的十二大以来,随着社会主义建设新局面的开创,各族人民意气风发,同心同德奔向未来。历史证明,我们的党不愧为光荣、伟大、正确的党。

作为一个残疾青年,我更无时无刻不在感受党的温暖。没有党的关怀,就没有我的生命,更没有我的今天。特别是当我在生活中克服了一点困难,在工作中作出了一点成绩的时候,党又给我以很高的荣誉,使我时时有一种无功受禄之感。我付出的太少了,得到的太多了,纵使献上我的青春和生命也无法报答党和人民对我的厚爱。

我深知,自己离一个真正共产党员的要求太远了。但我有决心时时处处以一个党员的标准严格要求自己,战胜困难,刻苦自学,百折不挠,奋力攀登,更多地掌握四化建设的本领,为共产主义事业贡献出我的微薄力量。敬爱的党,请考验我。

张海迪

××××年××月××日

三、倡议书

(一)倡议书的概念

倡议书是个人或集体提出建议并公开发起,希望社会力量响应,以共同完成某项任务或开展某种公益活动时的一种专用书信。

(二)倡议书的种类

1. 倡议书根据发起倡导者的主体不同,可以分为:

(1)个人倡议书;

(2)集体倡议书;

(3)企事业单位、机关部门倡议书。

2. 根据传播方式的不同,倡议书又可分为:

(1)张贴式倡议书;

(2)传单式倡议书;

(3)登载式倡议书;

(4)播放式(电台、电视台)倡议书。

(三)倡议书的特点

1. 公开性

倡议书是一种广而告之的书信,其目的就是想让广大人民群众知晓和了解,从而激起更多人响应和实行。

2. 鼓动性

倡议书的目的是通过宣传,在尽可能大的范围内调动群众的积极性,把某个人或集体倡导的事情,变为一个单位、部门、地区乃至全国社会成员的自觉行动。

3. 教育性

倡议书秉持建议和倡导的态度,本身不具有很强的约束力,有关人员可以表示响应,也可以不表示响应。因此,倡议书应该营造轻松的氛围,通过真善美的行为和精神的宣传,使人们不知不觉中受到教育并自觉响应。

(四)倡议书的格式与写法

倡议书的基本格式一般由标题、称呼、正文、结尾和署名日期五部分构成。

1. 标题

倡议书标题的写法有以下几种:

(1)以文种"倡议书"做标题。写在倡议书第一行正中位置,字体应比正文稍大。

(2)以"事由＋文种"构成。如"关于尊重自我、严格遵守考试纪律的倡议"。

(3)以"发文单位(或有影响力的个人)＋事由＋文种"构成。如"××机关关于××××的倡议书"。

2. 称呼

根据接受倡议的对象选用适当的称呼。如"同志们"、"广大青少年朋友们"等。也有不写称谓,而在文中指明的。

称呼格式是在标题下面一行顶格写明倡议、号召的对象、后面加一冒号。

3. 正文

正文是倡议书的主体部分,主要内容有:

(1)交代倡议书的缘起、背景、目的和意义,以方便人们理解和促使响应。

(2)写明倡议的主要内容、具体措施和实施要求。具体事项一般采取分条款列项目的写法。

4. 结尾

结尾要表示倡议者的决心、希望、建议和勉励。

5. 署名

结尾右下方另起一行署名。也可由倡议者亲自签名,以显其真实性和广泛的群众基础。

6. 日期

署名正下方,另起一行。

(五)倡议书的写作要求

1. 倡议的内容应利国利民且是力所能及的事情。

2. 倡议的内容要具有一定的先进性、普遍性和时代精神。

3. 倡议的事项要清楚,理由要充分,经得起推敲,切实可行。

4. 行文应简明扼要,语言要朴实精练,态度要富有亲和力和感染力。

例文

湖南省青年联合会关于继续加强科学防控、助推复工复产的倡议书

全省各级青联组织、广大青联委员:

自新冠肺炎疫情发生以来,全省各级青联组织、广大青联委员在省委省政府的统一部署下,立足工作本职,带头冲锋一线,踊跃筹款捐物,在疫情防控的各项工作中贡献青春力量,展现了青联委员应有的责任担当。习近平总书记强调,统筹做好疫情防控和经济社会发展,既是一次大战,也是一次大考。在当前防控最吃劲的关键阶段,要在战争中学会战争,在游泳中学会游泳,有序有力助推复工复产。为坚决打赢疫情防控的人民战争、总体战、阻击战,实现全年经济社会发展目标任务,特向你们再次发出如下倡议:

全省各级青联组织、广大青联委员要切实提高政治站位,进一步凝聚力量抓好疫情防控工作,及时传达学习习近平总书记的重要指示精神,坚决贯彻落实党中央、国务院关于疫情防控的决策部署,继续毫不放松抓紧抓实抓细疫情防控工作,带头执行省委省政府工作部署以及各级疫情防控指挥部、人民政府的通告和命令,科学做好各项疫情防控工作。要加大力度关心关爱一线医务人员和防疫人员,从周密做好防护措施、切实维护身心健康、加大补助救助力度、强化基本生活保障、解决家庭实际困难等方面帮助他们解决后顾之忧,确保全身心投入疫情防控工作。继续广泛联系各种渠道,带头捐赠资金物资,将防护服、口罩、消毒液、护目镜等急需物资送到抗疫一线去。

各级青联组织、广大青联委员要全面落实疫情防控和复工复产的各项要求。在当前关键时期,不能自乱阵脚,统筹各项工作逐步走上正轨,在各自行业、领域内加强对疫情防治政策和知识的宣教力度,增强自我防护意识。从事企业工作的委员要认真落实分区分级精准复工复产的要求,制定科学合理的复工复产工作方案,统筹安排各项工作计划、生产经营任务;其他行业委员要全力推动所在地方、企业复工复产,在脱贫攻坚、春耕生产、维护稳定、保障民生等方面持续发力,确保各项工作不掉队,力争把疫情造成的损失降到最低,为保持经济社会良好发展发挥积极作用。

各级青联组织、广大青联委员要主动服务党政大局,牢记委员使命。在保证工作正常开展的基础上,广泛联系青年,主动服务青年,深入青年群体,针对家庭成员感染疫病的城乡经济困难家庭的青少年学生开展实实在在的济难助困行动;重点关注大中专应届毕业生、青年农民工等群体的就业状况,开展力所能及的帮扶。各界别委员要结合工作实践,从疫情防控、公共卫生体系和突发公共事件应急体系建设、传染病防治等方面积极建言献策,贡献智慧。要深入挖掘疫情防控的先进事迹和感人故事,广泛宣传一线医务工作者、人民解放军指战员、公安干警、基层干部、志愿者等,讲好抗"疫"故事,在全社会激发正能量、弘扬真善美,推动社会主义精神文明建设。

没有一个寒冬不可逾越,没有一场灾害不能战胜。让我们团结一致、坚定信心、同舟共济、共克时艰,在以习近平同志为核心的党中央坚强领导下,在省委省政府的统一指挥下,共同助力打赢这场疫情防控的人民战争、总体战、阻击战!

湖南省青年联合会

2020 年 3 月 3 日

(资料来源:新华网 http://www.hnyouth.org/index.php? m＝content&c＝index&a＝show&catid＝13&id＝672)

第三节 请柬、聘书

一、请柬

（一）请柬的概念

请柬又称请帖、柬帖,是单位或个人邀请有关人员参加某项活动或会议的礼仪性专用文书。

（二）请柬的种类

1. 按照外观形式可分为横式请柬和纵式请柬两种。

2. 按照内容可分为庆贺类、普通应酬类、婚嫁类、丧葬类四种。

3．按照使用范围可分为个人和集体单位两种。

4．其他：

（1）传统型。大红色卡烫印金色字。

（2）漫画型。彩色印刷，以漫画的手法表现新郎新娘的容貌。

（3）写真型。把准新人的婚纱照或照片印在喜帖上。

（4）金银型。纯金或银色的喜帖，增添不少豪华的感觉。

（5）西方型。喜帖上印有英文的字句，充满西方情调，表现浪漫的感觉。

（6）别出心裁型。如立体的、形状特别的，更有实物形的。

（三）请柬的特点

1．确指性。请柬的发送对象是特定的单位或个人。

2．礼仪性。请柬多用于比较隆重的庆典、宴席、聚会或各种喜庆、纪念活动，常用套红制成帖子形式。采用请柬方式邀请，即使客人近在咫尺，也必须送至手中，以表示对客人的尊敬和显示邀请者的庄重礼仪和郑重态度。

（四）请柬的格式和写法

作为书信体的一种，请柬一般由封面和正文两部分构成。

1．封面

请柬的款式和装帧都十分讲究，一般都是用特种厚纸对折起来的款式，外面是封面和封底，里面是内容。

封面正中写标题"请柬"二字，字体稍大，要醒目和美观。必要时还可烫金。封面制作可加美术装潢。

2．正文

请柬正文的内容包括以下几个方面：

（1）称呼。请柬开头在里面第一行顶格书写被邀请者单位、名称、职务或尊称（如是竖式则在右边一行，下同）。空两格处写明"被邀请者单位名称或个人姓名＋称谓"，称谓由邀请者和被邀请者之间的关系而定。

（2）正文。在单位名称或个人姓名下面一行空两格处写明被邀请者参加什么活动，出席什么会议，何时，何地，如有其他要求，也应在此注明，以便被邀请者做好准备。

（3）祝颂语。正文结束后，另起一行空两格写祝颂语。祝颂语应根据邀请者和被邀请者之间的关系适当选择。常用的是"恭请光临""敬请光临指导""敬请赐教""顺致崇高的敬意"等表示尊重的礼貌用语。

（4）署名和日期。在祝颂语下一行后半行位置写邀请者的单位名称或个人姓名。如果是婚庆请柬，在邀请者二人的姓名后面写上"鞠躬"为好。署名下另起一行署明发柬日期年、月、日。

（5）附启语。一些请柬根据不同情况还可写附启语，如"凭柬入场""能否光临，请回电话"等，写在正文左下方。

（五）请柬写作的基本要求

1．内容简明扼要，准确无误，如邀请对象（全称）、活动内容、准确时间、详细地点、发送请柬时间都要一一写明，不可遗漏。

2. 封面和内页的款式装潢设计、制作要注重艺术性,图案文字,甚至烫金,要精致大方。

3. 语言文字措辞得当,精练,精美,礼貌文雅,谦恭得体,恰如其分地表达出殷切盼望对方接受邀请的心情。

4. 严谨写作,认真校对。凡请柬涉及时间、地点、交通、接待、住宿安排、礼品发放等,不能出任何差错,否则就会误事,给客人造成麻烦。

例文

请柬封面

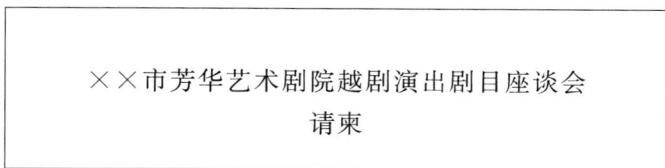

××市芳华艺术剧院越剧演出剧目座谈会
请柬

封面也可只写"请柬"二字。

内页

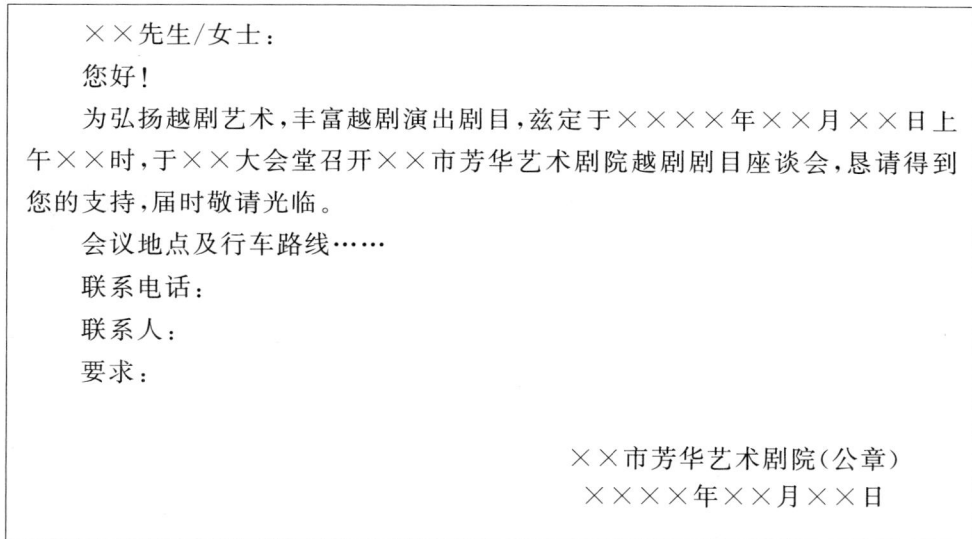

××先生/女士:

您好!

为弘扬越剧艺术,丰富越剧演出剧目,兹定于××××年××月××日上午××时,于××大会堂召开××市芳华艺术剧院越剧剧目座谈会,恳请得到您的支持,届时敬请光临。

会议地点及行车路线……

联系电话:

联系人:

要求:

××市芳华艺术剧院(公章)
××××年××月××日

二、聘书

(一)聘书的概念

聘书又叫聘请书,是单位、部门或个人延请外单位、部门或个人担任某项职务或承担某项工作任务时使用的专用文书。

(二)聘书的种类

聘书根据内容一般可分为两类:

1. 聘请任职的聘书,为任职聘书。

2. 聘请担任某项工作或活动的聘书。如聘请某项活动的评委嘉宾。

（三）聘书的特点

1. 广泛性

聘书应用范围非常广泛，无论是党政机关、人民团体，还是企事业单位，当需要招揽一些人才时，都可以使用聘书。

2. 告知性

聘书上要明确告知受聘者所担任的职务、工作责权及聘任的起止时间等相关内容。

3. 凭证性

聘书一旦签发和被接受，对双方都开始产生行政约束力，双方都要信守聘书上写明的任职、任务和待遇等内容，不得随意失约和违约。

4. 简明性

聘书要求简短幅小，行文简洁，内容的概括性极强。

（四）聘书的基本格式和写法

1. 标题

在聘书的第一行居中位置写"聘书"或"聘请书"字样，有的加署单位名称，如"××大学聘书"。标题字体应大些。

2. 称呼

标题下方正文之前第一行，顶格写明被聘请者的姓名和称呼，如"×××先生""×××同志""×××教授"等。也可以不单独写一行，而是放在正文内开头写"兹聘请×××先生任……"。

3. 正文

聘书的正文大多采用一段到底格式。具体内容包括聘请的原因，受聘者担任的职务、任务以及聘用的期限等；有的聘书还需简明交代受聘者享受的待遇、酬金等。

4. 祝颂语

正文之后，接着写"此致"二字，也可另起一行空两格写"此致"，再另起一行顶格写"敬礼"二字。也可写其他的致敬词，如"此聘"等，以示对受聘者的尊重。

5. 署名及日期

在祝颂语下方右边写明聘请单位的名称（全称）并加盖公章，引导聘书还加有法人代表的签名、印章。单位名称下方另起一行写明发出聘书的年、月、日。

（五）聘书写作的基本要求

1. 聘书应在聘请者与受聘者之间事先充分协商并达成口头协议的前提下撰写。如果未事前协商，贸然发出聘书，就有可能造成受聘者因为工作繁忙或身体健康的原因不能应聘的尴尬局面。

2. 交代要清楚，文字要简洁。对为什么聘请、聘请谁、聘去干什么，一定要说清楚。特别是对于承担具体职责、聘请期限、享受待遇等，一定要交代清楚，否则，被聘请者就无法拿定主意是否应聘。结语通常另起一行，空两格写"此聘"二字，也可不写。

3. 落款要写发聘书单位和法人姓名，要加盖公章和签名章，以示郑重。

例文

聘书

×××同志：

    兹聘××同志为中国语言文学系主任,聘期自××年××月××日至××年××月×
×日,聘任期间享受正教授相关待遇。

    此聘

聘任单位：　　　（印章）　签发人：　　　（签章）
××××年××月××日

第四节　祝词、讣告、悼词

一、祝词

(一)祝词的概念

    祝词也称"祝贺词",是指在各种喜庆场合中,对人、对事表示欢迎、祝贺、答谢所使用的
讲话稿。它是一种公关礼仪性应用文体。

    祝贺词可细分为祝词和贺词:事情未果之前的祝愿、希冀、祝福之类的言辞为祝词;事情
已果之后的祝贺、庆喜、赞美之类的言辞称为贺词。许多情况为二者兼而有之。

(二)祝词的用途

    祝词适用的范围十分广泛,事业、会议、人都可以成为祝贺的对象。在国际国内、社会生
活中的各种集会、宴会、喜庆活动等场合,发表适宜的祝词,有助于不同国家、政党、组织、人
们之间的思想感情沟通,加强相互间的了解,密切相互间的关系,增进友谊,也可以增强喜庆
和欢乐的气氛。

(三)祝词的分类

    根据使用场合,祝词可分成如下几类:

    1.寿诞祝词。祝贺的对象主要是老年人。祝词的主要内容,一是庆祝、祝愿某人幸福、
健康、长寿;二是赞颂其品性、功德。

    2.婚礼祝词。主要用于祝愿夫妻恩爱,生活幸福,携手并肩搞好工作等。

    3.事业祝词。多用于祝贺会议开幕、工程竣工、剪彩、新年伊始、升迁、深造,以及某社
团、机构、报刊创办或节日纪念活动等。主要庆贺其已取得的主要成就,祝其未来事业的顺
利发达或寄予希望。

    4.酒宴祝词。是现代社会酒宴开始时的一种招待宾客的礼仪。酒不是祝的对象,而是
人们交往中的一种媒介,一种祝愿形式。

243

（四）祝词的格式和写法

1．标题

标题写在正文正上方。有三种类型：

（1）以文种做标题，如"祝词""贺词""祝酒词"；

（2）以"（致词者＋）事由＋文种"做标题，如"周恩来总理在欢迎美国总统尼克松的宴会上的祝酒词"；

（3）正副标题式。一般用于大型会议，正标题标明致辞的内容，副标题则为"会议名称＋文种"。

2．称呼

标题下一行顶格写被贺者的称呼。称呼要恰当、得体。按照先外后内、先高后低、先女后男、先疏后亲的顺序，把到会的若干类型人物包括在内，如"尊敬的×××总统阁下和夫人，女士们，先生们"。

3．正文

称呼下一行空两格写正文，一般分几个段落层次写。

（1）向受辞方致意，表明自己的身份及代表谁讲话，向受辞方表示欢迎、感谢和问候，如果其中有外宾，要把欢迎或感谢的内容放在第一段；

（2）概括评价双方的友谊和合作的新发展，表达对受辞方的关心、支持、赞扬、鼓励等态度，衷心感谢受辞方所作出的成绩和贡献，如果是面对外宾，还可扼要赞颂外宾所在国人近期取得的业绩；

（3）简要表达对未来的希望、要求或决心。

4．结尾

正文下一行空两格起写结尾。如"预祝会议圆满成功""祝愿事业兴旺发达""祝节日愉快"等。后加感叹号！

祝酒词有特有的结尾形式，一般格式如下：

最后我建议：

为××（人）的健康，

为××朋友的健康，

为我们的友谊，

干杯！

5．署名和日期

格式如书信。

（五）祝词的写作要求

1．切合实际，言之有物。写作祝词之前先要了解被祝贺的对象及祝贺的具体事由。颂扬和祝贺要恰如其分，不可瞎吹滥捧，花言巧语，以免给人以阿谀奉承之感。

2．感情充沛，表达准确。祝贺词要热情洋溢，充满喜庆，感情真挚、满怀诚意地表达自己的良好祝愿，让听者感到温暖、愉快，受到勉励和鼓舞。但语气、态度、分寸都必须认真考虑，做到恰到好处。

3．语言简练，篇幅短小。语言一定要大方得体，精练典雅，切忌长篇大论，否则会令人生厌。

例文

国家主席习近平二〇二〇年新年贺词

2020 年就要到了,我在首都北京向大家送上新年的美好祝福!

2019 年,我们用汗水浇灌收获,以实干笃定前行。高质量发展平稳推进,我国国内生产总值预计将接近 100 万亿元人民币、人均将迈上 1 万美元的台阶。三大攻坚战取得关键进展。京津冀协同发展、长江经济带发展、粤港澳大湾区建设、长三角一体化发展按下快进键,黄河流域生态保护和高质量发展成为国家战略。全国将有 340 个左右贫困县摘帽、1000 多万人实现脱贫。嫦娥四号在人类历史上第一次登陆月球背面,长征五号遥三运载火箭成功发射,雪龙 2 号首航南极,北斗导航全球组网进入冲刺期,5G 商用加速推出,北京大兴国际机场"凤凰展翅"……这些成就凝结着新时代奋斗者的心血和汗水,彰显了不同凡响的中国风采、中国力量。

一年来,改革开放不断催生发展活力。党和国家机构改革圆满完成。增设一批自由贸易试验区和上海自由贸易试验区新片区。科创板顺利启动推进。减税降费总额超过 2 万亿元。个人所得税起征点提高了,老百姓常用的许多药品降价了,网络提速降费使刷屏更快了,垃圾分类引领着低碳生活新时尚。"基层减负年"让基层干部轻装上阵。放眼神州大地,处处都有新变化新气象。

一年来,国防和军队改革扎实推进,人民军队展现出新时代强军风貌。我们进行国庆大阅兵,举行海军、空军成立 70 周年庆祝活动,举办第七届世界军人运动会。首艘国产航母正式列装。人民子弟兵永远是保卫祖国的钢铁长城,让我们向守护家园的忠诚卫士们致敬!

2019 年,最难忘的是隆重庆祝新中国成立 70 周年。我们为共和国 70 年的辉煌成就喝彩,被爱国主义的硬核力量震撼。阅兵方阵威武雄壮,群众游行激情飞扬,天安门广场成了欢乐的海洋。大江南北披上红色盛装,人们脸上洋溢着自豪的笑容,《我和我的祖国》在大街小巷传唱。爱国主义情感让我们热泪盈眶,爱国主义精神构筑起民族的脊梁。这一切,汇聚成礼赞新中国、奋斗新时代的前进洪流,给我们增添了无穷力量。

一年来,我去了不少地方。雄安新区画卷徐徐铺展,天津港蓬勃兴盛,北京城市副中心生机勃发,内蒙古大草原壮美亮丽,河西走廊穿越千年、历久弥新,九曲黄河天高水阔、雄浑安澜,黄浦江两岸物阜民丰、流光溢彩……祖国各地一派欣欣向荣的景象。我沿着中国革命的征程砥砺初心。从江西于都红军长征集结出发地到河南新县鄂豫皖苏区首府革命博物馆,从甘肃高台西路军纪念碑到北京香山革命纪念地,每个地方都让我思绪万千,初心和使命是我们走好新时代长征路的不竭动力。

同往常一样,我无论多忙,都要抽时间到乡亲们中走一走看一看。大家跟我说了很多心里话,我一直记在心上。云南贡山独龙族群众、福建寿宁县下党乡的乡亲、"王杰班"全体战士、北京体育大学研究生冠军班同学、澳门小朋友和义工老人,给我写了信。我在回信中肯定了大家取得的成绩,也表达了良好祝愿。

一年来,许多人和事感动着我们。一辈子深藏功名、初心不改的张富清,把青春和生命献给脱贫事业的黄文秀,为救火而捐躯的四川木里 31 名勇士,用自己身体保护战友的杜富国,以十一连胜夺取世界杯冠军的中国女排……许许多多无怨无悔、倾情奉献的无名英雄,他们以普通人的平凡书写了不平凡的人生。

2019 年,中国继续张开双臂拥抱世界。我们主办了第二届"一带一路"国际合作高峰论坛、北京世界园艺博览会、亚洲文明对话大会、第二届中国国际进口博览会,向世界展示了一个文明、开放、包容的中国。我同很多国家元首和政府首脑会晤,分享了中国主张,增进了友谊,深化了共识。世界上又有一些国家同我国建交,我国建交国达到 180 个。我们的朋友遍天下!

2020 年是具有里程碑意义的一年。我们将全面建成小康社会,实现第一个百年奋斗目标。2020 年也是脱贫攻坚决战决胜之年。冲锋号已经吹响。我们要万众一心加油干,越是艰险越向前,把短板补得再扎实一些,把基础打得再牢靠一些,坚决打赢脱贫攻坚战,如期实现现行标准下农村贫困人口全部脱贫、贫困县全部摘帽。

前几天,我出席了澳门回归祖国 20 周年庆祝活动,我为澳门繁荣稳定感到欣慰。澳门的成功实践表明,"一国两制"完全行得通、办得到、得人心。近几个月来,香港局势牵动着大家的心。没有和谐稳定的环境,怎会有安居乐业的家园! 真诚希望香港好、香港同胞好。香港繁荣稳定是香港同胞的心愿,也是祖国人民的期盼。

历史长河奔腾不息,有风平浪静,也有波涛汹涌。我们不惧风雨,也不畏险阻。中国将坚定不移走和平发展道路,坚定不移维护世界和平、促进共同发展。我们愿同世界各国人民携起手来,积极共建"一带一路",推动构建人类命运共同体,为创造人类美好未来而不懈努力。

此时此刻,还有许多人在坚守岗位,许多人在守护平安,许多人在辛勤劳作。大家辛苦了!

让我们只争朝夕,不负韶华,共同迎接 2020 年的到来。

祝大家新年快乐!

(资料来源:http://www.gov.cn/xinwen/2019-12/31/content_5465552.htm)

在实现中国梦的伟大实践中谱写壮丽的青春篇章
——在中国共产主义青年团第十七次全国代表大会上的祝词
(2013 年 6 月 17 日)
刘云山

青年朋友们,同志们:

中国共产主义青年团第十七次全国代表大会今天隆重开幕了。开好这次大会,对于共青团深入贯彻党的十八大精神,进一步团结动员广大青年为全面建成小康社会、加快推进社会主义现代化,实现中华民族伟大复兴的中国梦而奋斗,具有十分重要的意义。我受党中央委托,向大会的召开表示热烈祝贺! 向全国各族青年、全体共青团员和广大青少年工作者致以亲切问候!

我们党已经走过了 90 多年的奋斗历程。90 多年来,我们党紧紧依靠人民,历经千辛万苦,克服重重困难,取得革命建设改革伟大胜利,开创和发展了中国特色社会主义,不可逆转地结束了近代以后中国内忧外患、积贫积弱的悲惨命运,不可逆转地开启了中华民族不断发展壮大、走向伟大复兴的历史进军,从根本上改变了中国人民和中华民族的前途命运。在这一波澜壮阔的历史进程中,共青团与党同心、与党同行,团结带领广大青年顺应历史潮流,走在时代前列,为实现民族独立、人民解放和国家富强、人民富裕奉献了青春和智慧,镌刻下闪光的足迹。

团十六大以来,在党中央坚强领导下,各级共青团组织紧紧围绕党和国家工作大局,务实进取、开拓创新,在组织青年、引导青年、服务青年、维护青少年合法权益方面,在加强团组织和团的干部队伍建设方面,做了大量富有成效的工作,共青团事业实现了新发展,团组织活力有了新提升,为促进经济社会发展进步作出了重要贡献,为促进青年健康成长发挥了重要作用。

广大青年积极响应党的号召,与祖国共奋进、与时代同发展、与人民齐奋斗,在改革开放和社会主义现代化建设的各条战线拼搏进取、扎实工作,在推动科学发展、促进社会和谐的进程中创新创造、甘于奉献,在急难险重任务、重大考验面前冲锋在前、勇挑重担,涌现出一大批优秀青年人才和青年英模,展现出当代青年坚定的理想信念、高昂的爱国热情、强烈的担当意识和良好的精神风貌。

实践充分表明,广大青年是我国社会最积极、最活跃、最有生气的一支力量,是值得信赖、堪当重任、大有希望的一代;共青团不愧为党的忠实助手和后备军,不愧为党联系青年的牢固桥梁和纽带,不愧为中国特色社会主义建设事业的生力军。

党的十八大围绕坚持和发展中国特色社会主义,提出了"两个一百年"的奋斗目标。站在新的历史起点上,习近平总书记明确提出实现中华民族伟大复兴的中国梦。中国梦,凝结着无数仁人志士的不懈努力,承载着全体中华儿女的共同向往,昭示着国家富强、民族振兴、人民幸福的美好前景,极大地激发了全党全国各族人民包括广大青年开辟事业新境界的热情。在今年"五四"同各界优秀青年代表座谈时,习近平总书记深入阐述了青年一代的历史责任,勉励广大青年坚定理想信念、练就过硬本领、勇于创新创造、矢志艰苦奋斗、锤炼高尚品格,努力在实现中国梦的生动实践中放飞青春梦想。

实现中华民族伟大复兴的中国梦,需要一代又一代有志青年接续奋斗,也必将为当代青年实现人生理想、创造美好生活打开无比广阔的空间。广大青年要遵照习近平总书记的要求,志存高远,脚踏实地,在实现中国梦的伟大实践中勇做奋进者、开拓者、奉献者。

第一,希望广大青年坚定理想信念,在中国特色社会主义道路上奋力实现中国梦。理想信念是精神支柱。有了正确的理想信念,人生就有了努力方向,前进就有了强大动力。中国梦,顺应了历史发展大势,顺应了时代进步潮流,顺应了人民过上美好生活的热切期待,是全国各族人民的共同理想,也是青年一代应该牢固树立的远大理想。中国特色社会主义是历史的选择、人民的选择,是实现中国梦的康庄大道、必由之路,也是广大青年应该牢固确立的人生信念。当代青年坚定理想信念,就是要走中国特色社会主义道路,为实现中国梦而奋斗。广大青年要不断深化对邓小平理论、"三个代表"重要思想、科学发展观的学习,深化对党领导人民的奋斗史、创业史、改革开放史的了解,深化对我国经济社会发展进程、发展趋势的认识,掌握思想武器,认清前进方向,不断增强道路自信、理论自信、制度自信,坚定不移跟党走,奋力实现中国梦。

第二,希望广大青年练就过硬本领,努力成长为现代化建设的栋梁之才。古往今来,一切事业的发展,归根到底要靠人。加快推进社会主义现代化、实现中国梦,呼唤着千千万万高素质劳动者,尤其需要大批青年人才脱颖而出、发挥作用。青年时期是学习知识、增长本领的黄金时期,青年人的主要任务,就是学习、学习、再学习,实践、实践、再实践。广大青年要有"读万卷书"的志向,增强学习的紧迫感,把学习作为一种责任、一种精神追求、一种生活方式,在如饥似渴的学习钻研中汲取知识、增长智慧,让青春伴随着书香成长。要有"行万里路"的气魄,坚持学以致用、知行合一,自觉走与实践相结合、与人民群众相结合的成长道路,在改革建设的火热实践中增长见识、提高本领,让青春的翅膀因实践的历练而更加坚强。青年一代源源不断地成长为可堪大用、能担重任的栋梁之才,我们的事业必将迎来光明的发展前景。

第三,希望广大青年勇于创新创造,始终走在时代发展的前列。创新是动力之源。一个国家、一个民族,要做到不断进步、实现长远发展,必须依靠创新。当今时代是一个充满变革、快速发展的时代,新知识新技术新产业不断涌现,只有加快创新创造步伐,才能赢得主动、赢得优势、赢得未来。青年是社会的新生细胞,最富探索精神,最具创新活力,是推动创新创造的生力军。要树立奋勇当先、勇攀高峰的精神,树立超越前人、超越自己的勇气,树立不怕失败、百折不挠的意志,在不断求索中积累经验、取得突破。既要紧盯科学、技术、产业、管理的前沿,努力在基础研究、重大项目、重点工程中刻苦攻关、施展才华;又要在日常生产生活中保持推陈出新的意识和干劲,善于捕捉创新创造的每一个机会与灵感,力争在本职岗位上有所发现、有所发明、有所创造。

第四,希望广大青年矢志艰苦奋斗,为全面建成小康社会建功立业。路是走出来的,事业是干出来的,成功是奋斗出来的。无论时代怎么发展、条件怎么变化,艰苦奋斗的传统永远不会过时。我们正处在全面建成小康社会决定性阶段,面临着前所未有的机遇和挑战,面对着十分繁重的改革发展稳定任务。广大青年有梦想、有机会,但也有考验、有挑战。无论处于什么样的环境,无论处于什么样的人生起点,都要依靠辛勤努力,创造属于自己的人生精彩。要有实干精神,从现在做起,从点滴做起,脚踏实地做工作,聚精会神干事业,努力创造一流业绩。要敢于吃苦,在急难险重任务面前勇挑重担,勇于到艰苦地区、基层一线开辟事业发展的新天地。要不怕挫折、不畏困难,顺境不骄、逆境不馁,让顽强奋斗、艰苦奋斗、不懈奋斗成为青春最厚重的底色,在全面建成小康社会的进程中书写青春华章。

第五,希望广大青年锤炼高尚品格,在促进社会文明进步中发挥积极作用。品德修养是立身处世之基,只有把人做好了,才能真正走得远、成大业。实现中国梦的进程,必然是一个全民族文明素养不断提升的过程,尤其需要青年一代勇开风气之先,树立和践行社会主义核心价值观,以实际行动促进社会文明进步。广大青年要自觉弘扬爱国主义、集体主义、社会主义思想,心中有国家、有社会、有人民,做一个肯付出、勇担当的有责青年。要自觉遵守社会基本道德规范,弘扬中华民族传统美德,积极倡导社会公德、职业道德、家庭美德,做一个守底线、讲诚信的有德青年。要带头学雷锋,积极参加志愿服务,多做扶贫济困、扶弱助残的实事好事,倡导良好社会风尚,做一个热心肠、愿助人的有爱青年。广大青年道德水准和精神风貌的提升,一定会为美好和谐的社会注入充满朝气的强大暖流。

为实现中华民族伟大复兴的中国梦而奋斗,是中国青年运动的时代主题。共青团作为党领导的先进青年的群众组织,作为党的助手和后备军,必须牢牢把握党的要求,主动适应时代发展要求和当代青年特点,全面履行各项职能,切实担负起团结带领广大青年为实现中国梦而奋斗的历史使命。

要牢牢把握共青团工作的根本任务。围绕坚持和发展中国特色社会主义,以理想信念教育为核心,深入开展"我的中国梦"主题教育实践活动,用中国梦打牢广大青少年的共同思想基础,用中国特色社会主义理论体系武装青年头脑,努力把广大青少年培养成为中国特色社会主义事业的合格建设者和可靠接班人。

要组织动员青年踊跃投身经济社会发展。按照党和国家重大战略部署,找准工作的切入点和结合点,不断深化和创新团的工作品牌,为青年建功立业、发挥作用搭建广阔平台,团结带领广大青年积极参与经济建设、政治建设、文化建设、社会建设、生态文明建设,充分发挥生力军作用。

要竭诚服务青年成长发展。着力帮助青少年解决成长成才、就业创业、身心健康等方面的实际困难,多为他们办实事、办好事、解难事。积极参与社会管理创新,把维护青少年合法权益融入法治社会、和谐社会建设之中,反映好青年呼声,努力为青少年圆梦创造良好环境。

要大力加强团的自身建设。围绕增强党在青年中的凝聚力、青年对党的向心力和共青团组织的影响力,主动适应经济社会变革和青年流动变化的新趋势,大胆创新团的组织建设和工作方式,着力扩大团的组织覆盖、增强团的工作活力,努力建设学习型、服务型、创新型马克思主义青年组织。要充分发挥共青团在青联中的核心作用,加强对学联的指导和对少先队的领导,努力做好新形势下的青年群众工作。

团干部是党的青年群众工作的骨干力量,是党的干部队伍的重要组成部分。长期以来,广大团干部热爱党的事业,热爱团的岗位,尽心尽力、辛勤工作,为党的青年工作作出了重要贡献。面对新形势新任务,广大团干部要在继承优良传统基础上,进一步加强思想建设、能力建设、作风建设,不断提高服务大局、服务青年的本领。要坚定正确的政治方向,忠诚于党、忠诚于人民,认真贯彻党的理论和路线方针政策,讲政治、顾大局,在思想上、政治上、行动上同以习近平同志为总书记的党中央保持高度一致。要锤炼过硬的业务本领,勤学习、善思考,加强对实践经验的总结,加强对新情况新问题的研究,更好地把握工作规律,为做好共青团工作打牢理论根底、知识根底、业务根底。要弘扬优良的工作作风,增强宗旨意识和群众观点,牢记"空谈误国,实干兴邦",办实事、重实际、求实效,严格自律、戒骄戒躁,保持先锋本色,树立良好形象。

各级党委和政府要从巩固党的执政基础、保证党的事业后继有人的高度,从实现"两个一百年"奋斗目标、实现中国梦的高度,充分认识做好共青团工作和青年工作的极端重要性,切实加强对共青团的领导和指导,支持共青团创造性地开展工作,关心帮助团干部锻炼成长。要热情关心青年,充分信任青年,真诚帮助青年,促进青年健康成长,引导青年建功立业。

青年朋友们,同志们:美好的未来属于青年,美好的未来依靠青年。生活在伟大祖国、伟大时代的广大青年,使命在肩、前程似锦。让我们更加紧密地团结在以习近平同志为总书记的党中央周围,高举中国特色社会主义伟大旗帜,以邓小平理论、"三个代表"重要思想、科学发展观为指导,团结一心、开拓奋进,在实现中国梦的伟大实践中谱写壮丽的青春篇章!

（资料来源：中国共产党新闻网 http://cpc.people.com.cn/n/2013/0618/c64094-21872658-2.html）

二、讣告

（一）讣告的概念

讣告又称"讣文""讣帖""讣闻",是死者家属、单位或临时组成的治丧委员会向死者的亲友或有关单位报丧时使用的一种告知性文书。它是我国传统的报丧文书,可以张贴,也可以利用各种传媒形式发布。

（二）讣告的种类

讣告一般可分为普通形式、公告式和新闻报道式三种。

1. 普通式讣告。用于社会上普通人员的死亡消息。"如赵××先生辞世讣闻"。

2. 公告式讣告。用于党和国家领导人或某些知名人士。如宋庆龄同志逝世后,中共中央、全国人大、国务院发布的公告。

3. 新闻报道式讣告。用于有一定新闻性的公众人物。如"著名妇产科专家梁毅文同志逝世"。

（三）讣告的特点

1. 内容的详略取决于死者的身份。重要人物、知名人士一般要详写,普通人则可略写。

2. 语言庄重严肃,简洁明确,沉痛凝重,恰如其分。

3. 在报纸上发表时,常常加上黑框,以示志哀。

（四）讣告的格式和写法

讣告一般由标题、正文、结束语、署名和日期构成。但三种不同类型的讣告在写作上略有差异,各有侧重点。

1. 普通式讣告

普通式讣告运用最广泛,一般由标题、正文、结束语、署名及日期构成。

（1）标题。在讣告第一行正中位置写文种"讣告"或在"讣告"前冠以死者的姓名如"×××讣告",还可在姓名前冠以死者的身份或职衔之类的文字,如"著名妇产科专家×××讣告",也可由"死者姓名＋治丧委员会＋文种"构成,如"×××治丧委员会讣告"等。标题一般用黑体,字体稍大于正文字体。如果是张贴式发布,应当用白纸黑字。

（2）正文。包括两项内容。一是死者简介,要注意写清楚姓名、出生年月、籍贯、身份、职称、死亡原因及详细时间和地点,终年或享年××岁。一般用"终年",对长辈及人们所敬重的长者用"享年"（即享受过的有生之年）。死者的生平和遗嘱,也可简要地写在此项。二是通知有关吊唁和追悼会事宜,如吊唁和开追悼会的时间、地点以及联系方式等。

（3）结束语。一般写作"特此讣告"。

(4)署名和日期。结束语下边另起一行后半部写明发讣告的亲属或治丧委员会名称。必要时须写明联系方式如电话号码。署名下边另起一行写明发讣告的日期(年、月、日)。

2. 公告式讣告

通常用于党和国家领导人和某些知名人士逝世。但有时不用"讣告"二字,而用"公告"或用"告全国人民书"的形式,这种向全国乃至向世界发布的公告式讣告,比普通民众的讣告要隆重、庄严得多,发布者也常以中央或治丧委员会的名义,如《中共中央、全国人大常委会、国务院、全国政协、中央军委沉痛宣告陈云同志在北京逝世》。这种形式的讣告,往往是根据逝者的职务、身份,由党和国家或一定级别的机关、团体等作出决定发出的,通常都由公告本身及其他文件(消息)共同组成。事实上,它们共同组成了一份完整的讣告。在内容上,与普通式讣告并无大的差别,只是在具体安排上有显著的不同,其目的是显示庄严和隆重。

公告式讣告的基本格式和写法:

(1)发布逝世者的死亡消息。主要内容有:一是公告的发出单位名称及"公告"两个字。这与普通式讣告是有区别的,"公告"前是冠以发出单位名称,而普通式"讣告"前写的则是死者的姓名。二是死者的职务、姓名、死亡原因、具体时间、地点及享年岁数。三是对死者的简单评价和哀悼之词。四是署名公告时间。

(2)"治丧委员会公告",这是公告式讣告的核心部分。主要内容有:一是标题,在第一行居中位置,用黑体大字写明"×××同志治丧委员会公告"字样。二是写明对丧事的安排及具体要求。三是署名与公告时间(年、月、日)。

(3)公布治丧委员名单。以上消息和公告往往同时发出。

3. 新闻报道式讣告

这种形式的讣告常常作为一则新闻消息在报纸上公布,既能起讣告的作用,晓谕社会,又能表达深切的怀念之情,以造成较大的影响。内容和形式都比较简单,例如《著名妇产科专家梁毅文同志逝世》(见《广州日报》1991年4月3日)。

(五)讣告的写作要求

1. 讣告的内容要严谨、肃穆、简洁,用语措辞要通俗易懂,简练庄重,语言色彩应有沉痛哀伤之意,以体现出对死者的哀悼。

2. 讣告的写作和发布要及时,同时讣告发出日期与开追悼会等丧事活动的日期之间要留有足够的时间,以便于亲友们及时奔丧,送挽联、挽幛、花圈以及及时参加追悼会等丧事活动。必要时,应写明联系方式(如电话等)。

3. 讣告的发布形式,可以张贴在死者的工作单位、住宅门口、公共布告栏,或者用电话、电报、电子邮件以及利用传媒向社会发布。

4. 根据中国的传统习惯,张贴式讣告只能用白纸,写黑字。

例文

鲁迅先生讣告

鲁迅(周树人)先生于一九三六年十月十九日上午五时二十五分病卒于上海寓所,

享年五十六岁。即日移置万国殡仪馆,由二十日上午十时至下午五时为各界瞻仰遗容的时间。依先生的遗言:"不得因为丧事收受任何人的一文钱。"除祭奠和表示哀悼的挽词、花圈等以外,谢绝一切金钱上的赠送。谨此讣闻。

鲁迅先生治丧委员会
(治丧委员会成员名单略)
1936 年 10 月 19 日

宋庆龄同志讣告
中国共产党中央委员会
中华人民共和国全国人民代表大会常务委员会
中华人民共和国国务院
公　　　告

中国共产党中央委员会、中华人民共和国全国人民代表大会常务委员会、中华人民共和国国务院以极其沉痛的心情宣告:我国爱国主义、民主主义、国际主义和共产主义的伟大战士,杰出的国际政治活动家、卓越的国家领导人,中华人民共和国名誉主席、中华人民共和国全国人民代表大会常务委员会副委员长宋庆龄同志因患慢性淋巴细胞白血病,于一九八一年五月二十九日二十时十八分在北京逝世,终年九十岁。

宋庆龄同志的逝世,是我们国家和全国人民的巨大损失。决定为宋庆龄同志举行国葬,以表达我国各族人民的沉痛悼念。

宋庆龄同志治丧委员会已经成立。

我国爱国主义、民主主义、国际主义和共产主义的伟大战士,卓越的国家领导人宋庆龄同志永垂不朽!

一九八一年五月二十九日

三、悼词

(一)悼词的概念

悼词,也称追悼词,属于祭悼一类的文章。一般是指在追悼会上宣读或在报刊上发表的对死者表示哀悼、敬意的具有悼念性质的专用文书。通常情况下是指在追悼会上宣读的悼词,也就是狭义的悼词;广义的悼词则指一切向逝者表示哀悼、缅怀与敬意的悼念性文章。

(二)悼词的种类

悼词按照内容和用途可分为宣读体悼词和书面体悼词两大类。

1. 宣读体悼词。是专门用于追悼大会上由有一定身份的人进行宣读的悼词。实际上它是对在场的参加追悼会的人讲话,而不是对死者讲话,应当表述的是全体在场群众对死者的敬意和哀思并勉励大家学习死者的优点,化悲痛为力量。因为宣读体悼词受追悼大会本身的时间、条件、地点的限制,所以它的形式相对地比较单一而少变化。宣读体悼词以记叙或议论逝者的生平功绩为主,而不以个人抒情为主。但也有例外,在追悼会上祭读的悼词,并不追述死者的生平经历与事迹,而是重在述情见志。如 1946 年 10 月 4 日,上海各界召开追悼李公朴、闻一多大会,邓颖超代表周恩来在会上宣读了一篇极其悲愤、坚毅的简短悼词。

2. 书面体悼词。书面体悼词内容广泛,形式多变,灵活自由,不拘一格。可以用记叙式,即以记叙死者的生平业绩为主,并适当地结合抒情或议论,这是现代悼词最常见的类型,也可以用议论式,即以议论死者对社会的贡献为主,并适当地结合抒情或叙事;还可以用抒情式,即以抒发对死者的悼念之情为主,并适当结合叙事议论。

(三)悼词的特点

1. 总结死者生平业绩并充分肯定其社会意义和社会价值,并寄托人民的哀思,以激励生者更好地工作和生活。

2. 化悲痛为力量的积极的基调和内容。现代悼词的内容是积极的,并不是一味宣泄个人的哀痛之情,充满悲惨情调,使人感到愁闷压抑。它不是面向过去,而是面向现在和未来,因此,化悲痛为力量的主题成为现代悼词的基调。

3. 多种多样的表现形式和表现手法。现代悼词的表现形式和表现手法极其多样化:既可是宣读体,也可是书面体;既可写成记叙式或议论式的文章,也可写成优秀的散文作品;既可以叙事为主,也可以议论为主,还可以抒情为主。如《郭沫若文集》第十三卷里所收的几篇悼词,几乎每篇写法都不相同,《悼念 A.托尔斯泰》是议论式的,《罗曼·罗兰悼词》则是抒情的,而《吊星海》又是抒怀性的随笔,《悼江村》又是一首别具一格的散文诗。

(四)悼词的基本格式和写法

最常见的宣读体悼词的基本格式比较固定,一般由标题、正文和结束语三部分构成。

1. 标题

在第一行居中写文体"悼词"两字即可。也可写作"沉痛悼念×××同志(先生、女士)"。如在报刊上发表,则应写作"×××同志在追悼×××同志大会上的讲话"或"×××同志追悼会悼词"。

"悼词"二字做标题时,应用黑体字且字号大于正文。

2. 正文

宣读体悼词是由有一定代表性的人宣读,代表全体在场群众对死者的敬意和哀思,并勉励大家学习死者的优秀品质,化悲痛为力量。所以,在写作时开头总是以沉痛的语气点明所悼念的死者,表示大家的沉痛心情;尽可能全面而确切、有序地写明死者生前的身份或担任的各项职务名称,以示尊崇;接着要概述死者因何种原因、何时、何地不幸辞世,终年(或享年)岁数。然后,转入悼词的主体部分,按时间顺序集中而概括地介绍死者的生平事迹,要突出介绍死者对人民、对社会的贡献;接着写对死者的称颂以及评价死者辞世带来的损失。最后写出向死者学习的内容,表示要化悲痛为力量,用实际行动继承死者的未竟事业。

3. 结束语

结束语自成一段,一般是对死者的去世表示惋惜并勉励后人,再次表示对死者的沉痛悼念,文字要简洁。常见的有一句式,如"×××同志永垂不朽"或"×××同志千古";有概括式,如"×××同志和我们永别了,我们要化悲痛为力量……×××同志永远是我们学习的榜样……"等。

(五)悼词写作的基本要求

一般悼词的写作要做到以下几点:

1. 悼词中要重点介绍死者的生平,包括其姓名,籍贯,何时、何地、何种原因去世,主要经历和业绩、贡献及社会价值。笔调和措辞用语一般持称颂态度,肯定其成绩与贡献,赞颂其道德精神,而对一般的缺点错误,通常应避而不提;对其犯过的重大错误,经过组织集体讨论或上报主管部门批准后方可写入,但也要以比较婉转、笼统的词语点到为止。

2. 悼词可以说是对死者的"盖棺论定",因此,悼词的内容材料一定要真实,行文有据,褒扬得体。对死者的评价要尊重历史,实事求是,客观公正,恰如其分。恰当的做法是:实事求是,笔墨含情,评价客观、公正,述事准确、真实,用语恰如其分,注意词语的轻重程度与感情色彩的倾向性。如"一定的贡献"与"重要贡献"、"重大贡献"等词语的使用就应当慎重选择。

3. 悼词的篇幅要长短适当。有重要影响的历史人物、知名人士,悼词可以长些,一般而言,以简短为宜。叙述生平事迹,要选择有代表性的经历和成绩,不要面面俱到,形同"年谱"。

4. 语言要简练朴实,严肃庄重,沉静肃穆,充满哀思之情。

例文

罗曼·罗兰悼词
郭沫若

罗曼·罗兰先生,你是一位人生的成功者,你现在虽然休息了,可你是永远存在着的。你不仅是法兰西民族的夸耀,欧罗巴的夸耀,而且是全世界、全人类的夸耀。你的一生,在精神生产上的多方面的努力,对于人类的贡献非常的宏大,人类是会永远纪念着你的。你将和历史上各个民族各个时代的伟大的灵魂们,像天空中的星群一样,永远在我们人类的头上照耀。

罗曼·罗兰先生,在二十年前你的杰作《约翰·克利斯朵夫》初次介绍到中国来的时候,你曾经向我们中国作家说过这样的话:"我不认识欧洲和亚洲,我只知道世界上有两种民族——一种是上升,一种是下降。上升的民族是忍耐、热烈、恒久而勇敢地趋向光明的人们——趋向一切的光明:学问、美、人类爱、公众进步;而另一方面的下降的民族是压迫的势力,是黑暗、愚昧、懒惰、迷信和野蛮。"你说,只有上升的民族是你的朋友,你的同志,你的弟兄。你说,你的祖国是自由的人类。这些话对于我们中国的文艺工作是给予了多么正确的指示,多么有力的鼓励呀!

在今天的世界,正是这两种民族斗争着生死存亡的时候。你所说的上升的民族就是我们代表正义、人道的民主阵线,你所说的下降的民族就是构成轴心势力的法西斯蒂。一边是赴汤蹈火,视死如归,牺牲自己的一切以解救人类的困厄;另一边是奴役,饥饿,活埋,杀人工场,毒气车,庞大的集中营,一个鬼哭神号的活地狱。但今天,上升的不断地上升,下降的不断地下降,光明终竟快要把黑暗征服了。我们要使全人类都不断地上升,全世界成为自由人类的共同祖国。

罗曼·罗兰先生,你伟大的法兰西民族的儿子,当你看到法兰西民族又恢复了她的光荣的自由,而你自己在这时候终结了你七十九年的人生旅程,在你那肃穆的容颜上,怕必然表露出了一抹更加肃穆的微笑的吧?但当你想到你的朋友,你的同志,你的兄弟的好些民族,依然还呻吟在法西斯蒂的控制下边没有得到自由,在和死亡、饥饿、奴役、恐怖作决死的斗争,在你那肃穆的容颜上,怕也必然表露出了一抹更加肃穆的悲愤的吧?

但是,罗曼·罗兰先生,伟大的人类爱的使徒,你请安息吧。上升的要不断地自求上升,下降的要不断地使它下降,我们要以一切为了人类解放而英勇地战斗着的民族为模范,我们要不避任何的艰险,尽力趋向一切的光明。不避任何的艰险,尽力和黑暗、愚昧、残忍、凶暴的压迫势力、法西斯、现今世界的魔鬼,搏斗! 我们中国是绝对不会灭亡的,人类是必然要得到解放的,法西斯魔鬼们是必然要消灭的!

罗曼·罗兰先生,你请安息吧。我们中国的文艺工作者们,更一定要以你为模范。要像你一样,把"背后的桥梁"完全斩断,不断地前进,决不回头;要像你一样,始终走着民主的大道,把自己的根须深深插进黑土里面去,从人民大众中吸收充分的营养,再从黑土里面生长出来。我们一定要依照你的宝贵指示:"每天早上,我们都得把新的工作担当起来,把前一天开始的斗争继续下去。……对于错误,对于不公正,对于死,我们必须不断地力争,为着胜利。"

1945 年 3 月 21 日

(资料来源:《沫若文集》第十三卷.1959,北京:人民文学出版社)

思考与练习

一、名词解释

介绍信　表扬信　请柬　申请书　倡议书　祝词　悼词

二、填空题

1. 按照格式分,有_____的介绍信、_____的介绍信和_____三种类型。

2. 证明信具有____和_____两个特点。

3. 感谢信具有_____和_____双重意思。

4. 求职书的附件主要包括_____、_____和_____三部分。

5. 请柬一般由_____和_____两部分构成。

6. 倡议书可以从_____的不同和_____的不同两个角度进行分类。

7. 寿诞祝词的主要内容,一是_____;二是_____

_____。

8. 讣告一般可分为_____、_____和_____三类。

三、简答题

1. 简述求职书的特点。

2. 简述聘书的特点。

3. 简述感谢信的写作要求。

4. 简述祝词的写作要求。

5. 简述表扬信的结构与写法。

6. 简述悼词的结构与写法。

7. 简述请柬的结构与写法。

四、写作题

1. 结合自己的情况写一份加入××社团的申请书。

2. 根据某招聘启事,结合自己的实际情况,为自己拟写一份求职书。

3. 假如你将参加一位德高望重的师长或前辈的六十寿诞,允许适当充实材料,请拟写一份祝词。

参考文献

[1]张耀辉.大学应用写作[M].上海:上海交通大学出版社,2008.

[2]董小玉.现代实用写作训练教程[M].北京:高等教育出版社,2006.

[3]尹少荣.应用写作教程[M].北京:中国农业出版社,2014.

[4]刘方毅.应用文写作[M].北京:冶金工业出版社,2009.

[5]刘宏彬.新编应用文写作教程[M].北京:新华出版社,2008.

第八章 申论写作

第一节 申论的性质和特点

一、什么是申论

"申论"一词,出自孔子的"申而论之"。从字面上理解,申,即引申、申述,论,即议论、论证,因而申论是一种具有引申、申述、论述、论证的文体。它要求准确把握所给的文字材料,作出必要的分析判断,然后在此基础上发表议论,提出中肯见解和解决问题的方略,并进行论证。要求考生熟悉党和国家的基本理论和政策,具有收集信息、分析资料、析辨时务、独立研究解决问题的能力和较强的语言文字表达能力。

《中央机关及其直属机构 2009 年度考试录用公务员公共科目考试大纲》(以下简称《考试大纲》)强调:申论主要通过应试者对给定材料的分析、概括、提炼、加工,测查应试者解决实际问题的能力,以及阅读理解能力、综合分析能力、提出和解决问题能力和文字表达能力。

申论材料通常涉及某一个或某几个特定的社会问题或社会现象,要求应试者能够准确理解材料所反映的主要内容,全面分析问题所涉及的各个方面,并能在把握材料主旨和精神的基础上,形成并提出自己的观点、思路或解决方案,准确、流畅地用文字形式表达出来。

可见,申论是为了检测从事机关工作的人员是否具备一些基本能力的考试科目,是对公务员日常工作的一种模拟。申论考试内容大多要求考生在规定时间内对指定材料中所涉及的社会热点或社会实际问题提出自己的观点或解决方案。而所给的材料涉及面广,包括政治、经济、法律、科技、文化等方面,这就要求考生综合运用自己所学的专业知识、管理知识等相关知识,对纷繁复杂的材料进行分析、概况、提炼、加工,从中发现问题和解决问题,最后顺畅地表达。申论考试全面考查了考生的阅读理解能力、综合分析能力、提出和解决问题能力及文字表达能力。

申论考试是一种模拟公务员日常工作性质的能力测试,它不是给材料作文,也不同于古代的策论考试;它不像作文考试那样注重文采,个性挥洒,又不像策论考试那样空泛。它是对既定事实、问题的深入思考和认知,中肯地分析和准确地归纳提炼,在此基础上提出解决问题的对策,并进行深入的论述。2000 年,中央国家机关公务员录用考试开始实行申论考试,现已成为公务员录用考试的一门基本科目,日益受到人们重视。

综上所述,所谓申论考试,作为一种选拔人才的测试方式,其命题非常准确、科学,它是在充分吸收策论、基础写作和公文写作优点的基础上,发展起来的一种以考查学生的实际能力为目标的科学的测评方式。

二、申论写作的性质

申论写作具有模拟公务员日常工作的性质。进入 21 世纪以来,改革开放的深入和全球化的扩展向机关工作人员提出了更高的要求。他们在日常工作中会面临大量的信息和具体的事务,要对各种材料信息进行分类、分析、归纳、整理,将发现的问题及时报告给有关部门,并且在必要的时候提出解决问题的方案以供参考。在提出方案的时候,还需要对这些方案的可行性进行论述。这就需要一名公务员具有搜集整理资料、分析概括问题和解决现实问题的能力。因此,申论写作实际上是对公务员日常工作流程的一种模拟和演练。

但是由于时间和其他条件的限制,申论写作所面对的背景资料是经过初步加工的"半成品"。这些半成品资料往往不是十分清楚,前后的顺序也未必有条理,反映的是哪些问题、需要用什么方法去解决,都有待于写作者进一步梳理分析和归纳研究。比如安徽省2005年的公务员考试申论试题是关于人才市场的造假问题,所给的材料纷繁复杂,写作者要整理分析出这些造假行为分为求职者的假、中介机构的假和招聘单位的假三种类型,并且要针对第一题的要求归纳出招聘单位作假行为的具体表现,同时在第二大题的论述中还要对这三种造假行为提出打击的具体措施。从中我们可以看出,申论写作与公务员处理日常行政事务是有相似之处的。

申论考试一般是由国家人事部门举办的若干机关联合招录的范围较大的公开的选拔考试,命题中的背景材料涉及各种社会现实问题,如政治、经济、法律、教育、文化等诸多方面,但是对哪个专业的考生都是公平的,不会向某一专业特别倾斜,因为它考查的侧重点是能力而不是专业知识水平。举例来说,2001年国家公务员考试中材料所反映的PPA问题,从表面上看似乎是和医药卫生行业有关,但问题的解答和医药专业知识并无多少关联,更多的还是与政府法规、舆论导向等方面有关。同时,申论的试题具有较强的针对性和合理性,也就是说,问题的提出有必要性,问题的解决有可行性,比如2006年国家公务员考试的材料是讲公共突发事件产生的原因及如何应对,申论材料紧扣时事热点,与百姓生活息息相关,可以说2003年发生的"非典"事件对这次申论的命题是有启发的,而解决这些问题则需要政府在制度、机制和法律法规等方面作出调整和完善,具有可操作性。申论考试所给的材料可能涉及面很广,但试题具有较强的针对性和合理性,也就是说,问题的解决方案一般是具有可行性的。申论考试不会引导考生漫无边际地遐想,不管问题多么复杂,涉及面多广,人们的见解多么莫衷一是,都是能够解决的。这样的命题思路是由公务员录用考试性质决定的。

总之,申论写作就是公务员日常工作的一种缩影,是对一个人是否有能力胜任公务员工作的检验,而只有德才兼备的人才会最终进入公务员的队伍,成为一名合格的公务员。

三、申论写作的特点

申论写作属于应用写作的范畴,但它又不同于一般的应用写作。它具有自身的特点,主要表现在以下几个方面。

(一)写作要求的特殊性

不同于侧重考核语言文字表达能力的作文写作,申论写作是把阅读材料和写作有机地结合起来,形成新颖、灵活,能够更好地体现写作者的综合素质的一种新的写作文体。申论写作强调对写作者在阅读理解的基础上进行分析判断,在对写作者进行文字表达能力考查的同时,更侧重于对写作者发现问题和解决问题的实际能力的考查,这种考查有较强的综合性,极富挑战性,利于写作者潜能的充分发挥。申论考试要为国家选拔的是能够熟练运用马克思主义理论,运用党和国家的各项方针政策、法律法规等理论知识解决实际问题的具有多方面能力的人才。所以申论写作是一种综合性的、针对性强的、有时代特征的、适应当今国家公务员实际工作需要的特殊写作。

（二）写作主体身份的虚拟性

无论你来自何处，也不管你所学的是何种专业，在申论写作中，常常会要求你以一个假定的"虚拟身份"回答问题，提出对策。比如2004年国家卷要求以"市交通主管部门负责人"的身份写一份"关于我市交通拥堵情况的报告"，2006年国家卷则提出以"新录用的国家公务员"的身份"概括某部长的谈话"。每次设定的"虚拟身份"有所不同，而对策、方案的提出都与这个"虚拟身份"密切相关。由于身份、地位的不同，提出问题的角度乃至于表达问题的语气都会不同，写出的对策也就大不相同。因此，写作者要恰当地调整自己的心境和心态，及时进入"虚拟身份"的角色，迅速把握写作的突破口，构建正确的答题思路，顺利完成论证。

既然要求以假定的"虚拟身份"作答，那么写作时一般要用第一人称，以"我"为主，提出对策，考虑问题都要以"我应该做什么""本部门应做什么"为出发点，提出的对策与方案要合情合理，不能偏离角度说外行话。

（三）写作主题的确定性

申论写作都有明确的主题和方向，但是由于它要考查写作者发现问题和解决问题的能力，因此其确定的主题和方向不会直接表现出来，而是体现在其纷繁复杂的材料之中。写作者必须对社会热点和焦点有所了解，有所认识，有所思考，积累知识，锻炼思维能力。只有这样，才不会被各种各样、五花八门的材料迷惑，才能透过现象，抓住问题的实质。

（四）写作体式的灵活性

相对于传统的写作考试，申论的考试形式灵活多样。申论测试一般包括三大部分——概括部分、对策部分、议论部分，但有很多的变化形式。就文体而言，概括部分可能是记叙文、说明文、议论文，也可能综合多种文体；对策部分是应用文写作；第三部分是议论文。同样是论证问题，有的是自拟题目，有的则直接给题目。它既考查普通文体写作能力，又考查公文写作能力。考生应对机关工作中常用文体进行仔细的了解，比如工作计划、工作总结、调查报告、工作方案、汇报材料、决定、通知、通报、简报、请示、意见等，都有可能运用到申论考试中来。

（五）写作过程的规范性

申论写作的过程是比较规范的，一般按照一定的程序来进行，这是由申论写作的要求决定的。申论写作的要求主要包括三个方面：首先，对给定材料进行阅读理解、分析整理、归纳概括，并用限定的篇幅概括出所给资料的主要内容、主要问题或主要观点；其次，用限定的篇幅对主要问题提出具体的解决方案，要求从多角度出发，具有层次性、条理性、针对性和可行性；最后，用限定的篇幅对资料所反映的主旨进行论证，要求紧扣材料，重点突出，详略得当，说服力强。具体来说，申论写作分为审读资料、概括内容、提出对策和进行论证四个层次。

申论写作过程规范性的最突出表现在于，写作步骤是有序而不可逆的，即后一个问题的解决必须建立在前一个问题已经解决完毕的基础之上，如果前一个问题没有解决，后一个问题就不可能得到解决。

第二节　申论考试的内容及解题方法

一、申论考试的基本特点

在我国,申论第一次进入公务员考试体系,是在 2000 年中央国家机关公务员录用考试中。在此之前,对于应试者写作能力的考查主要通过公文写作和一般议论文写作体现,而这种考核方式渐渐不能满足新形势下政府选拔机关工作人员的需要,因此 2000 年,国家公务员考试的公共科目考试做了一些改革,新增了申论考试科目,即由公共基础知识、行政职业能力测验和申论三个科目构成。行政职业能力测验为客观性试题,申论为主观性试题,这从根本上决定了申论相较行政职业能力测试而言,更具难度。

申论考试又分国考与省考。国家范围内招录的公务员统一都叫国家公务员,划分到具体范围时又分为中央、国家机关公务员和地方国家公务员两种。凡是招录中央、国家机关以及中央国家行政机关派驻机构、垂直管理系统所属机构录用机关工作人员和国家公务员的考试(例如国务院办公厅、财政部、国税局、海关等等),都称为国家公务员考试(以下简称为"国考")。凡是招录地方各级党政机关、社团等(例如省委办公厅、省财政厅、地税局、省级以下共青团委、社会组织、学校非教招等等)组织进行的各级地方性考试,称为地方公务员考试(以下简称为"省考")。需要注意的是,二者之间并不存在从属关系,因此可以同时报考。

近年来,申论考试的难度系数一直在加大,给定资料的字数越来越多。国考 2004 年和 2005 年给定资料字数在 4000 字左右,2006 年则高达 8000 字,2008 年中央和浙江申论材料均为 7000 字左右。篇幅的加大显然增加了阅读和答题的难度,使得原来有限的考试时间更为紧张。因此,从 2014 年开始,国家公务员考试申论时间增加为 180 分钟,为考生阅读给定资料和作答提供了相对充裕的时间,使考生可以深入思考,透彻理解材料,答出真实水平,充分展现实力。这样更利于测查考生的真实能力和水平,提高考试区分度,预示着国家公务员考试命题日臻科学化、人性化。

二、申论考试的基本内容

申论的试卷一般由以下三部分组成:

(一)注意事项

首先是注意事项,说明答卷的要求和时间,提出指导性建议。

(二)给定材料

申论考试一般给定 4000 字左右的材料(中央、国家机关公务员申论考试的材料可能达到 8000 字左右),内容涉及社会生活的各个方面。大多是当今社会的热点问题和话题,具有一定的普遍性,一般不涉及专业性极强的问题。

(三)作答要求

一般而言,申论的作答包括三个方面:

第一,对给定材料进行理解、分析、整理、归纳、概括、综合,并用限定的篇幅概括出所给背景材料的主题。

第二,用限定的篇幅对主要问题提出见解,提出具有可操作性的解决方案(要体现针对性和可行性)。

第三,用限定的篇幅对见解、方案进行论证。要求:自拟标题,中心明确,内容充实,论述深刻,有说服力。

三、申论考试的答题方式

针对申论的考试内容,相应的答题方式为:

(一)审读资料

审读资料就是对所给资料进行阅读,这是申论考试答题的基础环节。这个环节虽然并不用文字直接反映出来,却是完成其他三个环节的先决条件,而且在次序上居于首位,不容置后。因为只有认真读通、读懂给定资料,才能正确把握资料所反映的事件的性质,才能准确概括出给定资料所反映的主要问题,进而完成第二个环节。之后,在此基础上,才能针对主要问题,就给定资料涉及的范围和条件,提出切实可行的解决问题的对策和方案,完成第三个环节。最后,还要充分利用给定资料,抓住主要问题,全面阐明,完成第四个环节即论述部分。由此看来,审读资料的重要性不言而喻。

申论考试一般要求考生用 50 分钟的时间阅读给定资料,差不多占到了考试时间的30%,有的应试者觉得没有必要,只是快速浏览一遍就匆忙答题,殊不知这样是舍本逐末,所写答案常常会离题万里;而有的应试者只是反复阅读材料,根本不看后面试题的要求,这种盲目阅读的效率极低。基于以下几个因素限制——材料内容的专业性、材料内容的丰富性及材料形式的无序性,加之现今考试给定资料字数越来越多,这就要求考生掌握阅读资料的技巧,而不能盲目地去读。充分利用好审读资料的时间,保证高效、高质地完成阅读任务,是完成申论写作的第一步,也是最基本的一步。

(二)概括材料

这是申论考试中十分重要的承上启下的环节。一方面,它是审读资料后的小结;另一方面,又影响提出的方案和对策是否具有针对性,影响论证是否具有扎实的基础。若概括不准确或不够全面,下面的程序也就很难进行了。概括材料的关键在于准确把握给定资料。有的材料比较复杂,问题纷呈,头绪众多,互相交错;有的材料问题比较集中。对于前者,要善于总结归纳,分析出主要问题所在;对于后者,要善于深入挖掘,分析出问题产生的深层原因。

对材料的概论一方面能体现应试者分析概括能力,另一方面也直接影响了下一部分的对策的提出。概括材料一般字数要求在 150～300 字之间。

(三)提出对策

提出对策是申论考试的关键环节,它是针对前面概括出的问题而言的。针对前面概括出来几个方面的问题,本部分要相应地提出对策和方案,并且要具有针对性和可操作性。所以这部分是对写作者思维开阔度、创新意识、应变能力和解决问题的能力的考查,应试者拥有较大的发挥空间,可以仁者见仁,智者见智。需要注意的是,所出的对策和方案必须围绕给定资料所涉及的内容和条件,不能超出给定的范围去天马行空。

(四)进行论述

进行论述是申论考试的最后一个环节,也是最后的总结。它要求应试者充分利用给定资料,围绕主要问题,全面阐明、论证自己对给定资料所反映的主要问题的基本看法以及解决问题的方案。前面三个环节尽管非常重要，不可或缺，但总的来说，还都只是必要的铺垫，最后的论证过程才需要淋漓尽致地表达，一气呵成地写就。这不仅是因为它要求的字数多，所给的分值高，更重要的是，论证才是申论考试的核心，才能全面衡量和考查一个人的分析归纳能力、提出和解决问题的能力、逻辑思维能力和语言表达能力。

从近几年国家机关公务员考试情况来看，最后一题论证要求的字数一般在 800～1500 字之间，分值在 30～50 分之间，可谓是重中之重，因此这部分的写作一定要认真对待。写作前要对材料了然于胸，对问题深入思考，并且最好先列一个提纲，这样才能"下笔如有神"，再加上平时语言表达能力的训练和积累，自然可以妙笔生花，写出一篇论题鲜明、论点突出、论述充分、条理清晰、详略得当、文笔流畅的好文章了。

四、申论考试的知识储备

（一）紧密跟踪时政热点

1. 什么是时政热点

历年申论试题材料都紧扣当时的社会热点，也可称作时政热点问题。要想从公务员考试中脱颖而出，就必须积极关心国家大事，紧密跟踪时政热点，掌握国家基本方针政策，这是申论考试中拿高分的关键所在。这就导致一些研究者或应试者把考试取得好成绩的希望押在能否扣住热点上。常有所谓的名师在网上公开声明在考前已经押住了考题，有的应试者挖空心思找热点问题，有的把辅导老师指出的热点问题背下来应对考试。但就每年申论考试成绩看，普遍不理想，大多在 40 分左右，许多考生认为所得成绩与考前的自我感觉相差甚远。那么这是为什么？关键问题在于没有掌握什么是时政热点，怎样关注时政热点。我们认为，能否成为时政热点应从以下几个方面来把握。

首先，时政热点应该是"社会问题"。社会问题就是某一方面存在的状况已经到了令人感到不解决就会出矛盾，甚至引起社会混乱，导致社会停滞不前或严重失调的地步。如土地问题就集中反映了这一点。土地资源的减少、土地供应量的不足和土地的失控已经成为我国经济发展的阻碍，政府高度重视，农民忧心忡忡，市民渴望买到经济适用房，这些都是土地引发的问题。尤其需要指出的是，社会问题主要是指由于某种原因造成的某一方面的矛盾出现或加剧。这样看来，不是任何一个新事物的出现都会成为社会问题，不是任何热点都会成为命题的依据。

其次，时政热点问题应该是"政府关注的问题"。即某一方面存在的问题，必须是政府所要着力解决的，而且也必须与政府的各个职能部门紧密相关。如解决土地问题，是政府非常重视的一个问题，为此出台了一系列严格的土地制度的相关规定。所以，如果发生的某一社会热点与政府的关联不大，或者不是政府所要面临并亟待解决的问题，一般不会成为申论的试题内容。

再次，时政热点应该具有"普遍性"。即所存在的社会热点问题不是刚刚出现，也不是还没有出现，是已经出现且问题已经积累到比较严重的地步，已经引起了政府高度重视，引起了社会各界的广泛讨论，对于该问题的解决，政府已经出台了一些措施，人们对此也形成了一些科学的认识和看法，有些地方对解决此类问题的做法也有值得借鉴的正面意义。所以，时政热点对应试者来说不是新鲜事物，不是没有定性的问题，不是务虚的意识形态问题。既然是热点，就应该是已经被人认识和了解的矛盾，是积累到一定程度的"热"问题。

2. 把握时政热点的途径

如果能够了解时政热点的前因后果,把握热点问题的本质特点,就能够找到解决热点问题的方法。所以,把握时政热点必须提前介入,未雨绸缪,这样才能够在申论考试中胸有成竹,得心应手。

根据近几年命题的思路,中央和各省、市的申论试题从媒体、官方文件取材的频率较高。应试者要充分利用各种媒体,例如重要网站或杂志报纸来寻找时政热点及政府对之的态度。

(1)中央政府网站。该网站是中央政府的门户网站,隶属于国务院。该网站以最权威的方式刊登国务院及其所属各部门发布的各种方针、政策,所出台的每一个文件都是针对某些具体问题的,有许多问题属于时政热点问题。

(2)新华网。该网站的"专题专栏""访谈专题",往往都是对人们普遍关心的社会热点问题给予深度报道,有助于应试者全面、真实地了解问题的全过程。

(3)《半月谈》。《半月谈》杂志由中共中央宣传部委托新华通讯社主办,有着巨大的影响力和权威性。该杂志的"经济纵横""社会经纬"等栏目都是对某一社会热点问题进行较为宏观的报道或介绍,可读性强,反映面广,议论深刻。特别是它的评论性文章,为申论大作文的写作提供了借鉴范例。

(4)人民网。作为中央一级依托《人民日报》的政府性网站,有着深刻反映问题的敏感性和主导性,其中的"热点专题""理论专题"有着对社会问题的集中资料,有助于拓宽思路,提升高度。

(5)中央电视台新闻综合类节目。如《焦点访谈》《新闻调查》等都是值得关注的电视节目。

此外,还有中青网、地方官方网站、《瞭望周刊》《南方周末》《光明日报》等媒体也应常常浏览,时时关注。

3. 时政热点的分类

应试者对时政热点的关注要注意积累和归纳,这样在考场上可根据给定资料所涉及的主要问题及其类别,与自己以往积累的这一类别的社会问题进行比较和印证,认识该问题形成的原因、存在的普遍规律以及解决这一问题的可行性方案,同时根据该问题形成的特殊原因和条件,具体问题具体分析,在一般性解决方案的基础上提出具体的解决办法和具体措施。我们试着把要关注的时政热点进行如下大致分类,便于应试者把握。

(1)政治热点

①国家战略:和谐社会建设、中国发展问题、中国和平崛起、建设创新型国家等问题。

②党政建设:政府职能转变问题;构建诚信政府、节约型政府问题;提高党的执政能力或者建设服务型政府的问题(如政府公信力问题,公务人员酒后驾车交通肇事、矿难事故瞒报案,形象、政绩、面子工程等);政府监管问题(如多起煤矿生产矿难事故、环境污染事件),树立科学发展观、正确政绩观和荣辱观,反腐倡廉等。

③政务管理:行政审批、电子政务、公务接待、听证会制度、审计问责、政府信息公开等。

④法治建设:行政立法、行政许可法、国家赔偿法、领导干部法治素养、物权法、婚姻法修改、保障人权及普法教育等。

⑤城市管理:城市管理、城市信息化建设、市政建设、市容管理、流动摊贩管理、流浪乞讨管理等。

（2）经济热点

①宏观经济：建设节约型社会、发展循环经济、区域经济、虚拟经济、通货膨胀、金融改革等。

②规范市场：反垄断、公平竞争、惩治欺行霸市、商业贿赂等。

③知识产权：知识产权保护（社会现象如盗版、商标侵权、国际贸易中的纠纷等）、反盗版、品牌战略、科技创新问题等。

④产业经济：支柱产业、调控房价、油价改革、经济转型等。

⑤安全问题：金融安全、粮食安全、安全生产、煤矿安全、食品安全、饮用水安全、药品安全、信息安全等。

⑥其他：个人所得税改革、电信资费调整、听证制度、企业社会责任等。

（3）社会热点

①和谐社会：贫富差距、社会保障、弱势群体、公平教育、户籍制度改革、住房问题（如房价问题、保障房、"小产权"房）、突发公共事件等。

②人口问题：人口老龄化、性别比失衡、计划生育政策等。

③社会治安：社会稳定、暴力袭警、"黄赌毒"等。

④医药问题："看病难、看病贵"；医疗体制改革；医患纠纷等。

⑤物业拆迁：物业管理、城市拆迁等。

⑥招聘就业：就业问题、招聘陷阱等。

⑦交通问题：交通安全、机动车牌照与"禁摩"、限号、交通拥堵等。

⑧环境保护：建设环境友好型社会；江河海洋水质污染、大气污染、工业废物污染、城市生活垃圾污染、地下水污染；草原、森林、植被破坏，荒漠化，沙尘暴，稀有动物减少灭绝等。

⑨社会现象：粮食浪费、虚假违法广告、婚恋问题、和谐社区建设等。

（4）文化热点

①教育体制：义务教育体制改革、教育发展失衡、高校教育改革、教育乱收费、民办教育、幼儿园入学难、大学生就业难等。

②青少年教育：青少年心理健康、青少年思想道德建设、青少年身体素质、流动人口子女教育等。

③诚信问题：大学生诚信；学术、文凭造假；考试作弊；贷款欺诈等。

④网络治理：网络信息安全、网瘾、网吧管理、网络诚信、博客问题等。

⑤文化产业：文化遗产保护与开发、民族文化保护与弘扬等。

（5）生态热点

①可持续发展问题：人口、资源、环境的协调发展问题；老年化社会问题；人力资源开发、"技工荒"等。

②资源问题：建设资源节约型、环境友好型社会，经济发展方式转变，土地管理（耕地保护），生态保护与开发等。

③能源问题：电荒、低碳生活、水电开发与水源安全、石油安全、新能源开发等。

④环境问题：经济发展与环境保护、生态建设（退耕还林还草、休渔、休耕等）、河流污染与治理、"三废"问题、城市规划等。

（6）"三农"热点

①农业：农村扶贫、现代农业、农民增收、退耕还林还草、粮食安全等。

②农村：新农村建设、农村城镇化、农村土地征收、农村医疗卫生建设、村民选举、会务公开、新型农村金融体系等。

③农民：失地农民问题、农民工子女入学、留守儿童教育、农民工权益保障问题等。

当然每年都有新热点、新变化，我们要及时归纳总结，把握时政热点。

（二）常见时政热点对策分析举要

下面我们就一些时政热点及对策提出参考答案，以资借鉴。

1. 社会管理（社区管理、城市管理、户籍管理、应急管理、治安管理）热点问题对策要点：

（1）建设服务型政府，强化社会管理和公共服务职能。

（2）推进社区建设，完善基层服务和管理网络。

（3）健全社会组织，增强服务社会功能。

（4）统筹协调各方面利益关系，妥善处理社会矛盾。

（5）完善应急管理体制机制，有效应对各种风险。

（6）加强社会治安综合治理，增强人民群众安全感。

2. 社会事业（医疗、就业、教育、社保、就业类）热点问题对策要点：

（1）通过发展经济扩大就业。

（2）鼓励发展多种所有制经济，拓宽就业渠道。

（3）发展多样就业形式，增加就业途径。

（4）统筹协调各方面利益关系，妥善处理社会矛盾。

（5）建立市场导向的就业机制。

（6）运用财税、金融等政策扶植再就业。

（7）加大再就业资金投入。

（8）努力提高劳动者素质。

3. 住房热点问题对策要点：

（1）加强房地产市场宏观调控。

（2）严格经济适用房价格管理。

（3）建立廉租住房体系。

（4）加强商品住房成本的监管。

（5）规范商品住房价格的销售行为。

（6）进一步完善土地价格管理。

（7）进一步规范房地产中介服务收费行为。

4. 食品药品安全热点问题对策要点：

（1）加强舆论宣传，树立诚信观念。

（2）加大惩罚力度，依法惩处违法分子。

（3）加强行业管理，发挥行业协会的自律作用和龙头企业的示范带头作用。

（4）建立健全安全法制体系。

（5）强化安全综合监管，建立安全长效监管机制。

5. 建立自主创新型国家热点问题对策要点：

(1)逐步建立健全国家的创新体系。

(2)政府的投入和支持。

(3)科研院所与企业资本相结合。

(4)重点研究领域重点开发。

(5)重视高级人才培养。

(6)加强国际科技合作力度。

6. 建设节约型社会对策要点：

(1)实施可持续发展战略,加强宏观指导和规划。

(2)依靠科技进步和创新。

(3)建立节约资源的体制机制和政策体系。

(4)强化监督管理。

(5)加强法制建设。

7. 建设和谐社会热点问题对策要点：

(1)加强和完善思想道德教育。

(2)确保信息媒介的正确舆论导向。

(3)控制好社会文化生活的健康精神导向。

(4)大力倡导群众性的精神文明创建活动。

(5)道德奖惩机制和道德激励机制。

(6)依靠法律强制规范道德失范行为。

8. 拖欠民工工资问题对策要点：

(1)充分认识解决民工工资拖欠问题的重要性。

(2)采取有力措施,完善相关制度。

(3)建立民工任职的资质认定,以此遏制我国由于民工进城没有管理造成的巨大浪费。

(4)建立劳动合约的认定制度,通过第三者公证,在法院打官司的时候就具有法律效力。

(5)加强对民工法律意识和维权意识的教育,增强其维权观念。

9. 土地征用和拆迁问题对策要点：

(1)应以保障广大人民群众的权益为前提,尊重公民的合法权益。

(2)调整和规范政府在拆迁过程中的各种行为,完善和规范相关的制度,对拆迁人权益的保护予以程序化。

(3)解决问题的根本在于让权力逐步退出拆迁领域,重新界定政府在城市拆迁中的职能,取消以政代法。

10. 人权保障问题对策要点：

(1)时刻牢记人民的利益高于一切,"以人为本""保障人权"是我们党执政的出发点和归宿。

(2)严格执法,依法办事,是维护公民合法权益的基本前提。

(3)真正做到变"人治"为"法治",加强法制建设,完善法律、法规。

11. 反腐倡廉问题对策要点：

(1)从思想高度上认识反腐败是一场关系党和国家生死存亡的政治斗争。

（2）把反腐败斗争置于中国特色社会主义事业的大局之中，紧紧围绕经济建设这个中心，加大工作力度，努力遏制腐败现象蔓延的势头。

（3）把反腐败斗争放在党的建设新的伟大工程的重要位置，大力加强党的作风建设，并同党的思想建设和组织建设紧密结合起来。加强党的作风建设，深入开展反腐败斗争，有效地促进党的思想建设和组织建设。

（4）坚持标本兼治，综合治理。教育是基础，法制是保证，监督是关键。通过深化改革，不断铲除腐败现象滋生蔓延的土壤。既要对已出现的腐败现象采取有力的措施，一项一项地进行治理，又要综合运用经济、行政、教育、法律、纪律等手段，紧紧依靠广大人民的支持与参与。尤其要在体制、制度、管理等方面进一步强化监督制约机制，减少和消除产生腐败的条件，提高反腐败工作的整体效能。

（5）从领导机关、领导干部抓起，加强对各级领导干部的管理和监督。各级党政领导机关、领导干部要严于律己，模范遵纪守法，自觉接受监督。切实加强对反腐工作的领导，健全和落实党风廉政建设责任制，带领群众勇于同腐败现象做斗争。

12. 价格垄断问题对策要点：

（1）引进竞争机制。打破独家经营，让消费者有比较和选择的余地。这样，商品的价格才有可能趋向合理，服务质量也能提高。

（2）各种商品在一定价格幅度内明码标价，不能获暴利，不能损害消费者利益。

（3）充分发挥"行政干预"作用。物价局要特别重视对商品价格的管理，加强监督力度，制定监督办法，例如定期检查，发现问题及时处理。

13. 收入分配不公问题对策要点：

（1）加快发展，夯实共同富裕的物质基础。

（2）确保信息媒介的正确舆论导向。发展是解决中国所有问题的关键，也是解决收入分配差距、实现共同富裕目标的根本途径。

（3）深化改革，建立健全收入分配的激励机制。建立健全收入分配的激励机制，必须坚持"效率优先，兼顾公平"的收入分配原则。

（4）完善机制，有效调控收入分配差距。一是提高国家财政调节收入分配的能力；二是强化对收入分配的管理，把收入差距控制在合理的范围之内；三是保护合法收入，保障低收入者的基本生活，健全社会保障体系。

14. 农民增收问题对策要点：

（1）加大对农业的支持和保护是关键。

（2）农业结构调整是必要条件。

（3）发展农务经济，鼓励农民"走出去"是重要途径。

（4）减轻农民负担是保证。

（5）政府加大投入是基础。

15. 大学生就业难问题对策要点：

（1）进一步深化教育体制改革。

（2）加强对大学毕业生提供政策咨询、就业指导、职业介绍以及档案管理"一条龙"服务。

（3）加强对失业高校毕业生的管理和服务。

（4）尽快建立全国性的大学生就业信息网络。

16. 信访问题对策要点:

(1)改变目前大部分地方党政信访机构"两块牌子、一套班子"的设置,将党政信访机构分离开来。

(2)逐步形成以人大代表为信访处理主体的新机制。

(3)司法机关信访制度的改革应纳入整个司法体制改革的大框架之中。

(4)探索已有萌芽的社会组织参与信访代理的制度,明确信访代理机构为非政府组织或群众自治组织。

(5)走出信访困境,必须实现以法治为内容的信访制度改革。

17. 医患矛盾问题对策要点:

(1)国家应加大对医疗卫生事业的投入。

(2)确保信息媒介的正确舆论导向。

(3)加强诚信建设和医患沟通,"钝化"医患矛盾:一是医疗机构要从自身找问题,重建医德;二是提高医疗技术和服务水平;三是改善就诊环境,适当降低费用。

(4)社会要理解医疗服务是"特殊服务",而不是普通的花钱买服务。

(5)继续加大卫生立法的力度,逐步完善卫生法律体系。

18. 能源紧缺问题对策要点:

(1)实施能源安全战略,确定节能为三大基本国策之一。

(2)进一步修改完善《节能法》,使节能法制化。

(3)深化能源体制改革,特别是着重解决能源领导或市场化改革相对滞后的问题,进一步发挥体制效应。

(4)调整和优化能源消费结构。

五、申论考试答题技巧

中央国家行政机关公务员录用考试《考试大纲》指出:申论考试"主要测查应试者对给定资料的阅读理解能力、分析归纳概括能力、提出和解决问题能力,以及文字表达能力"。因此,在申论考试中应注意:

1. 复习时要全面广泛涉猎各类知识,注重知识的积累。关注社会生活的重大问题,加强对自身基本能力的训练。

2. 测试时要进入题目设定的公务员角色。根据材料提供的情境,按照行政程序去概括分析问题,提出解决问题的对策。作答时要避免"学生腔",要用公务员的语言,用公务员的思维逻辑与工作方式去分析、解决问题。

3. 应试时要统筹考虑作答申论的概括部分、对策部分、议论部分三个部分,注意答题的前后衔接,增强答卷的整体感。除了充分认真阅读所给材料外,概括内容时注意字数的限制,超过或者不足的字数一般不低于要求字数的10%,否则会相应地被扣分。

(一)审读材料部分应试技巧

1. 带着问题意识审读材料。问题意识就是指题目的设问,即题干。一定要注意先不要急着去读材料,而要先看后面的题目设问再来读材料。在阅读材料之前,一定要先仔细阅读题干的要求。题干可以提供很重要的信息。看完题干再去读材料,会发现目标性会更强,会更直接地抓住问题。另一个非常重要的原因就是,题干中会暗含一些非常重要的特定信息,例如特定事实。题干往往会把材料的主线告诉你,如果你能把握得住,第一题概括题的得分就会很高。例如:2012年国考副省级以上第一大题第一小题:"给定资料2~6"反映了市场经济背景下社会生活中的种种问题,请对这些问题进行概括和归纳。我们可以准确定位到"给定资料2~6",并以问题为关键词进行资料梳理,找出相关信息点。

申论的根本的内在逻辑是表现、原因、对策。因此,在参加申论考试时,考生就必须考虑材料中特定事实的表现是什么,原因是什么,对策是什么。带着这样的问题去读材料的时候会事半功倍,会发现很多有用的信息。读材料的时候,材料的轮廓就慢慢地映现出来了,考生就能真正实现透过现象把握材料的本质了。

2. 申论给定资料经常出现的观点主要有三类:权威领导或权威部门及其负责人的讲话、观点等;专家学者的讲话或观点等;百姓的观点。对权威领导或权威部门及其负责人的观点,一般应给予接纳,而专家学者的话要批评性地接纳,百姓的观点则往往是问题所在,也不能忽视。对于这三类观点,处理是否得当,关系到整篇申论试题的作答效果。

首先,权威领导或权威部门及其负责人的讲话、观点等。这类观点一旦出现,就基本上奠定了整篇材料的主题以及解决材料中所反映主要问题的解决方法,在论述部分的写作中也就有了立论的基本着手点。比如2008年国考申论给定材料四第二小段"对引起巨大争议的怒江水电工程,2006年水利部门某负责同志表示,完全不开发保持原生态是不可能的,因为事实上怒江已不是原生态河流,但原先提出的要充分利用怒江水资源,建设13级水电站,是一种掠夺性的开始。虽然当地希望尽早开发,但即便是没有争议的一两个水电站,也要在严格前期工作审查的基础上实施开发。要严格遵循先规划、后开发的原则,确保工程方案安全可靠、经济合理,有序推进开发工作"。在这段材料中,水利部门某负责同志的观点基本上就代表了整篇材料对待怒江水电开发的态度——"要开发",并且提出了开发怒江水电资源的原则——"先规划后开发"。如果能够准确理解这一段中的权威部门负责人的观点,基本上就可以把涉及的几个问题处理好。

其次,专家学者的讲话或观点等。对于这类观点我们要坚持辩证分析的态度,而辩证分析的基本标准就是"权威领导或权威部门及其负责人的讲话、观点等"。如果专家学者的讲话与权威领导或权威部门及其负责人的讲话观点一致,就可以把它们当作解决问题上的对策来处理,否则要谨慎运用。如2008年国考申论中关于支持和反对怒江水电开发的理由,涉及材料六和材料七,但是无论是支持还是反对理由,都可以作为我们做好资源开发过程中应当注意的问题或解决对策。

再次,百姓的观点。这类观点往往反映材料主题表现的问题所在,是我们应当重视并解决的,而解决的办法或标准就是前面提到的两类观点。如2009年国考申论第二题第二小题"给定资料11"某网友提出了解决我国粮食问题的对策,认为提高粮食价格是关键之策,不必担忧对低收入人群的影响。他的这种观点有没有道理,为什么?请谈谈你的见解"。对这一观点,要分析评论就需要用到材料中提到的国家粮食局领导Z先生的观点以及某专家的观点。

综上所述,专家认为把握好材料中出现的这三类观点至关重要,它关系到概括题、对策题以及论述题的解答效率,因此必须把处理这三类观点的方法和技巧掌握熟练,为申论试卷的作答奠定一个良好的基础。

(二)概括材料部分应试技巧

概括材料,就是在对给定材料阅读和理解的基础上,提炼归纳出文章的主题和中心思想。概括材料对申论的写作来说,是一个非常重要的环节,它在申论考试中起着承上启下的关键作用。一方面,它能够充分考查考生对所给资料的阅读理解能力;另一方面,它能够直接影响下一个环节提出对策的答题质量。可见,要想在申论考试中取得好成绩,概括材料环节的成功必不可少。

1. 概括材料的基本原则

(1)认真审题,正确把握试题的意图和要求

审题是概括材料部分取得高分的前提,只有正确把握试题的意图和要求,才能有针对性地按照试题的具体要求作答。

对考生来说,一定要注意的是,每一场申论考试在概括材料部分提出的要求是各不相同的。有的试题可能是要求"概括给定材料所反映的主要问题",有的试题则可能是要求"概括给定材料体现的主要内容",有的试题则可能是要求"概括给定材料中采取的主要措施"……如果考生不认真审题,将"概括主要措施"想当然地写成"概括主要问题",那么其成绩便可想而知了。此外,概括的字数要求,也是考生在审题时一定要重视的。掌握了字数要求,考生在谋篇布局时才能心中有数,做好规划。

可见,如果不认真审题,偏离了试题的主旨,考试成绩自然也就不尽如人意。因此,每一名考生在概括材料部分作答之前,一定要仔细认真地审题,看清试题的具体要求,理清思路,慎重下笔。

(2)仔细分析,概括材料力求准确、全面

在了解试题的基本要求,掌握出题人的基本意图之后,考生就要在此基础上,对材料进行有针对性的概括。无论试题的要求与主旨是什么,考生在概括材料时,都务必做到准确与全面。

所谓准确,就是指考生在概括材料的过程中一定要有主次之分,弄清什么是主要内容,什么是次要内容,什么是内容的主要方面,什么是内容的次要方面,切忌主次不分,更不能主次颠倒。同时,考生在概括材料的过程中,一定要严格依据给定材料进行概括,不能偏离材料的中心,更不能脱离材料,主观作答。

所谓全面,就是指考生在概括材料的过程中,对于材料的主要内容,或者内容的主要方面,不能有重大的疏漏。当然,这里所讲的全面,并不是指面面俱到,而是侧重强调在概括材料时,千万不要遗漏了材料反映的重要内容。

(3)突出中心,概括材料力求深刻、到位

如果说在概括材料的答题中力求全面、准确,是该环节的基本要求的话,那么力求深刻、到位,则是考生获得高分的关键。只有站在更高、更广阔的视角上概括材料,才能在众多竞争者中脱颖而出,取得成功。

所谓深刻,就是指考生在概括材料的过程中,不能仅停留于表相之论,简单肤浅地就事论事,而应该达到一定的高度,找到问题的中心或关键,深入本质进行概括。要想达到深刻的程度,"分析—认识—再分析—再认识"的过程,是必不可少的。此外,考生尤其要注意语言的严谨、规范,切忌口语化的表达。

所谓到位,就是指考生在概括材料的过程中不能漫无目的地夸夸其谈,更不能避重就轻地泛泛而谈,而是要有较强的针对性,要有一针见血的实质性。同时,概括材料必须忠实于所给定的材料,紧扣给定材料的中心,仅凭个人喜好,随心所欲地对材料胡乱想象发挥,是考

生的大忌。

2. 概括材料的主要方法

（1）求同辨异法

如果给定材料中包括几种相互区别、相互对立的观点或情况，在概括材料时，就可以运用求同辨异法。通过寻找、归纳给定材料中的共同点和不同点，便可以清晰把握给定材料所表达的观点，由此也能够确定给定材料所反映的整体情况。

（2）抽象概括法

有一些给定的材料，看上去是由感性的事实、丰富的生活现象组成的，但是其中包含了较深厚的哲理、伦理和道德观念。这就需要考生运用抽象概括法，通过由此及彼、由浅入深的思考，将具体的事例或现象进行抽象归纳，将感性认识提升为理性判断，用某个哲学、伦理或道德观点，概括给定材料表达的观点。

（3）追本溯源法

如果给定的材料大多是对经验教训的总结，那么就适宜采用追本溯源法。考生们通过查找、分析材料中相关事件发生的原因，探求导致事件结果的根源，追寻材料中相关事件的本质，也就找到了材料所要表达的中心与主题。

（4）发问质疑法

当考生面对给定的材料不知如何下手时，可以运用发问质疑法。也就是说，考生可以结合材料，对自己多提几个问题，比如为什么考官要选择这个材料，选择这个材料的目的、用意何在等。此外，在确定自己选择概括的观点之前，也可以从反面进行质疑，反复追问自己，通过问题引导自己辨析思考。这样在概括材料时，就会更加简练，更加深刻。

（5）发散凝聚法

一般而言，考生面对的给定材料往往比较丰富，其包含的观点自然也包罗万象。此时，考生就可以运用发散凝聚法。可以先做发散思考，对给定材料进行多层面、多角度的剖析，得出各种观点与结论。在此基础上，对各种观点与结论进行比较鉴别，从中确认最有说服力或代表性的观点，从而确认最适宜自己展开发挥的观点。

（6）名言警句法

当阅读给定材料时，考生在理解过程中，觉得给定材料表达的观点与某句格言、谚语、诗文的观点十分相近，就可以运用名言警句法。这样既能够很好地归纳概括材料的意义，又可以借助名言警句的作用，增强说服力，提高印象分。

（7）关键词定位法

有些材料往往会通过一些关键词语明示或暗示材料的意义或观点，这种情况就适合运用关键词定位法。考生在阅读材料时，要有意识地发现寻找这样的关键词，这样就能够通过分析关键词，把握材料所要表达的观点。

当然，在概括材料时，上述方法并不是彼此孤立的，而是相辅相成的。我们在答题过程中一定要综合运用多种方法，才能以不变应万变，在概括材料这个环节占得先机。

3. 概括材料的结构模板

概括材料环节着重考察的是考生的审题概括能力，概括的抽象性较强，因此在写作过程中也有一定的结构模板可供参考借鉴。其中，最具广泛性、最适用的便是"总—分—总"的结构模板。所谓"总—分—总"的结构模板，包括总述、分述、抽象总括这三个部分。

（1）总述

总述，就是对给定材料反映情况的总体概述。总述是对全文主要内容的高度概括，可以采用"以上材料主要反映了……的问题/现象/事件"，"随着……问题/现象/事件越来越受到……社会各界的关注"。总的来说，总述必须开宗明义，简明扼要，一句话即可，不宜过多，也不宜运用过长的句子。

（2）分述

分述，则是对给定材料中所表现出来的内容进行并列式或递进式的陈述。并列式陈述，就是将材料中所涉及的相关内容进行罗列，逐一举出。例如同一事件，不同身份的人会有不同的看法与观点，就可以结合不同的主体，运用并列式予以陈述。递进式陈述，则是运用时间的渐进关系，或者逻辑的因果关系等，将材料中提到的事件分层次地展开表述。在分述中，可以通过"首先"、"其次"、"再次"或者"第一"、"第二"、"第三"等词语进行衔接过渡，增强文章的层次感与条理性。

（3）抽象总括

抽象总括，指的是对给定材料的主旨、中心进行适当的升华，或者对材料反映的问题进行深层次的剖析，指出问题的症结所在。一般而言，抽象总括可以运用"导致上述问题/现象/事件存在的原因主要是……"，"上述问题/现象/事件对……构成了重大的妨碍/威胁/挑战"等句式。抽象总括既是概括材料环节的结尾，也是下一个提出对策环节的开头。因此，在抽象总括的写作中，一定要有高屋建瓴之势，给人以沉稳自信之感。

当然，概括材料的文章结构是丰富多样的，并不局限于上述这一种，更不是所有的答案都必须这样写。这个结构模板的目的仅在于，让初次接触概括材料环节的考生有借鉴学习的方向与参考。更精彩的文章结构与谋篇布局，则需要大家在练习中自己揣摩，自己体会。

（三）对策部分应试技巧

对策是针对特定社会问题，提出解决问题的具有可行性和操作性的措施和办法。从方法上看，对策是从多个角度解决同一个问题，各项对策相互配合成套，多管齐下。提出对策是申论的关键环节，重点考查考生思维的开阔程度、创新意识、应变能力和解决问题的能力。

需要注意的是，提出对策的前提是准确地概括出给定材料反映的主要问题。没有对给定材料所反映问题的正确分析与概括综合，提出对策根本无从谈起。如果说概括部分是提出问题，那么本部分则是解决问题。提出解决问题的合理对策是建立在对材料综合分析、正确理解的基础之上的，因此，其前提是吃透材料，然后再进行合理的构思，有针对性地提出问题解决的对策。在这个过程中，理性思维起着至关重要的作用，同时也要求考生在日常生活中养成观察问题和思考问题的习惯。此外，考生必须记住的是，本部分的解决对策就是针对前面概括的问题而言的，前面概括了几个方面或层次的问题，这里就应提出几个方面或层次的解决对策。

1. 提出对策的一般步骤

一般情况下，要完成拟订对策的任务，主要包含以下一些步骤：

（1）要全面地把握材料的信息。在概括要点的基础上，进一步分清层次，理顺关系，对材料做到了然于胸。

（2）要抓住重点，把握主要矛盾，确定解决问题的关键，即解决问题的突破口。突破了这个关键点，问题就解决了一大半。

（3）确定解决问题的基本步骤。从开始的第一步，到关键步骤，到预期的结果，都要做到心中有数。

（4）写出对策草稿，进行修改，定稿。

需要说明的是，在确定对策时一定要按照题目规定的字数来写，否则对策再好也不可能得高分。

2. 对策的基本形式

对策的基本形式主要包括铺垫、主体、总结三部分。

（1）对策的铺垫

对策的铺垫，即写在对策主体部分之前的一段话，主要介绍对策提出的背景情况。一般而言，对策的铺垫包括对策针对的问题、提出对策的主体角色、提出对策的原则以及对策数量。当然以上是对策铺垫的基本写法，考试实践中应根据实际情况加以变通，灵活应对。

（2）对策的主体

对策的主体主要应掌握以下几点：

第一，要分条作答，这是一般性要求，并不绝对，如果书写时字数不够，或者对策的字数要求在 200～300 字，也可以连续书写。

第二，对策的数量应不少于 4 条，不多于 6 条。多于 6 条则应该适当合并对策，少于 4 条则应适当拆分对策。

（3）对策的总结

对策的总结部分可以根据实际情况而定，可写可不写。

3. 提出对策的注意事项

提出对策过程中需要着重注意以下问题：

（1）要坚持重点论。即要抓住事物的主要矛盾，抓住问题产生的根源。事物的主要矛盾决定了事物的性质，抓住了事物的主要矛盾，就抓住了事物的本质，也就找到了材料所反映问题产生的根源。紧紧抓住前面所分析概括出的主要问题，提出解决问题的对策方案，不能枝枝蔓蔓，眉毛胡子一把抓，一定要主次分明，重点突出。

（2）要坚持两点论。进行多项求异分析。在寻找问题根源时不但要抓住事物的主要矛盾，也要看到事物的次要矛盾；不但要看到内部性矛盾（内因），还要看到外部性矛盾（外因）。产生某个社会现象或问题的原因往往是多方面、多角度的，有政治原因、经济原因、文化原因和社会原因等等，因此，要全面地、多方位地进行分析。

（3）提出的对策要合情、合理、合法。所谓"合情、合理、合法"，即文章提出的对策必须符合社会的伦理道德规范，国家的法律法规，党和国家的路线、方针、政策。如果对策违背了上述中的任何一项，都是不可行的。如果在考试时所给定材料提出的问题尚存在一定的争议，或者暂时还没有定论，就更需要在这方面加以注意。

（4）提出问题时，对个人定位要准确。申论写作与我们平时写作的一个重要不同是，出题人对材料提问题时往往给考生一个"虚拟身份"，要求考生站在"虚拟身份"的角色上来扬长避短，提出解决问题的对策，尽管这一身份是虚拟的。这就要求考生一定要仔细审题，看清命题者设定的身份（即所谓的"虚拟身份"）。不难看出，在每年的申论考试中，虚拟身份就是考生提出对策的立足点。考生必须转换角色，在"虚拟身份"的基础上提出对策，这样才不至于在提出对策时背离申论题目的具体要求。

(5)提出的对策要具有针对性和可操作性。针对给定材料中所反映的问题提出对策,既要具有合理性,还要具有针对性与可操作性。如果对策不具有针对性与可操作性,就失去了对策设计的意义。

所谓对策的针对性,也就是要针对问题提出方案。它包括两个方面的含义:其一,对策应该与所给材料的倾向性相吻合;其二,实施对策方案要紧紧围绕前面概括材料所提出的主要内容,切中要害,体现对策的针对性。如果不能使所提出对策的指向和存在的实际问题相一致,那么对策就是无效的。

需要指出的是,当遇到给定材料反映的问题比较复杂时,首先要立足于题目给定的"虚拟身份"进行认真筛选,抓住核心问题,切忌平均用力,甚至本末倒置。解决好这一点,要依赖于阅读材料、理解材料和概括材料的能力。

所谓对策的可操作性,一般而言是指:其一,制订出来的对策能够切实解决现实中存在的问题;其二,对策要明确执行主体,即制订出来的对策由谁去执行;其三,对策要明确执行步骤,即制订出来的对策怎样执行;其四,对策要明确执行的时效,即制订出来的对策何时实施;其五,对策要明确执行的条件,即执行出来的对策在什么条件下实施。对任何政府部门而言,对任何社会问题的一个对策,不管它有多完美,如果没有现实的可操作性,就没有任何实际意义。总之,应试者在构想对策时,要通盘考虑,尽力克服与之相悖的因素,使对策合理、具体,便于落实,切忌脱离实际,力避大而空的虚话、套话。

4. 提出对策的方法和技巧

(1)提出对策的方法

提出对策主要考查的是考生解决问题的能力。实际上,也就是对给定材料加工和处理的能力。在回答问题时,考生必须完全进入材料给定的角色,以"虚拟身份"进行思考,全面、准确地处理所给材料,提出切实可行的对策。

①发现问题

所谓问题就是矛盾,所有的对策都是从问题的发现开始的。明确了问题,提出对策才能有针对性,做到有的放矢。

a. 要明确是谁的责任。一要弄清楚:哪些是"我们"的问题,哪些是题目所给材料规定范围内的事。二要弄清楚:如果这个问题不应该由"我们"来作出决策,应该将问题向更高管理层的主管反映。

b. 评估风险。每一项决策都会有风险,决策者需要综合考虑风险可能造成的损失和其可能带来的收益之间的关系。

c. 判别哪些因素将影响到问题的解决,应采取相应的措施,克服决策过程中的不利因素,增加解决问题的可能性和有利条件。

②分析问题

在确定问题之后,对问题的分析就成了关键。考生需要基于材料给予自己的"虚拟身份",迅速正确地利用自己手中的"权力"去分析问题。在这一环节,需要特别注意的有以下三点:

a. 明确时限。有些给定材料或题目要求中对于问题的解决有一定的时间限制。如遇到类似的问题,就要明确提出方案的紧急程度,并在方案中用明确的文字表现出来。例如,要在行文时常常用到"及时""紧急"等词语,以便切合题意。

b. 变换角度。分析问题的过程,其实是一个打开思路考虑各种可能性的过程,而不是一条道走到黑。所以,对同一个问题,在思考时就应该尝试用不同的方法来解决。如果你的思维只考虑一种可能的途径,死板地运用一种思维方式,是难以找到最佳方案的,也就谈不上问题的最终解决。

c. 优胜劣汰。在分析问题的过程中,如果一个决定性的分析已经清晰,就立即把它确定下来,而不要希望等到所有的决定都分析清楚后,再进行确定,否则可能永远也不能把问题分析清楚。

③确定决策目标

确定决策目标的具体方法是:

第一,认清确定决策目标的意义。要记住,没有目标就无从决策。

第二,分清决策目标的层次。一个决策的目标,有长期、中期、短期之分,还有最优目标、满意目标之别。一个决策者必须分清目标的层次,否则就可能出现重大的决策失误,造成不必要的损失。

第三,目标要分轻重缓急。可以说,决策过程中能否分清决策的轻重缓急,是一个高明的决策者和一个拙劣的决策者之间的重要区别之一。分不清轻重缓急,贪多求全,不可能解决好问题。

第四,要指明目标的约束条件。任何决策都是在一定的约束条件和环境下运作的,一个决策者必须对此有明确的了解。

(2)提出对策的技巧

考生针对材料所给的信息,分析问题,找出问题,并提出解决问题的对策。这一过程需要缜密的思维,同时也需要一定的技巧。

①联系实际

申论考试所给材料多来源于媒体,都是现实生活中出现过的问题,大多是生活、社会、政治、法律、经济、军事、体育等领域的焦点问题和热点问题。所以只有关注社会生活的方方面面,对这些问题有所了解,有所思考,在考试过程中联系这些实际,才能找到合理的解决方案。这方面能力的提高主要靠平时积累,不可能一蹴而就。一个比较有效的办法就是多看时评,并且尝试对一些热点内容进行概括提炼,然后用一个小本子记下来,经常看。

②高屋建瓴

要抓住问题的主要矛盾,站在更高、更远的角度来审视这些问题,从而看到事物的本质和关键。然后从这一本质出发,总揽全局,着眼大局和长远利益,针砭时弊地提出现实、中肯,有深度、有广度的解决对策。这样的对策才能更好地得到贯彻和执行,所起到的作用才会有深远性。

③深入分析

再好的对策,如果在现实中没有可行性,也是坐而论道。所以在提出对策时,一定要进行深入分析,对对策的可行性进行理性思考。对对策的细节问题要进行剖析,综合考虑对策会取得哪些效果,在实施过程中会出现哪些问题,会不会有负面作用,实施此对策所需成本,此对策会不会在实际操作中引起争论,有无违背公德或者违反法律规定等。

④领会题意

由于申论考试是考查考生的应变能力,所以考生一定要领会出题者的意图。如果对出题者的意图领会得不够深刻,或者出现偏颇,你提出的对策有可能得不到批卷人的认可,也就不可能得到高分,所以按照出题人的意图来提出解决问题的对策也是很重要的一点。

（四）论述部分应试技巧

申论考试中的议论部分,实质上就是给材料作文,即根据材料所反映的主要问题,形成自己的观点和论点,并对此加以论证,写一篇议论文。议论部分是申论考试的一个重要组成部分,其分数基本上占申论考试总分数的一半,可以说,根据申论材料写出一篇高质量的议论文,对申论考试尤为重要。因此,考生须用大部分时间构思并写作议论文。

1. 立论

立论是写作议论文的关键环节,立论就是确定议论文的中心论点。由于申论考试的议论文部分是根据所给材料引申和归纳出论点,并在此基础上旁征博引,展开论证的,因此,立论就必须立足于给定材料,从中挖掘出可资议论的中心论点。这就需要抓住给定材料所反映的主要问题,表明自己对这个主要问题的立场,要么赞成,要么反对,不能模棱两可或骑墙居中。

在立论中,要注意处理好如下几个方面的问题：

（1）立论要联系社会现实,有针对性。申论考试所给材料都是反映社会某一方面的问题,具有较强的现实针对性,因此,考生要在立足于给定材料所反映问题的基础上,广泛联系社会现实中相同性质的问题,即联系所有这一类的问题,从中引申归纳出自己的中心观点。只有这样的论点,才能具有更广泛的社会现实性,才更有意义。

（2）立论要正确、鲜明、集中、深刻、新颖。立论正确是指论点必须是从给定材料中引申出来的合乎社会普遍认同的观点,能够揭示问题的本质,符合客观规律。如果立论脱离给定材料,则会离题万里,劳而无功。立论鲜明是指论点要是非明确,立场坚定。立论集中是指议论文中只能有一个中心论点,即论点要高度概括,能表明作者的主要看法和主要观点,决不旁逸斜出。立论深刻是指论点见解有独到之处,能发人所未发,见人所未见。立论新颖是指论点不人云亦云,不拾人牙慧,能给人以新的启迪。

2. 拟写标题

标题是作者给文章所起的名字,又称文题或题目。标题是文章的有机组成部分。标题是文章的小窗子,是应试者首先需要处理、阅卷者首先会关注的内容。拟题是展现应试者思路、突出文章观点的载体。一个好的标题,就像看迷人的景色,让人赏心悦目。从实际的应试看,因为标题而影响文章定档和最终得分的情况比比皆是。那么,广大身处申论复习第一战线的考生不禁要问：在拟题过程中,哪些问题是必须避免的？ 我们又该遵循哪些原则呢？

标题的拟定因文而定,没有固定的格式。议论文中常见的标题的拟定方法主要有如下几种：

（1）标题直接点明主题,这种标题开门见山,一目了然,使读者一看就能把握文章的题旨。申论考试中一般用这种方法拟定标题,即把中心论点高度凝练和概括,并使其成为文章的标题,表明自己对给定材料所反映主要问题的看法和观点,旗帜鲜明地表明自己的立场。

（2）标题概括文章的主要内容。这种标题只说明文章涉及的内容和范围,并不表明作者对这些问题的态度和观点。申论考试中若用这种方法拟定标题,就要使给定材料所反映的主要问题成为论题,并附表示议论文体裁的语词。

（3）标题运用设问、比喻或象征的手法。这类标题针对性强,引人注目,能启发人思考。

（4）标题引用或化用名人名言、俗语、古诗词等等,这样做的好处是形象生动。在化用的时候,要特别注重表意与主题间应有的和谐性与准确性,不可为了化用而化用,避免"东施效鼙"的尴尬!

当然,标题的拟定方法还有很多,但无论用什么方法拟定议论文的标题,都必须保证拟定好的标题准确、醒目、新颖、精练。

3.结构安排

在解决了立论和标题后,就需要进行结构安排,对文章内部的观点和材料进行合理安排,也就是确定议论文的结构。结构是文章的骨架,结构安排得好,文章才能完整、有序。结构直接关系到文章的总论点是否突出、是否有说服力。结构完整,详略得当则思路顺畅,层次分明,可以使论证更显逻辑性;反之,则思路滞涩,层次不清,缺乏说服力。一般来说,议论文都有中心论点,它贯穿全文,统帅若干论点和论据。写议论文时,要对这些有全面考虑,清楚地安排,使之有纲有目,科学化、条理化。

议论文的结构和其他文体的文章一样,是"定体则无","大体须有"。"定体则无",是说文章的结构没有固定的"程式"。"大体须有",是说它有一般的规律。议论文的结构是以提出问题、分析问题、解决问题作为开展论述步骤的,表现在文章中呈现五段三分式结构布局。第一段,开头,概引材料,略做分析,引出总论点;第二至第四段,可以围绕总论点展开三个分论点,摆事实,讲道理,进行正面论证或反驳;第五段,结尾,总结全文,再次点明总论点,发出号召。

作答申论文章题时,要注意答题字迹工整,切忌龙飞凤舞地连笔书写,致使阅卷老师难辨字迹。按照中国人的传统认识,书写能力也是写作能力的组成部分。并不是要求考生硬笔书法如何了得,只要求大家不要写连笔字,要一笔一画将字写清楚,至少要保证易于辨认,易于判卷。

附一

2015年国家公务员考试《申论》真题卷
省级以上(含副省级)综合管理类
(满分:100分 时限:180分钟)

一、注意事项

1. 本次考试包括给定资料和作答要求两部分。总时间为180分钟,总分100分。

2. 请在答题卡上指定的位置填写自己的姓名、报考部门,填涂准考证号。考生应在答题卡指定的位置作答,未在指定位置作答的,不得分。

3. 监考人员宣布考试结束时,考生应该立即停止作答,将试卷、答题卡和草稿纸都留在桌上,待监考人员允许离开后,方可离开。

二、给定资料

1. "沃森先生,请立即过来,我需要帮助!"这是1876年3月10日电话发明人亚历山大·贝尔通过电话成功传出的第一句话,电视诞生了,人类通信史从此掀开了一个全新的篇章。

美国宇航员阿姆斯特朗登上月球刹那所说的名言"对个人来说,这只是一小步;对人类来说,这是迈出一大步",牢牢铭记在地球人的心上。1969年7月20日,全世界5亿电视观众都看到了美国"阿波罗 11 号"登月宇宙飞船降落在月球上的历史瞬间。登月是人类航天科技的一大进步,正如登月者塞尔南所说:"在月球遥望地球,我看不到任何过节,我觉得地球就是一个整体。我的整个思想也就开阔了。"

1969 年,互联网的雏形在美国出现。20 世纪 70 年代初,实验人员首次在实验网络上发出第一封电子邮件,这标志着互联网开始与通信相结合。到了 90 年代,互联网开始转为商业用途。1995 年网络发展迎来第一个高潮,这一年被称为"互联网年"。

美国科学家富兰克林曾经讲过:"将来人类的知识将会大大增长,今天我们想不到的新发明将会屡屡出现,我有时候几乎后悔我自己出生过早,以致不能知道将要出现的新事物。"他的话说得不错,如果让一个 1900 年的发明家想象今天的世界,他也许能想象出宇宙飞船、深海潜艇,但对核能、计算机、互联网、基因工程绝对一无所知。现在,知识爆炸给人类带前所未有的自信和乐观,有位作家这样写道:"我真诚地相信,我们生活在人类历史上最伟大的知识时代,没有任何事物我们不了解。""只要是人能想到的事,总有人能做到。"20 世纪科技的发展使这句话越来越像真理。20 世纪是科学技术空前辉煌的世纪,人类创造了历史上最为巨大的科学成就和物质财富。

《韩非子·五蠹》中说,"世异则事异,事异泽备变","事因于世,而备适于事",意思是社会变化了,一切事情也要随着变化,世事变迁,情况因世事不同而有异,而措施也就应适应于当前情况,使人类技术在每一历史阶段的迅速发展。正是因应"世异"的结果,从而也对人类社会生活和制度建设等诸多领域带来了深刻的启示。

马克思主义认为,技术创新是社会关系发展变革的无知技术力量。新的生产力的获得,将引起生产方式的改变,并由此引起生产关系的改变,进而引起社会关系的改变。"蒸汽、电力和自动纺织机甚至是比巴尔贝斯、拉斯拜尔和布朗基诸位公民更危险万分的革命家。""随着一旦已经发生的、表现为工艺革命的生产力革命,还实现着生产关系的革命"。野蛮发明的动物驯养技术,不仅为人类提供了较为稳定的食物来源和较丰富的剩余食物,而且为人类开始摆脱从自然界"掠夺式"获取食物提供了现实可能,成为人类社会进一步发展的重要推动力。火药、指南针等发明对瓦解封建制度起了革命性的作用,宣告资产阶级社会的到来,"火药把骑士阶层炸得粉碎,指南针打开了世界市场并建立了殖民地,而印刷术则变成新教的工具,总的来说变成科学复兴的手段,变成对精神发展创造必要前提的最强大的杠杆"。

马克思指出,机械发明及其带来的生产方式的转变,不仅能简化和削弱劳动强度,使人从繁重的体力劳动中解放出来,而且能提高劳动生产率。节约社会必要活动时间,这样,人们可以自由支配的时间越来越多,个人从事创造性活动的时间以及得到充分发展的时间也会越多,从而为人的全面自由发展腾出了时间和创造了手段,按照马克思的理解,一旦"社会必要劳动时间可减少到最低限度,那时,与此相适应,由于给人腾出了时间和创造了手段,个人会在艺术、科学等等方面得到发展"。随着技术创新规模的不断扩大,社会生产力水平不断提高,物质文明成果不断丰富。人们衣食住行、医疗保健逐渐得到改善,生活质量得到提高,从而为人的自由全面发展提供更加坚定的物质基础。

可见,技术创新不仅_____,同时_____,因而_____。

2. 新技术有没有可能穿透社会结构的屏障?这是某大学社会学系 G 教授关心的问题,她比较关注社会当中的普通人怎样生活,怎样面对新技术、新媒体。新技术是促成社会转型的决定性力量。

2014年某研讨会上，G称自己一直比较关注农民工，特别是新生代农民工，比如新生代农民工如何使用信息技术。当时她和她的团队曾经对此抱着很大的希望，认为新技术可能有助于新生代农民工融入城市、融入社会。

"按照常识，如果大家是在同一个社会时空中生存，拥有同样的硬件条件或者数据终端，按道理来说可以平等地获取信息、资源，各种各样的机会，从理论上说，非常有利于消除城乡之间的社会鸿沟，不同社会阶层之间的不平等，有助于促进社会的公正。"她说。

但经过实际研究，她发现，现实没有想象中的那么简单，在新技术的使用中，城乡之间显现出非常明显的马太效应。"马太效应"来自《新约·马太福音》中的一则寓言："凡有的，还要加给她叫她多余，没他所有的也要夺过来。"指强者愈强、弱者愈弱的现象，常常被用以描述社会生活领域中普遍存在的两极分化现象。

事实证明，信息技术的发展，只是在一定程度或者相当程度上填平了——比如普通人和彻底掌控信息的垄断者之间的某种鸿沟，但从现在看来，新技术能否穿透社会结构的屏障，还要在未来的研究中继续观察。

不过，G还是认可了信息技术为农民工带来的一些改变。G大体上从三个方面观察农民工使用信息技术的情况，包括新媒体和自媒体。

首先，从他们日常生活的使用情况来看，信息技术确实给他们的生活、交往，特别是给他们就业求职带来了很多的便利，作用非常大。超过2.6亿的农民工"流散"在全国各地，他们中的相当一部分人确实相当一部分人缺失城市居民能享受到的基本生活内容，是靠信息勾连起的"孤独个体"。他们通过手机、互联网等，获得娱乐、消费甚至精神的寄托和心理抚慰。这些人背井离乡，父母子女、夫妻、兄弟姐妹是分散的，甚至一年见不上一面，基本上是靠通信来维系家庭和亲属关系，更不用说在他们求职、经营自己的小买卖等工作机会方面，信息技术提供了非常大的帮助，从这个角度来讲，他们生活有很大改变。

其次，从表达的角度来看，一般来说，农民工群体平时没什么表达渠道，在原来状态下，他们的声音基本上是不会被外界听到的，但是有了新媒体技术后，他们不仅扩展了视野，转变了意识，而且有了表达的渠道，G把这种方式视作一种主体性的表达。

再次，更为重要，从信息技术和新生代农民工组织化的集体行动角度来看，你会发现信息技术真的非常了不起，比如他们可以即时调用各种所需要的信息、知识以及各种经验，他们也可以利用信息技术。在没有领头人的情况下，用QQ群建立维权组织；同时他们通过信息技术更容易取得外界的声援和帮助。有的农民工说，如果没有自媒体技术，他们自身的权益就不可能得到外界更多的关注。

G认为，也不可因此过度夸大信息技术的作用，因为线上和线下一定要结合起来才会有作用，农民工在互联网上虚拟的团结需要和他们已有的传统人际网络、社会关系产生联系，需要和他们所在工厂、企业的组织管理机构有直接关联。

更重要的是，在农民工从互联网这类新技术中获益的同时，那些拥有更多的财富和资源的人们却有能力从新技术中获得更多的收益。从长远来看，两者之间的效益差距实际上拉大了，而后者所增益的部分，大概有相当一部分就是从农民工身上获得的。

3. 第×届中以中国国际装备制造业博览会暨国家高新技术装备展将在S市国际展览中心盛大开幕。

本届制博会上沈阳机床将展出最新研发、世界首台具有网络智能功能的"15系列智能机床"，精密度达到世界领先水平；北方重工的新产品——2500 型压制成套设备也将亮相本届制博会；特变电工沈阳变压器集团公司将展出特高压 100 万伏主变压器；沈鼓集团将展出十万空分百万吨乙烯 PCI 产品；日本山峰马扎克公司等机床名企将展出加工精度世界领先的系列数控卧式、立式加工中心、数控车床、数控系统等新设备。值得一提的是，为了增加自身知名度，日本尼康公司还带来了目前全球精度最高的激光扫描测量仪 LK 三坐标 AL876 测量仪，激光扫描能够达到 1.6 微米的标准。

现如今，没有什么比 3D 打印技术更能吸引眼球。为了满足 S 市"技术宅"人群的需求，本届首次设立了 3D 打印技术和设备展区，吸引了包括香港缔维、上海泰联、武汉拓途、华曙高科、沈阳盖恕等 60 余家企业参展。预订展位 150 多个，在这个展区，提前在网上预约的观众还可免费体验一次 3D 激光打印人体模型的机会。

每届制博会中，机器人表演区域都是人满为患。据悉，一大批来自国内外顶尖技术公司生产的智能工业机器人将亮相本次展会。日本松下、上海发那科、沈阳新松、沈阳美达数控科技以及南京熊猫电子装备公司等企业都带来了他们最新研制的工业机器人产品。这些产品代表了当今国际机器人制造的最高水平，展会同时还有日本川崎机器人表演赛、装载机街舞表演秀等活动。

在国家科技部火炬高技术产业开发中心的支持下，本届制博会首设高新技术装备展区，展会期间将举办"高新技术装备展"，一批国家级高新技术园区将亮相本届制博会，展示近年来我国高新技术装备发展取得的显著成果和一批具有自主知识产权的科技成果及技术装备。本届制博会邀请了广东江门、天津滨海以及沈阳、鞍山、营口、阜新等高新技术产业开发区和装备制造业重点高新技术企业参展，其中，沈阳高新区初步规划展位面积 540 平方米，主要展出机械加工设备、数控系统、IC 产业、电子商务等，大连高新区初步规划展位面积 396 平方米，主要展示软件、集成电路、工业设计等生产性服务业领域的技术和产品。

4. 材料 A

2011 年 7 月 23 日，甬温线永嘉站至温州南站间，北京南至福州 D301 次列车与杭州至福州南 D3115 次列车发生追尾事故，这一事件给正在发展中的中国高铁蒙上了阴影，一时间人们对中国高铁充满了质疑和忧虑，然而，中国高铁建设的步伐没有停下来，并在浴火重生的过程中开始走向世界，成为中国自主创新的代表性技术。

2014 年 7 月 25 日，由中国企业参与建设的安伊高铁（安卡拉—伊斯坦布尔）二期工程顺利通车，这是中国高铁真正"走出去"的第一个项目，得到了土耳其方面从政府领导人到工程队技工的高度赞赏。

中国高铁目前已具备性价比、技术、安全性等三大优势，同时，在发展最快、运营里程最长、运营时速最高、在建规模最大、拥有系统技术最全的高铁网络建设过程中，积累了丰富的经验，具备了"走出去"的硬实力。土耳其安伊高铁二期线，就是中国传递给世界的又一张亮丽名片。

安伊高铁全部采用欧洲标准。监理和业主对技术资料、图纸设计、施工管理、安全质量要求严格。2013 年 12 月 27 日，土耳其领导人来到高铁工地视察，并参加了萨帕加至科兹卡伊线路的通车测试，测试结果良好。他在机车驾驶坐座上竖起大拇指。

中国驻土耳其前大使官先生说，中国高铁走进技术标准高的"准欧洲国家"，不仅提升了企业的影响力，也提升了国家的影响力。

材料 B

2014 年 4 月 15 日,在中国国航的一架航班上,一位歌手通过电脑与另一架航班上的朋友实现了实时隔空对唱。

在实际空中飞行中,航班乘客可以通过接入互联网,和日常生活中的上网体验没有任何区别,在一个多小的体验中,信号十分稳定,超出预期。这也是全球首次在飞机上使用 4G 技术,而为这次飞行提供地空宽带系统、地面基站通信设备的供应商就是中国自己的企业——中兴通讯股份有限公司。

近三年来,中兴手机保持了每年 30% 以上的稳步增长态势。目前已销往全球 160 多个国家和地区,在全球的销量已超过 5 亿部。中兴通讯已跃居为全球第四大手机制造商。中兴通讯副总裁 Q 先生认为:"中兴手机能够在海外取得成绩最大原因是产品有创新、有亮点,能够跟上世界其他同行的步伐,同步推出很多有吸引力的产品。我们这些中国厂商在创新方面,有非常多的新亮点,这也是我们能够赢得世界的一个很重要的地方。"

从幕后到台前,从卖产品到创品牌,中兴通讯通过科技创新正一步步地使中国制造"化蛹为蝶"。正如德国第三大运营商 EPLUS 公司首席技术官所说,中兴通讯公司已不再是单纯的加工制造。今天的中兴既可以产出优质的"中国制造",更可以创出独特的"中国智造"。

材料 C

改革开放以来,伴随着工业体系与相关产业链的完备,中国正在从制造业的低端向高端延伸,而作为制造业的核心组成部分的装备制造业,在中国已形成门类齐全、规模较大、具有一定技术水平的产业体系,成为国民经济的重要支柱产业。

统计显示,2013 年中国装备制造业产值规模突破 20 万亿元人民币,占全球装备制造业的比重超过 1/3,多数产品产量居世界首位;13 家中国大陆装备制造企业进入世界 500 强行列,国际竞争力明显增强。2013 年 11 月,中国国务院总理李克强在罗马尼亚演讲时表示,中国制造可以说风靡全球,在近些年中国经济的发展中,中国装备在某些领域有了新的成就。中国已经开始拥有比较成熟、完备的装备制造业,而且是相对先进的,特别是在铁路、核电和电力、公路、港口、电信等领域,技术装备实力雄厚,建设运营经验丰富,中国装备是有竞争力的,是值得信赖的。

开山洞、建隧道、修铁路、挖地铁需要一种特殊的设备——掘进机,它用处广泛,但技术复杂,造价不菲。长期以来,掘进机装备制造技术完全被欧美、日本等少数国家垄断,如今,经过十多年的努力,中国正在成为这一领域的世界巨头。

在河南郑州,交通主干道——中州大道像往常一样,车流穿梭不息,路上行人都没注意到就在自己的脚下,一条 100 多米长的隧道工程正在紧张施工中,而施工"主角"是两台方头方脑、长相奇特的"大家伙"——中国中铁工程装备集团自主研发的世界上最大的矩形盾构掘进机。该隧道工程项目经理杨先生介绍说,如果用传统方式来开挖这样一条隧道,断路施工至少一年,而矩形盾构掘进机却只需两个月,在工期大大缩短的同时,最大好处是道路免受"开膛破肚"之苦,交通不会被阻断,也避免施工尘土和噪声污染,而真正操作这个 10 米多宽、7 米多高、重达 400 多吨的掘进机的人只有一个,而且还是在地面,根本不用到地下"我们只需操作这几个按钮就可以了,所有的系统包括下面的设备都是我们自己做的。"

除了性价比高,个性化的定值和服务是中国盾构掘进机与国际"巨头"竞争时的一张"王牌",中国铁建重工集团副总经理 C 先生表示,他们的服务是全方位的。

2013 年,中铁装备收购了长期合作伙伴,同时也是竞争对手的国际知名硬岩掘进机生产商德国维尔特公司。该公司高级代表表示,中铁装备是他们理想的"买家",有几家公司"进入我们视线,其中中铁装备是最专业的,它具有雄心壮志。我们相信中铁装备能够以最佳的方式,来发展我们的隧道装备业务,使之发扬光大"。

现在,中铁装备在香港、德国、巴西、澳大利亚建立起大国际营销中心,同时正在积极开拓伊朗、阿塞拜疆、印度、俄罗斯等市场。对此专家认为:"中铁装备质构产品的整体技术水平达到了国际先进,个别技术指标达到了国际领先。到目前为止,在中国市场上占有率最高,在全球市场来看也达到了世界第二。"

装备制造业是科学技术和知识转化为生产力最有深度、最具影响的产业,也是国家工业实力的综合体现。随着中国装备制造业水平大幅度提升,制造装备产品正在缩短与发达工业国家的距离。中国正一步一步向"装备制造强国"迈进。

5. 塑料的发明曾给人的生活带来了相当大的便利,但也带来了一系列的环境问题。塑料在垃圾中占相当一部分比例,而且大大增加了垃圾处理的难度和费用。由于废塑料几百年都难以降解,若丢弃在自然环境中,会给蚊子、苍蝇和细菌提供生存繁育的温床;若埋在地下,则容易污染地下水,妨碍植物根系生长,破坏土壤品质;若焚烧处理,将产生多种有毒气体。"白色污染"已经成为危害环境的一大公害。

汽车的尾气、空调和电冰箱中的氟利昂都在破坏大气层。埃博拉病毒的爆发和流行也使全世界更加关注生物安全问题,并将其作为国家安全的组成部分,全球数以万计的原子弹更是高高在人类头上的"达摩克利斯之剑"。

20 世纪的信息技术使人类活动的效率提升到了一个新的高度。但是另一方面,就像著名学者刘易斯·芒福德讲的那样,为了获得更多、更丰富的物质,人们牺牲了时间和当前的快乐,将幸福简单地与拥有汽车、浴缸和其他机械产品的数量画上等号,芒福德称之为"无目的的物质至上主义"。在计算速度越来越快、人工智能程度越来越高的潮流之下,人类的个性开始被故意忽略和遮蔽,陷入的是追求更高、更快、更强的单向度技术目标的误区。有评论家因此指出:"当发展着的物质科技生产力忽略、脱离开民众精神力的时候,就会丧失它应受人控制并为人服务的真正本质,而变成与人对立的人的异化力量。"

观察家认为,未来科技最关键的发展方向是走人性化之路。闪烁着"人性"之光的产品将越来越多地出现,高科技产品也将被进一步赋予灵动的生命,在科技和人性之间架接桥梁。人性化的科技反映的是人类以下的思考:科技产品如何为人服务?它给人们的生活带来了怎样一种新的积极的变化?科技如何人性化?在盲目的物质化导向这一危途中,人性化之路将赋予高科技产品以新的价值观,那就是用大写的人性的光芒去逼视高科技这一之前高贵神秘、自视甚高的怪兽,使其形秽,让普通人也能看到这中间的无知和愚蠢来。

人性化的科技因此是在科技和人文、个性化与大众化、商业目标和社会使命之间去追求平衡,这种平衡不仅是一种美,也是一种智慧和态度。

6. 日前,世界知名未来学家,《连线》杂志创始主编,被看作是"网络文化"的发言人和观察者的凯文·凯利接受了采访,其间,凯利围绕着自己的《科技想要什么》等在技术思想领域的重要著作,回答了"新技术"与"人性"的关系等一系列问题,现摘要整理如下:

A. 在《科技想要什么》中我想表达的是,我对技术本质的疑虑以及人与技术的矛盾关系。世界上每天都有新的技术诞生,但我们还没有理论和框架,让我理解科技面对的是什么。我们一直在发展科技,但我们是否要考虑:我们有一天会不会被科技征服? 科技是宇宙的一部分吗? 它是好的那部分吗? 我们是该限制它还是要发展它?

B. 正如哲学家海德格尔对技术的判断理论所描述的那样:这种貌似宿命的技术现实,本质上是人所无法控制的,但获得拯救的机会也恰在于此:"救赎即植根并发育于技术的本质之中。"技术元素向共生性发展,这种发展也推动我们去追逐一个古老的梦想:在最大限度发挥个人自主性的同时,使集体的能力最大化。

C. 技术是进化的延伸,就像进化是宇宙的延伸那样。我们会认为技术对生命是种挑战,但事实上科技也是一种生命。技术也有像进化一样的历程,毕竟技术对宇宙、对生命都有积极的好处。技术具有生命的普遍特征,理解了技术的理论也就能理解进化论。

D. 技术元素的确准备操纵物质,包括人类,重组各种内部结构,但是技术将为其注入感知能力和情感,注入更多"非工具性"的东西。我认为我们应该培养科技的感情。目前科技还不具备感情,但我认为今后我们会赋予科技感情。"科技的生命化",已成为现实世界无法根除的特征。科技将具备人性。

E. 科技是一种"新文化",或者说,"科技是第三种文化",这意味着科学家们可以直接和大众进行对话,而不是通过人文知识分子。传统知识分子所占领的媒体一直控制着舆论方向——他们说:"人文是精彩的,科学是呆板的。"今天,倡导"科技是第三种文化"的思想家们却更倾向于绕过中间人,致力于用关注知识的读者们能够理解的形式,向公众传达他们最深邃的思想。

F. 在过去二十年,互联网给人类的生活和对知识的认知带来极大变革,而现在,是另一个起点。今天是人类历史上最好的时代,之前的所有成果都是今天的基础。我想激励年轻人现在就是创造新事物最好的时代。我想激励年轻人现在就是创造新事物的最好时代。创造新事物,离不开技术创新。我在《科技想要什么》一书中,特别强调一句话:科技想要的,就是人类想要的。

三、作答要求及参考答案

(一)请在给定资料1的三处横线上各填一句话,使该资料的结论语义连贯完整。(10分)

要求:(1)准确、全面、精练;(2)在答题卡上按"可见,技术创新不仅……同时……因而……"的句式作答;(3)总字数不超过100字。

【参考答案】

可见,技术创新不仅把人从繁重而单调的体力劳动中解放出来,同时又为人的自由全面发展创造着新的物质基础和必需的自由时间,因而是促进人的自由全面发展的根本力量。

(二)新技术的使用能否突破社会结构的屏障,是很多人关心的问题。根据给定资料2,谈谈你的看法。(20分)

要求:(1)观点明确,有理有据;(2)论述全面,语言简明;(3)不超过250字。

【参考答案】

新技术的使用,确实可以在一定程度上填平因信息不对称而带来的信息鸿沟,甚至在理论上来讲,也可以对城乡、阶层等社会不平等现象产生一定程度的弥合,在实践中,也能为社会弱势阶层在就业求职、娱乐消费、情感寄托、心理抚慰、主体性表达以及集体性维权方面产生积极的促进作用,但从根本上来说,依然无法彻底突破社会结构的屏障,因为弱势阶层能从中获得的方便与利益,强势阶层将会获得更多,因而极有可能对社会分化产生推动作用。

（三）假设你是制博会组委会的工作人员,请根据给定资料3,就本届制博会的亮点,草拟一份备询要点,供组委会领导在制博会开幕日的记者通气会上使用。（10分）

要求:(1)内容具体,符合实际;(2)概括准确,分条表述;(3)不超过200字。

【参考答案】

第一,将有众多国内外优秀企业参加,参展的很多产品都是最新研发,具备当前世界领先甚至最高水平;

第二,首次设立3D打印技术和设备展区,共有来自国内外60余家企业参加,还专门为提前在网上预约的观众提供一次免费3D打印人体模型的机会;

第三,将举办机器人表演赛和装载机街舞表演秀;

第四,获得了国家科技部的支持,首次设立了高新技术装备展区,将举办"高新技术装备展",一批国家级高新技术园区将亮相。

（四）阅读给定资料4,谈谈你从中国高铁、中兴通讯和中国装备制造业的发展中能分别获得哪些启示?（20分）

要求:(1)紧扣材料,重点突出;(2)观点明确,表述有理;(3)不超过500字。

【参考答案】

第一,我国在推动自主技术创新时要有坚定的决心,不因一时的挫折和质疑而停止前进的步伐,应该抓住机遇,总结经验教训,勇攀高峰。

第二,我国自主技术创新要不畏"强敌",积极开拓国际市场,推动"走出去"战略,但是,在此过程中要执行严格的质量标准,以过硬的实力赢得尊重,扩大影响,提升企业和国家的知名度与国际地位。

第三,我国企业要想在激烈的国际市场竞争中占有份额,获得立足之地,就必须坚持自主创新,以优秀的自主品牌和技术推动企业和产业转型升级,用质量过硬和具有吸引力的产品赢得消费者。

第四,要实现中国从制造业大国向制造业强国的迈进,必须推动装备制造业的大力发展,而通过技术创新,不断提高产品的质量和国际竞争力是其基础。与此同时,在同强大的国际同类企业进行竞争的时候,还要注重产品的个性化与全方位的服务。

（五）给定资料6中画线句子写道:"'科技的生命化',已成为现实世界无法根除的特征。科技将具备人性。"请结合你对这句话的思考,联系社会实际,自拟题目,写一篇文章。（40分）

要求:(1)自选角度,见解明确、深刻;(2)参考给定资料,但不拘泥于给定资料;(3)思路明晰,语言流畅;(4)总字数1000～1200字。

【参考范文】

让科技闪耀生命之光

实现人的全面自由发展,是人类社会的终极追求。人类生存其间的物质世界,一边以其广博为人类的生存提供了资源基础,又以瑰丽的风光为人类带来了赏心悦目的审美体验,一边却也始终以其冷峻、客观而构成了人类追求自由的硬约束。科技,这一人类智慧的结晶,在人与世界矛盾共生的永恒张力中,扮演着举足轻重的作用,一面显著延长了人类探索世界的触角,增强了人类改造世界的能力,一面又在一种自我演进和强化的逻辑中变成了物质世界异化人类的帮凶。在科技进步日新月异的今天,如何让科技更紧密地站在人类一边,尽可能褪去冷酷的表情,闪耀出生命的光芒,成为人类重要的课题。

科技从其诞生的那一刻起,就规定了其本质属性是为人的。粗陋如石斧,精妙如芯片,无不是为了人类能更好地生存、生产、生活。但是原子能既能为人类带来近乎源源不断的能源,却也能变身为足以毁灭全人类无限次的核弹;通信技术既能将"天涯若比邻"的美好幻想变为现实,却也能让人们沦为智能手机的奴隶,而恰恰忽略了面对面的情感交流;克隆技术既能带来医疗事业的革命性进展,却也可能为人类带来无法直面的伦理困境;塑料制品在为人们的生活带来极大便利的同时,却也造成了严重的生态危机。为人的科技转身而成人类异化的头号推手,这多少让人觉得有点猝不及防,不过,它终究应该不是必然的。这一切,表面看起来都是科技自身内在的复杂性使然,其实却不外乎人类自身的选择。是追求科学逻辑的极致,还是人类伦理范围内的合宜,是放任盲目的物质至上主义,还是让物质力量更好地服务于人类精神力量的升华,在各种生态、伦理困境不断显露的当下,应该不是一个艰难的抉择。

让科技闪耀生命之光,需要为科技创新,尤其是应用性的技术性创新注入人性的光辉。人的自由是真善美的高度统一。科技成果及产品的创造,必须彻底改变以"求真"为单一目的的单向度演进逻辑,而始终纳入人类生存与发展的宏观背景之下,重要的科技创新必须尊重和服从人类现实的伦理秩序;科技产品不能只是充当人类征服与改造世界的硬件工具,而必须同时有助于满足人类审美的需求,改变整体性价值导向,而更加注重个性化的需求,变成人们精神升华的阶梯。

让科技闪耀生命之光,需要合理利用科技成果,摆脱科技对人类的异化困境。科技的腾飞确实为人类带来了变革自然的强大力量,却也正因如此,资源枯竭、环境恶化、电磁辐射、人际冷漠成了高悬于人类头顶的"达摩克利斯之剑"。因此,人类必须改变对技术力量的"炫耀性"试用,在面对自然时保存一份必要的敬畏,推崇人与自然的和谐、共生和适度消费。在"上天入地"毫无悬念、光速移动伴随生活的同时,在内心里保持一份田园遐思,对身边平常的人、事、物多一份关切与爱护。

科技是生命的点缀,永远无法也不应喧宾夺主。但要在利用科技所带来的巨大便利的同时,抵御其异化的诱惑,让科技真正闪耀生命之光,却必需人类共同的觉醒。

附二

福建省 2015 年度春季考试录用公务员
《申论》试卷及参考答案
(满分:100 分　时限:180 分钟)

一、注意事项

1. 题目应在答题卡上作答,在题本上作答的一律无效。

2. 监考人员宣布考试开始时,你才可以开始答题。

3. 监考人员宣布考试结束时,你应立即停止作答.将题本、答题卡和草稿纸都翻过来留在桌上,待监考人员确认数量无误、允许离开后方可离开。

4. 特别提醒你注意,所有题目一律使用现代汉语作答在答题卡指定位置。未按要求作答的,不得分。

5. 严禁将题本、答题卡带出考室!

6. 严禁折叠答题卡!

二、给定资料

1. 互联网的日益普及和开发利用,不断为人们的工作和生活提供方便,网上购物、网上预约、网上咨询等等风靡中国。尤其对年轻人来说,他们更习惯于依靠网络解决各种困难,24 岁的小茜对此深有体会。以前逢年过节要回家探亲,买火车票是最让她头疼的事。裹着大衣在寒冷的夜里排队购票、托关系找人购票、买"黄牛党"高价票等等,这些都曾亲身经历过。现在有了网络购票,别提多方便省事了。前不久小茜跟母亲通电话,听说母亲想到当地一家医院看"专家门诊",可是排队很长时间还不一定能挂上号。小茜立刻到网上替母亲挂上了专家号。

贾先生一直为儿子小学毕业上哪所初中犯愁。同事给他支招,赶紧找人托关系打招呼,该花钱花钱。贾先生知道,这是多年来老百姓为孩子上学求人的"惯例"。即使心里一万个不乐意,可是为了孩子,求人花钱,也是正常。谁知今年区里实行"新政",学区内八成小学生通过电脑派位的形式进入学区初中校学习。学生可填报两次志愿,第一批次可填报不少于 4 所学校,第二批可填报不少于 5 所学校。第一批志愿面对全区所有学生,不设身份限制,全区所有优质资源品牌学校将拿出 15% 的比例用于第一批次派位。第二批次志愿学生可填报自己所在学区的中学,电脑根据志愿随机分配。结果,贾先生的儿子顺利进入一所理想的中学。

小林买了一套装修好的二手房,准备利用国庆假期搬家。他的父母特地从老家赶来,还带了舅舅、表哥等三四个人来帮忙。谁知小林早已请好了搬家公司,总共花了 800 元,半天时间东西全部搬上楼安置妥当。小林在楼下饭店请父母舅舅们吃饭,舅舅说:"没帮上忙,还害你花钱请吃饭。早知道我们就不来了。"表哥说:"搬新家是喜事,找人帮忙是老习惯,请人吃饭感谢感谢,也是人之常情嘛。不过,要是光算经济,看来还真不如请搬家公司。"

小辉父母家里的一台老式电视机坏了,要买台新的。早已养成办事"找关系"习惯的小辉父亲,有个经常一起钓鱼的好朋友,儿子在家电商场工作。小辉父亲不知打哪儿听说商场职工买东西可以打九折,就打算请这位朋友吃顿饭,请他的儿子帮忙,能便宜一二百块钱。小辉听说后连忙阻止了父亲。他上网一查,同样一款电视机,网上价格比商场还便宜 300 多块。他从网上订购了一台,第三天电视机就送到家里,父母非常高兴。小辉跟父亲说:"现在不比从前了,像电视机这样的东西,市场供应那么充足,还用得着找关系吗?"

2. 自从开展党的群众路线教育实践活动,贯彻执行中央"八项规定",狠刹"四风"以来,各地公款消费现象得到有效遏制,以致一些酒店、歌厅的生意也大不如前,甚至门庭冷落,让经营者感到很纠结。

钱某开了一家中等规模的海鲜饭店,生意一直都还不错。他最倚重的是每逢周末、节假日,各种同学聚会、生日宴请、结婚喜宴、活动庆典等等,虽然让他忙得不可开交,但也乐在其中，用他的话说，这是饭店的"经济支柱"。然而，这两年的情形有点不大对，这类生意量急剧下降。2014年夏天，高考成绩公布，钱某以为一波接一波的"谢师宴"将会像往年一样闪亮登场，早早备好了每桌1888元到5888元不同档次的菜单，准备赚一笔。可奇怪的是，今年一桌也没有预订出去。一打听，不是学生和家长不请了，而是老师们都纷纷谢绝了。钱某有点费解："这谢师宴又不是公款消费，学生和家长掏自个儿的腰包感谢老师的培养，这种人之常情难道也有错儿？"

即使跟公款消费毫无关系的顾客自掏腰包的消费，也比过去有了很大改观，人少菜多，浪费严重的现象越来越少，饭后"打包"，"光盘"行动日益普通。"这个嘛……唉！我的钱还怎么赚呐？"钱某摇着头，心情颇为复杂。

3. 伴随着密集出台的反腐禁令，每逢佳节倍思"清"，渐渐成为中国官场的新常态，而不少事业单位基层员工和企业白领也没了以往的节日福利。不仅中秋节，过年也是"福利归零"。人们坚决支持中央反腐倡廉，但一些执行者借反腐之名拿掉职工应有福利的做法也引发了争议。以中秋节为例，在"节日反腐令"的背景下，月饼甚至成了一个敏感词。某单位员工小罗说，往年单位在中秋节时还会给员工发月饼，从去年开始就什么都没有了。"没有就没有呗，我觉得无所谓啊。"今年他自己上网订了几盒月饼。在一家国企分公司工作的白领小姚说，以往过中秋节大家喜气洋洋地去领盒月饼，今年就感觉冷冷清清的："给多少是一回事，哪怕只是一份月饼，也感觉公司想着我们，有种大家庭的感觉，但现在什么都没有了，确实让人很失望。一盒月饼不在价值，没有了，就也没了人情味。"

"谁敢发啊，万一撞到枪口上怎么办？"一家事业单位的中层领导在接受记者采访的时候说，"其实我觉得发几盒月饼问题不算大，不过现在从中央到地方查得这么严，发了不一定有问题，不发肯定没问题，所以，多一事不如少一事啊！"另一家国企单位领导则表示，反×××跟发福利完全是两回事，不能泼脏水把孩子也倒掉了，该发的还是要发。记者反问他：如果有的领导趁机给自己多发福利呢？这位领导沉默了一下说：该抓的还是要抓。

4. 多年来，很多人已经习惯了到风景秀美的地方开会，并且冬天到南方暖和暖和，夏天到北方凉快凉快，人们形象地称之为"候鸟式开会"。早在1998年，中央就下发了《关于严禁党政机关到风景名胜区开会的通知》，2014年又再次出台规定，明令禁止到21个风景名胜区开会，并且加大监管力度，使不良会风明显好转。但是，仍有少数地方一时还不适应这种变化，仍习惯于"打擦边球"的老一套做法，比如有意选择在风景名胜区附近的地方开会，方便会后组织所谓的"文化考察"活动。比如为了到某个风景名胜区开会，有意将会议地点安排在途中需要在风景名胜所在地转车或飞机中转的地方，会议名称也可以改头换面，遮人耳目。还有的故意设分会场。如此煞费苦心，无非想借着开会的机会图点儿实惠。原计划明年将在一个旅游城市承办一届行业年会的某单位领导最近很犯难：如果真的能够常抓不懈，使清廉之风形成新的常态，当然很好，但是，冰冻三尺非一日之寒，长期形成的惯性，就像在高速公路上跑时速120公里的车，能一下子刹住吗？

5. 南方某城市环保志愿者小黄觉得自己每天都生活在苦恼中。他和其他志愿者每个月都会上门向小区居民发放垃圾袋并现场进行分类投放指导。"有督导的时候，分类效果明显就好，但往往过一段时间，乱丢混丢的又多起来。"厨余垃圾处理是一道中国特色的垃圾难题。小黄说，中国菜中汤汤水水的厨余垃圾占垃圾总量的2/3，其中的有机物会使其变臭，而且会污染垃圾中的可回收物。为分出厨余垃圾，要鼓励居民家庭把垃圾分干湿两类。可是即便只分出湿垃圾,准确投放率也不到30%。小黄看过一则简报,其中提到呼和浩特年降雨量400毫米,年蒸发量却可达2000毫米,湿垃圾没等处理就干了。"唉,可惜我们市不是呼和浩特啊!"小黄的母亲从老家来暂住,她把小黄家里阳台上一半的空间的都堆放了废纸箱和废瓶子。"前段时间攒了一箱矿泉水瓶才卖1元多钱,卖废品现在也不划算,价格低还占地儿!"

据估算,目前我国每年再生资源回收量有1.6亿吨,其中约8000万吨来源于生活垃圾,而我国每年产生的生活垃圾有2.5亿吨,生活垃圾的资源回收率达到30%以上。作为垃圾分类的重要环节,废品回收却一直没有被重视。

小黄认为,居民把家中可回收利用的物品卖掉,是良好的生活习惯。但目前可回收物的价格较低,而又常常不能马上处理,居民无处存放,这影响了他们的积极性。由于干湿分类没有做好,被弃置的垃圾当中很多可利用的资源被湿垃圾污染了,若再进行人工分类分拣,成本很高。

邻居张大妈刚刚把垃圾分类丢好,就看到收垃圾的环卫工人将"可回收"与"不可回收"两箱垃圾混倒进运输车。"分好了又被混运,还不如不分。"她对小黄说。

目前,多数地方对垃圾分类的投入很少,就连投入相对多的北京、上海、广州、杭州等地也难以满足需求。小黄以广州为例算了一笔账,"如果这样持续3至4年,仅垃圾袋就需1.4亿元,以200人配1名指导员计算,广州市1800万人,每年需花费40亿元。这样的投入显然不可持续"。小黄感叹:"唉,中国的垃圾分类到底有没有出路啊?"

6. 大学生小丽来自苏北农村,今年放暑假回家,发现家里跟其他村民一样将地里的秸秆放火烧了,跟父母争吵起来。

小丽:烧秸秆浪费资源,污染空气,又会破坏土壤结构,造成农田质量下降,你们不知道吗?

母亲:知道啊。县里乡里年年宣传,村里年年广播,怎么不知道呢。

小丽:那你们为什么明知故犯?

父亲:你这孩子,说得轻巧。不烧,你能怎样?每年农忙忙死人,哪有时间来捯饬那么多的秸秆?

小丽:不是说有企业要回收秸秆吗?

母亲:那都是广播里说说,到现在也没见人来回收过。我们这里不沤沼气,又不养牛,那么多秸秆怎么办?现在搬进楼房住,家家户户也不烧锅灶了,当柴火都没人要。

小丽:政府不是有专门补贴,用于秸秆加工还田吗?

父亲:要粉碎,买腐化剂,请人帮工,一亩地只补贴10元钱,够吗?

小丽沉默了。她感到很苦恼,在博客中写道:看来光埋怨农民是不能解决问题的,焚烧秸秆是农民多年的习惯做法,省时省力又省心,一时很难改掉。随着PM$_{2.5}$环境监测的升级,焚烧对空气的负面影响日益显著,田间秸秆的出路究竟在哪里呢?

7. 以下是根据一位资深广告人在某会议上的发言录音整理的部分内容:

现在是一个大数据时代,我们被逼跟着数据在走。我们在继续往前走的时候,要倒退到原点回顾一下你当初为什么要做这件事情,这是世界各地尤其是国内比较欠缺的东西。很多中国的企业都在扮演"我跟随"的角色,别的行业有这个东西,我也就要做。

我们都在寻找我们能做什么,其实我们都忽略了很重要的一点,我们更要知道你不能做什么,你不要做什么。我们常常看到很多广告和传播说你要做你自己,这是废话,你除了做你自己还做谁呀,你不能做周杰伦,周杰伦给周杰伦做了,刘德华也不行,你只有做你自己,但你要做得比周杰伦和刘德华还好。

这几年我称自己是一个下岗的广告民工,我反而看到很多当时我身在广告业中看不到的东西,因为越来越平民化,越来越农民化,我看到的东西都是很小的东西,但这些东西都很可能举足轻重,能够改变很多东西。数据引导我们,我们会本着数据做很多东西,但千万不要把数据变成一个依据,你要在数据中找到有什么东西可以挑战,而不是变成一个护身符,数据说这样,我们就这样,在这个时代,创意的思维方式可能超过以往任何时候。

做任何事情,大到做人、做行业,小到你要做的事情、要找的东西,都应该考虑,到底有没有挑战。不能因为别的企业做了这样的东西,你就也要去做。你要想一想,你做的东西有没有挑战你的企业,会不会挑战你的员工,最主要有没有挑战你本身。尤其在现今社会,人类基本上没有自信心。因为我们没有狼牙虎爪,我们连乌龟壳也没有,所以,我们需要包装,我们需要洋房、汽车、美容,再不行把面孔也改了,手机的美化软件就是应此而生。现在的手机我真的试过 45°拍,脸真的尖了,现在的手机还可以让你美白,眼睛变大,大家可能也看过那种手机美女和真人对比,把你吓死。

国外一个电视台访问过很多最近新兴的小企业家,你会发现他们有一个共同点:他们都在新的尝试中找到挑战,基本上他做的不是他原来做的东西。所以,一定希望在你做的东西中找出你的挑战……不然的话,你如果只是想,尤其在中国大陆只是想明天过得比今天好一点,那太没有意思了。我估计在场每个人的学历和资历都会比我高,但我能有今天就是因为我读书少,在下只有中学的学历,现在再把我送去高考,我还是会考不上,但我有自知之明,我读书少,我不会的东西多,从第一天开始,我到现在仍然有这个习惯,从零开始。在座各位可能觉得这个理论大家常听说,这个东西可能是任何行业最难做的东西——从零开始,人性的习惯会使你习惯于从你前一个案例,尤其是成功的案例去借鉴,你希望做得更好,但是,以我冷眼旁观,这里面有很多问题。最近我被邀请回新加坡,我现在被收录到新加坡档案局里,是以一个非典型而被记录,因为以我的背景我不可能有这一天,但是因为这个"零"有很多意义,因为我什么都不懂,什么都不会,结果这变成我最擅长的一个行业。

所以,各位如果有机会的话,能否像我一样,我每天都逼着让自己客户归零,归零后一般人想出来的东西和立场不一样。

我常常鼓励学生,我也会鼓励任何人不要怕犯错误。错误是一个很大的动力,当你不怕错误的时候,你差不多什么都敢做。我的能量来自什么? 我学历不够,我甚至没有修过广告学。不要怕失败,我们常说失败是成功之母。所以,敢于去犯错,我们有许多成语故事教过我们这样做。但是我们是否真的从中学到过任何东西呢?

三、作答要求

(一)给定资料 1、2 反映了人们在过去的工作和生活方面形成的很多"惯例"或"习惯做法"正在悄然改变。请分析导致这种改变发生的主要原因。(20 分)

要求:准确、具体、简明,条理清楚。不超过 200 字。

【参考答案】

人们在过去的工作和生活中形成的"惯例"或"习惯做法"发生的改变是由群众路线的实施、互联网的盛行、政府政策的贯彻、思想观念的更新和市场经济的繁荣所改变。

一是群众教育路线的实践。使公款消费、"谢师宴"现象得到了遏制。

二是互联网的普及与应用。给人们的生活带来了便利。

三是政府政策的贯彻实施。解决了孩子入学难的问题。

四是思想观念的更新。为人们的生活节省了经济开支。

五是市场经济的繁荣。打破了凡事找关系的习惯。

(二)给定资料5~6中,小黄和小丽的"苦恼"反映了基层管理工作面临的某种困境。请指出这种"困境",并提出改变这种困境的建议。(30分)

要求:针对性强,建议合理、可行。不超过500字。

【参考答案】

1. 垃圾分类处理的做法成效不大,田间秸秆燃烧现象依然严重。

2. 垃圾分类面临本土化、废品回收不被重视、政府投入不可持续、村民多年秸秆燃烧习惯难以改变。

3. 加强技术支持,及时处理厨余湿垃圾。

4. 加强对环卫工人监督,切实做到垃圾分类运输和处理。

5. 加大资金支持,保障垃圾分类处理可持续。

6. 加强对环保企业支持力度,促进其积极回收厨余垃圾和田间秸秆。

(三)给定资料7中"归零"说法,耐人寻味。请你依据自己的心得,自选角度,自拟标题,写一篇文章。(50分)

要求:结合给定资料,观点正确,内容充实,结构完整,语言流畅。总字数1000~1200字。

【参考范文】

以"归零"实现破旧立新

"穷则变,变则通,通则久。"事物是变化发展的,只有顺应变化,不断革新,才能与时俱进,避免被历史潮流淘汰。目前,我国进入全面深化改革开放的新时期,政治、经济、社会等领域涌现出大量的新情况和新问题,用旧的思维和方法已无法解决。在此情况下,必须破旧立新,而"归零"则是成功的关键。

"归零"即放弃过去的经验与模式,从零开始。人具有习惯和惰性,具有趋利避害的本能,而"归零"会带来巨大的风险和挑战,不容易做到。但是,只有"归零",才能获得新的思维,发现新的方向,从而摆脱固有经验和模式的束缚,赢得新生。无论是政府、企业,还是个人,都需要"归零"。

"归零"是政府加强自身建设的需要。改革开放以来,随着政治、经济体制改革的推进,我国政府的职能不断转变,但是目前仍然存在大量的行政审批、作风问题与贪污××××现象等,严重损害了政府形象与公信力。党的十八大召开后,以习近平总书记为首的新一届领导集体上台,大力推动简政放权,开展党的群众路线教育实践活动,坚持"老虎苍蝇一起打",积极建设法治政府,政治风气大为好转,民众拍手称快。如果没有超人的勇气,对政府原有的管理体制等加以"归零",这些成绩的取得肯定不可想象。

　　"归零"是企业持续发展的需要。现在是知识经济时代,科技、模式等创新速度越来越快,竞争越来越激烈,只有不断"归零",才能不断创新,占据竞争优势。纵观手机市场,诺基亚在几年内迅速衰落,而苹果、小米则飞速崛起。仔细分析会发现,诺基亚的失败在于没有不断"归零"旧的产品模式,而苹果、小米的成功则在于通过从零开始,开发出更有设计美感、更吸引人的产品以及营销模式。而近几年,创客的风行对传统制造企业的巨大冲击,也是很好的证明。因此,企业要想持续发展,就必须不断进行生产模式等的"归零"。

　　"归零"是个人养成良好生活习惯的需要。正所谓:一屋不扫,何以扫天下。生活习惯看似小事,实则对人有重大影响。比如说,长期暴饮暴食,会得胃病;长期不讲个人卫生,会给人留下邋遢的不良印象。垃圾分类也是生活习惯的一个方面。垃圾是放错位置的资源。乱扔垃圾,不仅会浪费资源,而且会污染环境。只有以顽强的意志对不良习惯加以"归零",才能让生活更加健康,更有活力。

　　"世异则事异,事异则备变。"商鞅对秦国传统政治、军事等制度进行"归零",大力推行变法,使其国力强盛,最终统一六国;而邓小平同志则对计划经济体制进行"归零",实行改革开放,让中国经济走向腾飞。"归零"是破旧立新的金钥匙。政府、企业和个人只有具有"归零"的意识和勇气,才能发展得更好。

参考文献

[1]李永新.国家公务员录用考试专业教材·申论[M].北京:人民日报出版社,2015.
[2]王锡渭.新编申论写作教程[M].北京:北京大学出版社,2015.
[3]运丽君.申论写作研究[M].天津:南开大学出版社,2014.
[4]郭其智.公文与申论写作教程[M].3版.安徽:合肥工业大学出版社,2011.
[5]张建勤.申论与应用写作[M].北京:外语教学与研究出版社,2010.